物流信息技术

主　编◎陈志新
副主编◎叶　茜　赵军龙　朱　吉

中国财富出版社有限公司

图书在版编目（CIP）数据

物流信息技术 / 陈志新主编．--北京：中国财富出版社有限公司，2024.9.

ISBN 978-7-5047-6571-0

Ⅰ. F253.9

中国国家版本馆 CIP 数据核字第 20247ZX231 号

策划编辑 郑欣怡　**责任编辑** 刘静雯　**版权编辑** 李　洋

责任印制 尚立业　**责任校对** 杨小静　**责任发行** 敬　东

出版发行	中国财富出版社有限公司		
社　　址	北京市丰台区南四环西路 188 号 5 区 20 楼	**邮政编码**	100070
电　　话	010-52227588 转 2098（发行部）		010-52227588 转 321（总编室）
	010-52227566（24 小时读者服务）		010-52227588 转 305（质检部）
网　　址	http://www.cfpress.com.cn	**排　　版**	宝蕾元
经　　销	新华书店	**印　　刷**	宝蕾元仁浩（天津）印刷有限公司
书　　号	ISBN 978-7-5047-6571-0/F·2800		
开　　本	787mm×1092mm　1/16	**版　　次**	2024 年 9 月第 1 版
印　　张	19	**印　　次**	2024 年 9 月第 1 次印刷
字　　数	450 千字	**定　　价**	58.00 元

前　言

物流信息技术是现代信息技术在物流各个作业环节中的综合应用，是现代物流区别传统物流的根本标志，是物流现代化的重要标志，也是物流技术中发展最快的领域。物流信息是贯穿物流各环节的纽带，信息技术是实现物流信息系统化的前提。

由于物流信息技术涵盖的内容广泛，本书在编写过程中充分考虑到读者的基础情况，既有基础性知识和理论，也结合了编者在相关领域的实践经验及研究成果，具有一定的前瞻性。全书力图做到理论与实践相结合、信息技术与物流应用相结合，便于读者有更直观的认识和体会。

全书共9章：第1章为物流信息技术概述，主要介绍了物流、物流信息与物流信息技术的基本概念以及物流信息技术的应用；第2~8章是关于物流活动中所使用的各种基础信息技术及其相应的应用，主要包括网络与通信技术、数据库技术与物流大数据、条码识别技术与EAN·UCC系统、RFID技术与EPC系统、空间信息技术及应用、电子数据交换技术和物流系统自动化技术；第9章是物流信息系统的介绍。本书根据现代物流信息技术的最新发展及物流系统中的应用，系统地阐述了物流信息技术的基础理论和实践应用。全书体系完整，对物流中应用到的信息技术进行了全面介绍，力求理论与实践相结合，具有现实与前瞻相结合的特色，各章后面均附有针对性的思考题，具有较强的实用性和可读性。可作为高等院校物流管理、物流工程、信息管理与信息系统、计算机应用等相关专业的教材，也可作为物流相关行业各级管理人员、技术人员的参考用书。

本书是宁夏物流现代产业学院建设的一项成果，得到了宁夏教育厅、宁夏职业技术学院的支持，在此表示感谢！

全书由宁夏职业技术学院陈志新教授主持编写。宁夏职业技术学院叶茜老师、宁夏新华百货现代物流有限公司赵军龙董事长、宁夏梦驼铃科技有限公司朱吉董事长参与了编写工作，北京物资学院李俊韬教授给予了帮助，在此表示深深的感谢！

由于编者知识水平有限，书中难免存在不完善之处，恳请读者不吝指教，我们将不胜感激。

编　者

2023年10月于银川

目录

CONTENTS

1 物流信息技术概述

案例导入

“十二五”时期，我国已成为全球最具成长性的物流市场。2015 年，物流业总收入约为 7.5 万亿元，全国货运量约为 450 亿吨。其中公路货运量、铁路货运量、港口货物吞吐量多年来均居世界第一位。快递业务量突破 200 亿件，冷链物流市场规模预计超过 1500 亿元，各类细分市场规模不断扩大。“十二五”时期，正是新一轮科技革命孕育时期。物联网、云计算、大数据等新兴技术在物流行业得到推广应用。嵌入物联网技术的物流设施设备快速发展，车联网技术从传统的车辆定位向车队管理、车辆维修、智能调度、金融服务延伸。云计算服务为广大中小企业信息化建设带来福音。大数据分析帮助快递企业预测运力需求，缓解了“双 11”等高峰时期的“爆仓”问题。

“十三五”时期，是全面建成小康社会的决胜阶段。经济社会发展的新常态，对我国物流业发展提出了新要求。从全球来看，物流信息化的产生和发展是社会生产和科研技术发展的结果，并伴随着劳动力成本、土地成本的增加等而得到迅速发展。与传统物流系统相比，新技术新应用大大提升了企业经营效益与效率，形成对传统生产作业模式的一种颠覆。一是提高生产与配送的效率和准确性。自动化物流系统采用先进的信息管理系统以及自动化物料存储、分拣和搬运设备等，使货物在仓库内按需要自动存取与分拣。二是实现企业信息一体化。物流信息化是企业信息化重要组成部分，物流信息管理系统通过与企业其他管理系统无缝对接，实现信息在企业各个系统之间的自动传递与接收，使企业实现信息一体化，避免物流系统成为“信息孤岛”，对供产销全过程进行计划、控制和物料跟踪。三是提高空间利用率，降低土地成本；减少人工需求，降低人工成本。四是提高物流管理水平。自动化物流系统可以对入库、出库、移库、盘点等操作进行全面的控制和管理，不但反映了物品进销存的全过程，而且可对物品进行实时分析与控制，为企业管理者做出正确决策提供依据，平衡企业生产、储存、销售各个环节。未来新技术新应用的普及将带动物流从自动化走向智能化。智能物流是利用集成智能化技术、智能设备等使物流系统能模仿人的智能，具有思维、感知、学习、推理判断和自行解决物流中某些问题的能力。智能物流的未来发展将体现出以下特点：智能化、一体化和层次化、柔性化与社会化。随着中国物流应用市场的不断拓展，包含物流机器人在内的细分市场得到更大的关注。搬运、码垛、分拣、AGV（自动导引车）等均属于物流机器人行业，它们已经在为工厂的自动化仓储水平的提升贡献力量。而在世界范围内，随着物联网、机器视觉、仓储机器人、无人机等新技术的不断应用，物流自动化技术正在以较快的速度发生变革。

目前来看，自动化领域巨头们纷纷加大在物流信息化的创新，为新的制造和物流应用场景提供解决方案，加入人工智能、数据分析等新的技术后，主要出现三类创新方向。一是“货找人”订单拣选：随着物流业的发展，物件的位置、摆放方向、种类、形状和大小也越来越多样，通过采用视觉识别技术给机器人“装上眼睛”，实现货架找人的订单拣选，如亚马逊的KIVA机器人。二是分拣抓取机器人。机器人依据订单完成物品的拣选，这一方向对机器人视觉识别技术要求非常高，目前这一方向也面临着一些挑战和机遇，主要体现为是否能为客户提供达标的识别准确度和精度以及满意的性价比。三是无人送货系统，主要分为无人机和机器人系统，用于解决物流“最后一公里”问题。目前，亚马逊、谷歌、京东等纷纷加大在第一方向的投入。

1.1 物流

1.1.1 物流的定义

物流（Physical Distribution）一词最早出现于美国，1915年阿奇·萧在《市场流通中的若干问题》一书中就提到“物流”一词。第二次世界大战中，围绕战争供应，美国军队建立了“后勤”（Logistics）理论，并将其用于战争活动中。其中所提出的“后勤”是指将战时物资生产、采购、运输、配给等活动作为一个整体进行统一部署，以求战略物资补给的费用更低、速度更快、服务更好。后来“后勤”一词在企业中广泛应用，又出现了商业后勤、流通后勤的提法，这时的后勤包含了生产过程和流通过程的物流，因而是一个包含范围更广泛的物流概念。

1985年，美国物流管理协会（2005年更名为“美国供应链管理专业协会”）对物流的定义是：“物流是以满足客户需求为目的，对原材料、在制品、产成品以及相关信息从供应地到消费地的高效率、低成本流动和储存而进行的计划、实施和控制过程。”1992年，美国物流管理协会修订了物流定义，将1985年定义中的“原材料、在制品、产成品”修改为“产品、服务”，加入服务理念。1998年，美国物流管理协会对物流的定义加入供应链管理思想，将物流的定义修改为：“物流是供应链流程的一部分，是为了满足客户需求而对商品、服务及相关信息从原产地到消费地的高效率、高效益的正向和反向流动及储存进行的计划、实施与控制过程。”

目前，国内外对物流的定义很多，除上述美国的物流定义外，较具代表性的有以下几种。

（1）欧洲物流协会1994年发表的《物流术语》将物流定义为：物流是在一个系统内对人员或商品的运输、安排及与此相关的支持活动的计划、执行与控制，以达到特定的目的。欧洲物流协会的这个标准已经成为欧洲标准化委员会的标准。

（2）日本的物流研究机构——日本后勤（Logistics）系统协会的专务理事稻束原1997年在《这就是“后勤”》中的定义为：物流是一种对原材料、半成品和成品的有效率流动进行规划、实施和管理的思路，它同时协调供应、生产和销售各部门的个别利益，最终达到满足顾客的需求的目的。即按要求的数量，以最低的成本送到要求的地点，以满足顾客的需求作为基本目标。

（3）我国国家标准《物流术语》（GB/T 18354—2021）对物流的定义为：根据实际需要，将运输、储存、装卸、搬运、包装、流通加工、配送、信息处理等基本功能实施有机结合，使物品从供应地向接收地进行实体流动的过程。

综合以上关于物流的定义，大致可以归纳出以下几个共同点。

（1）物流是一个过程，是一个让实物从供应地向接收地进行流动，以消除其空间阻隔和时间阻隔的过程。

（2）物流过程由若干环节组成。在我国的物流定义中明确其为：运输、储存、装卸、搬运、包装、流通加工、配送、信息处理等基本环节，但是各个环节并不是独立存在的，而是作为整个系统的一部分相互协调，以实现整个系统的最佳输出。

（3）物流过程的有机组合，其目的是提高过程效率，即以最少的投入，实现最佳的物流效果。

（4）物流过程所追求的是“满足顾客要求”。物流过程的设计、策划、整合均应以顾客的需求指导一切物流活动。

进一步地，对物流的概念可以从以下几个方面进行理解。

1. 物流的服务性

物流最基本的目的是获得客户的满意。物流从本质上讲是一种能力。物流过程的设计、策划、整合均应以满足客户需求为最终目标；一切物流活动，均应围绕客户需求展开。有人说，当前企业之间的竞争不再是单个个体之间的竞争，而是企业组织供应链之间的竞争。各个企业上下游间的关系逐渐紧密，成为战略合作伙伴，物流作为连接的纽带，越来越受到重视。

2. 物流的系统性

物流系统是指在特定的社会经济大环境里由所需转换空间位移的物资和包装设备、搬运装卸设备、运输工具、仓储设备、人员和通信联系等若干相互制约的动态要素所构成的具有特定功能的有机整体。物流是对原材料、中间产品、终极产品以及相关信息从产地到消费地流动和存储进行规划、实施和控制的全过程，旨在使材料和产品的流动和存储达到最高的效率和最低的成本。在整个过程中，各个活动不是孤立进行的，它们之间相互制约，具有广泛的横向和纵向的联系，具有整体性和系统性。

3. 物流的一体化

物流被看作联系企业和供应商的能力，这个能力的强弱会直接影响企业的发展。客户的订单和产品需求信息通过销售活动、预测以及其他方式在整个企业中落实，这类信息被提炼成具体的制造计划和采购计划，相应的制成品的所有权转给客户。将所涉及物流的功能和工作结合起来，达到物流一体化。但要在今天的竞争环境中达到充分有效，企业必须将物流活动扩大到客户和供应商相结合的层次，共同承担风险，这也是供应链管理的思想所在。

4. 以现代信息技术为基础

信息技术（Information Technology，IT）是物流生存和发展的必要条件，是物流现代化的重要标志。现代信息技术使得数据可以快速传递，提高了业务处理的自动化水平以及各环节运作的一体化程度。从物流数据自动识别与采集的条码系统，到物流运输设备的自动跟踪；从企业资源的计划优化到各企业、单位间的电子数据交换；从办公自动化系统中的微型计算机、互联网、各种终端设备等硬件到各种物流信息系统软件都在日新月异地发展，信息技术已将信息网络、金融网络和物流网络紧密地结合在一起，把物流活动中发生的各个方面有机地联系起来，也进一步推进了物流的变革。

据统计，物流信息技术的应用可为传统的运输企业带来以下实效：降低空载率15%～20%；提高对在途车辆的监控能力，有效保障货物安全；网上发布货运信息及网上下单可增加商业机会20%～30%；无时空限制的客户查询功能，有效满足客户对货物在运情况的跟踪监控需求，可提高业务量40%；对各种资源进行合理综合利用，可减少运营成本15%～30%。对传统仓储企业带来的实效表现在：配载能力可提高20%～30%；库存和发货准确率可超过99%；数据输入误差减少，库存和短缺损耗减少；可降低劳动力成本约50%，提高生产力30%～40%，提高仓库空间利用率约20%。

可见，信息技术在现代企业的经营战略中占有越来越重要的地位。建立物流信息系统，充分利用各种现代信息技术，提供迅速、及时、准确、全面的物流信息是现代企业获得竞争优势的必要条件。

1.1.2 物流的分类

社会经济领域中的物流活动无处不在。根据物流的需求以及物流在社会再生产过程中地位与作用的不同，在物流研究和实践过程中，从不同角度对物流进行类比分析与整合，主要有以下不同的分类。

1. 按照其空间范围的角度分类

可分为企业物流、城市物流、地区物流、国内物流、国际物流（不同国家之间的物流）。由于空间范围具有层次性，因此按照空间范围划分的物流活动也具有层次性，不同层次的物流活动也具有不同的特点。因此，研究不同层次的物流活动，应该有不同的研究侧重点。

2. 按照物流阶段分类

可分为供应物流、生产物流、销售物流、回收物流和废弃物物流。供应物流是指为生产企业提供原材料、零部件和其他物品时，物品在提供者和需求者之间的实体流动。生产物流是指在生产过程中，原材料、在制品、半成品、产成品等在企业内部的实体流动。销售物流是指生产企业、流通企业出售商品时，物品在供应方和需求方之间的实体流动。回收物流是指不合格物品的返修、退货以及周转使用的包装容器从需求方返回到供应方所形成的物品实体流动。废弃物物流是指将经济活动中失去价值的物品，根据实际需要进行收集、分类、加工、包装、搬运、存储等，分别送到专门的处理场所时形成的实体流动。

3. 按照从事物流的主体划分

可分为第一方物流、第二方物流、第三方物流（也有人直接划分为企业自营物流和第三方物流）和第四方物流等。

第一方物流（The First Party Logistics，1PL）是指由物品提供者自己承担向物品需求者送货，提供运输、仓储等物流服务的物流业务，以实现物品的空间位移的过程。

第二方物流（The Second Party Logistics，2PL）是指由物品需求者自己解决所需物品的物流问题，提供运输、仓储等物流服务的物流业务，以实现物品的空间位移的过程。

第三方物流（The Third Party Logistics，3PL）是指由供方和需方以外的物流企业提供物流服务的业务模式。即由第三方专业物流企业以签订合同的方式为其委托人提供所有的或一部分的物流服务。随着社会化大生产的发展和社会分工的不断深化，第三方物流发展迅速，日益成为重要的物流模式。

第四方物流（The Fourth Party Logistics，4PL）是一个供应链的集成商，是供需双方及第三方物流企业的领导力量。它不是物流的利益方，而是通过拥有的信息技术、整合能力以及其他资源提供一整套完整的供应链解决方案，以此获得一定的利润。随着知识经济社会的到来，第四方物流将成为物流业发展的新领域。

1.1.3 物流的作用

物流业的发展可有效降低物流费用，为商品价格的降低提供了条件，使消费者得到实惠；同时，物流网络的健全将极大地方便城乡居民的生活，甚至足不出户就可以得到物美价廉的商品和服务，从而可以更好地满足消费者的需求。另外，发展物流业必须充分发挥物流的系统化、集约化作用，合理规划物流及配送中心，重视回收物流、反向物流、废弃物物流以及绿色物流，推进新型物流工具的使用，从而减少污染，改善人们的生存环境，促进人类社会的可持续发展。

1. 物流是一种重要的社会经济活动

物流作为一种重要的社会经济活动。物流活动时间缩短，可以在一定程度上减少物流损失、降低物流消耗、节约资金。时间越短，资金周转速度越快，从而创造了经济价值。商品空间位移的转换如从集中生产场所分散到需求场所、从分散生产场所流入集中需求场所等都创造了空间价值。

2. 物流是国民经济发展的基础之一

物流通过不断输送各种物资产品，使生产者不断获得原材料、燃料以保证生产的正常运行，再通过不断将产品送给不同的消费者，使生产和生活得以正常运行，这些都是靠物流实现的，国民经济也因此成为一个有机整体。物流现代化可以改善国家的经济运行情况，一个新的物流产业也可以通过改善产业结构，推动国民经济合理、协调地发展。

3. 物流是企业生产的前提保证

物流活动为企业创造了经营的外部环境，保证企业的正常运行，是发展企业的重要支撑力量。特别是第三方物流给企业带来了众多益处，主要表现在以下几方面。

（1）提升企业的核心竞争力。实现资源优化配置，将有限的人力、财务集中于核心业务，有助于企业进行重点研究，发展基本技术，开发出新产品参与世界竞争。

（2）节省费用，减少资本积压。利用规模生产的专业优势和成本优势，通过提高各环节能力的利用率实现费用节省，使企业能从分离费用结构中获益。

(3) 减少库存。企业不能承担多种原料和产品库存的无限增长，尤其是高价值的部件要被及时送往装配点，实现零库存，以保证库存的最小量。借助制订的物流计划和适时的运送手段，最大限度地减少库存，改善了企业的现金流量，实现成本优化。

1.2 物流信息

现代物流已成为跨部门、跨行业、跨地域的以现代科技管理和信息技术为支撑的综合性物流服务。在现代物流中，信息已成为提高营运效率、降低成本、增进客户服务质量的核心因素。物流信息产生于物流活动和与物流活动相关的活动中，在现代企业经营战略中占有越来越重要的地位。

1.2.1 物流信息的定义

物流信息（Logistics Information）是一个涉及面相当广泛、内容相当丰富的概念。具体地讲是指在物流活动进行中产生及使用的必要信息，是物流活动内容、形式、过程以及发展变化的反映，是各种物流活动内容的知识、资料、图像、数据、文件的总称。物流信息是物流活动中各个环节生成的信息，信息流一般是从生产到消费物流活动的产生而形成的，与物流过程中的运输、保管、装卸、包装等各个职能有机结合，是整个物流活动顺序进行所不可缺少的部分。

物流信息一方面来自物流活动本身，另一方面来自商品交易活动和市场，因而物流信息可从狭义和广义两方面来定义。

1. 狭义的物流信息

从狭义范围来看，物流信息是指与物流活动（如运输、仓储、包装、装卸、流通加工等）有关的信息。在物流活动的管理与决策中，如运输工具的选择、运输路线的规划、每次运送批量的确定、在途货物的跟踪、仓库的有效利用、最佳库存数量的确定、订单管理、如何提高顾客服务水平等，都需要详细和准确的物流信息，因此物流信息对运输管理、库存管理、订单管理、仓库作业管理等物流流动具有支持保证的功能。

2. 广义的物流信息

从广义的范围来看，物流信息不仅指与物流活动有关的信息，而且包括与其他流通活动有关的信息，如商品交易信息和市场信息等。商品交易信息是指与买卖双方的交易过程有关的信息，如销售和购买信息、订货和接受订货信息、发出货款和收到货款信息等。市场信息是指与市场活动有关的信息，如消费者的需求信息、竞争者或竞争性商品的信息、销售促进活动信息、交通通信等基础设施信息等。在现代经营管理活动中，物流信息与商品交易信息、市场信息相互交叉、融合，有着密切的联系。如零售商根据对消费者需求的预测以及库存状况制订订货计划，向批发商或直接向生产商发出订货信息，批发商在接到零售商的订货信息后，在确认现有库存水平能满足订单要求的基础上，向物流部门发出发货配货信息。如果发现现有库存不能满足订单要求则马上组织生产，再按订单上的数量和时间要求向物流部门发送发货配送信息。由于物流信息与商品交易信息和市场信息相互交融、密切联系，所以广义的物流信息还包含与其他流通活动有关的信息。广义的物流信息不仅能起到连接整合生产厂家、批发商和零售商以及消费者的整个供应链的作用，而且在应用现代信息技术［如 EDI（电子数据交换）、EOS（电子订货系统）、POS（销售终端）、互联网、电子商务等］的基础上能实现整个供应链的效率化。

总而言之，物流信息不仅作用于物流，也作用于商流，是流通过程中不可缺少的管理及决策依据。物流和信息的关系十分密切，物流从一般活动成为系统活动也有赖于信息的作用。如果没有信息，物流就只是一个单向的活动，只有靠信息的反馈，物流才成为一个包括输入、转换、输出和反馈功能的现代系统。从某种意义上说，物流信息是现代物流系统的重要支撑要素，因此信息处理功能就成了物流不可替代的基本功能之一。

1.2.2 物流信息的作用

计划信息流比物流早产生，它可以控制物流产生的时间、流动的大小和方向，引发、控制和调整物流，比如各种决策、计划、用户的配送加工和分拣及配货要求等；作业信息流与物流同步产生，它反映物流的状态，比如运输信息、库存信息、加工信息、货源信息、设备信息等。因此，物流信息除了反映物品流动的各种状态外，更重要的是控制物流的时间、方向、大小和进程。无论是计划信息流还是作业信息流，物流信息的总体目标都是要把物流活动中与企业有关的各种具体活动结合起来，增强企业综合能力。

1. 桥梁和纽带的作用

物流活动是一个系统工程，采购、运输、库存以及销售等活动在企业内部相互作用，形成一个有机的整体系统。物流系统通过物流的流动、所有权的转移和信息的接受、发送与外界不断作用，实现对物流的控制。整个系统的协调性越好，内部损耗越低，物流管理水平越高，企业就越能从中获益。而物流信息则在其中担当桥梁和纽带的作用。当企业收到订单信息后，要检查库存中是否有商品存在，若有，就发送配送信息，进行配送活动；若没有库存，就发送采购信息，进行采购活动，或安排生产部门进行生产活动，以满足顾客需要。在配送部门收到配送信息后，就会按照配送指示信息对商品进行个性化包装，并反馈包装完成信息；运输部门设计运输方案，进而产生运输指示信息；在商品运输的前后，配送中心还会发送装卸搬运信息，指导商品的装卸过程，直到把商品送到客户手中。因此，物流信息的传递在整个物流活动中起着桥梁和纽带的作用。

2. 有效地计划、协调和控制物流活动

每一步物流活动都会产生大量的物流信息，而物流系统则通过合理应用现代信息技术，如网络通信技术、数据库技术、自动识别技术、GIS（地理信息系统）技术、定位技术、物流系统自动化技术、物流信息系统等，对这些信息进行挖掘和分析，从而得到每个环节后续活动的指示性信息，然后通过反馈回来的信息，对各个环节的活动

进行协调和控制。例如，根据库存信息合理地安排配送和采购等。因此，充分利用物流信息，可以有效地支持和保障物流活动的正常运行。

3. 提高物流企业的科学管理水平和决策水平

物流管理通过加强供应链中各活动和实体间的信息交流与协调，使其中的物流和资金流保持畅通，实现供需平衡。在物流管理中，物流设施的布局定位，库存点和货源都需要在满足需求和客观环境条件的基础上进行决策；根据物流的路径，合理安排各生产成员之间的物流活动，使物流保持畅通；根据库存的方式、数量和管理方法来降低物流成本；根据商品需求量和成本合理确定采购批次和批量，以确保在不间断供给的基础上降低成本；另外，根据运输配送方式、运输设备来制订运输配送决策。通过运用科学的分析工具，对物流活动中产生的各类信息进行科学分析，从而获得更多富有价值的信息。

1.3 物流信息技术

1.3.1 信息技术概述

1. 信息技术简介

信息技术泛指能拓展人的信息处理能力和增强人类信息功能为目的的技术。从目前来看信息技术主要包括计算机技术、通信技术、传感技术、控制技术等。通过信息技术的运用，可以替代或辅助人们完成对信息的检测、识别、变换、存储、传递、计算、提取、控制和利用。现代信息技术一般是指基础元器件、计算机技术以及通信网络技术。其中，基础元器件是计算机技术和通信网络技术的基础，它们之间相互制约、相互推动。

信息技术日新月异的进步，极大地提高了现代社会的信息资源的开发和利用能力，信息技术已深入社会管理活动的每一个角落。现在，计算机技术正向着高性能、网络化、智能化方向发展。它以高速的计算能力以及海量的存储能力扩展了人的计算和记忆能力，能够完成信息的加工、存储、检索和分析等，使以前难以甚至无法解决的问题得到解决。如在处理库存信息方面，对时常需要的库存数据、图表，计算机能快速地给出结果，从而能够及时补充库存，调整库存商品的种类，减少冗余库存，合理地安排运输路线和装运量，能节约资源等。

传感技术扩展了人的感官能力，主要完成对信息的识别和收集等。例如，在企业传统的物流管理中，在进行入库时，保管员将入库的物资搬到磅秤上，抄下磅秤数，然后将数据输入计算机。现在，有了汽车磅，当装载入库物资的汽车上了电子磅后，入库数量数据被采集并输入计算机，能有效提高数据的准确性、即时性，同时又减轻了工人的劳动强度。

信息技术使企业的人、财、物、产、供、销等各个环节实现信息共享。降低了企业内部沟通的时间和成本，使决策者能做出着眼于整体的统筹规划。在外部环境，对整个企业工作流程进行全程动态实时跟踪，随时掌握最新的业务情况和所需的物资产品信息、客户情况、对手动态、行业变化、最新的政策法规以及其各个方面的信息。这使整个企业运营快速高效、信息全面详尽，增强了企业对突发事件的反应能力。信息技术的应用将随着企业生产和管理的要求进一步地深入。

在企业、学校和其他组织中，信息技术体系结构是一个为达成战略目标和发展信息技术的综合结构。它包括管理和技术的成分。其管理成分包括职能与信息需求、系统配置和信息流程；技术成分包括用于实现管理体系结构的信息技术标准、规则等。

物联网和云计算作为信息技术新的高度和形态被提出并得到发展。根据中国物联网校企联盟的定义，物联网为当下几乎所有技术与计算机互联网技术的结合，旨在更快、更准地收集、传递、处理信息并执行相关操作，是科技的最新呈现应用形式。

2. 信息技术的特征

有人将计算机与网络技术的特征——数字化、网络化、多媒体化、智能化、虚拟化，当作信息技术的特征。我们认为，信息技术的特征应从以下两方面来理解。

（1）信息技术具有技术的一般特征——技术性。具体表现为：方法的科学性、工具设备的先进性、技能的熟练性、经验的丰富性、作用过程的快捷性以及功能的高效性等。

（2）信息技术具有区别于其他技术的特征——信息性。具体表现为：信息技术的服务主体是信息，核心功能是提高信息处理与利用的效率、效益。由信息的秉性决定信息技术还具有普遍性、客观性、相对性、动态性、共享性和可变换性等特性。

3. 信息技术的发展趋势

信息技术推广应用的显著成效，促使世界各国致力于信息化，而信息化的巨大需求又驱使信息技术高速发展。当前信息技术发展的总趋势是以互联网技术的发展和应用为中心，从典型的技术驱动发展模式向技术驱动与应用驱动相结合的模式转变。

微电子技术和软件技术是信息技术的核心。集成电路上每个芯片上包含上亿个元件，构成了“单片上的系统”（SoC），模糊了整机与元器件的界限，极大地提高了信息设备的功能，并促使整机向轻、小、薄和低功耗方向发展。软件技术已经从以计算机为中心向以网络为中心转变。软件与集成电路设计的相互渗透使得芯片变成“固化的软件”，进一步巩固了软件的核心地位。软件技术的快速发展使越来越多的功能可以通过软件来实现，“硬件软化”成为趋势，“软件无线电”“软交换”等技术领域相继形成。嵌入式软件的发展使软件走出了传统的计算机领域，促进多种工业产品和民用产品的智能化。软件技术已成为推进信息化的核心技术。

三网融合和宽带化是网络技术发展的大方向。电话网、有线电视网和计算机网的三网融合是指三者在数字化的基础上，在网络技术上走向一致，在业务内容上相互覆盖。电话网和电视网在技术上都要向互联网技术看齐，其基本特征是采用IP协议和分组交换技术；在业务上要话音为主或单向传输发展成交互式的多媒体数据业务为主。三网融合不能简单地理解为把三个网合成一个网，但它的确打破了原有的行业界限，将引起产业的重组与政策的调整。随着互联网上数据流量的迅猛增加，特别是多媒体信息的增加，对网络带宽的要求日益提高。增大带宽，是相当长时期内网络技术发展的主题。在广域网和城域网上，以密集波分复用技术（DWDM）为代表的全光网络技术引人注目，带动了光信息技术的发展。宽带接入网技术多种方案竞争激烈，鹿死谁手尚难见分晓。无线宽带接入技术和建立在第三代移动通信技术之上的移动互联网技术，正向信息个人化的目标前进。

互联网的应用开发也是一个持续的热点。一方面，电视机、手机、PDA（个人数字助理）等家用电器和个人信息设备都向网络终端设备的方向发展，促成了网络终端设备的多样性和个性化，打破了计算机上网一统天下的局面；另一方面，电子商务、电子政务、远程教育、电子媒体、网上娱乐技术日趋成熟，不断降低对使用者的专业知识要求和经济投入要求；互联网数据中心（IDC）、网络服务等技术的提出和服务体系的形成，构成了日益完善的社会化服务体系，使信息技术日益广泛地进入社会生产、生活中的各个领域，从而促进了网络经济的形成。

1.3.2 物流信息技术概述

1. 物流信息技术简介

物流信息技术是现代信息技术在物流各个作业环节中的综合应用，是现代物流区别于传统物流的根本标志，是物流现代化的重要标志，也是物流技术中发展最快的领域，尤其是计算机网络技术的广泛应用使物流信息技术达到了较高的应用水平。它建立在计算机、网络通信技术平台上的各种技术基础之上。在物流领域中，这些技术包括硬件技术和软件技术，如通信网络技术、自动识别技术（如条码技术、IC 卡技术、RFID 技术）、空间信息技术［如 GPS（全球定位系统）、GIS］、物流系统自动化技术（如自动化仓库系统、自动分拣系统）等以及在这些技术手段支撑下的数据库技术和面向行业的管理信息系统等软件技术。物流信息技术为现代物流业在更大的范围内进行信息共享与交互提供了基础平台。

本质上属于信息技术范畴的物流信息技术，作为现代信息技术的重要组成部分，可以分为 4 个层次。

（1）物流信息基础技术，即有关元件、器件的制造技术，它是整个信息技术的基础。例如微电子技术、光子技术、光电子技术等。

（2）物流信息系统技术，即有关物流信息的获取、传输、处理、存储的设备和系统的技术，它是建立在信息基础技术之上的，是整个信息技术的核心。其内容主要包括物流信息获取技术、物流信息传输技术、物流信息处理技术及物流信息存储技术。

（3）物流信息应用技术，即基于管理信息系统（MIS）技术、优化技术和计算机集成制造系统（CIMS）技术而设计出的各种物流自动化设备和物流信息管理系统，例如自动化分拣与传输设备、自动导引车（AGV）、集装箱自动装卸设备、仓储管理系统（WMS）、运输管理系统（TMS）、配送优化系统、全球定位系统、地理信息系统等。

（4）物流信息安全技术，即确保物流信息安全的技术，主要包括密码技术、防火墙技术、病毒防治技术、身份鉴别技术、访问控制技术、备份与恢复技术和数据库安全技术等。

2. 物流信息技术的意义

物流信息技术是物流现代化的重要标志，也是物流技术中发展最快的领域，从数据采集的条码系统，到办公自动化系统中的微机、互联网，各种终端设备等硬件以及计算机软件都在日新月异地发展。同时，随着物流信息技术的不断发展，产生了一系列新的物流理念和新的物流经营方式，推进了物流的变革。在供应链管理方面，物流信息技术的发展也改变了企业应用供应链管理获得竞争优势的方式，成功的企业通过应用信息技术来支持它的经营战略并选择它的经营业务。通过利用信息技术来提高供应链活动的效率性，增强整个供应链的经营决策能力。

3. 物流信息技术未来的发展趋势

(1) RFID 技术将成未来关键技术。专家分析认为，RFID 技术应用于物流行业，可大幅提高物流管理与运作效率，降低物流成本。另外，从全球发展趋势来看，随着 RFID 技术相关技术的不断完善和成熟，RFID 产业将成为一个新兴的高技术产业群，成为国民经济新的增长点。因此，RFID 技术有望成为推动现代物流加速发展的新品润滑剂。

(2) 物流动态信息采集技术。在全球供应链管理趋势下，及时掌握货物的动态信息和品质信息已成为企业盈利的关键因素。但是由于受自然、天气、通信、技术、法规等方面的影响，物流动态信息采集技术的发展一直受到很大制约，远远不能满足现代物流发展的需求。借助新的科技手段，完善物流动态信息采集技术，成为物流领域下一个技术突破点。

(3) 物流信息安全技术。借助网络技术发展起来的物流信息技术，在享受网络飞速发展带来巨大好处的同时，也时刻饱受可能遭受的安全危机，例如网络黑客无孔不入的恶意攻击、病毒的肆虐、信息的泄密等。应用安全防范技术，保障企业的物流信息系统或平台安全、稳定地运行，是企业将长期面临的一项重大挑战。

4. 物流信息标准化技术

标准化是对产品、工作、工程或服务等普遍的活动制定统一的标准，并且对这个标准进行贯彻实施的整个过程。标准化是国民经济管理和企业管理的重要内容，也是现代科学体系的重要组成部分，是由于社会大分化、生产大分工之后，为合理组织生产，促进技术进步，协调社会生活所出现的事物，标准化管理是有权威、有法律效力的管理。

(1) 物流信息标准化的含义。物流信息标准化技术，标准化是对产品、工作、工程或服务等普遍的活动规定统一的标准，并且对这个标准进行贯彻实施的整个过程。物流信息标准化包括以下 3 个方面的含义。

①从物流系统的整体出发，制定其各子系统的设施、设备、专用工具等的技术标准，以及业务工作标准。

②研究各子系统技术标准和业务工作标准的配合性，按配合性要求，统一整个物流系统的标准。

③研究物流系统与相关其他系统的配合性，谋求物流大系统的标准统一。

以上 3 个方面是分别从不同的物流层次上考虑将物流实现标准化。要实现物流系统与其他相关系统的沟通和交流，在物流系统和其他系统之间建立通用的标准，首先要在物流系统内部建立物流系统自身的标准，而整个物流系统的标准的建立又必然包括各个物流子系统的标准。因此，物流要实现最终的标准化必然要实现以上 3 个方面的标准化。

（2）物流信息标准化的形式。

①简化。简化是指在一定范围内削减物流信息标准化对象类型的数目，使之在一定时间内满足一般需要。如果对产品生产的多样化趋势不加限制，任其发展，就会出现多余、无用和低功能产品品种，造成社会资源和生产力的极大浪费。

②统一化。统一化是指把同类事物的若干表现形式归并为一种或限定在一个范围内。统一化的目的是消除混乱。物流信息标准化要求对各种编码、符号、代号、标志、名称、单位、包装运输中机具的品种规格系列和使用特性等实现统一。

③系列化。系列化是指按照用途和结构把同类型产品归并在一起，使产品品种典型化；再把同类型的产品的主要参数、尺寸，按优先数理论合理分级，以协调同类产品和配套产品及包装之间的关系。系列化是使某一类产品的系统结构、功能标准化形成最佳形式。系列化是改善物流、促进物流技术发展最为明智而有效的方法。比如按 ISO 标准制造的集装箱系列，可广泛适用于各类货物，大大提高了运输能力，还为计算船舶载运量、港口码头吞吐量和公路与桥梁的载荷能力等提供了依据。

④通用化。通用化是指在互相独立的系统中，选择与确定具有功能互换性或尺寸互换性的子系统或功能单元的标准化形式，互换性是通用化的前提。通用程度越高，对市场的适应性越强。

⑤组合化。组合化是按照标准化原则，设计制造若干组通用性较强的单元，再根据需要进行合拼的标准化形式。对于物品编码系统和相应的计算机程序同样可通过组合化使之更加合理。

（3）物流信息标准化体系。

①物流术语标准。物流用语常常因国家、地区、行业、人员的不同而具有不同含义，在传递物流信息时可能引起误解和发生差错。因此，必须为物流信息交流提供标准化的语言，这是物流信息标准化的基础工作。2001 年 8 月，国家质量技术监督局发布了中华人民共和国国家标准《物流术语》（GB/T 18354—2001），收入并确定了物流领域当时已基本成熟的 145 条术语及其定义，为我国物流信息标准化创造了一个良好的开端。

②物流信息分类编码标准。物流信息分类编码标准是物流信息标准化工作的一个专业领域和分支，核心就是将大量物流信息统一进行合理化的分类，并用代码加以表示，构成标准信息分类代码，便于人们借助代码通过手工或计算机的方式进行信息检索和查询，这是物流信息系统正常运转的前提。物流信息分类编码标准体系分为三个门类。第一门类为基础标准，这些标准是制定标准时所必须遵循的、全国统一的标准，是全国所有标准的技术基础和方法指南，具有较长时期的稳定性和指导性；第二门类为业务标准，它是针对物流活动（装卸、搬运、仓储、运输、包装和流通加工）的技术标准，对物流信息系统建设具有指导意义；第三门类为相关标准，它是伴随人类社会技术进步（特别是通信和信息处理技术进步）而产生的专业领域标准，其中 EDI（电子数据交换）应用于商业贸易和政府审批（如报关等），它与物流活动密切相关，而 GPS（全球定位系统）则是提供对运输工具（包括运输物品）的动态实时跟踪和导

航的工具系统，也与物流活动密切相关。

③物流信息采集标准。对物流信息的采集方法，手段，格式等进行统一规定，如在条码标准中，对使用条码的种类，使用范围以及每种条码的排列规则，起始符、终止符、数据符、校验符和空白区等进行规定，并统一条码的阅读和处理程序标准等。在射频识别的电子标签（Tag）标准中，对电子标签的信息存储格式、外形尺寸、电源形式、工作频率、阅读方式、有效距离、信号调制方式等进行统一规定。在 GPS 技术标准中，对覆盖范围、可靠性、数据内容、准确性以及多用性等指标进行规定。

④物流信息传输与交换标准。对物流信息的通信协议、传输方式、传送速度、数据格式、安全保密、交换程序等进行统一规定。如在 EDI 标准中，国际物品编码协会（EAN）对数据格式和报文标准进行了制定，在联合国的 UN/EDIFACT 标准基础上制定了流通领域的 EANCOM 标准，通信标准在 ISO – OSI 国际标准化组织开放系统互连参考模型的基础上，针对不同的对象采取不同的标准。

⑤物流信息记录与存储标准。对物流信息的记录，存储和检索模式等进行规定。如对存储介质、存储形式、存储过程、数据库类型、数据库结构、索引方法、压缩方式、查询处理、数据定义语言、数据查询语言、数据操纵语言、完整性约束等制定统一标准。

⑥物流信息系统开发标准。对物流信息系统的需求分析、设计、实现、测试、制造、安装检验、运行和维护到软件引退（为新的软件所代替）等建立起标准或规范，如过程标准（如方法、技术、质量等）、产品标准（如需求、设计、部件、描述、计划、报告等）、专业标准（如职别、道德准则、认证、特许、课程等）以及记法标准（如术语、表示法、语言等）。

⑦物流信息安全标准。为防止或杜绝对物流信息系统（包括设备、软件、信息和数据等）的非法访问（包括非法用户的访问和合法用户的非法访问）而制定的一系列技术标准，如物流信息系统中的用户验证、加密解密、防火墙技术、数据备份、端口设置、日志记录、病毒防范等。

⑧物流信息设备标准。对交换机、集线器、路由器、服务器、计算机、不间断电源、条码打印机、条码扫描器、存储器、数据终端等一系列物流信息设备所制定的通用标准和技术规范。

⑨物流信息系统评价标准。对物流信息系统产品进行测评，评价的统一规定和要求。

⑩物流信息系统开发管理标准。对物流信息系统开发的质量控制、过程管理、文档管理、软件维护等一系列管理工作所制定的统一标准。

1.3.3 物联网技术概述

1. 物联网简介

物联网（Internet of Things）指的是将无处不在的（Ubiquitous）末端设备（Devices）和设施（Facilities），包括具备“内在智能”的传感器、移动终端、工业系统、数控系统、家庭智能设施、视频监控系统等，如贴上 RFID 的各种资产（Assets）、携带无线终端的个人与车辆等“智能化物件或动物”或“智能尘埃”（Smart Dust），通过各种无线和/或有线的长距离和/或短距离通信网络实现互联互通（M2M）、应用大集成（Grand Integration）以及基于云计算的 SaaS（软件即服务）营运等模式，在内网（Intranet）、专网（Extranet）和/或互联网（Internet）环境下，采用适当的信息安全保障机制，提供安全可控乃至个性化的实时在线监测、定位追溯、报警联动、调度指挥、预案管理、远程控制、安全防范、远程维保、在线升级、统计报表、决策支持、领导桌面［集中展示的 Cockpit Dashboard（驾驶舱仪表板）］等管理和服务功能，实现对“万物”的“高效、节能、安全、环保”的“管、控、营”一体化。

物联网这个词，国内外普遍公认是 MIT Auto - ID Center（麻省理工学院自动识别中心）Ashton（阿什顿）教授 1999 年在研究 RFID 时最早提出来的。在 2005 年国际电信联盟（ITU）发布的同名报告中，物联网的定义和范围已经发生了变化，覆盖范围有了较大的拓展，不再只是指基于 RFID 技术的物联网。

自 2009 年 8 月时任总理温家宝提出“感知中国”以来，物联网被正式列为国家五大新兴战略性产业之一，写入《政府工作报告》，物联网在中国受到了全社会极大的关注，其受关注程度是在美国、欧盟以及其他各国不可比拟的。

物联网在中国迅速崛起得益于我国在物联网方面的几大优势。

第一，我国早在 1999 年就启动了物联网核心传感网技术研究，研发水平处于世界前列。

第二，在世界传感网领域，我国是标准主导国之一，专利拥有量高。

第三，我国是目前能够实现物联网完整产业链的国家之一。

第四，我国无线通信网络和宽带覆盖率高，为物联网的发展提供了坚实的基础设施支持。

第五，我国已经成为世界第二大经济体，有较为雄厚的经济实力支持物联网发展。

2. 物联网关键技术与支撑技术

简单地讲，物联网是物与物、人与物之间的信息传递与控制。在物联网应用中有三项关键技术和四项支撑技术。

（1）关键技术。在物联网应用中有三项关键技术，简单地讲就是物联网是物与物、人与物之间的信息传递与控制。

①传感器技术，这也是计算机应用中的关键技术。大家都知道，到目前为止绝大部分计算机处理的都是数字信号。模拟信号需要通过传感器转换成数字信号才能由计算机进行处理。

②RFID 技术，是融合无线射频技术和嵌入式技术于一体的综合技术，RFID 在自动识别、物品物流管理有着广阔的应用前景。

③嵌入式系统技术，是综合了计算机软硬件、传感器技术、集成电路技术、电子应用技术于一体的复杂技术。经过几十年的演变，以嵌入式系统为特征的智能终端产品随处可见；小到人们身边的 MP3，大到航天航空的卫星系统。嵌入式系统正在改变着人们的生活，推动着工业生产以及国防工业的发展。如果把物联网比作人的身体，传感器相当于人的眼睛、鼻子、皮肤等感官，网络就是神经系统，用来传递信息，嵌

入式系统则是人的大脑，在接收信息后进行分类处理。这个例子很形象地描述了传感器、嵌入式系统在物联网中的位置与作用。

（2）支撑技术。

①RFID：电子标签属于智能卡的一类，RFID 技术在物联网中主要起“使能”（Enable）作用。

②传感网：借助各种传感器，探测和集成包括温度、湿度、压力、速度等物质现象的网络，也是温总理“感知中国”提法的主要依据之一。

③M2M：这个词国外用得较多，侧重于末端设备的互联和集控管理，中国三大通信营运商在推 M2M 这个理念。

④两化融合：工业信息化也是物联网产业主要推动力之一，自动化和控制行业是主力，但目前来自这个行业的声音相对较少。

3. 物联网的应用模式

根据其实质用途可以归结为三种基本应用模式。

（1）对象的智能标签。通过二维码、RFID 等技术标识特定的对象，用于区分对象个体，例如在生活中我们使用的各种智能卡、条码标签的基本用途就是用来获得对象的识别信息；此外通过智能标签还可以用于获得对象物品所包含的扩展信息，例如智能卡上的余额，二维码中所包含的网址和名称等。

（2）环境监控和对象跟踪。利用多种类型的传感器和分布广泛的传感器网络，可以实现对某个对象的实时状态的获取和特定对象行为的监控，如利用分布在市区的各个噪声探头监测噪声污染，通过二氧化碳传感器监控大气中二氧化碳的浓度，通过 GPS 标签跟踪车辆位置，通过交通路口的摄像头捕捉实时交通流程等。

（3）对象的智能控制。物联网基于云计算平台和智能网络，可以依据传感器网络用获取的数据进行决策，改变对象的行为进行控制和反馈。例如根据光线的强弱调整路灯的亮度，根据车辆的流量自动调整红绿灯间隔等。

4. 物联网发展趋势

物联网将是下一个推动世界高速发展的“重要生产力”，是继通信网之后的另一个万亿级市场。

业内专家认为，物联网一方面可以提高经济效益，大大节约成本；另一方面可以为全球经济的复苏提供技术动力。美国、欧盟等都在投入巨资深入研究探索物联网。我国也正在高度关注、重视物联网的研究，工业和信息化部会同有关部门，正在开展有关新一代信息技术的研究，以形成支持新一代信息技术发展的政策措施。

此外，物联网普及以后，用于动物、植物和机器、物品的传感器与电子标签及配套的接口装置的数量将大大超过手机的数量。物联网的推广将会成为推进经济发展的又一个驱动器，为产业开拓了又一个潜力无穷的发展机会。按照对物联网的需求，需要按亿计的传感器和电子标签，这将大大推进信息技术元件的生产，同时增加大量的就业机会。

物联网拥有业界最完整的专业产品系列，覆盖从传感器、控制器到云计算的各种应用。产品服务涉及智能家居、交通物流、环境保护、公共安全、智能消防、工业监测、个人健康等各种领域。形成了“质量好、技术优、专业性强，成本低，满足客户需求”的综合优势，持续为客户提供有竞争力的产品和服务。物联网产业是当今世界经济和科技发展的战略制高点之一。

在2012年，中国物联网产业市场规模达到3650亿元。从智能安防到智能电网，从二维码普及“智慧城市”落地，作为被寄予厚望的新兴产业，物联网正四处开花，悄然影响着人们的生活。专家指出，伴随着技术的进步和相关配套设施的完善，在未来几年，技术与标准国产化、运营与管理体系化、产业草根化将成为我国物联网发展的三大趋势。

1.4 物流信息技术应用

目前，各种物流信息技术已经广泛应用于物流活动的各个环节，对企业的物流活动产生了深远的影响。

1. 物流动态信息采集技术的应用

企业竞争的全球化发展、产品生命周期的缩短和用户交货期的缩短等都对物流服务的可得性与可控性提出了更高的要求，实时物流理念也由此诞生。如何保证对物流过程的完全掌控，物流动态信息采集技术是不可缺少的要素之一。动态的货物或移动载体本身具有很多有用的信息，例如货物的名称、数量、重量、质量、出产地或者移动载体（如车辆、轮船等）的名称、牌号、位置、状态等一系列信息。这些信息可能在物流中会被反复使用。因此，正确、快速读取动态货物或载体的信息并加以利用可以显著地提高物流的效率。在目前流行的物流动态信息采集技术应用中，一维、二维条码技术应用范围最广，其次还有磁条（卡）、射频识别（RFID）等技术。

（1）条码技术在物流系统中的应用。

条码技术是20世纪在计算机应用中产生和发展的电子与信息识别技术，所涉及的技术领域较广，包括条码理论、光电技术、计算机技术、通信技术、条码印刷技术等多项技术相结合的产物，经过多年的长期研究和应用实践，现已发展成为较成熟的实用技术。条码技术从诞生的第一天起就与物流结下了不解之缘。条码技术像一条纽带，把产品生命期中各阶段发生的信息连接在一起，可跟踪产品从生产到销售的全过程。条码在物流系统中的应用，主要体现在以下几方面。

①生产线自动控制系统。

②信息系统（如POS系统）。

③仓储管理系统。

④自动分拣系统。

⑤售后服务系统。

（2）RFID技术在物流系统中的应用。

射频（RF）是用于无线通信的电磁波，把射频技术用于自动识别中，就称为射频识别技术，它是20世纪90年代兴起的一项新型自动识别技术，成功地将射频技术与微电子技术及IC卡技术结合起来，利用无线射频方式对记录媒体（电子标签或射频卡）

进行读写，从而达到识别目标和数据交换的目的。RFID 技术的突出特点是实现非接触双向通信，解决了无源（射频卡中可以无电源）和非接触这一难题，是电子器件领域的一大突破。它利用无线电波对记录媒体进行读写，射频识别的距离可达几十厘米至几米，且根据读写的方式可以输入数千字的信息，同时，还极具保密性。RFID 技术适用于物料跟踪、运载工具和货架识别等要求非接触数据采集和交换的场合，在要求频繁改变数据内容的场合尤为适用。如车辆自动识别系统采用的主要技术就是 RFID 技术。

随着大规模集成电路技术的进步以及生产规模的不断扩大，基于 RFID 技术的产品的成本也不断降低，更由于射频识别技术的自身优势及特点，其应用越来越广泛。目前，射频识别主要有以下几个方面应用。

①RFID 技术在物流管理中的应用。

a. 在仓储环节的应用。RFID 系统可以应用在智能仓库货物接收、入库、订单拣货、出库等环节应用。

b. 在运输环节的运用。射频识别技术结合全球卫星定位系统，可以对物流运输过程进行全面可视化跟踪，及时了解货物在途运输信息，便于公司进行远程调度管理。

c. 在物流配送环节的应用。用于在途物资可见性系统：物资配送中心接到配送任务后，需要及时、迅速地将需求方所需物资运送到位，利用射频技术即可准确、迅速地完成配送任务并实现对在途物资的跟踪。用于寻找特定物资：特定物资寻找系统主要由射频标签和手持式无线询问机组成，其中记录着物资信息的射频标签附在物资运输车辆或包装箱上，手持式无线询问机能发出脉冲电波激活射频标签，并能在 100 米距离范围内阅读标签上的信息。

②RFID 技术在物流配送中心的应用。

a. 入库和检验。当贴有射频标签的货物运抵配给中心时，入口处的阅读器将自动识读标签，根据得到的信息，管理系统会自动更新存货清单，同时，根据订单的需要，将相应货品发往正确的地点。

b. 整理和补充货物。装有移动阅读器的运送车自动对货物进行整理，根据计算机管理中心的指示自动将货物运送到正确的位置，同时将计算机管理中心的存货清单更新，记录下最新的货品位置。存货补充系统将在存货低于指定数量时自动向管理中心发出申请，根据管理中心的命令，在适当的时间补充相应数量的货物。

c. 订单填写。通过 RFID 系统，将发货、出库、验货、更新存货目录整合成一个整体，最大限度地减少了错误的发生，也节省了人力。

d. 货物出库运输。应用 RFID 技术后，货物运输将实现高度自动化。

2. 空间信息技术在物流设备追踪中的应用

目前，物流设备追踪主要是指对物流的运输载体及物流活动中涉及的物品所在地进行跟踪。物流设备跟踪的手段有多种，可以用传统的通信手段如电话等进行被动跟踪，也可以用 RFID 手段进行阶段性的跟踪，但目前国内用得最多的还是利用空间信息技术 GPS/GIS 跟踪。

（1）GPS 技术在物流系统中的应用。

全球定位系统利用卫星对地面目标进行精确导航与定位。无论是陆地、海洋还是太空用户都可以通过 GPS 全天候、24h、在全球任何位置精确定位物流设备与物品的三维坐标、速度和时间，其定位精度比目前以及可以预见的将来任何无线导航系统都要高。GPS 已在物流领域进行了广泛的应用，主要是车载 GPS 自主导航系统、GPS 车辆监控与调度管理系统，可以定位、跟踪调度以及最佳路线的确定。除此之外，其在空中运输管理和军事物流配送等领域也已开发应用。

①GPS 在货运系统的应用。通过应用 GPS 可以帮助运输企业或企业的运输部门实现以下几个功能。

a. 物流车辆自动货物配载。

b. 全程物流运输管理。

c. 实时车辆监控。

d. 先进的信息化管理。

e. 降低企业运输成本。

f. 实时获取决策数据。

应用 GPS 对物流车辆、船只、火车、飞机进行管理，不但能提高物流车辆的标准化管理水平，提供多样的管理监控途径，而且极大地方便了用户，同时保障司机乘客的人身安全。

②GPS 信息接收终端的应用。就现在的 GPS 与终端所具备的功能来讲，主要有以下几点。

a. 了解车辆布局。

b. 持续监控车辆。

c. 明确当前位置。

d. 区域内预警提示。

e. 历史轨迹查询与回放。

通过对 GPS 这些功能的应用，可在物流中及时对车辆进行调度和配载，降低车辆空驶率，可对承运货物的车辆进行全程跟踪以保证其安全性，也可实时掌握车辆的所在位置提前完成对应工作的安排，加强对司机的管理。

③GPS 在物流系统中的三方应用。GPS 在物流中普及应用后，通过互联网实现信息共享，实现三方应用，车辆使用方、运输公司、接货方对物流中的车货位置及运行情况等都能实时知晓。利用三方协调好商务关系，从而获得最佳的物流流程方案，取得最大的经济效益。

车辆使用方是指货运代理、生产厂家等用车单位。对于所查询车辆的选择可以按单辆车、部分（分组）或全部车辆进行，选中车辆的实时位置信息和行驶数据信息将向管理中心报告。

运输企业可按单辆车、部分（分组）或全部车辆选择，要求车载终端按照定时方式连续上报车辆的实时位置，实现对在途车辆的连续实时监控。

通过应用 GPS，接货方可及时了解货物运载情况，实时查看到货物信息，掌握货物在途的情况和大概的运输时间，以此来提前安排货物的接收、停放以及销售等环节，使货物的销售链可提前完成。

GPS 技术跟踪利用主要跟踪货运车辆与货物的运输情况，使货主及车主随时了解车辆与货物的位置与状态，保障整个物流过程的有效监控与快速运转。在国内，部分物流企业为了提高企业的管理水平和提升对客户的服务能力也会应用这项技术。

（2）GIS 在物流系统中的应用。

地理信息系统（GIS）是用于采集、存储、管理、处理、检索、分析和表达地理空间数据的计算机系统，是分析和处理海量地理数据的通用技术。GIS 由计算机系统、地理数据和用户组成，通过对地理数据的集成、存储、检索、操作和分析，生成并输出各种地理信息，从而为土地利用、资源评价与管理、环境监测、交通运输、经济建设、城市规划以及政府部门行政管理提供新的知识，为工程设计和规划、管理决策服务。通过各种软件的配合，GIS 可以建立车辆路线模型、网络物流模型、分配集合模型、设施定位模型等，从而更好地为物流决策服务。

① GIS 在物流配送系统中的应用。物流配送是物流活动中的一个重要环节，它是指对一定范围内的客户进行的多客户、多品种的按时联合送货活动。物流配送主要包括两个方面：一是配送对象的确定；二是送货路线的选择，即货物如何送的问题。将 GIS 技术应用到物流配送过程中，就能更容易地处理物流配送中货物的运输、仓储、装卸、送递等各个环节，这种基于 GIS 的物流配送系统可实现如下主要功能。

a. 车辆和货物跟踪。

b. 提供运输路线规划和导航。

c. 信息查询。

d. 模拟与决策。

② GIS 在物流信息管理中的应用。采用 GIS 技术的物流信息管理系统，在传统物流信息管理的基础上加入了地理信息，利用 GIS 系统把地理数据库和物资资源信息管理数据库相连接，一是可以统一资源管理平台，使所有物流信息资源的变化情况都可以在一幅地图上实时显示；二是可以将资源管理后的作用和影响直观地表示出来，图文并茂，有利于分析物流配送各环节的问题，符合现代物流的物流配送企业有效利用能耗，提高效率的目标。

将 GIS 应用于物流，从根本上改变了传统物流的管理方式和分析模式，有效地提高了企业管理效率。利用 GIS 能高效地处理空间和属性数据的优势，建立基于 GIS 的物流管理信息系统，对促进物流管理具有广阔的应用前景。

③ GIS/GPS 在物流公共信息平台方面的应用。要在整个区域的物流环境中使物流信息系统发挥作用，必须引入物流公共信息平台。通过对物流相关信息的采集和集成，为生产、销售及物流企业的信息系统提供基础物流信息，满足企业信息系统对物流公用信息的需求，支撑企业信息系统各种功能的实现及支撑政府各个部门之间行业管理与市场规范化管理方面协同工作机制的建立和运作等。

利用 GPS/GIS，首先可以实现货物实时跟踪功能及优化配送功能。利用整个区域的运输资源、商家的供货信息和消费者的购物信息进行最优化配送，提高配送精度。同时，可建立客户数据库，组建客户关系管理子系统，提高服务质量、提高市场占有率。

3. 物流自动化设备技术的应用

物流自动化设备技术主要集成和应用于配送中心，其特点是每天需要拣选的物品品种多，批次多、数量大。因此，在国内部分超市、医药、邮包等行业的配送中心地引进了物流自动化拣选设备。

一种是拣选设备的自动化应用，其拣选货架（盘）上配有可视的分拣提示设备，这种分拣货架与物流管理信息系统相连，动态地提示被拣选的物品和数量，指导着工作人员的拣选操作，提高了货物拣选的准确性和速度。

另一种是一种物品拣选后的自动分拣设备。用条码或电子标签附在被识别的物体上（一般为组包后的运输单元），由传送带送入分拣口，然后由装有识读设备的分拣机分拣物品，使物品进入各自的组货通道，完成物品的自动分拣。分拣设备在国内大型配送中心有所使用。但这类设备及相应的配套软件基本上是从国外进口，也有从国外进口机械设备，再在国内配置软件。近年来，国产堆垛机在其行走速度、噪声、定位精度等技术指标上有了很大的改进，运行也比较稳定。但是与国外著名厂家相比，在堆垛机的一些精细指标如最低货位极限高度、高速（80 米/秒以上）运行时的噪声、电机减速性能等方面还存在不小差距。

随着大规模集约化生产在国内的广泛采用，各类先进的自动控制输送系统不断出现，自动导向运行小车输送系统（AGV）就是其中一种先进实用的系统，并已在实际使用过程中体现出了非常明显的优点——故障率低，现场维护简单易行，能根据不同的需要实现不同的运行速度和动作，可以大大提高生产效率，实现柔性化生产的扩展。

4. 物流公共信息平台的应用

(1) 物流公共信息平台简介。

物流公共信息平台是指基于计算机通信网络技术，提供物流信息、技术、设备等资源共享服务的信息平台。具有整合供应链各环节物流信息、物流监管、物流技术和设备等资源，面向社会用户提供信息服务、管理服务、技术服务和交易服务的基本特征。

物流公共信息平台作为国务院《物流业调整和振兴规划》中提出的九大重点工程之一，是有效解决由于我国信息化水平程度偏低、供应链上下游企业之间沟通不畅等导致我国物流业发展水平低下，全社会物流成本偏高等关键问题的重要手段，是建立社会化、专业化、信息化的现代物流服务体系的基石，对促进产业结构调整、转变经济发展方式和增强国民经济竞争力具有重要作用。

(2) 物流公共信息平台的业务模式。

物流公共信息平台的运营方式基本上可以分成两种模式。第一种是以政府为主的业务模式。在这种业务模式下，公共物流信息平台的规划、建设和运营维护都由国家直接负责，政府主导的力量很强，但也存在很多弊端，如容易造成与市场结合的紧密度不够、需要国家长期投入等。第二种是以企业为主的业务模式。在这种模式下，运营完全由企业自己负责，企业可以自主经营，不会给国家带来太大压力，而且企业由于赢利压力的原因，也会积极探索平台营销的方案，与市场需求的结合度也会比较好，企业也会对平台的具体功能和服务质量持续改进。但企业行为受一定的限制，整体规划性不强，投资压力大。

对比两种运营模式，结合政府要“站高一点，看远一点，想深一点”的思路，可以考虑采用企业为主的业务模式。但是由于企业资金压力大，投资回收缓慢，因此需要政府投入部分初始启动资金并加以引导，并在政策和技术标准等方面予以支持，对取得明显社会效益和经济效益的还可以有适当奖励。

在实际运营中，公共物流信息平台应面向企业，通过政府相关政策和行业协会制度的制约，引入行业准入机制和会员制管理方式。对于加入平台的企业会员，平台可通过收取会费、用户服务费、租赁费、广告费等方式进行市场运作的自主经营，提供有偿服务。政府主要行使宏观调控职能，负责指导公共物流信息平台共享信息服务价格的制定和市场引导政策的出台等。

（3）物流公共信息平台的服务模式。

按照物流服务的复杂程度和技术实现的难度，物流公共信息平台的服务模式可以分为三种类型：信息资源共享、物流服务交易、价值链集成。

①信息资源共享。信息资源共享是物流公共信息平台最基本的服务模式，信息资源共享并不仅仅是简单的信息发布（单一信息中介模式）。信息资源共享包括两个方面的含义：一是运营协调。供应链成员（物流服务需求方）与物流服务提供商之间面向运营层物流活动的协调。二是竞合联盟。物流服务价值链中执行相同活动（物流服务提供商）的角色间通过资源集聚来发展面向柔性的协作。其目的是通过共享资源、分散风险或分担成本，结成一个联盟和大公司竞争或者开拓市场。

a. 运营协调。在供应链物流外包的背景下，供应链物流活动在供应链成员与各种物流服务商之间进行了重新分配。要保持物流运作的一体化，必须有效实现不同角色之间以及不同活动之间的协调。供应链物流的柔性一方面要求物流活动从依附于采购、生产或制造的状态中解脱出来，基于其自身的规律进行演化；另一方面也要求在供应链范围内实现对物流活动的集中控制，以满足物流活动的多层级协调的需要。在供应链的运作中，物流活动的深度和宽度都超越了传统的界限，多层级、层级内多个参与者在物流活动和管理方面都产生了相互依赖性，从而推动物流结构、物流管理、物流协调的集中化。

b. 竞合联盟。竞合联盟既包括物流服务商战略层面的长期合作，也包括短期的基于终端运输层面的动态联盟。协作运输和虚拟仓库是竞合联盟的两种主要形态。在物流运作过程中，由于运输和仓储企业规模有限，网络布局和运作不能达到规模经济和范围经济的要求，使资产利用率低、运营成本高，且服务水平无法保障。通过信息资源共享，发展网络组织或增值伙伴关系，推动传统物流企业之间的合作，有利于较快完善健全网络设施布局，实现物流管理、物流操作和物流服务交易方面的规模效应，增强中小型企业的竞争力，扩大市场份额，提高客户服务水平。

②物流服务交易。物流服务交易是物流公共信息平台的主要服务模式。随着电子商务的发展，越来越多的非标准化产品和服务开始基于网络进行交易。在物流服务市场，货物运输服务、仓储服务等事务性服务的电子化交易开展最早。物流服务交易成

功的因素主要包括市场定位、系统集成和管理制度。

a. 合适的市场定位是首先需要考虑的问题。货运服务可细分为许多类型，如普通货物运输和特种货物运输、低值物品运输和贵重物品运输、原材料运输和商品运输、干线运输和支线运输、长期稳定型运输和零散随机型运输等。市场定位是决定电子货运市场能否成功的关键因素。

货运服务本身具有无形化、多维属性的特点，这是物流公共信息平台发展的较大障碍。标准货运服务使用通用的运输工具，有相对标准的流程，因而有最低水平的交易特定性和不确定性，交易的关系成分最少。而特殊货运服务如保鲜运输等由于使用了特定的运输工具，有特殊的操作要求，运输过程面临着更大的风险（如延误造成腐烂），因而相对标准货运服务来说，有更高的特定性和不确定性。多式联运服务涉及多种运输模式之间的衔接，运输距离更远，使其特定性和不确定性也表现出更高的水平。因而，在物流公共信息平台刚刚开始发展的今天，进行标准化货物运输交易将面临最低的风险。

从另一个角度来说，由于运输已成为现代供应链的一个重要控制变量，因而在货运服务的电子市场交易秩序还不健全、电子货运市场与供应链管理系统的信息交换渠道还不发达的情况下，通过物流公共信息平台来采购运输服务必然面临着较大的交易风险，供应链倾向于将这种高风险内部化——基于年度或更长期合同运输的方式来获得有保障的服务。因而，物流公共信息平台要在短期内在集中市场（Concentrated Market）中取得大的突破是不现实的，它最初的发展仍要依赖于一些零散型运输需求或随机性运输需求等一些分段市场（Fragmented Market）。

b. 动态和标准的集成模式是物流公共信息平台发展的技术基础。物流公共信息平台的长期发展仍依赖于来自供应链的稳定的长期的运输需求。除了逐步完善市场交易秩序，减小潜在的交易风险外；在物流公共信息平台和供应链管理系统之间建立动态的、标准化的集成模式，改进信息不发达状况，并从提供一些“点”需求的服务开始，逐步发展更高层次的运输服务。

在现有的供应链中，运输成为供应链设计、计划、运作的一个重要变量。运输需求的规划和执行都依赖于运输管理系统。因而，物流公共信息平台必须建立标准的、动态的集成模式，以方便地进行电子货运市场和运输管理系统的集成，保证供应链流程的集成化和全程可视性。这是供应链采购电子货运市场服务的一个关键技术条件。

c. 良好的市场交易秩序是物流公共信息平台发展的制度保证。良好的市场交易秩序能有效预防整个交易过程各个阶段的潜在风险，从而为物流公共信息平台的发展提供制度化的保证。随着供应链管理的广泛应用，运输成为供应链管理的重要控制变量，全程可视性理念要求托运人能掌握越来越多的货物位置和状态的实时信息，以保证流程的集成性，因而履行阶段托运人最为关心的流程是履行过程监控。很多货运市场由于不愿意卷入有关纷争，因而对履行阶段提供了很少的支持。但这恰恰可能是物流公共信息平台发展的一个关键机会，通过建立仲裁程序和一定的处罚制度，来提高机会主义的行为成本，增强信任机制，是物流公共信息平台不可避免的责任。

③价值链集成。价值链集成是物流公共信息平台高层次的增值服务模式。物流服务价值链上下游企业之间开展基于能力互补、面向柔性的协作，称为价值链集成。物

流公共信息平台把第四方物流、第三方物流、货运、仓储、配送和流通加工企业通过统一的平台整合到一起，以构建完整的物流服务价值链，参与更高层次供应链物流外包服务。

除了传统的企业并购和战略伙伴关系外，基于网络构建核心能力互补关系的虚拟企业，也是摆脱企业资源限制，快速扩展企业核心能力的一种解决方案。这种应用能允许这些公司超越其本身所拥有资源的限制扩展商业能力，从而扩充了它的虚拟资源，其目的在于通过优势互补占领市场。

除此之外，物流公共信息平台还是物流服务价值链成员与客户之间进行协调活动的信息沟通渠道。平台能为物流服务价值链的运作提供一个基于行业最佳实践的总体流程模型的模板，各成员可基于一定的模板建立物流服务价值链的特定的流程实例，各成员按照其在流程实例中的角色，基于相匹配的工作流模板来调整或开发其内部工作流，并与整体流程实现对接。

案例分析

美国联合包裹运送服务公司

成立于1907年的美国联合包裹运送服务公司（United Parcel Service，UPS）是全球领先的物流企业。2000年，UPS年收入接近300亿美元，其中包裹和单证流量大约35亿件，平均每天向遍布全球的顾客递送1320万件包裹。公司向制造商、批发商、零售商、服务公司和个人提供各种范围的陆路和空运的包裹和单证的递送服务，以及大量的增值服务。表面上联邦快递公司的核心竞争优势来源于其由15.25万辆卡车和560架飞机组成的运输队伍，而实际上联邦快递公司今天的成功并非仅仅如此。

20世纪80年代初，UPS以其大型的棕色卡车车队和及时的递送服务，控制了美国路面和陆路的包裹速递市场。然而，到了80年代后期，随着竞争对手利用不同的定价策略以及跟踪和开单的创新技术对UPS的市场进行蚕食，UPS的收入开始下滑。许多大型托运人希望通过单一服务来源提供全程的配送服务，客户们希望通过掌握更多的物流信息，以利于自身控制成本和提高效率。随着竞争的白热化，这种服务需求变得越来越迫切。正是基于这种服务需求UPS从90年代初开始了致力于物流信息技术的广泛利用和不断升级。今天，提供全面物流信息服务已经成为包裹速递业务中的一个至关重要的核心竞争要素。

UPS通过应用三项以物流信息技术为基础的服务提高了竞争能力。

第一，条码和扫描仪使UPS能够有选择地每周7天、每天24小时地跟踪和报告装运状况，顾客只需拨打免费电话号码，即可获得“地面跟踪”和航空递送这样的增值服务。

第二，UPS的递送驾驶员现在携带着以数控技术为基础的笔记本电脑到排好顺序的线路上收集递送信息。这种笔记本电脑使驾驶员能够用数字记录装运接收者的签字，以提供收货核实信息。通过电脑协调驾驶员信息，减少了差错，加快了递送速度。

第三，UPS最先进的信息技术应用，是创建于1993年的一个全美无线通信网络，该网络使用了55个蜂窝状载波电话。蜂窝状载波电话技术使驾驶员能够把实时跟踪的信息从卡车上传送到UPS的中央电脑。无线移动技术和系统能够提供电子数据储存。

以UPS为代表的企业应用和推广的物流信息技术是现代物流的核心，是物流现代化的标志。尤其是飞速发展的计算机网络技术的应用使物流信息技术达到新的水平，物流信息技术也是物流技术中发展最快的领域，从数据采集的条码系统，到办公自动化系统中的微机、互联网，各种终端设备等硬件以及计算机软件等都在日新月异地发展。同时，随着物流信息技术的不断发展，产生了一系列新的物流理念和新的物流经营方式，推进了物流的变革。今天来看，物流信息技术主要由通信、软件、面向行业的业务管理系统三大部分组成。包括基于各种通信方式基础上的移动通信手段、全球卫星定位系统、地理信息系统、计算机网络技术、自动化仓库管理技术、智能标签技术、条码及射频技术、信息交换技术等现代尖端科技。在这些尖端技术的支撑下，形成以移动通信、资源管理、监控调度管理、自动化仓储管理、业务管理、客户服务管理、财务处理等多种信息技术集成的一体化现代物流管理体系。譬如，运用卫星定位技术，用户可以随时“看到”自己的货物状态，包括运输货物车辆所在的位置（某座城市的某条道路上）、货物名称、数量、重量等，从而不仅大大提高了监控的“透明度”，降低了货物的空载率做到资源的最佳配置；而且有利于顾客通过掌握更多的物流信息，以控制成本和提高效率。

UPS通过在三方面推广物流信息技术发挥了核心竞争优势。

在信息技术上，UPS已经配备了第三代速递资料收集器（Ⅲ型DIAD），这是业界最先进的手提式计算机，可几乎同时收集和传输实时包裹传递信息，也可让客户及时了解包裹的传送现状。这台DIAD配置了一个内部无线装置，可在所有传递信息输入后立即向UPS数据中心发送信息。司机只需扫描包裹上的条码，获得收件人的签字，输入收件人的姓名，并按动一个键，就可同时完成交易并送出数据。Ⅲ型DIAD的内部无线装置还在送货车司机和发货人之间建立了双向文本通信。专门负责某个办公大楼或商业中心的司机可缩短约30分钟的上门收货时间。每当接收到一个信息，DIAD角上的指示灯就会闪动，提醒司机注意。这对消费者来说，不仅意味着所寄送的物品能很快发送，还可随时“跟踪”到包裹的行踪。通过这一过程速递业真正实现了从点到点，户对户的单一速递模式，向除为客户提供传统速递服务外，还包括库房、运输及售后服务等全方位物流服务的发展，从而大大拓展了传统物流概念。

在信息系统上，UPS将应用在美国国内运输货物的物流信息系统，扩展到了所有国际运输货物上。这些物流信息系统包括署名追踪系统及比率运算系统等，其解决方案包括自动仓库、指纹扫描、光拣技术、产品跟踪和决策软件工具等。这些解决方案在商品流向市场或者最终消费者的供应链上帮助客户改进了业绩，真正实现了双赢。

在信息管理上，最典型的应用是UPS在美国国家半导体公司（National Semiconductor Corp.）位于新加坡仓库的物流信息管理系统，该系统有效地减少了仓储量及节省货品运送时间。我们可以看到，在UPS物流管理体系中的美国国家半导体公司新加坡仓库，一位管理员像挥动树枝一样用一台扫描仪扫过一箱新制造的电脑芯片。随着这个简单的举动，他启动了高效和自动化、几乎像魔术般的送货程序。这座巨大仓库是由UPS的运输奇才们设计建造的。UPS的物流信息管理系统将这箱芯片发往码头，而后送上卡车和飞机，接着又是卡车，在短短的12小时内，这些芯片就会送到美国国家半导体公司的客户——远在万里之外硅谷的个人电脑制造商手中。在整个路途中，芯片中嵌入的电子标签将让客户以高达三英尺的精确度跟踪订货。

由此可见，物流信息技术通过切入物流企业的业务流程来实现对物流企业各生产要素的合理组合与高效利用，降低了经营成本，产生了明显的经营效益。它有效地把各种零散数据变为商业智慧，赋予了物流企业新型的生产要素——信息，大大提高了物流企业的业务预测和管理能力，通过“点、线、面”的立体式综合管理，实现了物流企业内部一体化和外部供应链的统一管理，有效地帮助物流企业提高了服务素质，提升了物流企业的整体效益。具体来说，它有效地为物流企业解决了单点管理和网络化业务之间的矛盾、成本和客户服务质量之间的矛盾、有限的静态资源和动态市场之间的矛盾，现在和未来预测之间的矛盾等。

以现代物流信息技术为核心竞争力的UPS已经在我国北京、上海、广州开办了代表处。1996年6月，UPS与中方合作伙伴中国外运共同在北京成立其在中国的第一家合资企业。2001年1月，UPS的飞机被允许直飞中国，自从其首班飞机飞抵了上海后，目前UPS在北京、上海、深圳都建立了自己的航空基地，每星期有10个货运航班飞往中国。就此，世界物流业巨头UPS参与到了中国快递行业方兴未艾的激烈竞争中来。

思考题

1. 简述美国对物流定义的演变。
2. 比较信息流与物流的特征。
3. 物流信息技术包括哪些内容？
4. 简述几种主要的现代物流信息技术。
5. 如何理解物流信息化？
6. 现在物流发展的趋势有几种？
7. 了解某一物流信息技术的具体应用情况。
8. 简述现代信息技术在我国物流行业应用的现状、特点，并提出建议。
9. 收集与分析我国物流行业的信息化发展历程、现状以及存在问题。

2 网络与通信技术

案例导入

中国外运股份有限公司（以下简称“中国外运”）是由中国对外贸易集团总公司以独家发起方式设立，并于2003年在香港联合交易所成功上市。中国外运是中国具有领先地位的物流服务提供商，核心业务包括货运代理、快递服务、船务代理；支持性业务包括仓储和码头服务、汽车运输、海运。业务经营地区覆盖国内发展迅速的沿海地区和其他战略地区，并拥有一个广泛而全面的服务网络和海外代理网络。中国外运的年产值数百亿元，员工数万名，是名副其实的物流“航母”。

据中国外运信息管理部介绍，最近的3~4年，中国外运在IT建设方面进行了很大的投入，组建了覆盖全国主要城市和沿海等经济活跃地区的100多个节点的计算机网络，并且建立了20~30个业务应用系统，其中包括物流管理系统、空运快件系统、仓储管理系统、陆运系统、汽车调度系统、货物配送系统、运输管理系统、财务ERP（企业资源计划）系统、OA系统、人事管理系统、电子邮件系统、安全系统等。但是，随着物流电子化进程的深入，中国外运也逐渐感觉到维护庞大业务信息网络的高难度。

中国外运在2003年前后萌发了统一网络管理的想法。当时，负责网络管理的只有几个人，需要管理全国的骨干网络，几十台安装了不同操作系统的服务器，维护各种各样的数据库，还要参与不同项目，慢慢感觉不胜负荷。另外，由于采用分片包干的管理方式，几个工程师分管网络设备，几个工程师分管服务器，还有人专门负责数据库的维护。这样一来，就会造成在系统故障时责任划分不清，处理问题不够及时等状况。而由于技术人员在负责监控系统运行的同时还担负着公司的生产任务，工作重心常常发生偏移，导致业务服务响应能力的下降。奇缺的人才、复杂的操作和尚未明确的流程让他们深陷管理“怪圈”，随着时间的推移，这种窘境有可能继续恶化，如何进行网络优化是摆在中国外运眼前的一道难题。

面对这一局面，中国外运信息管理部选择了“突围”。基于自身的实际需求，中国外运开始寻找能够高效集成多种管理工具、同时规范网管流程的统一网络管理解决方案。经过仔细甄选，中国外运最终锁定了HP OpenView。对于中国外运信息管理部来说，这仿佛是经历了一次网络管理操作的彻底简化，而在这种轻松的管理体验背后，中国外运还发现，其业务系统的服务影响能力大大加强，工作流程也实现了透明化。

据中国外运该项目的负责人介绍，此次他们选用的是HP公司最新发布的OpenView版本，根据自身需要，中国外运选购了大部分OpenView系列的监控产品，包括OVO、OVPM、SPI、OVIS、Service Navigator等。目前的网管监控平台已经覆盖了公司总部和全国各个分公司的骨干网络设备，监控对象包括HP-UX、IBM、AIX、Linux、Windows系统的服务器，以及Oracle、SQL Server数据库等。在应用服务方面，可监控的应用包括中国外运的ERP，物流仓储、EDI（电子数据交换）、企业邮件、门户网站等关键业务系统。新系统建成后，中国外运原先相对冗长的网络系统管理与监控战线实现了高效聚合。在使用OpenView之前，网络系统管理的状态非常分散。以设备管理为例，华为的路由器用华为的管理工具，HP的磁盘阵列用HP的管理工具。采用OpenView之后，管理工具实现了集成。工作人员通过统一的监控平台就可以实现对整个IT网络的管理，工作效率得到大幅提升。

中国外运信息管理部表示："以前我们一提起网络系统管理，想到的就是数十个厂商自带的小工具。现在，我们拥有了一个集成式的管理平台。从目前系统的使用情况来说，中国外运的主要业务应用都可以在此平台上控制，而在中国外运所制定的2003—2007年的5年规划中，2006年已经有一些大型应用陆续上线，而它们也会被集成到这个平台之上。"

该项目的另一个作用就是帮助中国外运完成了网络管理制度的转变。目前，中国外运信息管理部已经将原来的分片包干改为5×8h的值班制，工作人员按时段监控网络系统运营情况，负责处理简单网络系统故障，遇到重大问题按照操作流程进行处理，并且要记录值班时间内的运行指数和事件，汇总形成每天的网络系统运行报告。这一制度已经从2005年的7月开始正式实施。

"我们在制度改进方面还是只是迈出了第一步，要想走得更远，还有更多管理方面的工作要做"，这是中国外运目前的认识。据介绍，在2003年，中国外运就通过HP公司制定了基于ITIL（信息技术基础架构库）标准的14个流程，其中包括事件流程、问题流程、变更流程等。中国外运项目负责人表示，"通过OpenView项目的实施，我们正在尝试将更多的流程导入到这一平台上来，这样不仅各级、各部门的责任更加明确，网络系统运营维护的各项操作也有章可循了"。

在实际的使用过程中，OpenView的一些功能模块给中国外运项目负责人留下了深刻的印象，特别是OVIS，它对中国外运的网站监控工作贡献度颇高。据中国外运项目负责人介绍，OVIS是一种体验式的监控工具，它可以模拟网站访问者的行为，测试通过不同的访问途径是否能够完整地查看网站内容。目前，中国外运已经将OVIS用在内部客户、外部客户、电子邮件等网站上。通过它模拟网站远程访问情况，这在以前是做不到的。部署OpenView之前，我们只能判断网站是否可用，现在我们可以模拟内网或Internet访问，从多方面验证网站的运行情况，并及时发现问题。

"采用OpenView以后，我们发现，数据来源还是原来的这些数量的客户，但是对系统和网络的了解却更全面了"，中国外运项目负责人说。与大多数部署统一网管平台的用户一样，中国外运同样经历了一个由被动应对到主动预防的变化。中国外运项目负责人表示，以前很多问题摆在表面却无法发现，现在我们可以"透视"整个网络的各个部分，去发掘系统中的问题。

美妙的“初体验”引发了中国外运的更多期待。我们采访之时，中国外运的网管平台仅运行了2个月左右，中国外运认为，还需要更多的时间来优化和摸索。例如：在流程规范化方面，还需要一个提升的过程，还有值班制，中国外运计划将其扩展到7×24h值班制。IT管理向银行、电信等大行业靠拢，是中国外运的下一个目标。

2.1 计算机网络技术

计算机网络技术和通信技术使人们可以利用连接到世界各地的网络来获取、查询、存储、传输以及处理信息，广泛利用信息进行学习、工作、生产等的控制与决策。网络与通信技术的不断发展已深入全球经济生活和社会生活的各个角落，已经成为人们生活中不可缺少的一部分。

2.1.1 计算机网络概述

计算机网络就是将独立自主的、地理上分散的计算机系统，通过通信设备和传输介质连接起来，在完善的网络软件控制下以实现信息传输和资源共享的系统。

组成计算机网络的计算机系统应该是独立自主的，在功能上各计算机系统地位相等，都能独立进行数据处理，在地理位置上相互分散，其耦合程度较弱。同时构成网络的计算机系统必须配备完善的网络软件，网络软件主要包括网络协议和网络操作系统，其作用是为用户提供网络服务，所组成的计算机网络用于资源共享和数据传输。

计算机网络的资源可以分成3类，即硬件资源、软件资源和数据资源。其中，硬件资源主要包括网络中的服务器和工作站中的处理器、存储器、打印机等外设资源以及相关网络设备，软件资源主要包括网络中各计算机的软件、应用程序等共同享用的软件，而数据资源则是指以数据形式存储于各计算机供用户使用的各类数据。

除了提供资源共享外，计算机网络还提供数据传输的功能。许多公用的通信网络，它们本身不提供资源共享功能，而是为组建各用户的网络提供传输数据的功能。

1. 计算机网络的组成与结构

一般的计算机网络系统的组成可分为3部分：硬件系统、软件系统和网络信息。

硬件系统是计算机网络的物质基础，硬件系统由计算机、通信设备、连接设备及辅助设备组成，通过这些设备的组成形成了计算机网络的类型。常用的硬件设备有服务器、客户机、网络适配器、调制解调器、集线器、网桥、路由器和中继器，以下对这些常用的设备做简要介绍。

（1）服务器。服务器是计算机网络中的核心组成部分。服务器是计算机网络中向其他计算机或网络设备提供服务的计算机，并按提供的服务被冠以不同的名称，如数据库服务器，邮件服务器等。常用的服务器有文件服务器、打印服务器、通信服务器、数据库服务器、邮件服务器、信息浏览服务器和文件下载服务器等。

（2）客户机。客户机是与服务器相对的一个概念。在计算机网络中享受其他计算机提供的服务的计算机就称为客户机，有时也称之为工作站。

(3) 网络适配器。网络适配器，又称为网络接口卡或网卡，是安装在计算机主机板上的电路板插卡，用于将计算机与通信设备相连接，负责传输或者接收数字信息。

(4) 调制解调器。调制解调器是一种信号转换装置，通过它可以将计算机与公用电话线相连，使现有网络系统以外的计算机用户能够通过拨号的方式，利用公用事业电话网访问远程计算机网络系统。

(5) 集线器。集线器是局域网中常用的连接设备。

(6) 网桥。网桥又称桥接器，是局域网常用的连接设备，是一种在链路层实现局域网互联的存储转发设备。

(7) 路由器。路由器是互联网中常用的连接设备，用来实现路由选择功能。它是一种非常重要的互联设备，主要实现异种网络的互联，它具有更强的隔离能力。

(8) 中继器。中继器可用来扩展网络长度。中继器的作用是在信号传输较长距离后，进行整形和放大，但不对信号进行校验处理等。

计算机网络的软件系统包括网络操作系统和网络协议等。网络操作系统是指能够控制和管理网络资源的软件，是由多个系统软件组成，在基本系统上有多种配置和选项可供选择，使得用户可根据不同的需要和设备构成最佳组合的互联网络操作系统。网络协议是保证网络中两台设备之间正确传送数据的前提。

网络信息是计算机网络上存储、传输的信息，是计算机网络中最重要的资源，它存储于服务器上，由网络软件系统对其进行管理和维护。

2. 计算机网络的功能

计算机网络的功能主要是资源共享、数据通信、负载均衡与分布处理、提高网络系统可靠性和处理能力等。

(1) 资源共享。在计算机网络中，网络信息并非为每一用户所拥有，因此必须进行资源共享。资源共享包括硬件资源的共享（如打印机、大容量磁盘等）和软件资源的共享（如程序等）。

(2) 数据通信。数据通信主要实现网络各组成计算机系统之间的数据传递，通过网络数据从各终端传递到服务器中，由服务器集中处理后再回送到终端。这是计算机网络最基本的功能，也是实现其他功能的基础。

(3) 负载均衡与分布处理。负荷均衡是指工作被均匀地分配给网络上的各台计算机系统。计算机网络中不同地域的每个用户通过相应方法使用到离他最近的服务器上的资源，这样来实现各服务器的负荷均衡，同时减少网络的通信处理。此外，计算机网络可以通过一定的算法将负载性比较大的作业分解并交给多台计算机进行分布式处理，起到负载均衡的作用，这样就能提高处理速度，充分发挥设备的利用率，提高设备的效率。

(4) 提高网络系统可靠性和处理能力。在计算机网络中，多台计算机可以通过网络彼此间相互备用；一旦某台计算机出现故障，其任务可由其他计算机代其处理，避免了单机损坏无后备机的情况出现，从而提高整个网络系统的可靠性。在同一网络内的多台计算机可通过协同操作和并行处理来提高整个系统的处理能力，并使网络内各计算机负载均衡。

2.1.2 计算机网络的分类

计算机网络可以按照多种方式进行分类，不同的方式其分类结果有所不同。下面简单介绍下常用的网络分类方法。

1. 按网络覆盖地理范围划分

按照网络覆盖的地理范围进行分类，一般可以将计算机网络分成局域网、城域网和广域网三类。

（1）局域网（Local Area Network，LAN）。局域网是一个覆盖范围比较小的网络，是最常见、应用最广的一种网络。现在局域网随着整个计算机网络技术的发展和提高得到充分的应用和普及。局域网在计算机数量配置上没有太多的限制，少的可以只有两台，多的可达几百台。一般来说在企业局域网中，工作站的数量在几十到两百台次左右，在网络所涉及的地理距离上一般来说可以是几米至10km以内。

局域网一般位于一个建筑物或一个单位内，连接范围窄、用户数少、配置容易、连接速率高，信息的传播一般采用广播方式。IEEE 802标准委员会定义了多种主要的LAN网：以太网（Ethernet）、令牌环网（Token－ring Network）、光纤分布式数据接口网络（FDDI）、异步传输模式网（ATM）以及最新的无线局域网（WLAN）。

（2）城域网（Metropolitan Area Network，MAN）。城域网即城市网络，是一个分布范围比较大的网络，这种网络的连接距离可以在10～100km，它采用的是IEEE 802.6标准。MAN与LAN相比扩展的距离更长，连接的计算机数量更多，在地理范围上可以说是LAN网络的延伸，由于要进行远距离数据传输，因此一般由电信部门提供远程信息交换的手段。在一个大型城市或都市地区，一个MAN网络通常连接着多个LAN网，如连接政府机构的LAN、医院的LAN、电信的LAN、公司企业的LAN等。

城域网多采用ATM技术做骨干网，ATM是一个用于数据、语音、视频以及多媒体应用程序的高速网络传输方法，ATM提供一个可伸缩的主干基础设施，以便能够适应不同规模、速度以及寻址技术的网络。ATM的最大缺点就是成本太高，所以一般在政府城域网中应用，如邮政、银行、医院等。

（3）广域网（Wide Area Network，WAN）。广域网所覆盖的范围比城域网更广，它一般是在不同城市之间的LAN或者MAN网络互联，地理范围可从几百千米到几千千米。因为距离较远，信息衰减比较严重，所以这种网络一般是要租用专线，通过IMP（接口信息处理器）协议和线路连接起来，构成网状结构，解决循径问题。广域网因为所连接的用户多，总出口带宽有限，所以用户的终端连接速率一般较低，通常为9.6Kbit/s～45Mbit/s。

2. 按数据交换类型划分

数据交换是指确定通信双方交换数据的传输路径和传输格式的技术，常用的交换技术包括电路交换、报文交换以及分组交换等。

电路交换技术用于早期的模拟信号传输，其最主要的特点是必须建立物理线路；报文交换是指数据以报文为单位传输，其特点是存储转发；分组交换是报文交换的一种，将不定长度的报文变成定长的分组，也是采用存储转发技术。

3. 按网络拓扑结构划分

网络拓扑结构是指网络中各节点相互连接的方式。按照拓扑结构的不同，网络包括总线型网络、星形网络、树形网络、环形网络、混合型网络等。

4. 按网络使用者划分

按网络使用者划分可以分为公用网和专用网。公用网是指由电信、大型网络公司建造的大型网络，用户按规定缴纳费用就可以使用；专用网是指为了某一个单位的特殊业务而建造的网络，这种网络只供本单位使用而不向外单位提供。

5. 按传输介质划分

传输介质是指网络之间进行数据传输的物理媒体。常用的介质包括无线与有线两类，因此网络也可以分为有线网与无线网。

此外，计算机网络还可以按照网络传输速率、网络功能、网络的通信协议等方式进行划分。

2.1.3 计算机网络的结构

由于计算机网络是一个复杂的系统，所以可以从多个方面对网络进行结构和特性的分析，其中主要集中在拓扑结构、功能结构以及体系结构三个方面。

1. 计算机网络的拓扑结构

拓扑学是几何学的一个分支，它研究的是与大小、形状无关的点、线、面的特性，对应于计算机网络，则是将网络中的计算机映射成点，通信介质映射成线，将网络映射成这些点与线构成的几何图形，便是计算机网络的拓扑结构。

在网络拓扑结构中的点叫节点，网络中具有独立地位的能存储、处理和转发信息的设备称为节点。节点分为两种类型即转接节点和访问节点，访问节点是指能为网络提供资源并为用户所使用的节点；而进行信息存储、处理与转发的节点就称为转接节点。

在网络拓扑结构中连接相邻两个节点并在节点间传送信息的线路就叫链路，链路包括物理链路和逻辑链路两种，物理链路是指两节点间的物理通信线路，而逻辑链路是指节点间经过数据传输控制而形成的逻辑连接。

网络中的通路是指由发出信息的节点，经过一系列的链路和节点而到达接收节点的一串节点和链路所组成的信息传输路径，也称为路径。

计算机网络主要包括总线型、星形、环形、树形、网形和混合型拓扑结构。

(1) 总线型拓扑结构。总线型拓扑结构采用单根传输线作为传输介质，所有节点都通过相应的硬件接口直接连接到传输介质，即总线上。任一站的发送信号可以沿着介质传播而且能被所有的其他节点接收。总线型拓扑结构示意如图 2－1 所示。

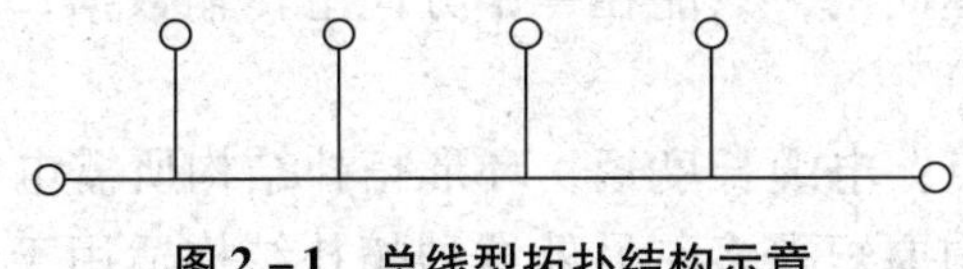

图 2－1　总线型拓扑结构示意

总线型拓扑结构的优点：电缆长度短，布线容易，易于扩充和维护。因为所有的节点连接到一个公共数据通路，所以只需很短的电缆长度，减少了安装费用，易于布线和维护。总线结构简单，又是无源元件，从硬件的观点看，十分易于扩充。

总线型拓扑结构的缺点：总线某一段发生故障将影响整个网络，而且故障诊断和隔离都困难。虽然总线拓扑简单，可靠性高，但故障检测却不容易，故障检测需在网络上各个站点进行。同时测检出故障后，隔离比较困难，一旦检查出某个站点有错误，要从总线上去掉，相应的总线需做改动。

（2）星形拓扑结构。星形拓扑结构是由中央节点和分别与之相连的各站点组成，如图 2－2 所示。中央节点执行集中式通信控制策略，而各个节点的通信处理负担都很小。网络上所有节点通过一个中央节点连接，一旦通过中央节点建立了连接，两个节点之间可以传递数据。目前，中央节点多采用集线器、交换机等，也可以采用计算机。星形拓扑结构是现在应用最多的拓扑结构。

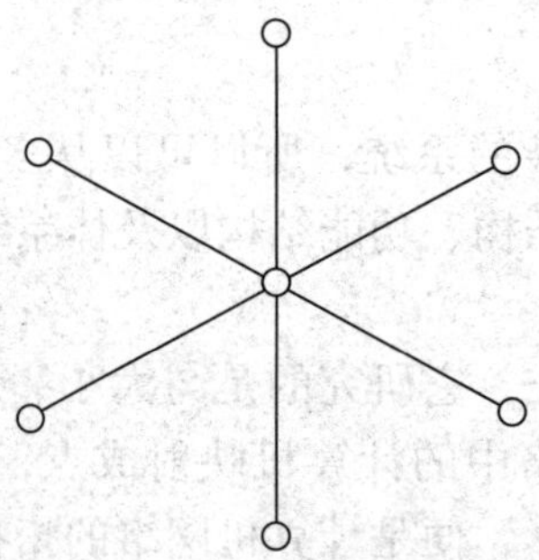

图 2－2　星形拓扑结构示意

星形拓扑结构的优点：访问协议简单，易于实现。在星形网中，任何一个连接只涉及中央节点和一个节点，因此，控制介质访问的方法很简单，访问协议也十分简单。其次这种拓扑结构便于故障诊断与隔离，每个节点直接连接到中央节点，因此故障容易检测，单个连接的故障只影响一个设备，可很方便地将有故障的站点从系统中删除，不会影响全网。同时这种拓扑结构利于集中控制，只要控制中央节点，即可对其他节点的通信实施控制。

星形拓扑结构的缺点：可靠性差，过分依赖于中央节点。一旦中央节点产生故障，则全网不能工作，所以对中央节点的可靠性和冗余度要求很高。

（3）环形拓扑结构。环型拓扑结构是用一条传输线路将一系列的节点连成一个封闭的环，如图 2－3 所示，由一些中继器和连接中继器的点到点链路组成一个闭合环。每个节点接收上一个节点送来的信息，经过相应处理后再送往下一个节点，直到到达目的节点。这种链路是单向的，只能在一个方向上传输数据，而且所有的链路都按同一方向传输。

环形拓扑结构的优点：电缆长度短，环形拓扑结构所需电缆长度和总线型拓扑结构相似，比星形拓扑结构要短得多。另外这种拓扑结构适用于光纤，光纤传输具有速度高、电磁隔离的特点，适合点到点的单向传输，环形拓扑结构是单方向传输，十分

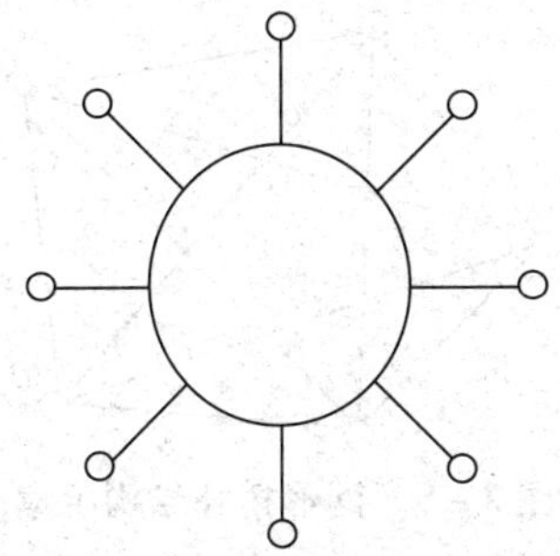

图 2－3　环形拓扑结构示意

适用于光纤传输介质。

环形拓扑结构的缺点：节点故障会引起全网故障，而且故障诊断难。在环上，数据传输是通过环上的每一个节点来完成，如果某一节点出故障会引起全网故障。若因某一节点故障导致的全网不工作，就需要对所有节点进行检测，故障诊断过程烦琐。同时网络重新配置不灵活，要扩充环的配置较困难，同样要一部分已接入网的站点下网处理也不容易。

（4）树形拓扑结构。树形拓扑结构是由星型拓扑结构延伸形成的，其形状像一棵倒置的树，顶端有一个带分支的根，每个分支还可延伸出子分支。目前，分支节点多采用集线器和交换机。图 2－4 所示的是树形拓扑结构示意。

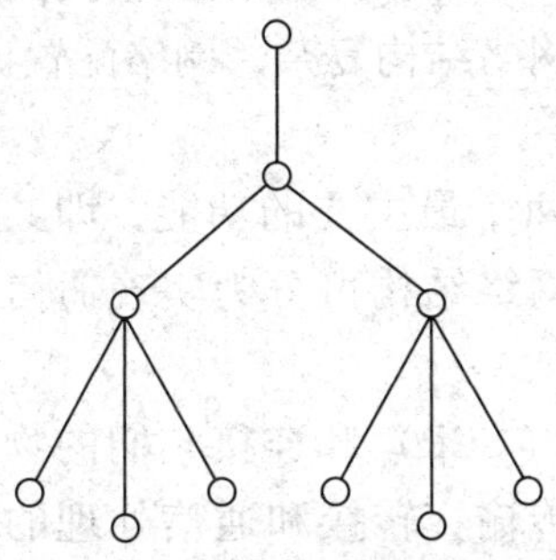

图 2－4　树形拓扑结构示意

树形拓扑结构的优点：易于扩展，故障隔离容易。对于树型结构，增加新的节点和新的分支非常容易。而且如果某一分支的节点或线路发生故障，很容易将这分支和整个系统隔离开来。

树形拓扑结构的缺点：对分支节点的依赖性较大，如果分支节点发生故障，其以下的部分将不能通过其进行通信。

（5）网形拓扑结构。网形拓扑结构又称作无规则结构，网络中节点之间的连接是任意的，没有规律，如图 2－5 所示。网形拓扑结构连接起来就像一张网。

网形拓扑结构的优点：系统可靠性高，比较容易扩展。节点和节点之间存在多条相连的通路。如果需要在两个节点之间建立连接，只需增加线路即可。

网形拓扑结构的缺点：结构复杂，每一节点与多点都存在连接，因此必须采用路由算法和流量控制方法。

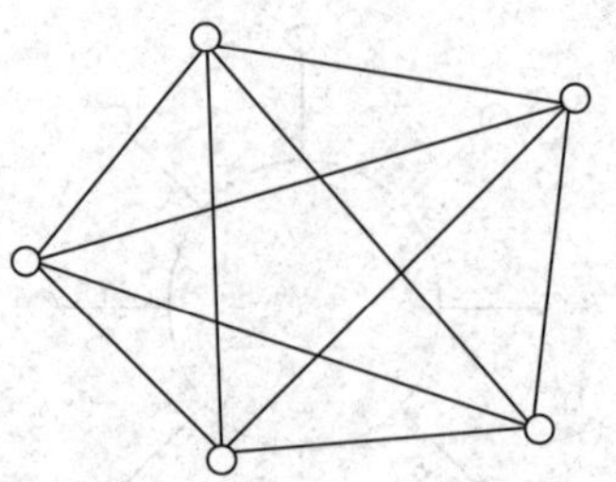

图 2－5　网形拓扑结构示意

（6）混合型拓扑结构。混合型拓扑结构就是将两种或两种以上的拓扑结构同时使用，如图 2－6 所示。

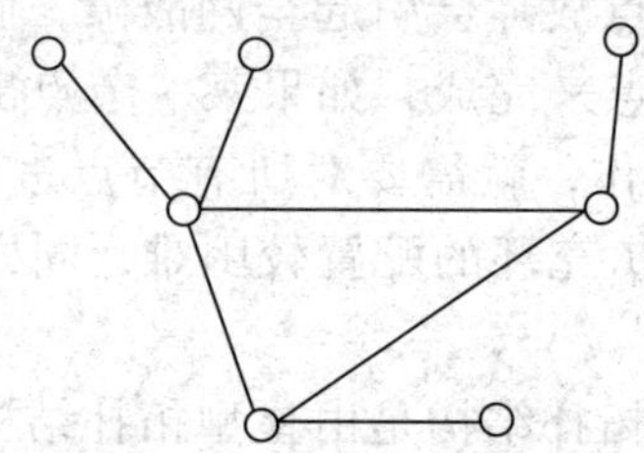

图 2－6　混合型拓扑结构示意

混合型拓扑结构的优点：可以对各种网络的基本拓扑进行择优组合。

混合型拓扑结构的缺点：网络结构复杂，网络配置比较难。

2. 计算机网络的功能结构

在计算机网络的功能中有两个最主要的功能，即共享资源和数据通信的功能。按照网络的功能来划分，计算机网络结构可分为实现通信功能的通信子网以及实现资源共享的资源子网。

通信子网由通信处理节点（CCP）和连接它们的物理线路及设备组成，它是计算机网络的内核，承担着数据的传输、转接和通信处理的功能，包括传输介质、数据转接设备和通信处理机以及相应的软件。资源子网的主体是主机，还包括其他的终端设备，如终端、外设等，以及各种软件资源和数据库，它负责全网的信息处理，为网络用户提供网络服务和资源共享功能。

通信子网按组织形式又可以分为结合型、专用型和公用型。

（1）结合型。结合型通信子网没有独立的形态，资源子网和通信子网结合在一起，网络中各节点的通信功能和信息处理功能通常由一台计算机担任。在小规模网络中常采用这种形式。

（2）专用型。专用型通信子网一般仅供单一资源系统使用，往往是一个通信子网对应一个资源子网，专用网络常属于这种形式。

（3）公用型。公用型通信子网通常由国家电信部门提供，可供多个用户资源系统使用，即一个通信子网可以连接多个资源子网。这种形式的通信子网投资利用率最高，是计算机网络的最高组织形式。

3. 计算机网络的体系结构

计算机网络的体系结构是计算机网络中协议和层次的集合。1984 年，国际标准化组织（ISO）经过多年努力提出了“开放系统互连参考模型”ISO/OSI - RM，从此开始了有组织有计划地制定一系列网络国际标准。ISO 7498 信息处理系统—开放系统互连—基本参考模型（ISO 7498，Information Processing Systems - Open Systems Interconnection - Basic References Model）是 OSI 标准中最基本的一个，它从 OSI 体系结构方面规定了开放系统在分层、相应层对等实体的通信、标识符、服务访问点、数据单元、OSI 管理等方面的基本元素、组成和功能等，并从逻辑上把每个开放系统划分为功能上相对独立的七个层次，每个层次完成一个特定的明确定义的功能集合，并按照协议相互进行通信。

ISO 把 OSI 参考模型（见图 2 - 7）分为七个层次，包括物理层、数据链路层、网络层、传输层、会话层、表示层和应用层，较低层通过层间接口向较高层提供服务。

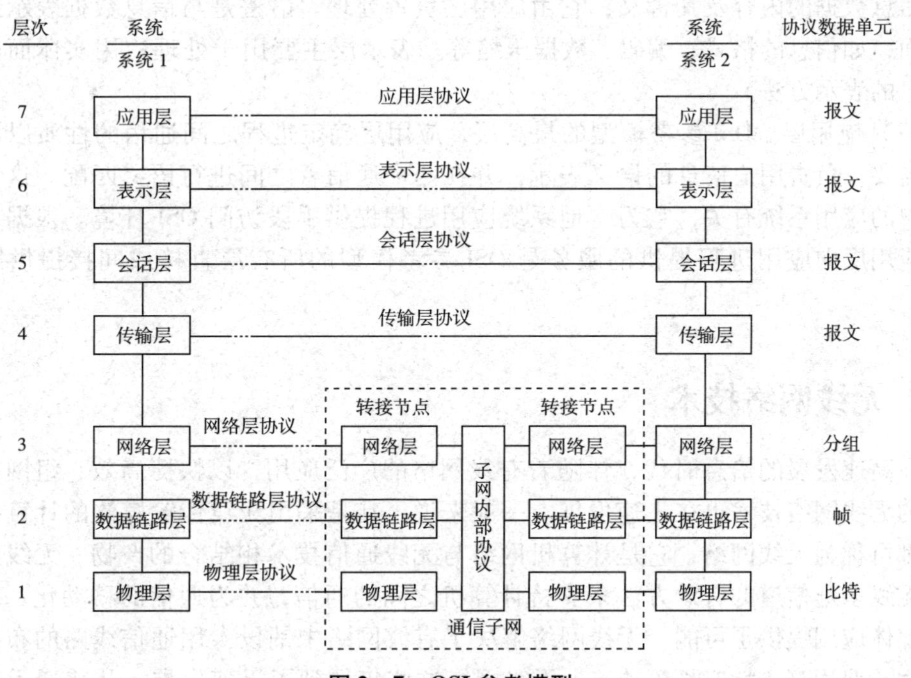

图 2 - 7 OSI 参考模型

（1）物理层。它是利用物理通信介质（如同轴电缆、光纤等）为上一层（数据链路层）提供一个物理连接，通过物理连接透明地传输比特流。它主要进行电气、机械以及物理方面的管理，提供相邻设备间的比特流传输。

（2）数据链路层。它是 OSI 参考模型中的第二层，是对物理层传输原始比特流功能的加强，将物理层提供的可能出错的物理连接改造成为逻辑上无差错的数据链路。数据链路层的基本功能是为网络层提供透明的和可靠的数据传送服务，同时进行数据流量的控制以及差错的控制。

（3）网络层。它是 OSI 参考模型中面向数据通信的第三层（也即通信子网），也是最为复杂、关键的一层。网络层的目的是通过网络层所提供的两种数据服务方式，实现两个端系统之间的数据透明传送，具体功能包括路由选择和阻塞控制等。网络层必须考虑到低层数据通信特点，必须了解网络的拓扑结构，并及时根据网络中的流量、故障等情况，为选择合适的路径，保证可以灵活、有效地将数据传输至目的地。

（4）传输层。利用网络层的服务和传输实体的功能，向会话层提供服务，它是整个协议层次结构的核心。其任务是为从源端机到目的机提供可靠的、价格合理的数据传输，而与当前网络或使用的网络无关。

（5）会话层。它是面向信息处理的 OSI 高层和面向数据通信的 OSI 低层的接口。会话协议的最主要目的是提供一个面向用户的连接服务，给会话用户间的对话和活动提供组织和同步所必需的手段，对数据传送提供控制和管理。

（6）表示层。提供端到端的信息传输，处理系统之间用户信息的表示问题。在 OSI 参考模型中，端用户（应用进程）之间传送的信息数据包含语义和语法两个方面。语义是信息数据的内容及其含义，它由应用层负责处理。语法是与信息数据表示形式有关方面，如信息的格式、编码、数据压缩等。表示层主要用于处理应用实体面向交换的信息的表示方法。

（7）应用层。OSI 参考模型的最高层，应用层确定进程之间通信的性质以满足用户的需要；负责用户信息的语义表示，并在两个通信者之间进行语义匹配。这个层次与用户的应用系统有关，它为本地系统应用进程提供手段访问 OSI 环境。根据分层原则，应用层向应用进程提供的服务是 OSI 参考模型的所有层直接或间接提供服务的总和。

2.2 无线网络技术

在高速发展的信息时代，伴随着有线网络的广泛应用，以快捷高效、组网灵活为优势的无线网络技术也在飞速发展。一般来说，凡是采用无线传输媒体的计算机网络系统都可称为无线网络，它是计算机网络与无线通信技术相结合的产物。无线网络利用了无线多址信道的有效方法来支持计算机之间的通信，并为通信的移动化、个性化和多媒体应用提供了可能。无线网络解决了有线网络中铺设专用通信线路的布线施工难度大、费用高、耗时长等缺点。无线网络这些年得到了迅速发展，从普通手机到多媒体上网，从使用无线局域网到管理各种各样的家用电器，无线网络显示了广阔的应用前景。

与有线网络一样，无线网络也可以分为多种，主要包括无线局域网、无线个域网、无线城域网、无线广域网、移动 Ad - Hoc 网络、无线传感器网络和无线 Mesh 网络。

2.2.1 无线局域网

局域网（Local Area Network，LAN）是处于同一建筑、同一单位或方圆几千米区域内的专用网络。局域网常用于连接公司办公室或工厂里的个人计算机和工作站，以便共享资源（如打印机）和交换信息。无线局域网（Wireless Local Area Nerwork，

WLAN）是在早期有线局域网的基础上发展起来，采用的是无线传输媒介，是取代双绞铜线所构成得相当方便的数据传输系统。各种相应的 WLAN 技术或标准是根据用户的移动需求而出现的，和已有的有线局域网相比，它主要具有以下优点。

（1）用户可移动性。用户可以在电磁信号覆盖范围内任意移动，不受线缆的束缚。

（2）组网的灵活性。无线意味着可任意组网和重新组网，不受地点环境等限制。

（3）低成本。WLAN 无须布线，从而节省了布线的时间和投资，使建筑物不至于被破坏。

2.2.2 无线个域网

无线个人局域网（Wireless Personal Area Network，WPAN）是一种采用无线连接的个人局域网，它被用在诸如电话、计算机、附属设备以及小范围（个人局域网的工作范围一般是在 10 米以内）内的数字助理设备之间的通信。从网络构成上来看，WPAN 位于整个网络架构的底层，用于很小范围内的终端与终端之间的连接，即点到点的短距离连接，如手机和蓝牙耳机之间的无线连接。WPAN 工作在个人操作环境，需要相互通信的装置构成一个网络，而无须任何中央管理装置，可以动态组网，从而实现各个设备间的无线动态连接和实时信息交换。

2.2.3 无线城域网

无线城域网（Wireless Metropolitan Area Network，WMAN）主要是为了满足用户日益增长的宽带无线接入的问题，从而使用户可以在城区的多个场所之间创建无线连接（例如，在一个城市或大学校园的多个办公楼之间），而不必花费高昂的费用铺设光缆、铜质电缆和租用线路。此外，当有线网络的主要租赁线路不能使用时，WMAN 还可以作备用网络使用。WMAN 使用无线电波或红外光波传送数据。为用户提供高速 Internet 接入的宽带无线接入网络的需求量正日益增长。尽管目前使用多种技术来实现“最后一公里”的宽带无线接入，例如多路多点分布服务（MMDS）、本地多点分布服务（LMDS）、CDMA 等技术，但负责制定宽带无线访问标准的 IEEE 802.16 工作组仍在开发规范以便实现这些技术的标准化。IEEE 802.16 工作组所制定一种新标准应能同时解决物理层环境（室外射频传输）和 QoS 两方面的问题，以满足宽带无线接入和“最后一公里”接入市场的需要。

2.2.4 无线广域网

无线广域网（Wireless Wide Area Network，WWAN）技术可使用户通过远程公用网络或专用网络建立无线网络连接，这些连接可以覆盖广大的地理区域，例如若干城市或者国家（地区）。

WWAN 能够满足超出一个城市范围的信息交流和网际接入需求。IEEE 802.20 和 2G、3G 蜂窝移动通信系统共同构成 WWAN 的无线接入，其中，2G、3G 蜂窝移动通信系统在目前使用最多。IEEE 802.20 标准拥有更高的数据传输速度，达到 16Mbit/s，传输距离约为 31km。

2.2.5 移动 Ad – Hoc 网络

移动 Ad – Hoc 网络是由一系列无线移动节点动态组成的临时性网络，其节点是任意分布的，网络不依赖于已有的网络基础设施或集中管理设施。它最初是由美国国防部高级研究计划署（DARPA）资助的一项特别研究——分组无线网络（Packet Radio Network）中考虑战场生存的军事需求而开辟了移动自组网研发的先河。到 20 世纪 90 年代中期，随着一些技术的公开，移动 Ad – Hoc 网络开始成为移动通信领域一个公开的研究热点。

2.2.6 无线 Mesh 网络

无线 Mesh 网络（Wireless Mesh Network，WMN）也称为无线网状网、无线网格网，是从移动 Ad – Hoc 网络分离出来，又继承了 WLAN 技术的新型宽带无线网络结构。它是一种大容量、高速率、覆盖范围广的网络，成为宽带接入的一种有效手段。

在网络拓扑结构上，它与移动 Ad – Hoc 网络相似，但网络中大多数节点基本静止不移动，拓扑结构变化小。在单跳接入上，WMN 又可以看成是一种特殊的 WLAN。在传统的 WLAN 中，每个客户端均通过一条与接入点（AP）相连的无线链路访问网络，用户若要进行相互通信，必须首先访问一个固定的 AP，这种网络结构称为单跳网络。而在无线 Mesh 网络中，任何无线设备节点都可同时作为路由器，网络中的每个节点都能发送和接收信号，每个节点都能与一个或多个对等节点进行直接通信。

2.3 网络集成技术

随着计算机网络的发展，企业信息化程度的提高，网络系统的集成已经成为系统开发中的一个重要部分。网络系统集成是指根据应用的需要，将硬件设备、网络基础设施、网络设备、网络系统软件、网络基础服务系统、应用软件等组织成为一体，使之成为能够满足设备目标、具有优良性能价格比的计算机网络系统的全过程。

网络系统集成是计算机网络技术的重要组成部分，对整个网络系统起着决定性作用。计算机网络系统集成主要包含技术集成、软硬件产品集成和应用集成三个层面。

网络系统集成目标由用户目标和系统集成目标组成。用户目标是指用户的要求，即用户根据工作情况要求计算机网络能够完成的功能的需求。系统集成目标是在用户目标的基础上得来的，是依据用户目标提出的一种保证系统目标，也是以后验收计算机网络集成情况的标准。

2.3.1 网络系统集成的需求

1. 技术集成的需要

数十年的计算机与网络技术发展史，使得计算机网络与通信技术产生了许多分支。各种网络通信技术层出不穷，如全双工交换式以太网、三层交换、ATM 千兆以太网、虚拟专用网（VPN）以及宽带远程互联系统等。由于网络技术体系纷繁复杂，使得建网单位、普通网络用户和一般技术人员难以掌握和选择，因此要求系统集成商从客户需求出发去选择所采用的各项技术，为用户提供解决方案和网络系统设计方案。

2. 产品集成的需要

每个公司的产品都自成系统且功能和性能上存在差异。事实上，几乎没有一个公司能为用户解决从方案到应用所有的工作。系统集成商则会根据用户的实际应用需要和费用承受能力为用户进行软硬件设备选型与配套、工程施工等产品集成。

3. 应用集成的需要

用户需求互不相同、各具特色，决定了会有许多面向不同行业、不同规模、不同层次的网络应用，比如 Intranet/Extranet/Internet 应用、数据/语音/视频一体化、工控自动化网等。不同的应用系统需要的网络平台也各不相同，这就要求系统集成技术人员用大量的时间进行用户调查、分析应用模型、反复论证方案，使用户能够得到一体化的解决方案，并付诸实施。

2.3.2 网络系统集成的内容

网络系统集成实施的具体内容随项目而异，一般应包括下述 12 项内容。

（1）需求分析。了解用户建网需求或用户对原有网络升级改造的要求，主要包括应用类型、物理拓扑结构、带宽要求和流量特征分析等。

（2）技术方案设计。确定网络主干和分支采用的网络技术、介质和拓扑结构排列，以及网络资源配置和接入外网的方案等。

（3）设备选型。根据技术方案进行设备选型，包括网络设备选型和服务器设备选型。

（4）网络设计。根据产品选型进行网络细化设计。

（5）设备结构。确定各个系统结构。

（6）综合布线系统与网络工程施工。综合布线系统设计、组织施工、网络设备的互联与调试等。

（7）软件平台配置。确定网络基础应用平台方案，以及网络操作系统、数据库系统、网络基础服务系统的安装配置。

（8）网络系统测试。包括网络设备测试、综合布线系统测试和网络运行测试。

（9）应用软件开发。根据用户要求做开发；也可以外购，并在外购软件基础上做二次开发。这是可选项，约半数以上的系统集成商不开发软件。当然要看用户的要求和他们对系统集成概念的理解。

（10）用户培训。包括 3 类对象，即领导、网络和数据管理员、网络业务用户。

（11）网络运行技术支持。在网络工程完成后，根据双方协议执行。技术支持是有偿的，而且一般不超过 1 年，最多不超过 3 年。

（12）工程验收。产生各类技术文档，协助用户验收鉴定等。

2.3.3 网络系统集成框架

网络系统集成是一门综合学科，除了技术因素外还有很多管理因素。要想真正地

帮助用户实现系统集成，必须深入了解用户业务和管理系统，建立网络应用模型，根据应用模型、设计切实可行的系统方案并实施。本书将从系统工程的角度提出系统集成的初步体系框架。

1. 环境支持平台

环境支持平台指为了保障网络安全、可造、正常运行所必须采取的环境保障措施。

（1）机房。包括位于网络中心或住处中心用以放置网络核心交换机、路由器、服务器等网络要害设备的场所，还有各建筑物内放置交换机和布线基础设施的设备间、配线间等。机房和设备间对温度、湿度、防静电、防电磁干扰、防太阳暴晒等要求较高，在网络施工前要先行设计施工装修。

（2）电源。为网络关键设备提供可造的电力供应。理想的电源系统是 UPS，它有3 项主要功能：稳压、备用供电和智能电源管理。有些单位供电电压长期不稳，对网络通信、服务设备安全和寿命造成严重威胁，甚至破坏重要的业务数据。必须配备稳压电源或带整流器和逆变器的 UPS 电源。由于电力系统故障、电力部门疏忽或其他灾害会造成电源掉电、网络设备掉电，损失有时是无法预料的。配置能够与网络通信设备和服务器接口的智能管理型 UPS，断电时 UPS 会调用一个值守进程，保存数据现场并使设备正常关机。一个良好的电源系统是网络可靠运行的保证。

2. 计算机网络平台

（1）网络传输基础设施。指以网络连通为目的铺设通信通道，根据距离、带宽、电磁环境和地理形态的要求，可以是室内综合布线系统、建筑群综合布线系统、城域网主干光缆系统、广域网传输线路系统、微波传输和卫星传输系统等。

（2）网络通信设备。指通过网络基础设施连接网络节点的各类设备，通称网络设备，包括网络接口卡（NIC）、集线器（HUB）、交换机、路由器、远程访问服务器（RAS）、Modem 设备、中继器、收发器、网桥和网关等。

（3）网络服务器硬件和操作系统。网络服务器是组织网络共享核心资源的宿主设备，是构成网络基础应用平台的基础。

（4）网络协议。网络中的节点之间要想正确地传送信息和数据，必须在数据传输的速率、顺序、数据格式及差错控制等方面有一个约定或规则，这些用户协议不同网络设备间信息交换的规则称作协议。网络中每个不同的层次都有很多种协议，如数据链路层的 CSMA/CD 协议、网络层 IP 协议集等。

（5）外部信息基础设施的互联和互通。系统的集成同时要考虑与外部网络的连接，如学校和教育网的连接、企业和外部网络的连接、家庭用户和电信网络的连接等。

3. 应用基础平台

（1）数据库平台。数据库系统仍然是支撑网络应用的核心，小到人事工资档案管理、财务系统，中到全国联机售票系统，大到集团公司的数据仓库、全国人口普查和气象数据分析，数据库都担当着重要角色。

（2）Internet/Intranet 基础服务。是指建立在 TCP/IP 协议和 Internet/Intranet 体系基础之上，以信息沟通、信息发布、数据交换和信息服务为目的，包括电子邮件（E－mail）、文件传输协议（FTP）、域名系统（DNS）等服务。

（3）网络管理平台。根据所采用网络设备的品牌和型号的不同而不同，但大多数都支持 SNMP 协议，建立在 HP Open View 等网络管理平台基础上。为了网络管理平台的统一管理，习惯上大家都在一个网络中尽量使用一家网络厂商的产品。

（4）开发工具。是指为建造具体网络应用系统所采用的软件通用开发工具，主要有数据库开发工具、Web 平台应用开发工具和标准开发工具。数据库开发工具根据具体应用层次又分为通用数据定义工具、数据管理工具和表单定义工具，如 PowerBuilder 和 JetForm 等。Web 平台应用开发工具包括 HTML/XML 开发工具、标准文档开发工具、Java 工具和 ASP 开发工具等。标准开发工具，如 VS、J2EE 等。

4. 网络应用系统

网络应用系统是指以网络基础应用平台为基础，系统集成商为建网单位开发或建网单位自行开发的通用或专用应用系统，如财务管理系统、ERP Ⅱ系统、项目管理系统、远程教学系统、股票交易系统、电子商务系统、CAD/CAM 系统和 VOD 系统等。网络应用系统的建立，表明网络应用已进入成熟阶段。

5. 用户界面

在网络中，基础服务程序和网络应用系统程序一般都处于服务器端。那么用户端的操作界面也有三种情况。

（1）客户/服务器（C/S）平台界面。应用系统程序分为客户端和服务端两部分，分别可定义各自的操作系统平台。客户端主要承担界面交互、查询请求和显示结果。服务端则处理客户端请求并返回结果。每次软件升级都要分别更换（安装）服务端和客户端。

（2）Web 平台界面。又称浏览器/服务器（B/S）平台界面，其特点是无论服务端怎样变化，客户端只有安装 IE 等浏览器才行。

（3）图形用户界面。即 Windows 系列操作系统下运行的基于视窗的任务界面，把服务端作为文件系统，且 API 调用较多。

6. 网络安全平台

网络的互通性和信息资源的开放性都容易使不法分子钻空子，不断增长的网络外联应用，使得安全成为一个重要问题。作为系统集成商，在网络方案中要给用户提供明确的、翔实的解决方案，网络安全的主要内容是防信息泄露和防黑客入侵，主要措施如下。

（1）在应用层，通过用户身份认证来授予用户对资源的访问权，其手段是在网络中开通证书服务器，安全级别最低。

（2）在网络层，使用防火墙技术来分割内外网，安全级别中等。

（3）在数据链路层，使用信道或数据加密传输技术来传送主要信息，安全级别较高。

（4）在物理层，实施内外网物理隔离，安全级别最高。

2.3.4 网络集成系统的建设原则

在建设网络集成系统时，为了能满足设计目标的要求，必须遵循一定的系统总体

原则，并以该原则为指导，设计经济合理、技术先进、资源优化的系统方案。网络集成系统的建设通常包括以下一些原则。

1. 实用性原则

实用性就是网络集成系统必须满足实际应用的要求，能够最大限度满足实际工作需要的性能。该性能是最主要的设计目标，是系统集成商对用户的最基本的承诺。从实用性原则考虑，主要需要考虑以下问题。

（1）系统总体设计要充分考虑用户当前各业务层次、各环节管理中数据处理的便利性和可行性，满足用户业务要求。

（2）采用总体设计、分步实施的技术路线，在总体设计的前提下，先选择用户需要迫切、产生应用效益高、管理中的较低层进行实施，稳步向中高层及系统全面推进。这使系统能始终与用户的实际需要联系在一起，增强了系统的实用性，而且可使系统建设保持很好的连贯性。

（3）人机操作设计应考虑不同用户层次的实际需求。

（4）用户接口设计应充分考虑人体特征和视觉特征进行优化设计，界面尽可能美观大方，操作简便实用。

2. 先进性和开放性原则

采用国际、国内先进和成熟的信息技术，使系统能够在一定时期内保持效能，适应今后技术发展变化和业务发展变化的需要。一般而言，目前系统的先进性原则主要体现在以下四个方面。

（1）采用先进的、开放的系统体系结构。

（2）计算机技术根据需要采用一些新技术，如容错技术、双机互为备份技术、廉价冗余磁盘阵列技术等。

（3）先进的网络技术，如宽带 IP 技术、ATM 技术、流量负载平衡技术等。

（4）先进的项目管理技术，为了保证项目的质量和系统的科学性，项目管理的科学性是必要的。

3. 可扩充、可维护性原则

一般而言，系统维护在整个系统的生命周期中所占的比重是最大的。因此，提高系统的可扩充性和可维护性是提高网络集成系统性能的必要手段。可考虑以下六个方法。

（1）以参数化方式设置、管理硬件设备的配置、删减、扩充、端口设置等，系统化管理软件平台，系统化管理并配置应用软件。

（2）应用软件要采用面向对象方法进行开发，使之具有较好的可维护性和可移植性，可根据需要修改某个模块、增加新的功能以及重新组合系统的结构，以达到软件可重用的目的。

（3）数据存储结构设计在合理、规范的基础上，同时具有可维护性，对数据库表的修改维护可以在较短的时间内完成。

（4）系统部分功能考虑采用参数定制及生成方式以保证其具有普遍适应性。

（5）部分功能采用多种处理选择模块以适应管理模块的变更。

（6）系统提供通用报表及模块管理组装工具，以支持新的应用。

4. 可靠性原则

可靠性是指当系统的某部分发生故障时，系统仍能以一定的服务水平提供服务的能力。应根据系统业务特点来确定其可靠性指标。提高系统可靠性的基本思想是保证通信畅通和对重要数据的备份，并制订系统应急方案。提高系统的可靠性可以通过以下四个方法实现。

（1）对数据进行完善备份，注意数据异地备份。

（2）对设备进行备份，发现损坏设备尽可能及时更换。

（3）对关键设备及网络设备应具有容错功能，选用双机备份或双机热备份技术、集群技术等。

（4）应用网络管理技术严格监控系统、设备和应用系统的运行和操作。

5. 安全性原则

系统安全性是指系统数据的安全性问题。数据安全主要有来自以下几方面的威胁：非授权人员非法获得保密性数据、网络上的入侵者的恶意攻击、计算机病毒、操作人员的误操作等。

通常要选用安全性好的操作系统和数据库产品，如 Unix、Linux、Windows 2000、NetWare 等，以及 Oracle、SQL Server 等，要特别重视正确地配置这些系统，采用的安全性措施一般有以下方面。

（1）设计灵活易用的系统操作权机制，目前给予角色的访问控制是一种较好的设计方法。

（2）在局域网中采取适当的预防计算机病毒措施。

（3）通过防火墙与外界连接，根据数据密级来设计一套安全性措施，保证服务器的安全性环境。

（4）存储极端机密的数据的计算机采取物理上隔离的措施。

（5）使用数据加密对存储的数据进行保护。

（6）系统应设计操作审计系统，对任何人的操作动作都予以记录。

6. 经济性原则

在满足系统性能需求的前提下，应尽可能地选用价格便宜的设备，节省投资。可参照以下做法。

（1）在相同性能价格比的情况下尽可能选用国际著名公司的品牌。

（2）信息安全产品或有关国计民生的网络信息系统的关键设备尽可能采用国产优秀品牌。

（3）软件先期开发；硬件先选型，用前再购买。

（4）购买软件和硬件设备应采用竞标方式，遵循公开、公正和公平的原则。

2.4 移动通信技术

移动通信是指通信双方或至少有一方处于运动中进行信息交换的通信方式，是实现个人通信的必经之路。没有移动通信，个人通信的愿望是无法实现的。移动通信的主要应用系统有无绳电话、无线寻呼、蜂窝移动通信、卫星移动通信等。蜂窝移动通信是当今移动通信发展的主流和热点；随着数据通信与多媒体业务需求的发展，适应移动数据、移动计算及移动多媒体运作需要的第五代移动通信（5G）开始兴起，并成为未来发展的趋势。

2.4.1 移动通信的主要特点

移动通信是当今世界上先进的通信方式之一。如果移动通信的双方都处在运动中，则此时只能依靠无线媒质来通信，因此无线通信是移动通信的基础。无线通信技术的发展推动移动通信的迅速发展。当通信双方一方为移动体，一方为固定端时，则双方除了依靠无线通信技术外，还依赖于有线通信网络技术，例如公众电话网、公众数据网和综合业务数字网。

各阶段的移动通信技术虽然有所差异，但都具有以下特点。

1. 移动通信利用无线电波进行信息传输

无论是移动用户之间或是移动用户与固定用户之间进行的通信，移动通信中基站至用户间必须靠无线电波来传送信息。然而无线传播环境十分复杂，导致无线电波传播条件非常恶劣。传播的无线电波一般是由直射波和随时间变化的绕射波、反射波、散射波叠加而成，这就造成所接收信号的电场强度起伏不定，最大可相差 20 ~ 30dB，这种现象也就是我们常说的由多径传播造成的瑞利衰落。此外，由于移动用户的不断运动，当达到一定速度时固定点接收到的载波频率将随运动速度的不同产生不同的频移，即产生多普勒效应。在多普勒效应中，接收点的信号场强、振幅、相位随时间、地点不断地变化，导致附加调频噪声，从而严重影响通信的质量。这就要求在设计移动通信系统时必须采取抗衰落措施，保证通信质量。

2. 移动通信的干扰严重

在移动通信系统中，除了一些外部干扰（如城市噪声、各种车辆运行噪声、电台干扰噪声等），移动通信自身还会产生各种干扰。移动通信的干扰主要有互调干扰、邻道干扰及同频干扰等。互调干扰是指两个或多个信号作用在通信设备的非线性器件上，产生同有用信号频率相近的组合频率，从而对通信系统构成干扰的现象，比如接收机的混频。邻道干扰是指相邻或邻近的信道（或频道）之间的干扰，是由于一个强信号串扰弱信号而造成的干扰，比如有两个用户距离基站位置差异较大，且这两个用户所占用的信道为相邻或邻近信道时两者之间就会产生邻道干扰。同频干扰是指相同频率电台之间的干扰，比如蜂窝式移动通信采用同频复用来规划小区就使系统中相同频率电台之间的同频干扰成为其特有的干扰。

3. 通信容量有限

移动通信采用的是无线电波，而无线电波的频率作为一种资源必须合理安排和分配。由于移动通信主要使用 VHF（甚高频）和 UHF（特高频）频段，所以可用的通道容量是极其有限的。在移动通信系统中，为了满足大量移动通信用户的需求，就必须在有限的已有频段中采取有效利用频率的措施。

4. 移动通信系统综合了各种技术，还需要移动性管理技术

移动通信非常复杂，综合了多种技术，比如无线通信技术、计算机技术、网络技术等。此外，移动通信用户在通信区域内任意运动，需要随机选用无线信道，进行频率和功率控制、位置登记、越区切换及漫游存取等跟踪技术。这些移动性管理技术使用的信令种类比固定网要复杂得多。

5. 对设备的要求高

移动用户长期处于不固定位置状态，外界的影响要求移动台具有很强的适应能力。由于移动用户端与发射机之间的距离不断变化，这也导致移动用户端接收电频不断变化。此外，考虑到移动用户端可以任意移动，还要求设备性能稳定可靠、携带方便、小型、低功耗及能耐高温、低温等。同时，移动用户端设备还要尽量使用户操作方便，适应各种新业务、新技术的发展，以满足用户的使用需求。

2.4.2 移动通信的分类和应用系统

1. 移动通信的分类

移动通信的分类方式有很多，以下我们介绍常用的几种分类方式。

（1）按使用对象分。移动通信按照使用的对象可分为民用设备和军用设备。民用设备是主要针对普通用户的移动通信设备。军用设备是主要针对军事用途而专门研发生产的移动通信设备。

（2）按使用环境分。移动通信按照使用环境可分为陆地通信、海上通信和航空通信。这主要是根据移动通信双方所处的环境来划分。

（3）按多址方式分。移动通信按照多址方式可分为频分多址（FDMA）、时分多址（TDMA）和码分多址（CDMA）等。

（4）按覆盖范围分。移动通信按照覆盖范围可分为宽域网和局域网。

（5）按业务类型分。移动通信按照业务类型可分为电话网、数据网和综合业务网。

（6）按工作方式分。移动通信按照工作方式可分为同频单工、双频单工、双频双工和半双工。

（7）按服务范围分。移动通信按照服务范围可分为专用网和公用网。

（8）按信号形式分。移动通信按照信号形式可分为模拟网和数字网。

（9）按技术代数分。移动通信技术按照技术代数可分为1G、2G、2.5G、3G、4G、5G移动通信技术。

2. 移动通信的应用系统

移动通信的应用系统主要包括蜂窝式公用移动通信系统、集群调度移动通信系统、无绳电话系统、无线电寻呼系统、卫星移动通信系统和无线局域网等。

（1）蜂窝式公用移动通信系统。蜂窝式公用移动通信系统主要是针对陆地使用的移动通信系统，它适用于全自动拨号、全双工工作、大容量公用移动陆地网组网，可与公用电话网中任何一级交换中心相连接，实现移动用户与本地电话网用户、长途电话网用户及国际电话网用户的通话接续。

（2）集群调度移动通信系统。集群调度移动通信系统属于专用移动通信系统，它是调度系统的专用通信网。这种系统一般由控制中心、总调度台、分调度台、基地台及移动台组成。

(3) 无绳电话系统。无绳电话最初是应有线电话用户的小范围移动的需求而诞生的，最初主要应用于家庭。现在无绳电话系统技术的发展使得它已具有很多商业应用，并由室内走向室外。这种公用系统由移动终端（公用无绳电话用户）和基站组成。基站通过用户线与公用电话网的交换机相连接而进入本地电话交换系统。

(4) 无线电寻呼系统。无线电寻呼系统是一种单向通信系统，既可作公用也可作专用，仅规模大小有差异而已。专用寻呼系统由用户交换机、寻呼控制中心、发射台及寻呼接收机组成。公用寻呼系统由与公用电话网相连接的无线寻呼控制中心、寻呼发射台及寻呼接收机组成。

(5) 卫星移动通信系统。卫星移动通信系统利用卫星中继，它主要在海上、空中和地形复杂而人口稀疏的地区实现移动通信。目前，以手持机为移动终端的非同步卫星移动通信系统已涌现出多种设计及实施方案。

(6) 无线局域网。无线局域网是无线通信的一个重要领域。IEEE 802.11、IEEE 802.11a、IEEE 802.11b 以及 IEEE 802.11g 等标准已相继出台，为无线局域网提供了完整的解决方案和标准。

2.4.3 移动通信系统的构成

由于移动通信系统根据经营方式或用户性质的不同可分为专用移动通信系统和公用移动通信系统。专用移动通信系统的发展经历了一对一的对讲系统、单信道一呼百应系统、选呼系统、多信道多用户共享的专用调度系统，最后发展到专用无线调度系统的最高阶段集群移动通信系统。由于专用移动通信系统的网络结构与公用移动通信系统越来越相似，所以这里主要介绍公用移动通信系统的构成。公用移动通信系统主要由以下几部分构成。

1. 移动业务交换中心（MSC）

移动业务交换中心（Mobile - services Switching Centre，MSC）是蜂窝通信网络的核心。MSC 负责本服务区内所有用户的移动业务的实现，具体讲，MSC 有以下作用。

(1) 信息交换功能：为用户提供终端业务、承载业务、补充业务的接续。

(2) 集中控制管理功能：无线资源的管理，移动用户的位置登记、越区切换等。

(3) 通过关口 MSC 与公用电话网相连。

2. 基站（BS）

基站（Base Station，BS）负责和本小区内移动台之间通过无线电波进行通信，并与 MSC 相连，以保证移动台在不同小区之间移动时也可以进行通信。采用一定的多址方式可以区分一个小区内的不同用户。

3. 移动台（MS）

移动台（Mobile Station，MS）即手机或车载台。它是移动网中的终端设备，要将用户的语音信息进行变换并以无线电波的方式进行传输。

4. 中继传输系统

在 MSC 之间、MSC 和 BS 之间的传输线均采用有线方式。

5. 数据库

移动网中的用户是可以自由移动的，即用户的位置是不确定的。因此，要对用户进行接续，就必须掌握用户的位置及其他的信息，数据库就是用来存储用户的有关信息的。数字蜂窝移动网中的数据库有归属位置寄存器（Home Location Register，HLR）、访问位置寄存器（Visitor Location Register，VLR）、鉴权认证中心（AUthentication Center，AUC）、设备识别寄存器（Equipment Identity Register，EIR）等。HLR 是用于移动用户管理的数据库，它所存储的用户信息分为有关用户参数的信息和有关用户当前位置的信息。VLR 是存储用户位置信息的动态数据库，一个 VLR 可以负责一个或若干个 MSC 区域。AUC 是认证移动用户的身份以及产生相应认证参数的功能实体。EIR 是存储有关移动台设备参数的数据库，用于实现对移动设备的识别、监视、闭锁等功能。

2.4.4 蜂窝移动通信系统

蜂窝移动通信的飞速发展是超乎寻常的，它是 20 世纪人类伟大的科技成果之一。早在 1946 年，AT&T（美国电话电报公司）就率先推出移动电话服务，直至 20 世纪 70 年代末，蜂窝移动通信才真正步入商用领域。

蜂窝移动通信系统从技术上解决了频率资源有限、用户容量受限、无线电波传输时的干扰等问题。在 20 世纪 70 年代末，蜂窝移动通信采用的空中接入方式为频分多址接入方式，即 FDMA 方式。由于这时期传输的无线信号为模拟量，因此人们称此时的移动通信系统为模拟通信系统，即第一代移动通信系统（1G）。在第一代移动通信技术中，模拟通信是通过电波所传输的信号模拟人讲话声音的高低起伏变化的通信方式。模拟移动电话系统的质量完全可以与固定电话媲美，使通话双方能够清晰地听出对方的声音，其传输速率为 1.2 ~ 10kb/s。这种系统的典型代表有美国的 AMPS（Advanced Mobile Phone System）系统、欧洲的 TACS（Total Access Communication System）系统等。频分多址技术造成频率资源不足，保密性较差，极易被并机盗打。而且 1G 系统只能实现话音业务，无法提供丰富多彩的增值业务，网络覆盖范围小且漫游功能差。模拟手机体积大、重量沉、样式陈旧。

20 世纪 80 年代后期，大规模集成电路、微型计算机、微处理器和数字信号处理技术的大量应用，为开发数字移动通信系统提供了技术保障。在 20 世纪 90 年代初期，数字通信的移动通信系统，即第二代移动通信系统（2G）开始推出使用。第二代数字蜂窝移动通信系统克服了模拟系统所存在的许多缺陷，因此 2G 系统一经推出就备受人们注目，得到了迅猛的发展，短短的十几年就成了世界范围最大的移动通信网。数字蜂窝移动系统中最有代表性是 GSM 系统（全球移动通信系统）和 N - CDMA 系统。GSM 系统的空中接口采用的是 TDMA 接入方式，传输速率 8kb/s。到目前为止，GSM 还是全世界最大的移动网，占移动通信市场的大部分份额。N - CDMA 采用的是码分多址接入方式，最先是由美国的高通公司提出的。

为了满足广大用户的各种需求，在 2G 系统的基础上增加了一些新技术，如通用分组无线技术（GPRS）、无线应用协议（WAP）和无线接口技术（蓝牙技术）等，增加了多媒体功能（如上网聊天、传送彩色图片、发电子邮件、数码照相机、语音拨号彩色显示等），称为第二代向第三代过渡的 2.5G 系统。尽管 2.5G 系统可以方便地传输数据，然而由于它没有从根本上解决无线信道传输速率低的问题，因此 2.5G 还是个过渡产品。

第三代移动通信系统，即3G系统，才基本达到人们对快速传输数据业务的需求。3G系统提供更高的容量、更快的数据传输速率及多媒体业务。它主要通过在现有网络上发展2.5G技术来实现，所采用CDMA以及更先进的空中接口技术，传输速率为9.6～32kb/s。当前3G技术标准主要有3个：欧洲的WCDMA、北美的CDMA2000和中国的TD－SCDMA。

虽然3G系统能基本满足人们对快速传输数据业务的需求，但许多专家学者已把目光投入4G系统的研究。4G是一个宽带接入和分布式网络，在车速环境下可提供大于2Mbps的传输速率，在室内或静止状况下提供20Mbps的传输速率，甚至可以提供100～150Mbps的下载速率。4G所能提供的业务包括了高质量的影像多媒体业务在内的各种数据业务、语音业务。4G的网络结构是一个采用全IP的网络结构，它不仅核心网采用IP网结构，而且整个的无线接口也要采用IP技术。

第四代移动通信技术，即4G，是集3G与WLAN于一体并能够传输高质量视频图像且图像传输质量与高清晰度电视不相上下的技术产品。4G系统能够以100Mbps的速度下载，比拨号上网快2000倍，上传的速度也能达到20Mbps，并能够满足几乎所有用户对于无线服务的要求。此外，4G可以在DSL和有线电视调制解调器没有覆盖的地方部署，然后再扩展到整个地区，很明显4G通信技术有着很明显的优势。

TD－LTE是中国主导的新一代宽带移动通信技术，是具有自主知识产权的3G国际标准TD－SCDMA的后续演进技术。TD－LTE的信号深度覆盖能力远高于现有的3G网络，网速可达3G的十倍以上，在时延问题上也比3G网络有了显著的改善。在固定状态下，TD－LTE的下载速度可以高达100Mbps，一般可以稳定在70～80Mbps。

2.4.5 移动通信的基本技术

移动通信的基本技术主要包括多址技术、调制技术、抗衰弱技术和组网技术。

1. 多址技术

当把多个用户接入一个公共的传输媒质实现相互间通信时，需要给每个用户的信号赋以不同的特征，以区分不同的用户，这种技术称为多址技术。众所周知，移动通信是依靠无线电波的传播来传输信号的，具有大面积覆盖的特点。因此，网内一个用户发射的信号，其他用户均可接收到所传播的电波。网内用户如何能从播发的信号中识别出发送给自己的信号就成为建立连接的首要问题。在蜂窝通信系统中，移动台是通过基站和其他移动台进行通信的，因此必须对移动台和基站的信息加以区别，使基站能区分是哪个移动台发来的信号，而各移动台又能识别出哪个信号是发给自己的。要解决这个问题，就必须给每个信号赋以不同的特征，这就是多址技术要解决的问题。多址技术是移动通信的基础技术之一。

多址方式的基本类型有：频分多址方式、时分多址方式、空分多址方式和码分多址方式等。目前移动通信系统中常用的是FDMA、TDMA、CDMA以及它们的组合，比如频分多址/时分多址（FDMA/TDMA）、频分多址/码分多址（FDMA/CDMA）、时分多址/码分多址（TDMA/CDMA）等。

频分多址（FDMA）是在频域中一个相对窄带信道里，信号功率被集中起来传输，不同信号被分配到不同频率的信道里，发往和来自邻近信道的干扰用带通滤波器限制，这样在规定的窄带里只能通过有用信号的能量，而任何其他频率的信号被排斥在外。

时分多址（TDMA）就是一个信道由一连串周期性的时隙构成。不同信号的能量被分配到不同的时隙里，利用定时选通来限制邻近信道的干扰，从而只让在规定时隙中有用的信号能量通过。

码分多址（CDMA）就是每一个信号被分配一个伪随机二进制序列进行扩频，不同信号的能量被分配到不同的伪随机序列里。在接收机里信号用相关器加以分离，这种相关器只接收选定的二进制序列并压缩其频谱，凡不符合该用户二进制序列的信号就不被压缩带宽，结果只有有用信号的信息才被识别和提取出来。

2. 调制技术

调制就是对消息源信息进行编码的过程，其目的就是使携带信息的信号与信道特性相匹配以及有效地利用信道。移动信道存在的多普勒频率扩展等都会对信号传输的可靠性产生影响，日益增加的用户数目和无线信道频谱的拥挤也要求系统有比较高的频谱效率，即在有限的频率资源情况下尽可能多地容纳用户。因此，移动通信系统在选择调制方式时需要考虑频带利用率、功率效率、已调信号恒包络、易于解调和带外辐射等因素。

数字调制技术可分为恒包络调制和线性调制。恒包络调制采用的调制方式有 MSK、GMSK 和 TFM 等，其特点是使用 C 类放大器。线性调制技术采用的调制方式有 BPSK、MPSK、QPSK、16QAM 和 MFSK，其特点是从基带到射频变换都需要高度线性。对数字信号的调制类型有 ASK、PSK 以及对这些类型改进或综合而获得的新型技术，如 IS－54 和 PDC 蜂窝网络均采用 DQPSK，IS－95 蜂窝网络采用 QPSK 和 O－QPSK 等。

3. 抗衰弱技术

在移动信道中存在大量的环境噪声和干扰，因此必须采取有效措施保证网络在运行时，干扰电平和有用信号之比不超过预定的门限值。在移动通信中需要采取一些信号处理技术来改善接收信号的质量，常用的抗衰弱技术有分集接收、信道编码、信道均衡和扩展频谱通信技术。

分集接收的基本思想就是把接收到的多个衰落独立的信号加以处理，合理地利用这些信号的能量来改善接收信号的质量。分集通常用来减小在平坦性衰弱信道上接收信号的衰弱深度和衰弱的持续时间。分集接收充分利用接收信号的能量，因此无须增加发射信号的功率而可以使接收信号得到改善。

信道编码的目的是尽量减小信道噪声或干扰的影响，是用来改善通信链路性能的技术。其基本思想是通过引入可控制的冗余比特，使信息序列的各码元和添加的冗余码元之间存在相关性。

信道均衡就是在接收端设计一个称为均衡器的网络，以补偿信道引起的失真。这种失真是不能通过增加发射信号功率来减小的。

扩展频谱通信技术的特点是其传输信息所用信号的带宽远大于信息本身的带宽，而带宽的展宽是利用与被传信息无关的函数（扩频函数）对被传信息进行调制实现的。扩频通信最突出的优点是它的抗干扰能力和通信的隐蔽性，移动通信的码分多址方式就是建立在扩频通信的基础上。扩展信号频谱的方式有多种，如直接序列（DS）扩频、跳频（FH）、跳时（TH）、线性调频和它们的混合方式。在通信中最常用的是直接序列扩频和跳频以及它们的混合方式扩频。

4. 组网技术

要实现移动通信系统在其覆盖区内良好的通信，就必须有一个通信网支撑，这个通信网就是移动通信网，这就涉及移动通信组网技术。移动通信网络由空中网络和地面网络两部分组成。空中网络是移动通信网的主要部分，主要包括多址接入、频率复用、蜂窝小区和切换位置更新问题。地面网络部分主要包括服务区内各个基站的相互连接和基站与固定网络（PTSN、ISDN、数据网等）。

移动通信网络主要采用蜂窝式组网理论。

（1）无线蜂窝式小区覆盖和小功率发射。蜂窝式组网放弃了点对点传输和广播覆盖模式，将一个移动通信服务区划分成许多以正六边形为基本几何图形的覆盖区域，称为蜂窝小区。一个较低功率的发射机服务一个蜂窝小区，在较小的区域内设置相当数量的用户。

（2）频率复用。蜂窝系统的基站工作频率，由于传播损耗提供足够的隔离度，在相隔一定距离的另一个基站可以重复使用同一组工作频率，称为频率复用。采用频率复用大大地缓解了频率资源紧缺的矛盾，增加了用户数目或系统容量。频率复用能够从有限的原始频率分配中产生几乎无限的可用频率，这是使系统容量趋于无限的极好方法。频率复用所带来的问题是同频干扰，同频干扰的影响并不是与蜂窝之间的绝对距离有关，而是与蜂窝间距离与小区半径比值有关。

（3）多信道共用和越区切换。由若干无线信道组成的移动通信系统，为大量的用户共同使用并且仍能满足服务质量的信道利用技术，称为多信道共用技术。多信道共用技术利用信道占用的间断性，使许多用户能够任意地、合理地选择信道，以提高信道的使用效率。为了保证通话的连续性，当正在通话的移动台进入相邻无线小区时，移动通信系统必须具备业务信道自动切换到相邻小区基站的越区切换功能，即切换到新的信道上而不中断通信过程，即需采用相应的切换技术。

2.5 无线传感器网络

近年来，微电子技术、计算机技术和无线通信等技术的进步，推动了低功耗多功能传感器的快速发展，并且孕育了微机电系统（Micro - Electro - Mechanism System, MEMS）技术支持下的无线传感器网络（Wireless Sensor Networks, WSN）。Internet 构成了逻辑上的信息世界，改变了人与人之间的沟通方式，而无线传感器网络则将逻辑上的信息世界与客观的物理世界融合在一起，改变人类与自然界交互的方式。

无线传感器网络是由部署在监测区域内大量的廉价微型传感器节点组成，通过无线通信方式形成的一个多跳的自组织网络系统，其目的是协作地感知、采集和处理网络覆盖区域中感知对象的信息，并发送给观察者。基于 MEMS 的微型传感器技术和无线通信技术赋予了无线传感器网络广阔的应用前景，其应用领域与普通通信网络有着显著的区别。目前，无线传感器网络已经能够广泛应用于军事、环境科学、健康护理、智能家居、建筑物状态监控、空间探索等领域。

2.5.1 无线传感器网络的结构

无线传感器网络系统中包括传感器节点（Sensor Node）、汇聚节点（Sink Node）和管理节点，典型的网络结构如图 2－8 所示。在传感器网络中，节点被任意部署在监测区域内，是通过飞行器撒播、人工埋置和火箭弹射等方式完成的。节点通过自组织形式构成网络，并通过多跳路由方式将监测的数据传输到汇聚节点，最终借助互联网、无线网络或卫星将数据信号送至管理节点。系统用户可以通过管理节点查看、查询、搜索相关的监测数据，并对传感器网络进行配置和管理。

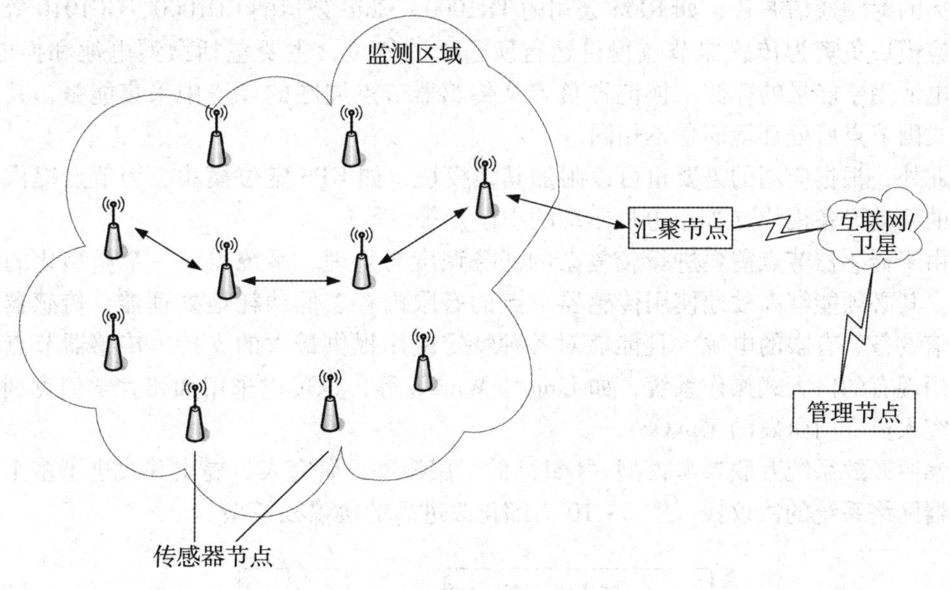

图 2－8　无线传感器网络的结构

网络系统中的传感器节点通常为微型嵌入式系统，其处理能力、存储能力和通信能力相对较弱。与传统无线网络有所不同，传感器节点除了需要进行本地信息收集和数据处理之外，还要对其他节点发送来的数据进行存储、融合及转发等处理。在不同应用中，传感器网络节点的硬件结构各不相同，但基本上都由数据采集单元（Data Acquisition Unit）、数据处理单元（Process Unit）、数据传输单元（Data Transfer Unit）和能量供应单元（Power Unit）四部分组成，如图 2－9 所示。

数据采集模块由传感器与模数转换器（Analog to Digital Converter，ADC）组成，负责监测区域内信息的采集和数据转换，其中传感器的类型由被监测物理信号的形式所决定。数据处理模块负责控制整个传感器节点的操作，实现数据的存储、融合以及转发。其中处理器一般选用小型、低功耗的嵌入式 CPU，如 Motorola 的 68HC16、ARM 公司的 ARM7 和 Intel 的 8086 等。

数据传输模块负责与其他传感器节点进行无线通信，通常采用低功耗、低成本、

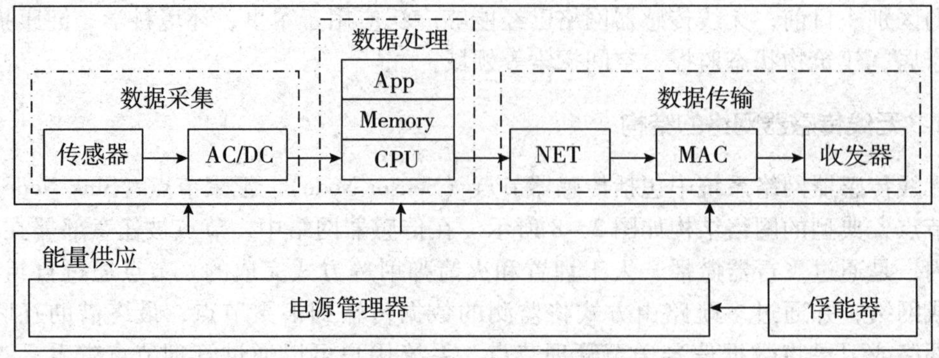

图 2-9　传感器节点结构

短距离的射频通信芯片，如 RFM 公司的 TR1000、Chip 公司的 CC1000、CC1010 等。能量供应模块负责为传感器节点提供运行所需要的能量，主要包括微型电池和换能器。微型电池用于能量的存储，换能器负责从传感器节点周围的环境中采集能量，其采能的方式因节点所处环境而各不相同。

此外，根据应用的需要也可以附加其他模块，如 GPS 定位模块、为节点提供移动能力的移动设备模块（如小电机驱动的小车）等。

由于传感器节点需要进行较复杂的任务调度与管理，系统需要一个微型化的操作系统，其必须能够高效地使用传感器节点的有限内存、低功耗地处理器、传感器、低速通信设备、有限的电源，且能够对各种特定应用提供最大的支持。传感器节点既可以采用现有的嵌入式操作系统，如 Linux、WinCE 等，也可以采用加州大学伯克利分校的研究人员专门研发的 TinyOS。

参照开放系统互联参考模型（OSI）的七层模型，研究人员提出并改进了多个无线传感器网络系统的协议栈。图 2-10 为细化改进后的协议栈模型。

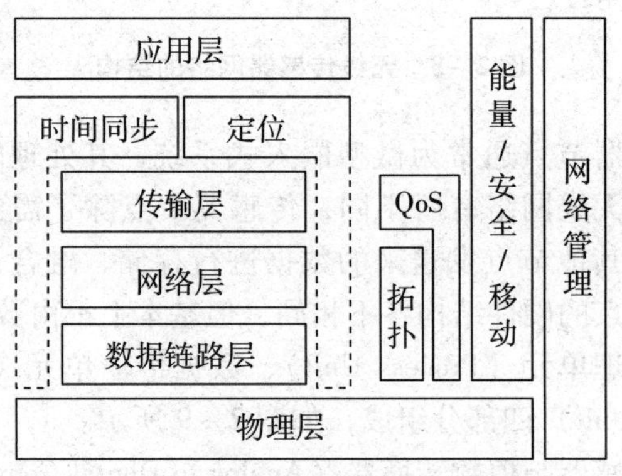

图 2-10　无线传感器网络协议栈

WSN 的协议栈中物理层负责载波频率产生、信号的调制解调、信号收发等工作，其载波媒体可选择包括红外线、激光和无线电波。数据链路层负责媒体访问和错误控制，其中媒体访问协议保证可靠的点对点和点对多点通信，错误控制则保证源节点发出的信息可以完整、无误地到达目标节点。网络层协议负责路由生成和选择，无线传感器网络中大多数节点无法直接与网关通信，需要通过中间节点进行多跳路由。故一个网络设计的成功与否，路由协议非常关键。传输层负责将传感器网络的数据提供给外部网络。应用层包括一系列基于监测任务的应用层软件。其中定位和时间同步子层在协议中的位置比较特殊，通过倒 L 形体现出其既依赖于传输控制以下各层，同时又为各层提供信息支持。此外，协议栈的能量/安全/移动管理以及 QoS 拓扑管理等功能部分融入各层协议中，用以优化和管理协议流程；部分独立于协议外层，通过各种收集和配置接口对相应机制进行配置和监控。

2.5.2 无线传感器网络的特点

无线传感器网络与现有的无线网络虽然有许多相似之处，但同时也存在许多差别，具有其自身的特点。目前，常见的无线网络包括蜂窝移动通信网、无线局域网、蓝牙网络等，其设计目标是在高度移动的环境中通过动态路由和移动管理技术为用户提供高质量服务和高效带宽利用，能源节约是次要考虑因素。而在无线传感器网络中，大多数传感器节点是固定不动的，只有少数节点需要移动，它们通常运行在无人值守的、人类无法接近的、恶劣甚至危险的远程环境中，加上传感器节点自身的限制，故无线传感器网络的首要设计目标是能源的高效使用，延长网络的生命周期成为无线传感器网络的核心问题。

与传统的无线网络相比，无线传感器网络具有以下特点。

(1) 规模大。在监测区域内通常部署了大量传感器节点，且传感器节点分布更为密集。由于监测区域一般较为广阔，且为了避免存在监测盲区，用户需要部署大量传感器节点。此外，密集部署的节点可以对各种现象进行精确传感，降低了对单个传感器节点的要求，并利用节点冗余来保证系统的容错性和鲁棒性。

(2) 自组织。在传感器网络应用中，监测区域内一般没有网络基础结构，这就要求传感器节点具有自组织能力，即在部署后节点通过分层协议和分布式算法协调各自的行为，快速、自动地组成一个独立的网络。

(3) 节点电源能量、通信能力、计算和存储能力有限。电源能量有限：节点一般由电池供电，电池充电和更换比较困难，因此在无线传感器网络设计过程中，任何技术和协议的使用都要以节能为首要条件。通信能力有限：节点的通信带宽较窄且经常变化，通信覆盖范围有限，此外传感器之间的通信断接频繁。计算和存储能力有限：传感器节点由于受价格、体积和功耗的限制，均采用嵌入式处理器和存储器，其计算能力、程序空间和内存空间比普通的计算机功能要弱很多。

(4) 动态性。无线传感器网络是一个动态的网络，环境干扰、节点移动或节点失效都会导致拓扑结构发生变化，因此网络应该具有动态拓扑组织功能。

(5) 节点易于失效。无线传感器网络节点受环境的影响以及自身资源的限制，使得其易于因故障或电源耗尽而失效。但由于无线传感器网络具有很强的抗毁性，部分节点的失效并不会影响整个网络的运行。

(6) 多跳路由。由于无线传感器网络中节点通常采用射频通信的方式，其通信距离有限（一般为几百米），所以节点只能与其射频覆盖范围内的节点直接通信。如果节点希望与其射频覆盖范围之外的节点进行通信，则需要通过中间节点进行路由，故无线传感器网络为多跳路由网络。此外，无线传感器网络中的多跳路由是由普通网络节点完成的，没有专门的路由设备，故节点既是信息的发起者，也是信息的转发者。

（7）与应用相关。不同的应用背景对 WSN 的要求不同，其硬件平台、软件系统和网络协议必然会有很大的差别。故无线传感器网络并没有统一的通信协议平台，在开发传感器网络应用中必须关注传感器网络的差异，只有这样才能设计出最高效的目标应用系统。

2.5.3 无线传感器网络的技术

无线传感器网络作为当今信息领域研究的热点，是一种新的计算模型，涉及了多个学科交叉的研究领域，包括网络的组织、管理和服务框架，信息传输路径的建立机制，面向需求的分布信息处理模式等问题。从无线传感器网络的结构和功能上，其研究内容可以分为节点系统的理论和技术、通信协议的理论和技术、核心支撑技术。

1. 节点系统的理论和技术

无线传感器网络是在特定应用背景下以一定的网络模型规划的一组传感器节点的集合，故节点是整个无线传感器网络正常运行的基础。传感器节点必须具有微型化、低成本、可灵活扩展、稳定安全等特性。节点系统的理论和技术的研究包括节点硬件和操作系统的设计。

目前，使用最为广泛的传感器节点是 Smart Dust 和 Mica 系列。Smart Dust 是美国 DARPA/MTO MEMS 支持的研究项目，其目的是结合 MEMS 技术和集成电路技术，研制体积不超过 $1mm^3$，使用太阳能电池，具有光通信能力的自治传感器节点。Mica 系列节点是加州大学伯克利分校研制的用于无线传感器网络研究的演示平台节点。考虑到无线传感器网系统自身的特点，其操作系统必须能高效地使用节点的有限内存、低速低功耗的处理器、传感器、低速通信设备和有限的电源。针对这一要求，加州大学伯克利分校的研究人员研究了一个适合于无线传感器网络的新型操作系统 TinyOS。

2. 通信协议的理论和技术

无线传感器网络通信协议主要包括物理层、数据链路层、网络层和传输层。无线传感器网络自身的特点决定了它不能使用目前已经存在的一些标准协议（如 IEEE 802.11），所以国内外的研究者为无线传感器网络的各个层次都提出了一些解决方案，但到目前为止仍没有形成被广泛认可的标准。

（1）物理层。物理层主要负责载波频率产生、信号的调制解调等工作。无线传感器网络的载波媒体可能的选择包括红外线、激光和无线电波。在国外已经建立起来的无线传感器网络中，绝大多数节点是基于无线射频通信方式。

（2）数据链路层。数据链路层负责媒体访问控制和错误控制。媒体访问控制（Medium Access Control，MAC）协议保证可靠的点对点和点对多点通信，错误控制则保证源节点发出的信息可以完整、无误地到达目标节点。

（3）网络层。网络层负责路由发现和维护。目前，根据 WSN 自身的特点，研究人员已经提出了许多新的路由协议，按照网络拓扑结构可以分为平面路由协议和分簇路由协议。由于分簇路由具有拓扑管理方便、能量利用高效、数据融合简单等优点，已成为当前重点研究的路由技术。

（4）传输层。传输层协议主要实现无线传感器网络与外网相连，将网络中的数据提供给外部网络。

3. 核心支撑技术

核心支撑技术主要包括拓扑控制，时间同步机制，节点定位技术，网络安全技术，数据的处理、融合和管理等。

（1）网络覆盖和拓扑控制。拓扑控制是在满足网络覆盖度和连通度的前提下，通过功率控制和骨干网络节点的选择，剔除节点之间不必要的通信链路，形成一个数据转发的优化网络。拓扑控制的研究内容主要包括功率控制和层次型拓扑结构。

（2）时间同步机制。在无线传感器网络中，每个节点都有自身的本地时钟，但由于不同节点的晶体振荡器频率存在偏差，加上温度变化和电磁波干扰，使得节点之间的时间会逐步出现偏差。因此，无线传感器网络也需要时间同步机制。一个良好的传感器网络时间同步机制必须具有扩展性、稳定性、鲁棒性和节能性。

（3）节点定位技术。节点定位技术用于确定事件发生的位置或确定获取消息的节点位置，对传感器网络应用的有效性起着关键的作用。

（4）网络安全技术。在大多数非商业应用中，无线传感器网络的安全问题并不十分重要，但对于军事、商业等领域，其安全问题就显得尤为重要。由于传感器网络部署区域的开放性、网络拓扑的动态性和无线信道的广播性，使传统的安全机制无法适用于无线传感器网络。

（5）数据的处理、融合和管理。在覆盖度较高的传感器网络中，由于相邻节点所报告的信息存在冗余性，为了减少传输的数据量并有效地节约能量，所以应利用节点的本地计算和存储能力处理数据，进行数据融合操作，从而达到节能、提高收集数据的效率和准确度的目的。传感器网络数据管理的目的是把传感器网络上数据的逻辑视图和网络的物理实现分离开来，使得传感器网络的用户和应用程序只需要关心所要提出的查询的逻辑结构，而无须关心传感器网络的细节。

2.6 网络与通信技术在物流系统中的应用

2.6.1 网络技术在物流系统中的应用

随着互联网技术的迅速发展，在物流信息系统的设计过程中广泛地应用了网络化技术。通过互联网将分散在不同地理位置的物流分支机构、供应商、客户等联结起来，形成了一个信息传递与共享的信息网络，便于各方实时了解各地业务的运作情况，提高了物流活动的运作效率。

网络化也是现代物流的基本特征之一。网络化有两层含义：一是物流配送系统的计算机通信网络，包括物流配送中心与供应商或制造商的联系要通过计算机网络通信，另外与下游顾客之间的联系也要通过计算机网络通信；二是组织的网络化，即所谓的

企业内部网（Intranet），主要用于企业内部各部门之间的信息传输。物流的网络化是物流信息化的必然。

1. 物流信息网络化

物流信息网络化是实现物流信息化的基础，从构成要素分析，主要包括物流信息资源网络化、物流信息通信网络化和计算机网络化三方面内容。其中，物流信息资源网络化，是指各种物流信息库和信息应用系统实现联网运行，从而使运输、储存、加工、配送等信息子系统汇成整个物流信息网络系统，以实现物流信息资源共享；物流信息通信网络化，是指建立能承担传输和交换物流信息的高速、宽带、多媒体的公用通信网络平台；计算机网络化，是指把分布在不同地理区域的计算机与专门的外围设备通信线路互联成一个规模大、功能强的网络系统。

物流信息网络是指将物流各子系统的计算机管理信息系统，通过现代通信设备和线路连接起来，且以功能完善的网络软件实现网络资源共享的系统。物流信息网络是一个巨型系统，包括运输、储存、装卸搬运、流通加工、包装、配送等各子系统信息网络。每个子系统本身就构成一个大型信息网络。例如，运输系统内部分为5种运输方式，每一种运输方式又形成各自的信息网络。要建立这样一个综合性、巨型物流信息网络是很困难的。因此，一般说来，国内外的做法都是选择一些最亟须解决的工作为目标，并确定网络的种类。目前，已开发的物流信息网络主要有以下几种。

（1）综合信息网络，其中包括物流费用管理信息系统、综合信息系统、进销存综合信息系统等。

（2）运输管理信息系统（TMS）。

（3）库存管理信息系统（WMS）。

（4）配送管理信息系统（DMS）。

（5）订货及进货系统等。

2. 物流信息网络的特点及作用

物流信息网络具有以下几个特点：网络专业性强；信息来源广；地区覆盖面大；网上信息实时性、动态性强。物流信息网的网络化可以缩短物流的管道长度，增加流通管道的透明度，因为借助电子计算机，存货可以更快地随着需求信息面减少，从而减少周转时间。

3. 物流信息网络体系的结构及其特点

计算机的迅速普及、网络通信技术及社会经济发展的相互作用，支持着企业网络体系结构的普及与发展。Internet/Intranet 网络体系已成为当今企业网络的基本构架和趋势。物流信息网络建设和使用的主要主体是物流企业，因此，可以说物流信息网络的体系结构主要是物流企业的 Internet/Intranet 体系结构。

（1）物流企业的 Internet/Intranet 基本结构。

物流企业的 Internet/Intranet 是 Internet/Intranet 技术在物流企业的应用。它是物流企业利用 Internet 技术建立的物流企业信息网络，是物流企业信息管理和交换的基础设施和平台。根据物流企业的特性，在物流企业的 Intranet（企业内部网）建设中，又可按不同部门和结构来构建物流企业特有的 Intranet。

Intranet 的所有服务是基于客户机/服务器模型的，Intranet 计算模式是客户机/服务器模式的高度扩展，是由客户机/服务器模型发展而来的，在该结构中，客户端的任何计算机只要安装了浏览器就可以访问应用程序。在物流企业的 Internet 和 Intranet 之间采用防火墙或路由器连接，这与一般企业的 Internet/Intranet 基本相同。而在物流企业的 Intranet 内，则依不同的部门划分为运输配送部门、订货采购部门、库存控制部门，而分别配备 Web 数据服务器和网络浏览器，构建相应的信息子系统。

（2）物流企业 Intranet 的特点。

企业管理信息系统可以简便地实现信息共享、协调作业及网络处理和计算。Intranet 革命性地解决了传统 MIS 开发中不可避免的缺陷，打破了信息共享的障碍，实现了大范围的协作，形成了一个开放、分布、动态的双向多媒体信息交流环境，是对现有网络平台应用技术和信息资源的重组与集成。同时，用户端在一定的工作平台通过 NT 系统网络集成实现对整个网络的透明操作与控制，用户网络协议可以应答用户对整个网络的管理请求和服务请求，通过不同协议与不同的服务器实现用户的操作请求和数据库信息流的调用。

Intranet 是一种较为先进的企业网络连接的解决方案，对于现有的 MIS 网络系统来讲有着无法比拟的优势，可以将复杂的网络连接等问题标准化。Intranet 以通信协议（如 TCP/IP）、域名服务（DNS）和邮件传输协议（如 POP3）为基础，以 WWW 和 FTP 服务为支撑，使多平台和多服务器的网络连接成为现实。以简单的超文本标记语言 html 和公共关系应用接口 CGI 或 API 为主要工具，使企业内各类应用和数据库以统一的界面在网络上应用，是用户网络各个站点取向的标准。并且，利用 CGI 或 API 等程序，可以对数据进行读取操作、维护修改及应用功能添加。

2.6.2 通信技术在物流系统中的应用

现代物流业迫切需要利用信息系统实现整个物流过程的贯通，提高物流速度和服务水平。在物流信息系统中，结合定点管理和物流调配中心，利用地理信息技术（GIS）、遥感技术（RS）、全球卫星定位技术（GPS）、多媒体技术、无线通信技术、互联网技术和管理信息技术（MIS），由各种移动、轻便的终端和中心支持系统使物流现场作业与室内办公系统能够随时联系，物流配送、运输等信息能与管理中心数据实时交换，实现外出活动中实时数据的查询、作业活动的实时监控、紧急情况的通知等功能。

1. 移动通信技术在车辆定位中的应用

目前，利用 GPS 确定货车位置，再通过移动通信将信息传输到控制中心，经过计算机进行数据处理分析，可以用图形显示货车位置。通过这种方式，物流控制中心可将其调度延伸到全国，而无须建立自己的通信网络，实现低成本、大范围的系统管理。当控制中心需要调整某个车辆的运输状态时，可用短信方式通过移动网络发出，司机收到语音或短信通知后可调整运输路线。当遇到特殊情况时，司机可与控制中心通过无线移动网络直接通话，控制中心根据具体情况下达作业指令。

2. 移动通信技术在货物保险中的应用

无线射频识别（RFID）技术可应用在电子锁上，一旦货物被锁，计算机将物品性质、数量、送货线路、目的地、收货人等信息输入电子锁中，在每个检查关卡，自动扫描电子锁，并通过短信传递到控制中心，进行核对。若电子锁被打开，也会自动发短信通知，从而达到货物运送过程中的保险作用。

3. 移动通信技术在货物配送中的应用

当货物送到零售户后，零售户通过注册过的手机发送短信通知配送中心，配送中心可实现电子签收和电子记录。

4. 移动通信技术在订货中的应用

零售户通过注册过的手机输入对应的号码就可以向销售公司订货，实现订货内容、数量、时间的信息传送，销售公司可以通过短信即时回复，同时也可方便零售户的退订，还可以进行短信访问调查。

5. 移动通信技术在仓储管理中的应用

移动通信技术可以与条码、电子标签相结合，如在仓储过程中，保管员可利用无线手持终端接受业务中心的盘点或备货指令，并利用终端扫描条码完成盘点或备货工作。相对于手工盘点和备货记录方式，无线方式减少了中间环节和差错，提高了物流管理效率。

案例分析

深圳市中南运输集团有限公司

深圳市中南运输集团有限公司（以下简称“中南运输公司”）是由深圳市兆通投资股份有限公司与新国线运输集团有限公司共同投资组建的大型专业运输企业，公司拥有各类营运车辆1600多辆、员工4000多人。依托深圳移动构建的GPRS车辆定位与配载项目，中南运输公司在全面提高服务质量、提高速度、降低成本等方面开始了一场新的“革命”。据中南运输公司负责人介绍，在实施信息化流程改造之前，车辆的调度及管理极其混乱，从而使得企业的日常运营成本居高不下，配送过程中，车辆的空驶率较高；由于配送司机与客户的沟通效率差，不完善的机制对司机缺乏良好的监督机制，使得企业的综合服务水平低下。

中南运输公司运营规划部为满足物流行业车辆定位、内部沟通、客户服务的需求，提高物流配送效率，推动物流行业的信息化应用与创新，与中国移动北京公司签订10年合同，购买中国移动北京分公司推出的VPMN、企业信息机、无线DDN业务为主的综合性物流行业移动信息化解决方案的信息化服务。将移动信息化产品与企业的递送过程和内部管理信息系统紧密连接在一起，节约了管理成本，提高了工作效率，增加货物运送中的透明度，使物流公司能及时、准确地掌控车辆、位置等信息，提高了运输质量和运输效率，增强了客户服务企业核心竞争力。

1. 实行 VPMN 方案

物流行业通常拥有众多的分支机构，各个分支机构之间的联络都需要经常性的电话联络；此外，物流企业员工经常在外工作，公司需要与员工经常保持沟通，确认信息，进行调度，这些都是企业不可小视的成本。降低通话成本，让有限的资金更有效地投入企业的发展中去，已经成为目前物流企业的一大需求。

中国移动北京公司推出的业务降低了通话费用，为企业节约了成本。VPMN 将企业员工的移动全球通手机号码组成一个组，这些员工在北京地区内通话时，组内号码之间彼此接听，拨打对方北京移动全球通电话不限次数、通话时间和时段，享受话费优惠服务，实现移动办公，真正满足企业移动沟通、降低成本的需求。

2. 搭建沟通企业内外部的企业信息机

企业信息机是中国移动开发的软、硬件一体化封装的移动信息化行业应用产品，操作界面友好，部署维护简单方便。

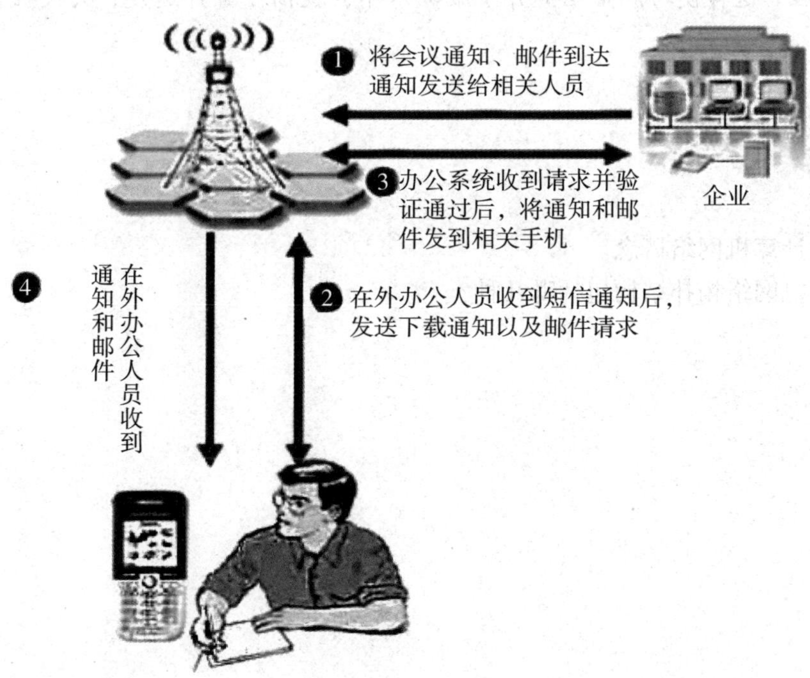

图 2－11　短信平台

如图 2－11 所示，企业可利用中国移动北京公司提供的短信平台，向移动电话用户提供各类应用服务，辅助企业内部办公，提高工作效率。

通过企业信息机，可以实现邮件提醒、会议通知、人力资源管理等功能。通过与企业邮件系统结合，邮件达到邮箱后，即以短信的方式进行提醒，使重要邮件不会被错过；重要会议可通过短信提醒人员准时参加会议，确保会议准时有效的召开；人员招聘时通过短信实现公司人力资源与应聘人员的互动，为公司招纳贤才提供了更多的途径。依托短信的实时性、有效性，大幅提高内部办公效率。

3. 构建无线 DDN 平台，随时随地掌握车辆信息

无线 DDN 即通过 GPRS/短信/数据拨号等方式，将 GPS 定位终端的位置信息发回到物流控制中心，为物流企业提供车辆定位、车辆跟踪、车辆调度等应用的移动数据业务。

在递送员配送的过程中，通过特种终端，将货品的条码扫描到终端中，并通过 GPRS 网络将相关数据上传到数据库。同时企业内部的一些急件也可以通过 GPRS 网络下传给递送员。在下传急件的工程中，通过平台进行备份，保证在 GPRS 出现问题的时候仍然能够即时将信息传递给递送员。而终端本身也具有存储功能可以在本机备份数据，递送员可以回到公司后通过终端接口将信息导回到数据库。

采用特种行业终端，适应行业应用：寄件人最关心的就是自己所寄物品的状态，通过无线终端可使快件信息实时反馈到管理中心以及网站，这样寄件人在快件寄出后的第一时间，就可以通过登录快递公司网站来查询所寄物品的状态及相关信息，同时缩短寄件流程。这样使物流企业提升了服务水平，提高了寄件速度，大大提高了行业竞争力。

思考题

1. 试述计算机网络概念。
2. 计算机网络拓扑结构包括哪几种？

3 数据库技术与物流大数据

案例导入

2017年的“六一”儿童节，菜鸟和顺丰给所有网民送了一份“大礼”：互相切断了数据端口，隔空“掐架”。6月1日下午，菜鸟官微发出一则“菜鸟关于顺丰暂停物流数据接口的声明”，称顺丰主动关闭了丰巢自提柜和淘宝平台物流数据信息回传。随后，顺丰回应称，菜鸟以安全为由单方面切断丰巢的信息接口，并指责菜鸟索要丰巢所有包裹的信息，包括非淘系订单，认为菜鸟有意让其从腾讯云切换至阿里云。不过这场“掐架”并没有持续多久，在国家邮政局的调停下，历时40多个小时的“大战”终于偃旗息鼓。菜鸟、顺丰同意从6月3日12时起，全面恢复业务合作和数据传输。

这次大战，双方提到最多的关键词是数据，但关于数据合作的问题仍悬而未决。6月3日菜鸟网络表示，未来一个月，公司将和顺丰继续就快递柜数据安全问题进行谈判。在业内人士看来，用户数据安全更像是个幌子，在保护用户权益的大旗背后，是获取更多数据的野心。

此前，人们对快递行业的印象还停留在暴力分拣、爆仓，快递业也并没有意识到数据的重要性。不可忽视的是，互联网公司通过大数据分析进行用户划项，根据用户不同的标签推送精准的服务，补全用户真实姓名、住址等信息后，用户划项会更加精准。数据，越发成为菜鸟与顺丰直接竞争的焦点。此次“掐架”事件的导火线——丰巢自提柜就是最直接的一个案例。

丰巢自提柜主要解决的是物流配送“最后100米”的仓储问题。在物流快递行业，“最后100米”的数据往往更加精准，也更难以准确获得。而丰巢在2016年年底时，已经在70多个城市有超过4万台快递柜，与全国100多家物业公司达成合作。2017年1月，丰巢宣布完成25亿元A轮融资时披露，其日均包裹处理量已达快递柜行业第一。

顺丰在此次事件的公开回应中表示，本次菜鸟关闭丰巢数据接口，表面上以信息安全为由，其实是一场有针对性的封杀行动。顺丰呼吁：“希望所有快递行业同人警惕菜鸟无底线染指快递公司核心数据行为。”而菜鸟方面则表示，菜鸟从未要求顺丰提供非淘系数据，反而是在过去的合作中，顺丰大量查询和使用丰巢当中非顺丰的数据，远远超出了正常使用范围。

提到数据，则不得不提智慧物流。在“互联网+”大环境下，智慧物流成为快递业一致追求，而智慧物流的基础就是大数据相关的技术。就在菜鸟与顺丰之争爆发前不久，阿里巴巴董事长马云刚刚为同业合作共谋智慧物流而振臂高呼。“一天10亿包裹数量，不会超过八年，估计在六七年左右就能实现。”5月22日，在2017全球智慧物流峰会上，马云说，2016年快递公司纷纷上市，融到钱，但钱必须用到技术、人才方面去，实现智慧物流转型升级，并且要联合作战，才有可能解决未来每天10亿件包裹的问题。

目前，中国已经成为全球最大的物流市场。中国的快递业务量已经突破300亿件，在世界占第一位。整个物流行业的从业人员，全国已经突破5000万人，其中邮政和快递业是245万人，物流业已是整个国家吸纳就业最多的行业之一。物流业作为劳动密集型产业，人工紧缺已经成为行业普遍难题。有业内人士估算，快递业人员缺口率在20%左右，企业亟须加大技术和装备升级力度，提升物流信息化、自动化和机械化水平。与此同时，2017年，伴随着快递上市竞争加剧，快递企业也将面临更大的管控风险。快递业要提升整体服务水平，最重要的是充分利用“互联网、物联网、大数据、云计算”等信息技术，优化完善服务网络，培育更多需求。在此背景下，智慧物流为物流行业提供了降本增效的解决方案，成为其挖掘发展潜力的最佳方向。

3.1 数据库基础

数据库技术产生于20世纪60年代，近半个世纪以来，已经经历了多次演变，发展成为以数据建模和数据库管理系统（Database Management System，DBMS）核心技术为主，内容丰富的一门学科。正是由于数据库技术的出现，极大地促进了计算机应用向各行各业的渗透，成为应用最广泛的领域之一。

本章将从数据管理的发展过程简要地阐明什么是数据库，以及为什么要发展数据库技术；概括地介绍数据库涉及的基本概念，包括数据模型、数据库系统的体系结构、数据库管理系统的主要功能和组成部分以及常用数据库管理软件等。

3.1.1 数据库概述

1. 数据库技术的产生与发展

数据是描述事物的符号记录。对数据进行有效管理是人们正常社会生活的需求。数据管理是对数据的收集、分类、组织、编码、存储、检索和维护等一系列活动的总和。

人们借助计算机进行数据管理是近半个世纪的事情，在应用需求的推动之下，数据管理技术不断发展，这与计算机软、硬件（主要是外存）的发展以及计算机应用的深入有着密切的联系。其发展大致经过了以下几个阶段。

（1）人工管理阶段。20世纪50年代中期以前为人工管理阶段。在这一阶段，计算机主要应用于科学计算，还没有运用于其他领域，且没有出现可以直接存取数据的存储设备，只有卡片、纸带等；软件方面只有汇编语言，没有关于数据管理的软件；数据处理方式基本上是批处理。这一阶段的数据管理有以下特点。

①数据不保存。由于没有直接存取数据的存储设备，计算机只用于科学计算，一

般不保存数据。需要计算时，将数据与程序一同输入内存，运算后将结果输出即可。

②没有专门的软件管理数据。编制程序时，程序员不但要设计程序本身，还要设计数据的存储结构、存取方式和输入输出形式等。程序和数据之间没有独立性，因而程序员负担很重。

③数据不能共享。数据是面向应用的，一组数据只对应一个程序。当多个程序需要使用相同的一组数据时，只能各自定义，造成大量的重复。数据与程序之间的关系如图 3－1 所示。

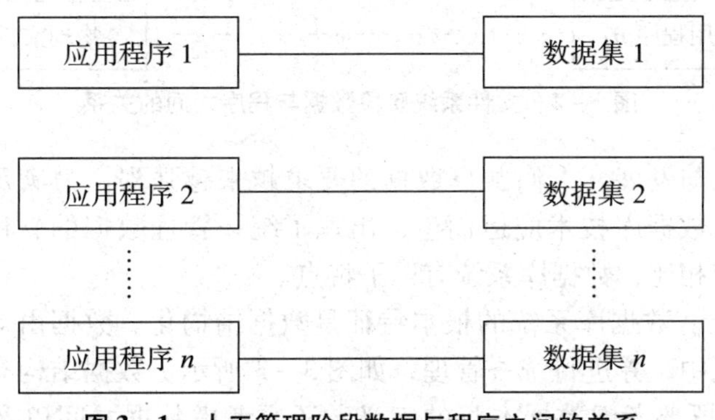

图 3－1　人工管理阶段数据与程序之间的关系

（2）文件系统阶段。从 20 世纪 50 年代后期到 60 年代中期为文件系统阶段。在这一阶段，计算机应用于科学计算和信息管理：出现了磁盘、磁鼓等可直接存取数据的存储设备；软件方面出现了操作系统和高级语言；数据处理方式除了以往的批处理还有联机实时处理方式。这一阶段的数据管理有以下特点。

①数据可以长期保存。这一阶段的计算机大量用于数据处理，由于出现了可直接存取设备，因而数据能保存在外存上进行反复操作。

②有专门的软件管理数据。操作系统中的文件系统就是专门管理数据的软件。文件系统将数据组织成各自独立的文件存储在磁盘上，利用“按文件名访问、按记录读写”的技术，对文件进行浏览、编辑和存储等操作。由文件系统提供存取方法实现数据与程序之间的转换，所以数据可以反复使用。

③文件组织形式多样化。数据文件由记录组成，有索引文件、直接存取文件和链接文件等多种形式，但各文件之间相互独立，数据间的联系必须由应用程序进行构造。

④数据独立性差。文件系统阶段只是实现了对数据的初级管理，未体现出数据的逻辑结构独立于数据存储中的物理结构的要求。因此，一旦数据的逻辑结构发生改变，就必须修改相应的应用程序。同样，应用程序由于使用不同的高级语言，也会导致数据文件的结构定义。可见，此阶段的数据文件只是一个没有弹性的数据集合，不能反映出数据之间的内在联系，数据结构与程序间的依赖关系并未根本改变，促使人们研究新的数据管理技术。文件系统阶段数据与程序之间的关系如图 3－2 所示。

（3）数据库系统（Database System，DBS）阶段。从 20 世纪 70 年代开始进入数据库系统阶段。数据库系统克服了文件系统的不足，提供了更为有效的数据管理方法。

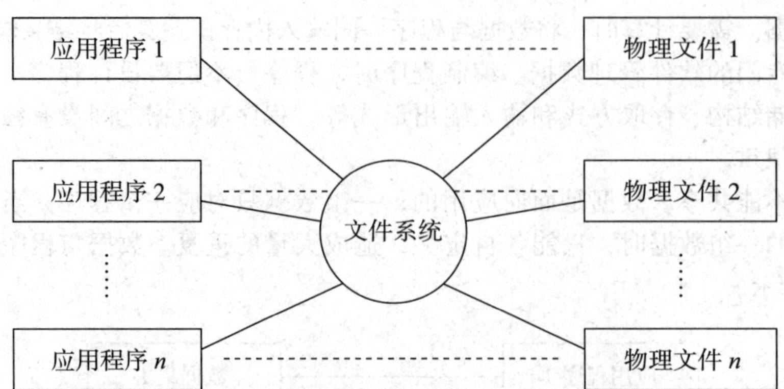

图 3-2　文件系统阶段数据与程序之间的关系

随着计算机的普及与发展，人们共享数据的要求越来越强烈。为满足多用户、多应用共享数据的需求，数据库技术应运而生，出现了统一管理数据的软件——数据库管理系统。与文件系统相比，数据库系统有以下特点。

①数据结构化。数据库系统的根本特征是数据结构化。数据由 DBMS 按一定结构组织存储在计算机中，并进行统一管理，如图 3-3 所示。数据结构有物理结构和逻辑结构之分，DBMS 既要考虑数据本身的定义，还要考虑数据之间以及文件之间的相互联系。

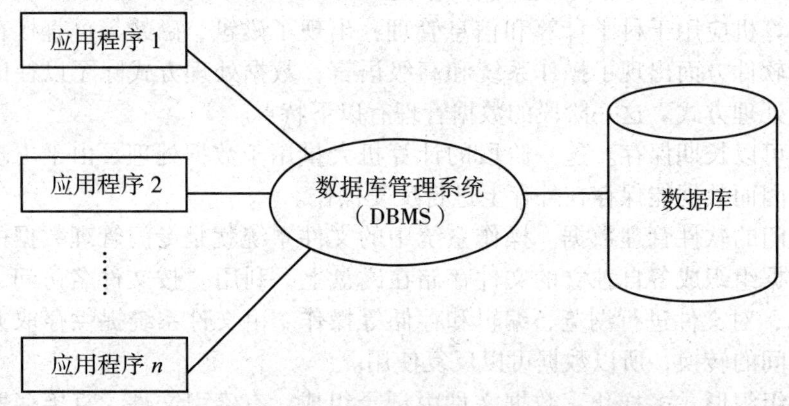

图 3-3　数据库系统阶段数据与程序之间的关系

②数据独立性高。数据独立性指的是应用程序与磁盘存储数据之间的相互独立。在磁盘中存储的数据由 DBMS 进行管理，用户一般不需要了解其存储结构，只需处理数据的逻辑结构。这样，当数据在存储设备上的物理存储结构发生改变时，由 DBMS 处理这种变化，而应用程序保持不变，这称为数据的物理独立性。此外，DBMS 还可以提供逻辑独立性功能，当数据的逻辑结构改变时，用户程序不变。这一特性大大减少了程序员编制和维护应用程序的工作量。

③数据共享性高、冗余度低。数据库系统改变了文件系统中应用程序面对自己专用数据文件的缺陷，从全局角度描述数据，使数据面向整体而不是仅仅面对某个应用，从而大大减少了数据冗余。由于数据由 DBMS 进行统一管理，有灵活的处理方式，可

以适应不同用户的要求，因而实现了多个应用程序对数据的共享。

④统一的数据控制。为了适应数据共享的环境，DBMS 还提供了数据控制功能，包括数据安全性、完整性、并发控制和数据库恢复控制。

a. 数据安全性。数据的安全性是指保护数据，防止非法使用所造成的数据丢失、泄露或破坏，保证用户使用数据库的安全与机密。如用口令检查用户的合法身份。

b. 数据完整性。数据的完整性指的是数据的正确性、有效性和兼容性，即数据控制在有效范围内，或要求数据之间满足一定的关系，使数据库中始终包含正确的数据。用户可设计完整性规则保证数据的正确性。

c. 数据库并发控制。当多个用户并发访问数据库时，可能会发生相互干扰。为解决冲突，保护数据库，数据库系统应采取措施对多用户的并发操作加以控制、协调。

d. 数据库恢复。计算机系统的软件、硬件故障，操作员的失误及故意破坏，病毒等均可能影响数据库中数据的正确性，使部分甚至全部数据丢失。DBMS 必须具有将数据库从错误状态恢复到某一已知的正确状态的功能，这就是数据库的恢复功能。

（4）高级数据库技术发展阶段。从 20 世纪 80 年代开始，相继出现了分布式数据库系统和面向对象数据库系统，标志着进入高级数据库技术发展阶段。

①分布式数据库系统。随着计算机网络和远程通信的发展，出现了分布式数据库系统。分布式数据库由一组数据组成，这些数据物理上分布于网络的不同节点，而逻辑上属于同一个系统。网络中的每个节点具有独立的处理能力，可以实现局部应用，同时，各节点也可以通过网络通信相互连接，实现全局应用。

②面向对象数据库系统。面向对象数据库系统是面向对象的程序设计与数据库相结合的产物，它具有面向对象技术的封装性（将数据本身和数据操作定义在一起）和继承性（子类数据继承父类数据的特点），提高了软件的应用效率，降低了系统开发工作量。面向对象数据模型可以更真实地描述现实世界的数据结构，更好地表达数据之间的联系。

2. 数据库基本概念

与数据库技术密切相关的有四个概念，它们是数据、数据库、数据库管理系统和数据库系统。下面介绍这四个基本概念。

（1）数据。数据是描述事物的符号记录。在日常生活中人们用自然语言描述事物，在计算机中，为了存储和处理这些事物，就要抽出对这些事物感兴趣的特征组成一个记录来描述，这些描述符号被人们赋予特定的语义，所以它们就具有了刻画事物、传递信息的功能。

数据处理领域中数据概念比科学技术中的数据概念要广，它不仅包含数字符号（数值型数据），更可包含文字、图像和其他特殊符号（非数值型）。

数据与其定义是不可分的，对于一条记录，了解其语义的人即可得到相应的信息，而不了解语义的则无法理解其中含义。如在高校中可用“1、2、3、4”（或 A、B、C、D）代表职称信息（教授、副教授、讲师、助教），也可代表不同年级的学生信息。由此可见，数据的形式本身并不能完全表达其内容，须经过语义解释。

（2）数据库。数据库是长期存储在计算机内、有组织的、可共享的数据集合。数据库中的数据按一定的数据模型组织、描述和存储，具有较小的冗余度、较高的数据独立性和易扩充性，并为各种用户所共享。

（3）数据库管理系统。在收集抽取出所需的大量数据后，由软件系统 DBMS 将这些数据进行科学组织，存储于数据库中，并进行统一管理。DBMS 是位于用户与操作系统之间的一层数据管理软件。数据库在建立、运用和维护时由 DBMS 进行统一管理和控制，使用户方便地定义和操纵数据，保护数据的安全性、完整性、多用户对数据的并发使用以及发生故障后的系统恢复。

（4）数据库系统。数据库系统是指在计算机系统中引入数据库后的系统构成，一般由数据库、操作系统、数据库管理系统、应用开发工具、应用系统、数据库管理员（Database Administrator，DBA）和一般用户构成，如图 3－4 所示。

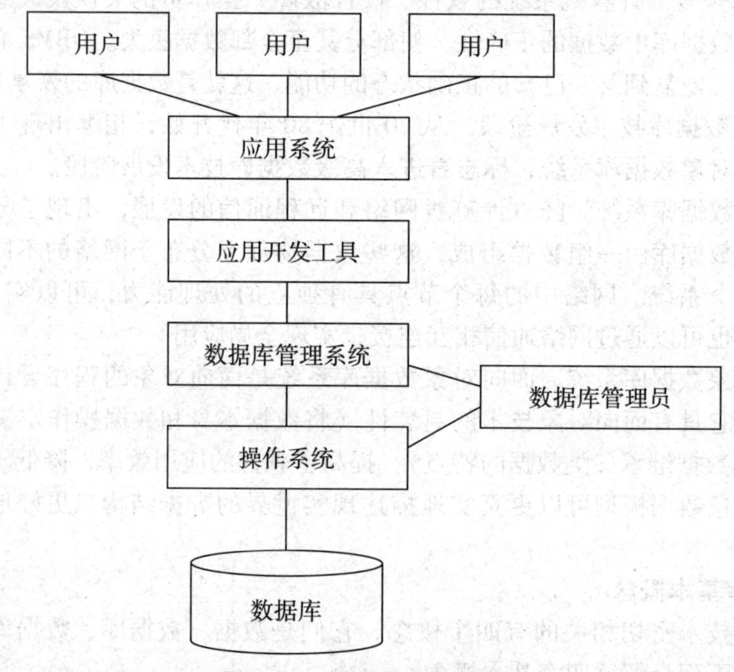

图 3－4　数据库系统的组成

数据库的建立、使用和维护仅靠一个 DBMS 远远不够，还需有专业人员，即 DBA 负责为使用数据库的用户授权，协调监督用户对数据库和 DBMS 的使用，同时也负责系统安全性保护和系统性能的监督和改善。大多数情况下，DBA 即为数据库的设计者。

3.1.2　数据库系统结构

1. 数据库系统的三级模式

数据库的体系结构由三级构成：内部级、概念级和外部级。虽然数据库管理系统的产品多种多样，但大多数系统的总体结构采用三级结构的形式。外部级最接近用户，是用户看到的数据特征；概念级是关于整体数据的定义，即全局的数据特征；内部级则最接近存储设备，可定义数据的存储方式。

数据库的三级体系结构是数据的三个抽象级别。三个级别之间的转换和联系由DBMS 完成，这就是两层映像：外模式/模式映像与模式/内模式映像，如图 3 –5 所示。

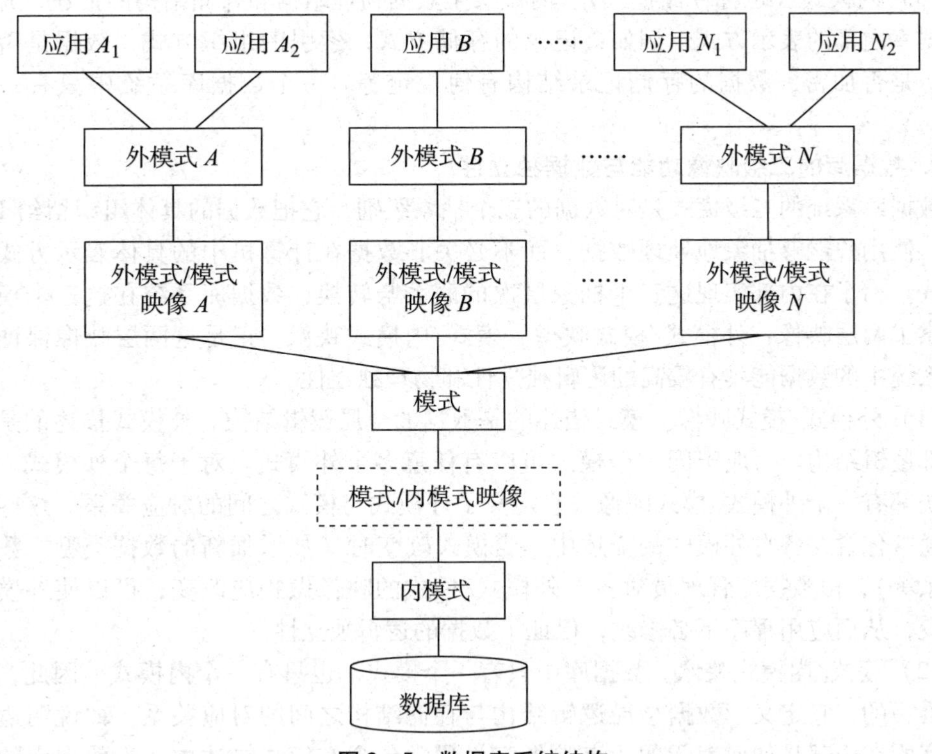

图 3 –5　数据库系统结构

（1）模式（也称逻辑模式或概念模式）。模式是数据库中全体数据的逻辑结构和特征的描述，是所有用户的公共数据视图（从某个角度看到的数据特性称为“数据视图”）。它是数据库系统模式结构的中间层次，不涉及数据的物理存储细节和硬件环境，与具体的应用程序、开发工具及程序设计语言无关。

实际上，模式是数据库数据在逻辑级的视图。一个数据库只有一个模式，模式以某种数据模型为基础，综合考虑用户要求，并有机地结合成一个逻辑整体。定义模式时不仅要定义数据的逻辑结构（记录由哪些数据项组成，数据项的名称、类型和取值范围等），还要定义与数据有关的安全性、完整性要求，定义这些数据之间的联系。

（2）外模式（也称子模式或用户模式）。外模式是数据库用户看见和使用的局部数据的逻辑结构和特征的描述，是数据库用户的数据视图与某一应用有关的数据的逻辑表示。

外模式通常是模式的子集，一个数据库可以有多个外模式。由于它是各用户的数据视图，若不同用户在需求、看待数据的方式、保密程度等方面存在差异，则其外模式描述也可不同。即使对模式中的同一数据，在外模式中的结构、类型和长度等均可不同，一个外模式可以为某一用户的多个应用系统使用，但一个应用程序只能使用一个外模式。

外模式是保证数据库安全的重要手段，每个用户只能看见和访问所对应的外模式中的数据，其余数据是不可见的。

(3) 内模式（也称存储模式）。内模式是数据物理结构和存储结构的描述，是数据在数据库内部的表示方式。例如：记录的存储方式，索引的组织方式，数据是否压缩存储、是否加密，数据的存储记录结构有何规定等。一个数据库系统中只有一个内模式。

2. 数据库的二级映像功能与数据独立性

数据库系统的三级模式是对数据的三个抽象级别，它把数据的具体组织留给 DBMS 管理，使用户能够抽象地处理数据，而不必关心数据在计算机中的具体表示方式与存储方式。为了在内部实现这三个抽象层次的联系与转换，数据库系统在这三个模式之间提供了两层映像：外模式/模式映像、模式/内模式映像。正是这两层映像保证了数据库系统中的数据能具有较高的逻辑独立性和物理独立性。

(1) 外模式/模式映像。模式描述的是数据的全局逻辑结构。外模式描述的是数据的局部逻辑结构。对应于同一个模式可以有任意多个外模式。对于每个外模式，数据库系统都有一个外模式/模式映像，它定义了外模式与模式之间的对应关系。这些映像定义通常包含在各自外模式的描述中。当模式改变时（如增加新的数据类型、数据项和关系等），由数据库管理员对各个外模式/模式的映像做相应改变，可以使外模式保持不变，从而应用程序不必修改，保证了数据的逻辑独立性。

(2) 模式/内模式映像。数据库中只有一个模式，也只有一个内模式，因此，该映像是唯一的，它定义了数据全局逻辑结构与存储结构之间的对应关系，如说明逻辑记录和字段在内部是如何表示的。该映像定义通常包含在模式描述中。当数据库的存储结构改变，由数据库管理员对模式/内模式映像做相应改变，可以使模式保持不变，从而保证了数据的物理独立性。

3.1.3 数据模型

建立数据库系统的目的是应用，如何根据现实世界的要求构造数据模型是使用数据库系统的关键。数据模型决定数据库系统的结构、数据定义语言、操纵语言、数据库设计方法及数据库管理系统软件的设计与实现。下面简单介绍有关的概念。

数据模型：一个描述数据库的概念。这些概念精确描述数据、数据之间的联系、数据的语义和完整性约束，有的模型还包括一个操作集合，这些操作用来说明对数据库的存取和更新。

设计数据模型时，应满足三方面的要求：一是能真实地模拟现实世界；二是易于理解；三是便于在计算机上实现。目前，已有很多数据模型。

1. 数据模型的要素

一般地，数据模型均由以下三部分组成：数据结构、数据操作和数据约束条件。

(1) 数据结构：用于描述系统的静态特性。数据结构是所研究的对象类型的集合，它们是数据库的组成部分，包括两类：一类是与数据类型、内容和性质有关的对象，如关系型中的域、属性和关系等；另一类是与数据之间联系有关的对象，如网状型数据结构中的系型。

数据结构是刻画一个数据模型性质最重要的方面。因此，在数据库系统中，通常按数据结构的类型来命名数据模型，如层次结构、网状结构、关系结构的数据模型分别命名为层次模型、网状模型、关系模型、面向对象模型。

（2）数据操作：用于描述系统的动态特性。数据操作指对数据库中各种对象（型）的实例（值）允许执行的操作的集合，包括操作及其规则。数据库主要有检索和更新两大类操作。数据模型必须定义这些操作的含义、符号、规则及实现的语言。

（3）数据约束条件：一组完整性规则的集合。完整性规则是给定的数据模型中数据及其联系所具有的制约和储存规则，用以限定符合数据模型的数据库状态及状态变化，保证数据的正确性。

数据模型还应提供定义完整性约束条件的机制，以反映具体应用所涉及的数据必须遵守的特定的语义约束条件。

2. 实体联系模型

实体联系模型（E－R 模型）是直接将现实世界的客观对象抽象出实体类型和实体之间的联系，用实体联系图（E－R 图）描述。E－R 模型是数据库设计者与用户之间交流的语言，它能准确表达应用中的语义，便于用户理解，同时，它不依赖于具体的计算机系统，只有将 E－R 模型转换成计算机上某一 DBMS 支持的数据模型后才能在计算机上运行。

1）实体联系模型的基本概念

（1）实体（Entity）。客观存在并可以相互区别的事物叫实体，可以是人、事、物，也可以是事物本身或事物间的联系，如一名雇员、一种产品、一份订单。

（2）属性（Attribute）。实体有许多特征，某个特征被称为属性，一个实体可以由多个属性来进行刻画。如雇员号、姓名、头衔、出生日期等都能作为属性来刻画雇员实体。

（3）码（Key）。又叫作“键”，能唯一标识实体的属性（集）叫“码”。如雇员号是雇员的码，在无姓名相同者时，姓名也可以是码。

（4）域（Domain）。属性的取值范围称为属性的域。

（5）实体型（Entity Type）。有相同属性的实体必有共同的特性。用实体名及其属性集合来抽象和刻画同类实体，即为实体型，如雇员（雇员号、姓名、头衔、出生日期等）。

（6）实体集（Entity Set）。同型实体的集合为实体集，如全体雇员是一个实体集。

（7）联系（Relationship）。现实世界中，事物是相互联系的，这种联系必然要在信息世界中有所反映，即实体并非孤立静止存在。实体的联系有两类：一类是实体内部的联系，反映在数据上是同一记录内部各字段之间的联系；另一类是实体间的联系，反映在数据上就是记录间的联系。

实体间的联系可分为以下三类：一对一联系、一对多联系和多对多联系。

①一对一联系（1∶1）。

若对于实体集 A 中的每一个实体，实体集 B 中至多（可以没有）有一个实体与之联系，反之亦然，则称 A 与 B 具有一对一联系。记为 1∶1。

例如：飞机的座位与乘客之间一对一联系。

注意：1∶1 联系不是一一对应。

②一对多联系（$1:n$）。

若对于实体集 A 中的每一个实体，实体集 B 中 n 个实体（$n \geqslant 0$）与之联系，反之，对于实体集 B 中的每个实体，A 中至多有一个实体与之联系，则称 A 与 B 有一对多联系。

例如：一个老师教若干学生为一对多联系。

③多对多联系（$m:n$）。

若对于实体集 A 中的每个实体，实体集 B 中 n 个实体（$n \geqslant 0$）与之联系，反之，对于 B 中每一实体，A 中 m 个实体（$m \geqslant 0$）与之联系，则称 A 与 B 有多对多联系。

例如：学生与课程之间为多对多联系。

④三类联系之间的关系。

1∶1 是 $1:n$ 的特例，$1:n$ 是 $m:n$ 的特例。

实体型之间的 1∶1，$1:n$，$m:n$ 不仅存在于两个实体型之间，也存在于多个实体型之间。如：工厂和用户及产品之间的联系。

2）实体联系模型的表示方法

（1）E－R 图所使用的基本符号。

实体型：用矩形表示，矩形框内写明实体名。

属性：用椭圆形表示，并用无方向线将其与相应实体连接。

联系：用菱形表示，框内写明联系名，并用无方向线与有关实体相连，并标明联系类型。

注意：联系本身也属于实体型，也可以有属性。

（2）实体。

产品订购管理中涉及的实体有：

雇员：有雇员号、雇员姓名、头衔等属性。

产品：有产品号、产品名、类别等属性。

供货商：有供货商号、公司名称、联系人、地址等属性。

客户：有客户号、客户姓名、联系人等属性。

实体之间的关系有：

一个供货商可以提供多种产品，所以供货商和产品之间是一对多联系。

一种产品可以被多个客户所订购，一个客户可以订购多种产品，所以产品和客户之间是多对多联系。

一个雇员可以为多个客户负责订购产品，是一对多联系。

E－R 模型只能描述实体和实体之间的联系，不能进一步说明具体的数据结构，要在计算机上运行，必须将 E－R 模型转换成计算机上实现的数据模型。

3. 常用的数据模型

目前，常用的数据模型有四种：层次模型、网状模型、关系模型和面向对象模型。

(1) 层次模型。层次模型是数据库系统中最早采用的数据模型，它用树形结构来表示实体及实体之间的联系。在该模型中，每个节点表示一个记录类型，除根节点外，其他节点有且只有一个父节点。从层次模型的描述中可看出，父节点和子节点之间是一对多的联系，基于层次模型的数据库系统就只能处理一对多的实体联系，不能直接表达多对多联系的复杂结构。

(2) 网状模型。网状模型用网状结构来表示实体及实体之间的联系，可以克服层次模型不能直接表示非树形结构的弊病。在网状模型中，允许一个以上的节点无父节点，每个节点可以有多于一个的父节点，此外它还允许节点之间具有多种联系。网状模型能直接描述现实世界，具有良好的性能，但由于连接一个节点的路径不止一条，因而在查询操作中程序员必须选择最优路径以提高运行效率，这对程序人员提出了更高的要求。

(3) 关系模型。关系模型是目前最常用、最重要的数据模型，它用二维表来表示实体及实体之间的联系。关系模型建立在严格的数学基础之上，一个二维表就是一个关系，它不仅可以反映实体本身，也可以反映实体之间的联系。

(4) 面向对象模型。面向对象模型的基本概念是对象和类。通过对象和类的定义，可以完整地描述现实世界的数据结构，比层次模型、网状模型和关系模型更直接，更具体。但由于面向对象模型比较复杂，因此还没有达到关系模型的普及程度。

3.1.4 关系数据库

关系数据库系统是支持关系模型的数据库系统。在关系模型中，不论实体还是联系均用关系来表示。在一个实际的应用中，表示所有实体和实体之间联系的关系的集合构成一个关系数据库。如产品订购数据库由 6 个数据表组成，各表通过公共属性建立一对多或多对多联系。

1. 关系数据结构

关系模型的数据结构十分简单，是以二维表（关系）为主体，对数据库的实质进行构造。在关系模型中，现实世界的各种实体及实体之间的联系均用关系来表示。对用户而言，仅面对二维表这种单一的数据结构。

2. 关系操作

关系模型中的关系操作有查询和更新两大部分。其中常用的查询操作包括选取、投影、连接、并、交与差等；更新操作包括插入、删除和修改。

关系操作的特点是以集合作为操作对象，其操作结果也是集合。

3. 关系完整性约束

关系模型中允许定义三类完整性约束：实体完整性、参照完整性和用户定义完整性。

(1) 实体完整性。实体必须是客观存在并可以区分的，即每个实体都有唯一性标识。在关系数据库中由主属性（主码）作为唯一性标识，若主属性（主码）取空值，则说明这个实体不可标识。

(2) 参照完整性。参照完整性是指在关系中不能引用其他关系中不存在的属性值。

在关系数据库中描述联系时就必然存在关系之间属性的引用。参照完整性所定义的就是关系之间属性的引用规则。

(3) 用户定义完整性。用户定义完整性是针对某一具体应用所定义的约束条件，单靠实体完整性和参照完整性不能满足应用的所有需求。例如，学生成绩取值范围是[0，100]，这就需要用户自定义完整性来描述。

前两种完整性是关系模型必须满足的约束条件，由关系系统自动支持，而用户定义完整性则是根据实际需要自行定义的约束条件。

3.2 物流大数据

数据库技术是大数据应用的技术核心，大数据技术可以通过构建数据中心，挖掘出隐藏在数据背后的信息价值，从而为企业提供有益的帮助，为企业带来利润。面对海量数据，物流企业在不断增加大数据方面投入的同时，不该仅仅把大数据看作一种数据挖掘、数据分析的信息技术，而应该把大数据看作一项战略资源，充分发挥大数据给物流企业带来的发展优势，在战略规划、商业模式和人力资本等方面做出全方位的部署。

所谓物流的大数据，即运输、仓储、搬运装卸、包装及流通加工等物流环节中涉及的数据、信息等。通过大数据分析可以提高运输与配送效率、减少物流成本、更有效地满足客户服务要求。

将所有货物流通的数据、物流快递公司、供求双方有效结合，形成一个巨大的即时信息平台，从而实现快速、高效、经济的物流。信息平台不是简单地为企业客户的物流活动提供管理服务，而是通过对企业客户所处供应链的整个系统或行业物流的整个系统进行详细分析后，提出具有一定指导意义的解决方案。许多专业从事物流数据信息平台的企业形成了物流大数据行业。

3.2.1 大数据产业政策

自 2012 年，国家已陆续出台相关的产业规划和政策，从不同侧面推动大数据产业的发展。然而，专门针对大数据发展尤其是物流大数据的政策规划还没有。

目前，国家出台的与大数据相关的物流行业规划和政策，主要包括《商贸物流高质量发展专项行动计划（2021—2025 年）》《物流业发展中长期规划（2014—2020 年）》《工业和信息化部关于推进物流信息化工作的指导意见》等一系列政策，将大数据、信息化处理方法作为物流行业转型升级的重要指导思想。

2011 年 11 月工业和信息化部印发的《物联网“十二五”发展规划》将“信息处理技术”列为四项关键技术创新工程之一，包括海量数据存储、数据挖掘、图像视频智能分析。另外三项关键技术创新工程，包括信息感知技术、信息传输技术、信息安全技术，也是大数据产业的重要组成部分，与大数据产业发展密切相关。

2013 年 6 月发布的《交通运输部关于交通运输推进物流业健康发展的指导意见》指出，加快推进交通运输物流公共信息平台建设，完善平台基础交换网络，加快推进跨区域、跨行业平台之间的有效对接，实现铁路、公路、水路、民航信息的互联互通。加快完善铁路、公路、水路、民航、邮政等行业信息系统，推进互联互通，增强一体化服务能力。鼓励企业加快推进信息化建设。

2014 年 4 月发布的《第三方信息服务平台案例指引》指出，对第三方物流信息服务平台建设的指导思想、基本原则、建设类型、建设标准、保障措施与考核要求等进行了具体说明，并收录了目前国内经营模式较为先进、取得较好经济社会效益的第三方物流信息平台建设案例。

物流大数据行业的生命周期（数据产生—数据采集—数据传输—数据存储—数据处理—数据分析—数据发布、展示和应用—产生新数据）比较长，一般要 5 ~ 8 年，前期的数据积累和沉淀耗时、耗力、耗财。目前，中国物流大数据产业正处于起步阶段，未来 2 年有望快速发展，率先实现大数据增值。

3.2.2 大数据在物流中的应用

物流大数据研究和应用刚刚起步，尚属新兴的研究领域，发展比较缓慢。从细分市场来看，医药物流、冷链物流、电商物流等都在尝试赶乘大数据这列高速列车，但从实际应用情况来看，目前，电商物流凭借互联网平台具有一定的先发优势，菜鸟网络的横空出世更是给电商物流大数据行业带来了新希望，指明了新方向。

大数据在物流企业中的应用贯穿整个物流企业的各个环节，主要表现在物流决策、物流企业行政管理、物流客户管理及物流智能预警等过程中。

（1）大数据在物流决策中的应用。在物流决策中，大数据技术应用涉及竞争环境的分析与决策、物流供给与需求匹配、物流资源优化与配置等。

在竞争环境分析中，为了达到利益的最大化，需要与合适的物流或电商等企业合作，对竞争对手进行全面的分析，预测其行为和动向，从而了解在某个区域或是在某个特殊时期，应该选择的合作伙伴。

物流的供给与需求匹配方面，需要分析特定时期、特定区域的物流供给与需求情况，从而进行合理的配送管理。供需情况也需要采用大数据技术，从大量的半结构化网络数据，或企业已有的结构化数据，即二维表类型的数据中获得。

物流资源的配置与优化方面，主要涉及运输资源、存储资源等。物流市场有很强的动态性和随机性，需要实时分析市场变化情况，从海量的数据中提取当前的物流需求信息，同时对已配置和将要配置的资源进行优化，从而实现对物流资源的合理利用。

（2）大数据在物流企业行政管理中的应用。在企业行政管理中也同样可以应用大数据相关技术。例如，在人力资源方面，在招聘人才时，需要选择合适的人才，对人才进行个性分析、行为分析、岗位匹配度分析；对在职人员同样也需要进行忠诚度、工作满意度等分析。

（3）大数据在物流客户管理中的应用。大数据在物流客户管理中的应用主要表现在客户对物流服务的满意度分析、老客户的忠诚度分析、客户的需求分析、潜在客户分析、客户的评价与反馈分析等方面。

（4）大数据在物流智能预警中的应用。物流业务具有突发性、随机性、不均衡性等特点，通过大数据分析，可以有效了解消费者偏好，预判消费者的消费可能，提前做好货品调配，合理规划物流路线方案等，从而提高物流高峰期间物流的运送效率。

3.3 结构化查询语言

结构化查询语言（Structured Query Language，SQL）是关系数据库的标准语言，是一个功能强大的、通用的关系数据库语言。它的主要功能就是同各种数据库建立联系，进行沟通。目前，几乎所有关系数据库管理系统软件都支持 SQL。由于 SQL 的版本较多，不同厂家的数据库产品在使用中略有不同，本节以 Microsoft 的 SQL Server 2000 软件为例为读者介绍 SQL 的基本用法。

3.3.1 结构化查询语言概述

1. SQL 的产生

SQL 是 1974 年由 Boyce 和 Chamberlin 提出的，并在 IBM 公司研制的关系数据库管理系统原型上实现。由于 SQL 功能丰富，语言简洁而深受用户和业界欢迎，因此被数据库厂商所采用。经过不断修改、扩充和完善，SQL 最终发展成为关系数据库的标准语言，成为国际标准。

2. SQL 的特点

SQL 功能丰富、语言简洁，集数据查询、数据操纵、数据定义和数据控制功能于一体，主要特点有以下几点。

（1）综合统一。SQL 集数据定义语言、数据操纵语言和数据控制语言的功能于一体，语言风格统一，可以独立完成数据库生命周期中的全部活动，包括定义关系模式，插入数据，建立数据库；对数据库中的数据进行查询和更新；数据库重构和维护；数据库安全性和完整性控制等一系列操作要求，可以保证数据库的一致性和完整性，具有良好的扩展性。

（2）高度非过程化。SQL 是一个非过程化的语言，所有的 SQL 语句接受集合的输入，返回集合作为输出。SQL 的集合特性允许一条 SQL 语句的结果作为另一条 SQL 语句的输入。SQL 不要求用户指定对时间的存放方法。总之，用 SQL 进行数据操作，只要提出“做什么”，无须指明“怎么做”，存取路径由系统自动完成。

（3）可移植性。由于所有主要的关系数据库管理系统都支持 SQL，用户可将使用 SQL 的功能从一个关系数据库管理系统（Relational Database Management System，RDBMS）转移到另一个。所有 SQL 编写的程序都是可移植的。

（4）以同一种语法结构提供两种使用方式。SQL 既是独立的语言，又是嵌入式语言，作为独立的语言，能够独立地用于联机交互的使用方式，用户可以在终端键盘上直接键入 SQL 语句对数据库进行操作；作为嵌入式语言，SQL 语句能够嵌入高级语言（如 C、C ++ 、Java、C#等）程序中，供程序员设计程序时使用。而在两种不同的使用方式下，SQL 的语法结构基本一致。

（5）易学易用。SQL 设计巧妙，语言十分简洁，非常容易学会。

3.3.2 数据定义语言

数据定义语言（Data Description Language，DDL），是用于描述数据库中要存储的现实世界实体的语言。一个数据库模式包含该数据库中所有实体的描述定义。这些定义包括结构定义、操作方法定义等。

常见的 DDL 语句包括 CREATE、ALTER、DROP 等。

1. CREATE 语句

（1）创建数据库。

在任何数据库项目中管理数据的第一步工作就是建立数据库。根据要求和你的数据库管理系统的情况，这个工作可以很简单也可以很复杂，许多现代的数据库系统都提供了图形工具，可以通过按鼠标按键来完成数据库的建立工作，这对于节省时间是相当有益处的。

（2）创建表。

在向数据库中输入数据之前，必须先创建表。

SQL 使用 CREATE TABLE 语句来创建表。

CREATE TABLE 可以在数据库中创建一个新的表，每一个可选的字段都为数据库提供了一个确定的字段名和数据类型。

建表时需要给出数据的数据类型及与该表有关完整性约束条件。SQL 提供了一些主要的数据类型，如表 3－1 和表 3－2 所示。要注意，不同的 RDBMS 中支持的数据类型不完全相同。一个属性选用哪种数据类型要根据实际情况来判定，一般要从两个方面来考虑，一是取值范围，二是要进行何种运算。不同的数据类型的取值范围和占用空间有所不同。

表 3－1　　数据类型

数据类型	含义
CHAR（*n*）	长度为 *n* 的定长字符串
VARCHAR（*n*）	最大长度为 *n* 的变长字符串
INT	长整数
SMALLINT	短整数
NUMERIC（*p*，*d*）	定点数，由 *p* 位数字组成，小数点后有 *d* 位数字
REAL	取决于机器精度的浮点数
DOUBLE PRECISION	取决于机器精度的双精度浮点数
FLOAT（*n*）	浮点数，精度至少为 *n* 位数字
DATE	日期，包含年、月、日，格式为 YYYY－MM－DD 浮点数
TIME	时间，包含一日的时、分、秒，格式为 HH：MM：SS

表 3－2　　　　完整性约束条件

约束	说明
PRIMARY KEY	主键，实体完整性，检查主键值是否唯一，主键的各个属性是否为空
FOREIGN KEY	外键，参照完整性，用 REFERENCE 指明外键参照了哪些表的主键
DEFAULT	提供默认数据
UNIQUE	唯一
NOT NULL	非空
CHECK	检查，字段的取值范围

建表时需要建立表的结构，它包括主键和外键。其中，主键主要作用：一是保证表中的每一条记录都是唯一的，即没有一条记录的内容与另一条完全相同；二是对于一个特定的记录，它的所有的列不应出现重复。外键则是在自己的关系中不唯一标识记录，但在其他关系中可用作对匹配字段链接的一种关键字。

如果完整性约束条件涉及多个属性列，则必须定义在表级上。

（3）创建视图。

视图常常被称为虚表，数据库中只存在视图的定义，而不存在视图对应的数据，这些数据仍存放在原来的基本表中。

视图有以下五个优点。

①视图可以简化用户操作。

②视图使用户能以多种角度看待同一数据。

③视图为重构数据库提供了一定程度的逻辑独立性。

④视图能够给机密数据提供安全保护。

⑤适当地利用视图可以更清晰地表达查询结果。

视图使用 CREATE VIEW 语句来建立，可以像处理表一样处理视图。但在视图中修改数据时会受到一些限制，当表中的数据改变以后你将会在查询视图时发现相应的改变，视图并不占用数据库或表的物理空间。

使用 CREATE VIEW 语句创建视图以后就可以使用它来查询数据并对视图内的数据进行更改。本例中斜体字部分为 SELECT 语句，该语句的作用是返回 Course 表中 Type 字段值为“必修”的课程的全部信息。

（4）创建索引。

索引是与磁盘上数据的存储方式不同的另一种组织数据的方法，索引的特例是表中记录依据其在磁盘上的存储位置显示，索引可以在表内创建一个列或列的组合。当应用索引以后，数据会按照你使用 CREATE INDEX 语句所定义的排序方式返回给用户，通过对正确的、特定的两个表的归并字段进行索引可以获得明显的好处。

在 SQL 中使用索引是基于以下几个原因。

①在使用 UNIQUE 关键字时可强制性地保证数据的完整性。

②可以容易地用索引字段或其他字段进行排序。

③提高查询的执行速度。

（5）创建存储过程和触发器。

①创建存储过程。

存储过程可以在最大程度上发挥出 SQL 的潜能，该功能可以被如 C、C#、VB 调用或如同执行自己的函数一样地调用或执行。存储过程是一组经过压缩处理的经常使用的一组命令。存储过程允许程序员简单地将该过程作为一个函数来调用而不是重复执行过程内部的语句。使用存储过程的一个最大的优点在于它可以在设计的阶段执行。当在一个网站中执行大批量的 SQL 语句时，应用程序会不停地和 SQL SERVER 进行通信，这会使网站的负荷迅速增大，在多用户环境下通信将异常繁忙，使用存储过程可以极大地减轻通信负荷。当存储过程执行时，SQL 语句将在服务器中继续运行，一些数据信息将会返回给用户的电脑直至过程执行完毕，这会极大地提高性能。存储过程在第一次执行时，在数据库经过了编译操作，编译的映像将存储在服务器的过程中，因此不必在每一次执行它的时候都对它进行优化，这也使性能得到了提高。

使用 CREATE PROCEDURE 来创建存储过程。

CREATE PROCEDURE 语句可以在数据库中创建一个新的存储过程，这个存储过程可以由 SQL 语句组成并通过使用 EXECUTE 命令来运行。存储过程支持输入和输出参数并可以返回一个整数值用以进行状态检测。

②触发器。

触发器是一种特殊类型的存储过程，它主要是通过事件进行触发而被执行，可以在更新、插入和删除时自动运行。

使用 CREATE TRIGGER 语句可以创建触发器。

CREATE TRIGGER 语句可以创建一个触发机制，它可以在数据库进行插入、更新和删除操作时自动执行，它也可以调用存储过程以运行一些复杂的任务。

（6）创建用户和角色。

在 SQL 中可以使用 CREATE USER 语句创建用户。

用户可以“自主”地决定将时间的存取权限授予何人、决定是否也将“授权”的权限授予别人。用户对自己建立的表和视图拥有全部的操作权限。

角色是允许用户在数据库中执行特定功能的一个或一组权限。

在 SQL 中使用 CREATE ROLE 语句。

用户和角色的授权使用 GRANT 语句，会在后面介绍。

2. ALTER TABLE 语句

随着需求的变化，需要修改已经建立好的基本表。

SQL 中使用 ALTER TABLE 语句来修改表。

3. DROP 语句

在 SQL 中使用 DROP 语句来删除数据库、表、视图、索引、存储过程和触发器。

（1）删除数据库。

删除数据库使用 DROP DATABASE 语句。

DROP DATABASE 语句可以彻底地删除数据库，包括数据库中的数据和它在磁盘上的物理结构。

（2）删除表。

删除表使用 DROP TABLE 语句。

（3）删除视图。

删除视图使用 DROP VIEW 语句。

（4）删除索引。

删除索引使用 DROP INDEX 语句。

（5）删除存储过程。

删除存储过程使用 DROP PROCEDURE 语句。

（6）删除触发器。

删除触发器使用 DROP TRIGGER 语句。

3.3.3 数据操作语言

数据操纵语言（Data Manipulation Language，DML）命令使用户能够查询数据库以及操作已有数据库中的数据。

如 INSERT、DELETE、UPDATE、SELECT 等都是 DML。

1. INSERT 语句

SQL 使用 INSERT 语句向数据库中插入数据，INSERT 语句通常有两种写法：一是插入一条记录，使用 INSERT VALUES 语句；二是插入子查询结果，使用 INSERT SELECT 语句。

INSERT VALUES 语句的作用是向表中插入一个新的记录，其数值为用户所指定的数值，使用该语句向表中插入数据时必须遵循以下三条规则。

（1）所要插入的数值与它所对应的字段必须具有相同的数据类型。

（2）数据的长度必须小于字段的长度。

（3）插入的数值列表必须与字段的列表相对应。

在 INTO 子句中明确指出了插入操作对应的表和需要赋值的属性，属性的顺序可以和 CREATE TABLE 语句的不一样。VALUES 子句对新元组的各属性赋值。字符串常量要用单引号括起来。

上面只是 INSERT 语句的一种用法，下面介绍它的另一种用法，插入子查询结果。

本质上来说，它是将一个 SELECT 语句的输出结果输入另一个表格中去，在 INSERT VALUE 中的规则也适用于 INSERT SELECT 语句。

2. SELECT 语句

数据库的查询是数据库的核心操作，SQL 中使用 SELECT 语句完成数据库的查询，该语句具有灵活的使用方式和丰富的功能，是学习 SQL 的重中之重。

SELECT 语句是每一个获得数据的语句的开始，修正字 DISTINCT 可以去掉重复行，ALL 是默认的，返回全部数据。FROM 指定了连接的是哪一个表或视图。WHERE 语句限制返回的行必须满足指定的条件。GROUP BY 语句可以将所有列名相同的行组织在一起。HAVING 只有在 GROUP BY 下有效，它用以限制选择的组要满足指定的搜索条件。ORDER BY 语句可以通过指定列来对内容进行排序。

（1）单表查询。

单表查询是指只涉及一个表的查询。

WHERE 子句的常用的查询条件如表 3－3 所示。

表 3－3　　常用查询条件

查询条件	谓词
比较	=，>，<，>=，<=，!=，<>，!>，!<，NOT+上述比较运算符
确定范围	BETWEEN AND，NOT BETWEEN AND
确定集合	IN，NOT IN
字符匹配	LIKE，NOT LIKE
空值	IS NULL，IS NOT NULL
逻辑运算	AND，OR，NOT

SQL 提供了很多聚集函数，常用的聚集函数如表 3－4 所示。

表 3－4　　常用的聚集函数

函数	功能
COUNT（[DISTINCT | ALL] *）	统计元组个数
COUNT（[DISTINCT | ALL] <列名>）	统计一列中值的个数
SUM（[DISTINCT | ALL] <列名>）	计算一列值的总和（此列必须是数值型）
AVG（[DISTINCT | ALL] <列名>）	计算一列值的平均值（此列必须是数值型）
MAX（[DISTINCT | ALL] <列名>）	求一列值中的最大值
MIN（[DISTINCT | ALL] <列名>）	求一列值中的最小值

若指定为 DISTINCT，则表示在计算时去除指定列的重复值，默认的是 ALL，表示不取消重复值。

（2）连接查询。

单表查询仅仅是针对一个表的操作。若一个查询同时涉及两个以上的表时则称为连接查询，连接查询是数据库中最主要的查询。

与单表查询不同，连接查询涉及多个表，这些表中可能存在同名属性列，所以对于某些列的查询要使用“<表名>.<列名>”的格式来加以区别。在连接查询中，FROM 子句要包括所有涉及的表。其他语法规则与单表查询相同。

（3）嵌套查询。

与编程语言类似，SELECT 语句也支持嵌套，将一个查询嵌入另一个查询中的查询称为嵌套查询。

带 EXISTS 的子查询只返回逻辑真或逻辑假，给出的列名无实际意义，所以可写成“＊”。

需要注意的是子查询中不能使用 ORDER BY 子句，ORDER BY 子句只能对最终查询结果派序。

（4）集合查询。

SELECT 语句的查询结果是元组的集合，所以对于列数相同且对应项数据类型也相同的多个 SELECT 语句的结果可以进行集合操作。

集合操作包括并（UNION）、交（INTERSECT）和差（EXCEPT）操作。

3. UPDATE 语句

UPDATE 语句用于更新数据。

UPDATE 语句首先要检查 WHERE 子句，对于符合 WHERE 子句条件的记录将会用给定的数据进行更新。

此外，子查询也可以嵌套在 UPDATE 语句中，用于构造更新的条件，用法与 SELECT 语句嵌套用法类似。

4. DELETE 语句

与向数据库中插入数据相对应，可能需要删除数据库中的数据，SQL 中使用 DELETE 语句来删除数据。

在使用 DELETE 语句时需要注意以下几点。

（1）DELETE 不能删除个别的字段，它对于给定表只能删除整个记录。

（2）与 INSERT 和 UPDATE 一样，删除一个表中的记录可能会导致与其他表的引用完整性问题。

（3）DELETE 语句只会删除记录，不会删除表，如果要删除表需使用 DROP TABLE。

此外，与 SELECT、INSTER 和 UPDATE 语句一样，子查询同样可以嵌套在 DELETE 中，用于构造删除操作的条件。

3.3.4 数据控制语句

数据控制语言（Data Control Language，DCL）是用来设置或者更改数据库用户或角色权限的语句，这些语句包括 GRANT、REVOKE、COMMIT、ROLLBACK 等语句。

1. GRANT 和 REVOKE 语句

在介绍 GRANT 语句之前，首先要了解一些数据库安全的基本概念。

数据库的安全性是指保护数据库防止不合法的使用所造成的数据泄露、更改或破坏。数据库安全性所关心的主要是 DBMS 的存取控制机制，包括定义用户权限，并将用户权限登记到数据字典中，以及合法权限的检查。在数据库系统中，定义存取权限称为“授权”，回收用户权限称为“收权”。

SQL 中使用 GRANT 语句授权，使用 REVOKE 语句授权。

2. BEGIN TRANSACTION、COMMIT 和 ROLLBACK 语句

BEGIN TRANSACTION、COMMIT 和 ROLLBACK 语句是 SQL 中定义事务的语句。

事务控制或者说事务处理是指关系数据库系统执行数据库事务的能力。事务是指

在逻辑上必须完成的一命令序列的单位。单元工作期是指事务的开始和结束时期。如果在事务中产生了错误，那么整个过程可以根据需要被终止，如果每一件事都是正确的，那么结果将会被保存到数据库中。

事务具有四个特性，即原子性、一致性、隔离性和持续性。

其中，原子性是指事务中的操作要么都做，要么都不做。一致性是指事务执行的结果必须是使数据库从一个一致性状态变到另一致性状态，一致性与原子性是密切相关的。隔离性是指一个事务内部的操作及使用的数据对其他并发事务是隔离的，并发执行的各个事务之间不能相互干扰。持续性是指一个事务一旦提交，它对数据库中数据的改变就应该是永久的，接下来的其他操作或故障不应该对其执行结果有任何影响。

在 SQL 中定义事务的语句有三条，即 BEGIN TRANSACTION、COMMIT 和 ROLLBACK 语句。

事务通常以 BEGIN TRANSACTION 开始，以 COMMIT 或 ROLLBACK 结束。COMMIT 语句表示提交事务的所有操作，即从一个事务开始以后也就是自 BEGIN TRANSACACTION 语句运行以后所做的工作。具体说就是将事务中所有对数据库的更新写回到磁盘上的物理数据库中去，事务正常结束。ROLLBACK 表示回滚，即在事务运行过程中发生了某种故障，事务不能继续执行，从 BEGIN TRANSACTION 语句运行时起，执行的所有工作将全部取消，回滚到事务开始时的状态。

总之，事务可以被定义为一个有组织的工作单元，事务通常会执行一系列的以前学过的操作。如果由于一些原因使得操作没有如所期望的执行，那么可以在事务中取消这些操作，反之如果操作全部正确执行了，那么事务中的工作可以确认。可以使用 ROLLBACK 命令来取消事务，确认事务的命令为 COMMIT，SQL 用非常相似的语法来支持这两类过程。

3.4 数据库设计

人们在总结信息资源开发、管理和服务的各种手段时，认为最有效的是数据库技术。数据库的应用已越来越广泛，从小型的单项事务处理系统到大型复杂的信息系统，都用先进的数据库技术来保持系统数据的整体性、完整性和共享性。目前，一个国家的数据库建设规模、数据库信息量的大小和使用频度已成为衡量这个国家信息化程度的重要标志之一。本节讨论数据库设计的方法和技术，主要讨论基于 RDBMS 的关系数据库设计问题。

3.4.1 数据库设计概述

数据库设计是指对于一个给定的应用环境，构造最优的数据库模式，建立数据库及其应用系统，使之能够有效地存储数据，满足各种用户的应用需求。数据库设计的目标是能够正确反映现实世界。

数据库设计属于软件工程的范畴。一个大型数据库的设计是一个庞大的工程，涉及多种技术和多门学科，主要是计算机科学、程序设计、软件工程、数据库理论与技术等。数据库设计应该与应用系统的设计相结合。数据库设计的目标大致有以下几点。

(1) 减少有害的数据冗余，提高共享程序。

(2) 消除异常插入、删除。

(3) 保存数据的独立性，可修改，可扩充。

(4) 访问数据库的时间要短。

(5) 数据库的存储空间要小。

(6) 保证数据的安全性和保密性。

(7) 易于维护。

3.4.2 数据库设计步骤

数据库的设计过程与应用系统的设计是不能分开的。一个数据库设计人员对程序设计技术完全不懂是不行的。数据库的设计过程也是应用系统的设计过程。在这个过程中，要充分利用软件工程的研究成果，与用户充分地交流，搞清楚应用环境，把数据和数据处理的需求收集、分析、抽象、设计等工作在各个设计阶段都相互参照和相互补充，以完善两方面的设计。

按照上述原则和规范化的设计方法（规范设计法主要是将设计的步骤分为需求分析、概念结构设计、逻辑结构设计和数据库物理设计等几个步骤，并采用了许多规范化的手段和工具完成每个阶段的任务），数据库设计步骤分为以下6个阶段。

(1) 需求分析。这个阶段的工作是要充分调查研究，了解用户需求；了解系统运行环境，制定将要设计的系统的功能；收集基础数据，包括输入、处理和输出数据；在这个过程中，要从系统的观点出发，既要调查数据，又要考虑数据处理，也就是数据库和应用系统同时进行设计。

结构化分析方法（SA）是常用的分析用户需求的规范化的方法，表达用户需求的是数据字典和数据流图（DFD），这些文档成为下个阶段概念设计的基础，也是将来系统维护的基础。对规范化的设计来说，这些文档是必不可少的。

(2) 概念结构设计。概念结构是整个系统的信息结构，包括实体与实体之间的关系。概念结构同时是易于理解的，可以拿它和用户交换意见，而用户的意见是至关重要的。概念结构是独立于各种数据模型的，它是各种数据模型的基础，易于向网状、层次模型转换。概念结构设计的有力工具是E－R图。

概念结构设计的第一步是对需求分析阶段收集到的数据进行分析，参照数据流图和数据字典，逐步确定实体、实体的属性、实体间的联系，设计出局部E－R图。第二步是将多个分E－R图逐步集成。集成的过程是一个合并调整的过程，在这个过程中，要消除各种冲突，例如，年龄这一属性在各个分E－R图中可能有不同的表示方法，有的用年龄，有的用出生日期；再比如有的实体，在不同的E－R图中有不同的名字，或反过来，不同的实体用了同一个名字。除此之外，还要消除冗余的数据和联系，冗余会给系统的维护带来困难。最后生成基本E－R图。

(3) 逻辑结构设计。这个阶段的任务是将概念结构转换成与所选用的DBMS所支持的数据模型相符合的过程。一般情况下先向适合概念模型的数据模型转换，再挑选合适的 DBMS 软件和机器。但是实际情况往往不是这样，当概念模型向数据模型转化时，一个实体转换为一个关系模式，实体的属性就是关系的属性，联系转换为一个关系模式。

数据库逻辑设计的结果不是唯一的，还要对数据模型进行优化，优化是指适当地修改、调整数据模型的结构，提高数据库应用系统的性能。主要措施有记录的垂直分隔、水平分隔、适当增加冗余（提高速度等）。

规范化理论就是用于优化数据库的逻辑设计。广泛地用于逻辑结构设计阶段，用模式分解的概念和算法指导设计。用规范化理论分析关系模式的合理程度。

（4）数据库物理设计。这个阶段的任务是为一个给定的逻辑数据模型选取一个合适的物理结构，并对物理结构进行评价。评估的内容包括存储空间、响应时间等，如果符合要求，则转向物理实施；不符合要求时，还要从前面的某一阶段开始，再次重复上述过程，修改数据模型、重新设计、修改物理结构等。

在进行物理设计时，必须了解 DBMS 的功能，了解应用环境，理解设备的特性，扬长避短。物理设计的主要内容有数据库的存放策略、数据库结构等。在设计完成后，还要进行性能评估和预测。物理设计过程需要对时间、空间效率、维护代价和各种用户要求进行权衡，对多种方案进行比较和细致的评价，最终选择一个较好的方案。

（5）数据库实施和维护。进入这个阶段后，就要按照逻辑设计和物理设计的结果利用 DSMS 的数据定义语言把数据库描述出来，采用某种设计语言设计应用程序，经过反复调试生成目标模式，然后组织数据入库并试运行。

（6）数据的载入。数据的载入是一个复杂的工作。可以人工输入，也可以利用原来的数据转录，但是数据质量的控制是很重要的，这种检验由应用程序和数据库完整性检查来完成，试运行的主要工作是检查应用程序的功能，测量系统的性能指标，在物理设计阶段所做的评估是否正确，此时可以得到检验。在试运行时，数据量一定要从小到大，以避免不必要的重复劳动。试运行时若发现问题，应随时改正问题，并且不断增加数据，一个系统从试运行到稳定运行是需要一定的时间的。

当数据库投入运行之后，数据库的开发任务完成，数据库的运行和维护阶段开始。投入运行并不表示系统完成。此后的主要工作还有系统性能监视、改进，系统的转储和恢复，数据库的重组，调整数据库运行等。数据库的维护是整个数据库设计过程的一个有机的组成部分，丝毫不亚于其他任何阶段的工作，不能认为是附属的、不重要的而予以轻视。

3.4.3 数据库设计例子

本节以用到的学生信息管理（Students' Information Management，SIM）数据库为例，介绍数据库的设计过程。

按数据库设计要求，设计 SIM 数据库应该分成 5 个阶段，即需求分析，概念结构设计，逻辑结构设计，物理结构设计，数据库实施、运行和维护。

1. 需求分析

SIM 数据库需要管理学生的学习、考试成绩信息。在经过详细调查、仔细分析后，得出以下信息：

学生基本信息包括：学号、姓名、性别、出生日期、籍贯、院系等。

课程基本信息包括：课程号、课程名、学分、类型、主讲教师等。

2. 概念结构设计

采用自底向上法先定义局部概念结构，逐步整合画出 E－R 图。

根据需求分析结果画出“SIM”数据库的 E－R 图。该 E－R 图如图 3－6 所示。

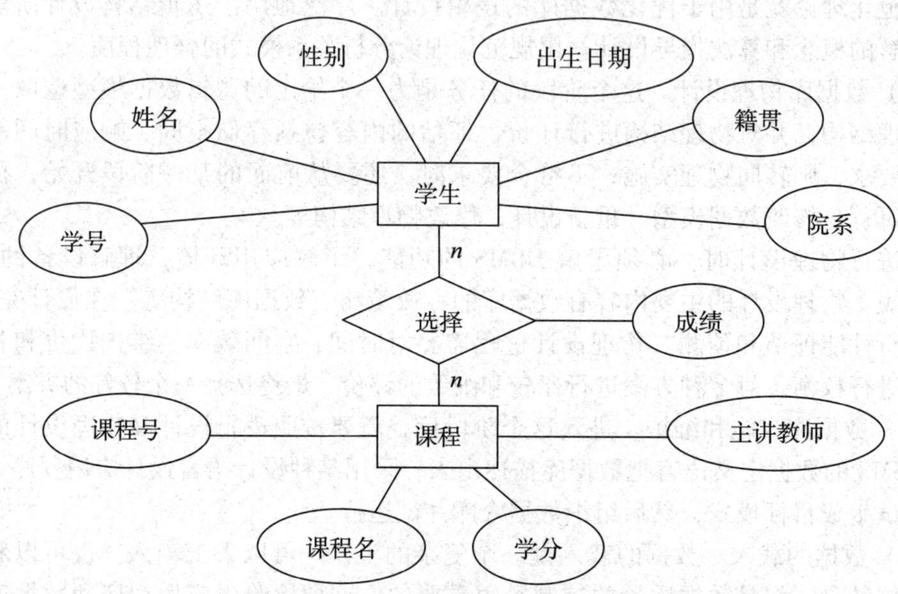

图 3－6 SIM 数据库全局 E－R 图

3. 逻辑结构设计

根据概念结构设计的结果，设计出“SIM”数据库的逻辑关系模型。

4. 物理结构设计

将逻辑设计的关系模型转换为物理数据库。在 RDBMS 中创建 Student 表、Course 表和 Grade 表。表的结构分别如表 3－5 至表 3－7 所示。

表 3－5　　Student 表

名称	数据类型	大小	空	默认值	主键
Student ID	CHAR	10	不允许		主键
Name	VARCHAR	10	允许		
Gender	CHAR	2	允许		
Birthday	DATETIM	8	允许		
Origin	VARCHAR	10	允许		
Department	CHAR	10	允许		

表 3－6　Course 表

名称	数据类型	大小	空	默认值	主键
Course ID	CHAR	6	不允许		主键
Course	VARCHAR	10	允许		
Credit	SMALLINT	2	允许		
Type	CHAR	6	允许	‘必修’	
Teacher	VARCHAR	10	允许		

表 3－7　Grade 表

名称	数据类型	大小	空	默认值	主键
Student ID	CHAR	10	不允许		主键
Course ID	CHAR	6	不允许		主键
Grade	SMALLINT	2	允许		

另外，还需要对表设置完整性约束，创建索引、视图、存储过程、触发器等。

5. 数据库实施、运行和维护

在 RDBMS 中创建表成功后，向表中添加数据并试运行。

本例只是最基本的数据库设计，整个数据库只涉及三个表，在实际工作中，数据库的设计是十分复杂的，同算法设计一样，数据库设计也可以说是一门艺术，需要设计者的耐心与智慧。

3.4.4 常用数据库软件及开发

数据库是数据管理的最新技术，是计算机科学的重要分支。数据库技术带动了一个巨大的软件产业——DBMS 产品及相关工具和解决方案。数据库管理系统已从专用的应用程序包发展成为通用的系统软件，下面将介绍目前比较常用的数据库管理软件。

1. 常用的数据库软件

（1）SQL Server。

SQL Server 是由 Microsoft 开发和推广的关系数据库管理系统，它最初是由 Microsoft、Sybase 和 Ashton－Tate 三家公司共同开发的，并于 1988 年推出了第一个 OS/2 版本。SQL Server 近年来不断更新版本，1996 年，Microsoft 推出了 SQL Server 6.5 版本；1998 年，SQL Server 7.0 版本和用户见面；SQL Server 2000 是 Microsoft 公司于 2000 年推出的版本；2005 年，Microsoft 公司发布了又一个升级版本 SQL Server 2005。

SQL Server 2005 历时 5 年变革，2008 年，Microsoft 公司正式推出了 SQL Server 2008 版本；2012 年，又发布 SQL Server 2012 版。

SQL Server 2012 是 Microsoft 公司推出的新一代数据库管理分析软件。该软件通过全面的功能集合和现有系统的集成性，以及对日常任务的自动化管理能力，为不同规模的企业提供了更加完整的数据解决方案。

与 Microsoft Visual Studio、Microsoft Office System 以及新的开发工具包（包括 Business Intelligence Development Studio）的紧密集成，使 SQL Server 2012 与众不同。无论是开发人员、数据库管理员、信息工作者还是决策者，SQL Server 2012 都可以为用户提供创新的解决方案，帮助用户从数据中获取更多的信息。

（2）Oracle 数据库。

Oracle 数据库管理系统是由甲骨文公司开发和推广，被广泛用于各个市场领域，满足一系列的存储需求，例如财务记录，人力资源及订单编制等。

Oracle 数据库包括 Oracle 数据库服务器和客户端。

Oracle 数据库服务器：Oracle Server 是一个对象—关系数据库管理系统。它提供开放的、全面的、集成的信息管理方法。每个 Server 由一个 Oracle DB 和一个 Oracle Server 实例组成。它具有场地自治性（Site Autonomy）和提供数据存储透明机制，以此可实现数据存储透明性。每个 Oracle 数据库对应唯一的一个实例名 SID，Oracle 数据库服务器启动后，一般至少有以下几个用户：Internal，它不是一个真实的用户名，而是具有 SYSDBA 优先级的 Sys 用户的别名，它由 DBA 用户使用来完成数据库的管理任务，包括启动和关闭数据库；Sys，它是一个 DBA 用户名，具有最大的数据库操作权限；System，它也是一个 DBA 用户名，权限仅次于 Sys 用户。

客户端：为数据库用户操作端，由应用、工具、SQL* NET 组成，用户操作数据库时，必须连接到一服务器，该数据库称为本地数据库（Local DB）。在网络环境下其他服务器上的 DB 称为远程数据库（Remote DB）。用户要存取远程 DB 上的数据时，必须建立数据库链。

Oracle 数据库的体系结构包括物理存储结构和逻辑存储结构。由于它们是相分离的，所以在管理数据的物理存储结构时并不会影响对逻辑存储结构的存取。

Oracle 10g 是第一套具有无限可伸缩性与高可用性，并可在集群环境中运行商业软件的互联网数据库，具有 400 多个领先的数据库功能，在集群技术、高可用性、商业智能、安全性、系统管理等方面都实现了新的突破。作为甲骨文公司长达十年的软件技术研发成果，真正应用集群技术（Real Application Clusters）能够提供近乎无限的扩充能力与整体可用性，为用户带来透明的、高速增长的集群功能。

2007 年 7 月 12 日，甲骨文公司在美国纽约宣布推出数据库 Oracle 11g，这是 Oracle 数据库的最新版本。甲骨文公司介绍说，“Oracle 11g 有 400 多项功能，经过了 1500 万个小时的测试，开发工作量达到了 3.6 万人/月。”

Oracle 数据库管理系统可以说是目前市场上最优秀的数据库管理系统之一。

（3）DB2 数据库。

DB2 是 IBM 公司研制的一种关系型数据库系统。DB2 主要应用于大型应用系统，具有较好的可伸缩性，可支持从大型机到单用户环境，应用于 OS/2、Windows 等平台下。DB2 提供了高层次的数据利用性、完整性、安全性、可恢复性，以及小规模到大规模应用程序的执行能力，具有与平台无关的基本功能和 SQL 命令。DB2 采用了数据分级技术，能够使大型机数据很方便地下载到 LAN 数据库服务器，使得客户机/服务器用户和基于 LAN 的应用程序可以访问大型机数据，并使数据库本地化及远程连接透明化。它以拥有一个非常完备的查询优化器而著称，其外部连接改善了查询性能，并支持多任务并行查询。DB2 具有很好的网络支持能力，每个子系统可以连接十几万个分布式用户，可同时激活上千个活动线程，对大型分布式应用系统尤为适用。

除了它可以提供主流的 OS/390 和 VM 操作系统，以及中等规模的 AS/400 系统外，IBM 还提供了跨平台（包括基于 UNIX 的 LINUX，HP - UX，Sun Solaris，以及 SCO UnixWare；还有用于个人电脑的 OS/2 操作系统，以及微软的 Windows 2000 和其早期的系统）的 DB2 产品。DB2 数据库可以通过使用微软的开放数据库连接（ODBC）接口，Java 数据库连接（JDBC）接口，或者 CORBA 接口代理被任何的应用程序访问。

2006 年 IBM 发布 DB2 9，将数据库领域带入 XML 时代。IT 建设业已进入 SOA（Service - Oriented Architecture）时代。实现 SOA，其核心难点是顺畅解决不同应用间的数据交换问题。XML 以其可扩展性、与平台无关性和层次结构等特性，成为构建 SOA 时不同应用间进行数据交换的主流语言。而如何存储和管理几何量级的 XML 数据、直接支持原生 XML 文档成为 SOA 构建效率和质量的关键。在这种情况下，IBM 推出了全面支持 Original XML 的 DB2 9，使 XML 数据的存储问题迎刃而解，开创了一个新的 XML 数据库时代。

（4）MySQL 数据库。

MySQL 是一个小型关系型数据库管理系统，开发者为瑞典 MySQL AB 公司。在 2008 年 1 月 16 日被 Sun 公司收购。目前 MySQL 被广泛地应用在互联网上的中小型网站中。由于其体积小、速度快、总体拥有成本低，尤其是开放源码这一特点，许多中小型网站为了降低网站总体拥有成本而选择了 MySQL 作为网站数据库。

与其他的大型数据库例如 Oracle、DB2、SQL Server 等相比，MySQL 自有它的不足之处，如规模小、功能有限（MySQL Cluster 的功能和效率都相对比较差）等，但是这丝毫也没有减少它受欢迎的程度。对于一般的个人使用者和中小型企业来说，MySQL 提供的功能已经绰绰有余，而且由于 MySQL 是开放源码软件，因此可以大大降低总体拥有成本。

目前互联网上流行的网站构架方式是 LAMP（Linux + Apache + MySQL + PHP），即使用 Linux 作为操作系统，Apache 作为 Web 服务器，MySQL 作为数据库，PHP 作为服务器端脚本解释器。由于这四个软件都是遵循 GPL 的开放源码软件，因此使用这种方式不用花一分钱就可以建立起一个稳定、免费的网站系统。

（5）Access 数据库。

Access 是微软公司推出的基于 Windows 的桌面关系数据库管理系统（RDBMS），是 Office 系列应用软件之一。它提供了表、查询、窗体、报表、页、宏、模块 7 种用来建立数据库系统的对象；提供了多种向导、生成器、模板，把数据存储、数据查询、界面设计、报表生成等操作规范化；为建立功能完善的数据库管理系统提供了方便，也使得普通用户不必编写代码，就可以完成大部分数据管理的任务。

Microsoft Access 在很多地方得到广泛使用，例如小型企业、大公司的部门和喜爱编程的开发人员专门利用它来制作处理数据的桌面系统。它也常被用来开发简单的 WEB 应用程序。这些应用程序都利用 ASP 技术在 Internet Information Services 运行。

它的使用方便程度和强大的设计工具为初级程序员提供了许多功能。一些专业的应用程序开发人员将 Access 用作快速应用开发。不少 Access 的功能（表单、报告、序列和 VB 代码）可以用作其他数据库的后期应用，包括 JET（档案为主的数据库引擎，Access 缺省使用）、Microsoft SQL Server、Oracle 和任何其他跟 ODBC 兼容的产品。

（6）Sybase 系列。

Sybase 公司成立于 1984 年 11 月，产品研究和开发包括企业级数据库、数据复制和数据访问。主要产品有：Sybase 的旗舰数据库产品 Adaptive Server Enterprise，Adaptive Server Replication，Adaptive Server Connect 及异构数据库互联选件。SybaseASE 是其主要的数据库产品，可以运行在 UNIX 和 Windows 平台。移动数据库产品 Adaptive Server Anywhere。Sybase Warehouse Studio 在客户分析、市场划分和财务规划方面提供了专门的分析解决方案。Warehouse Studio 的核心产品有 Adaptive Server IQ，其专利化从底层设计的数据存储技术能快速查询大量数据。围绕 Adaptive Server IQ 有一套完整的工具集，包括数据仓库或数据集市的设计，各种数据源的集成转换，信息的可视化分析，以及关键客户数据（元数据）的管理。

Internet 应用方面的产品有中间层应用服务器以及强大的 RAD 开发工具 PowerBuilder 和业界领先的 4GL 工具。

（7）FoxPro 系列。

Visual FoxPro 是微软公司开发的一个微机平台关系型数据库系统，支持网络功能，适合作为客户机/服务器和 Internet 环境下管理信息系统的开发工具。Visual FoxPro 的设计工具、面向对象的以数据为中心的语言机制、快速数据引擎、创建组件功能使它成为一种功能较为强大的开发工具，开发人员可以使用它开发基于 Windows 分布式内部网应用程序（Distributed interNet Applications，DNA）。

Visual FoxPro 是在 dBASE 和 FoxBase 系统的基础上发展而成的。20 世纪 80 年代初期，dBASE 成为 PC 机上最流行的数据库管理系统。当时超过大多数的管理信息系统采用了 dBASE 作为系统开发平台。后来出现的 FoxBase 几乎完全支持了 dBASE 的所有功能，已经具有了强大的数据处理能力。Visual FoxPro 的出现是 xBASE 系列数据库系统的一个飞跃，给 PC 数据库开发带来了革命性的变化。Visual FoxPro 不仅在图形用户界面的设计方面采用了一些新的技术，还提供了所见即所得的报表和屏幕格式设计工具。同时，增加了 Rushmore 技术，使系统性能有了本质的提高。Visual FoxPro 只能在 Windows 系统下运行。

使用 Visual FoxPro 开发一个应用程序时，需要创建相应的表、数据库、查询、视图、报表、标签、表单和程序等。Visual FoxPro 提供了大量可视化的设计工具和向导。使用这些工具和向导，可以快速、直观地创建以上各种组件。另外，可以使用项目管理器管理系统中的所有文件，使程序的连接和调试更加简便。

数据库技术是计算机科学技术中发展最快的领域之一，也是应用最广泛的技术之一，它已经成为计算机信息系统与应用系统的核心和重要基础。

（8）Access。

Access 是微软 Office 办公套件中一个重要成员。自从 1992 年开始销售以来，Access 已经卖出了超过 6000 万份，现在它已经成为世界上最流行的桌面数据库管理系统。

和 Visual FoxPro 相比，Access 更加简单易学，一个普通的计算机用户即可掌握并使用它。同时，Access 的功能也足以应付一般的小型数据管理及处理需要。无论用户是要创建一个个人使用的独立的桌面数据库，还是部门或中小公司使用的数据库，在需要管理和共享数据时，都可以使用 Access 作为数据库平台，提高个人的工作效率。例如，可以使用 Access 处理公司的客户订单数据；管理自己的个人通讯录；科研数据的记录和处理等。Access 只能在 Windows 系统下运行。

2. 数据库开发技术概述

（1）数据库系统访问技术。

目前，访问数据库服务器的主流标准接口主要有 ODBC、OLE DB、ADO 和 JDBC。下面分别对这几种接口进行概要介绍。

①开放数据库连接（ODBC）。

开放数据库连接（Open Database Connectivity，ODBC）是由 Microsoft 公司定义的一种数据库访问标准。使用 ODBC 应用程序不仅可以访问存储在本地计算机的桌面型数据库中的数据，而且可以访问异构平台上的数据库，例如可以访问 SQL Server、Oracle 或 DB2 构建的数据库等。

ODBC 是一种重要的访问数据库的应用程序编程接口（Application Programming Interface，API），它的核心就是基于标准的 SQL 语句，因此，为了通过 ODBC 访问数据库服务器，数据库服务器必须支持 SQL 语句。

ODBC 通过一组标准的函数（ODBC API）调用来实现数据库的访问，但是程序员不必理解这些 ODBC，利用 API 就可以轻松开发基于 ODBC 的客户机/服务器应用程序。这是因为在很多流行的程序开发语言中，都提供了封装 ODBC 各种标准函数的代码层，开发人员可以直接使用这些标准函数。

一个基于 ODBC 的应用程序对数据库的操作不依赖任何 DBMS，不直接与 DBMS 打交道，所有的数据库操作由对应的 DBMS 的 ODBC 驱动程序完成。也就是说，不论是 FoxPro、Access，MySQL 还是 Oracle 数据库，均可用 ODBC API 进行访问。由此可见，ODBC 的最大优点是能以统一的方式处理所有的数据库。

ODBC 获得了巨大成功并大大简化了一些数据库开发工作。但是它也存在着不足，因此 Microsoft 公司又开发了 OLE DB。

②OLE DB。

OLE DB 是 Microsoft 公司提供的关于数据库系统级程序的接口（System – Level Programming Interface），是 Microsoft 公司数据库访问的基础。OLE DB 实际上是 Microsoft 公司 OLE 对象标准的一个实现。OLE DB 对象本身是 COM（组件对象模型）对象并支持这种对象的所有必需的接口。

一般说来，OLE DB 提供了两种访问数据库的方法：一种是通过 ODBC 驱动器访问支持 SQL 语言的数据库服务器；另一种是直接通过原始的 OLE DB 提供程序。因为 ODBC 只适用于支持 SQL 语言的数据库，因此 ODBC 的使用范围过于狭窄，目前 Microsoft 公司正在逐步用 OLE DB 来取代 ODBC。

OLE DB 是一个面向对象的接口，特别适合于面向对象语言。然而，许多数据库应用开发者使用 VBScript 和 JScript 等脚本语言开发程序，所以 Microsoft 公司在 OLE DB 对象的基础上定义了 ADO。

③动态数据对象（ADO）。

动态数据对象（Active Data Objects，ADO）是一种简单的对象模型，可以被开发者用来处理任何 OLE DB 数据，可以由脚本语言或高级语言调用。ADO 对数据库提供了应用程序水平级的编程接口（Application - Level Programming Interface），几乎使用任何语言的程序员都能够通过使用 ADO 来使用 OLE DB 的功能。ADO 对于任何使用 Microsoft 公司产品的数据库应用都是至关重要的。

在新的编程框架 . NET Framework 中，微软也提供了一个面向互联网的版本的 ADO，称为 ADO. NET。ADO. NET 不但能够访问那些使用新的 . NET 数据提供程序的数据源，也可以访问那些现有的 ADO OLE DB 数据提供程序。

ADO. NET 是为基于消息的 Web 应用程序而设计的，同时也能为其他应用程序结构提供良好的功能。以前 ADO 操作主要依赖于两层结构并基于连接，连接断开后就只能通过重建连接才能实现存取，而在 ADO. NET 中，数据处理被延伸到三层以上的结构，程序员也需要采用无连接应用模型。通过支持对数据的耦合访问，ADO. NET 减少了与数据的活动联结数目，从而实现了最大限度的数据共享。

④Java 数据库连接（JDBC）。

Java 数据库连接（Java Database Connectivity，JDBC）是 Java 应用中访问表类型数据源的应用编程接口，这些数据源包括基于 SQL 的数据库、存储在电子数据表中的数据或存储在文件中的数据。大多数的数据库提供 JDBC 驱动程序来支持 JDBC 访问数据库中的数据。

在同一个 Java 应用中可以使用多个不同的 JDBC 驱动，分别访问不同数据源。但是，所有 JDBC 驱动都提供给开发人员相同的编程接口，这样，开发人员就可以方便地在 Java 应用中使用不同的数据源。

JDBC 提供的 API 允许开发人员连接数据库、执行 SQL 语句、操纵数据库数据和获取返回结果。对应于特定数据库的 JDBC 驱动程序除了提供上面所有功能外，同时还支持数据库连接池等数据库资源的使用。

（2）网络数据库系统编程技术。

在当今网络盛行的年代，数据库与 Web 技术的结合正在改变着网络应用。有了数据库的支持，扩展网页功能、设计交互式页面、构造功能强大的后台管理系统、更新网站和维护网站都将变得轻而易举。随着网络应用的深入，Web 数据库技术将日益显示出其重要地位。在这里简单介绍一下 Web 数据库开发的相关技术。

①通用网关接口（CGI）编程。

通用网关接口（Common Gateway Interface，CGI）是一种通信标准，它的任务是接受客户端的请求，经过辨认和处理，生成 HTML 文档并重新传回客户端。这种交流过程的编程就叫作 CGI 编程。CGI 可以运行在多种平台上，具有强大的功能，可以使用多种语言编程，如 Visual Basic、Visual C ++、Tcl、Perl、Applet Script 等，比较常见的是用 Perl 语言编写的 CGI 程序。但是 CGI 也存在弱点，即速度慢和安全性差等。

②动态服务器页面（ASP）。

动态服务器页面（Active Server Pages，ASP）是Microsoft公司推出的一种用以取代CGI的技术，是一种真正简便易学、功能强大的服务器编程技术。ASP实际上是Microsoft公司开发的一套服务器端脚本运行环境，通过ASP可以建立动态的、交互的、高效的Web服务器应用程序。用ASP编写的程序都在服务器端执行，程序执行完毕后，再将执行的结果返回给客户端浏览器，这样不仅减轻了客户端浏览器的负担，大大提高了交互速度，而且避免了ASP程序源代码的外泄，提高了程序的安全性。

ASP. NET是Microsoft公司的新一代服务器端技术，是.NET框架的一部分。虽然说ASP. NET是ASP 3.0的延续，但是它是一种完全不同的网页开发手段。它是建立在公共语言运行库（CLR）上的编程框架，可以用于在服务器上生成功能强大的Web应用程序。

③Java服务器页面（JSP）。

Java服务器页面（Java Server Pages，JSP）是Sun公司倡导、许多公司参与建立并发布的一种动态网页技术标准。

在传统的网页HTML文件中加入Java片段（Scriptlet）和JSP标记（Tag），就构成了JSP网页。Web服务器在遇到访问JSP网页的请求时，首先执行其中的程序片段和JSP标记中的操作，然后将执行结果以HTML格式返回给客户。

所有程序操作都在服务器端执行，通过网络传送给客户端的是程序执行后得到的HTML页面结果，对客户端（如浏览器）要求很低，可以实现无插件、无ActiveX、无Java Applet甚至无Frame。

JSP技术为创建高度动态的Web应用程序提供了一个独特的开发环境，它能够适用于市场上大多数的服务器产品。

案例分析

浙江九龙国际物流（股份）有限公司

浙江九龙国际物流（股份）有限公司，旗下由3家全资子公司组成，分别为浙江九龙国际物流有限公司、浙江百富国际物流有限公司、宁波九龙百富国际贸易有限公司。公司成立于1994年，目前，拥有员工1000多名、14个营销部、6个操作小组、终端合作客户10000余家。

公司主要客户大部分都是省内的一些内外贸企业，集中在浙江省内。除此之外还有一些大型的客户主要分布在上海、湖南、安徽等地，这些企业和公司具有较为稳定的外贸货运合作，公司为他们提供优质的服务。公司为了能为客户提供完整的快速服务，同时能保证服务质量。公司运营部决定对公司仓储业务进行信息化管理。

公司采用SQL2008建立数据库对仓储物品进行信息化管理；使用MFC进行前端界面的设计；用户可在前端界面间接地对数据库中的数据作出修改，设计针对性强的物流信息管理系统是对物流公司业务的统一信息化管理，提供在线服务。

九龙国际物流（股份）有限公司根据业务展开的实际情况对数据库的设计和实施实行有计划进行。九龙国际物流公司的项目经理等相关软件开发人员进行需求分析，需求是整个数据库设计中最重要的一步，是其他各步骤的基础。进行数据库设计了解与分析用户需求，明确公司用户对数据的要求、处理的要求、安全性与完整性的要求。在库存管理中，主要分为入库管理、出库管理、库存管理和数据统计。商品入库必须进行入库单录入，这个过程涉及的信息有入库信息、商品的基本信息和库房信息。其中商品的基本信息可通过一个商品编码的处理过程来进行录入和维护，库房信息可通过一个库房设置过程来进行录入和维护。商品经入库单录入后，将其入库信息写入入库表中，并经过商品的入库审核，经审核后的商品信息就可以写入库存表文件中了。商品出库需要填写商品的出库单信息，并将信息写入一个出库表文件中，这个过程要了解商品的库存信息。商品出库经审核后，还要返回去修改库存表文件和出库表文件中的相关信息。这个过程要注意数据流的双向性（有可能退货）。在库存管理中，每个月末要清点商品，比较与库存表的差别，将结果写入一个盘存表文件中。在盘存时要注意不应显示库存数量，以免盘存时操作员不清点商品，直接输入库存量。

在库存管理系统中，不同的用户对不同的数据有不同的操作和读写权限，考虑到系统的安全性，为了防止非法用户的非法操作和合法用户的越权使用，我们可以设置一些角色，并为这些角色分配一组与数据库操作相关的权限，一个用户可以有多个角色，一个角色也可以分配给多个用户，而且角色也可以进行再分配。使用角色来管理数据库权限可以大大简化授权的过程，并使用户的管理变得更加灵活。

在库存管理的数据结构中，商品的基本信息、仓库的基本信息、入库单、出库单、库存信息用得最多，是许多子功能、数据流共享的数据。因此将它们定义为实体。对每个实体的属性定义如下。

商品：{商品编码、商品名称、规格、型号}

仓库：{仓库编码、仓库地址、仓库电话号码}

入库单：{入库单编号、仓库编码、商品编码、入库日期、制单人、单价、数量}

出库单：{出库单编号、仓库编码、商品编码、出库日期、制单人、单价、数量}

库存：{库存编码、商品编码、库存数量、仓库编码}

同理，用户管理包含的实体有用户、角色和功能，定义如下。

用户：{用户号、用户名、密码}

角色：{角色编码、角色名称}

功能：{功能编码、功能名称}

在本系统中，假设一个角色可以分配给多个用户，但一个用户只能对应一种角色；一个角色可以具有多种功能，一种功能也可以对应多种角色。这样仓储信息管理系统的数据库内的物品存储数据结构已然确定。

经过一年半的系统建设和调试，通过切入物流企业的仓储业务流程来实现对仓储各环节进行合理组合与高效利用，降低了经营成本，直接产生了明显的经营效益。它有效地让庞大的仓储物品信息实现数据化存储，赋予了物流企业新型的生产要素——信息，大大提高了物流企业的业务操作和管理能力，通过“点、线、面”的立体式综合管理，实现了物流企业内部统一管理，有效地帮助物流企业提高了服务水平，提升了物流企业的整体效益。

思考题

1. 试述数据库、数据库管理系统和数据库系统的概念。
2. 与非关系模型相比，关系模型有哪些优点？
3. 数据库管理系统的功能是什么？
4. 请举出现实世界中存在的两个实体集之间的1∶1、1∶n 、m∶n关系的实例（各举一例）。
5. 常用的SQL语句有哪些？
6. 简述数据系统设计的步骤，每个步骤所使用的描述方法。
7. 简述关系数据模型及其特点，并结合具体实例将概念模型转换为数据模型。

4 条码识别技术与 EAN·UCC 系统

案例导入

目前，国际市场上，特别是发达国家和新兴工业化地区已经普遍在商品包装上使用条码标签。在这些国家和地区的超级市场中，几乎所有的商品都使用条码识别系统，顾客选定商品后，售货员只要把商品包装上的条码对着扫描阅读器，电子计算机就能自动查询售价并作收款累计。当把顾客选定商品的所有条码都扫描后，计算机也就立即报出总价并把购物清单打印出来。这样，商店只需配备少量的售货员便能迅速、准确地完成结账、收款等工作，既方便消费者，也为商店本身改善管理、提高销售效率、降低销售成本创造了条件。就批发、仓储运输部门而言，通过使用条码技术，商品分类、输送、查找、核对、情况汇总迅速、准确，能缩短商品流通和库内停留时间，减少商品损耗。在商品包装上使用符合国际规范的条码，能在世界各国的商场内销售，出口厂商就有可能及时掌握自己产品在国际市场的需求情况、价格动态和其他有关信息，有利于不断改进商品的生产和销售，因而可进一步促进国际贸易的发展。

在仓储管理中，人工管理往往难以真正做到货物按进仓批次在保质期内先进先出，利用条码技术，可以解决这一难题。仓管员只需在原材料、半成品、成品入库前对其附上条码，就可以随时掌握货物的进出库和库存情况，为决策部门提供有力的参考。下面就是一典型的钢铁行业中条码技术在仓储管理上的应用。

生产钢铁需要大量地购买大宗原材料，同时伴随着各类钢铁产品的销售，这是生产两端的范畴，属于流程性很强的行业，只有全面地实施精细化管理，才能有效降低管理和交易成本，提升效率。对于物料的管理信息，过去多通过手工记录、电话沟通、人工计算、邮寄或传真等方法，在搬卸、运送的过程中不乏发生产品重复计量、数据人工输入速度慢、易出错、标识混乱、发错品种等弊端，使得统筹协调生产环节中的各物料具有相当大的困难度，无法实现系统优化和实时监控。通过条码管理系统达到信息自动化，企业管理更加有效率地细化。

在入库作业上，通过使用条码扫描器读取供应商提供的条码，对入库的原材料进行识别和分类，并通过扫描货单上的条码号以及无线局域网络的环境，传送到仓库数据中心，在系统中检索出订单，实时查询该入库产品的订单状态，确认是否可以收货后，提交后台系统。

在计量作业上，计量人员选择批次信息，从电子秤自动采集重量，将数据自动导入系统，及时增加库存，并利用条码打印机生成完整的信息，将其明显地贴在指定库位上作为参考。

在出库作业上，通过条码扫描器、扫描仪读取条码，打印出提货的信息，由货场人员根据提货信息进行装货，装货时使用条码采集终端逐件进行扫描，配合无线网络部署，将扫描数据一次性传入，生成销售出库单，及时减少库存。

在库存管理上，系统对货物入库、出库、移库和盘点进行实时反应，通过指定的库位条码，管理每一件产品及其存放的货位，有效利用有限的货位资源。条码管理系统结合无线技术的解决方案，更加规范且简化了日常的操作流程，减轻了钢铁行业人员的劳动负荷，并提高了物料管理水平；不仅有效降低库存成本，提高供应链效率，更为重要的是，准确即时的库存信息让管理层可以对市场变化及时做出调整，加快反应时间及弹性，取得了较好的经济效益和社会效益。

4.1 条码技术

条码是将线条与空白按照一定的编码规则组合起来的符号，用以代表一定的字母、数字等资料。在进行辨识的时候，是用条码阅读机（条码扫描器又叫条码扫描枪或条码阅读器）扫描，得到一组反射光信号，此信号经光电转换后变为一组与线条、空白相对应的电子信号，经解码后还原为相应的文数字，再传入电脑。

条码技术是在计算机应用和实践中产生并发展起来的一种广泛应用于各行业的自动识别技术，具有输入速度快、准确度高、成本低、可靠性强等优点，在当今的自动识别技术中占有重要的地位。现如今条码辨识技术已相当成熟，其读取的错误率约为百万分之一，首读率大于98%，是一种可靠性高、输入快速、准确性高、成本低、应用面广的资料自动收集技术。世界上约有225种以上的一维条码，每种一维条码都有自己的一套编码规格，规定每个字母（可能是文字或数字或文数字）是由几个线条（Bar）及几个空白（Space）组成，以及字母的排列。一般较流行的一维条码有39码、EAN码、UPC码、128码，以及专门用于图书管理的ISBN等。

从UPC以后，为满足不同的应用需求，陆续发展出各种不同的条码标准和规格，时至今日，条码已成为商业自动化不可缺少的基本条件。条码可分为一维条码（One Dimensional Barcode，1D）和二维条码（Two Dimensional Code，2D）两大类，目前在商品上的应用仍以一维条码为主，故一维条码又被称为商品条码，二维条码则是另一种应用度较高的条码，其功能较一维条码强，应用范围更加广泛。

4.1.1 条码的基本概念

1. 条码

条码是由一组规则排列的条、空及其对应字符组成的标记，用以表示一定的信息。

条码通常用来对物品进行标识，这个物品可以是用来进行交易的一个贸易项目，如一瓶啤酒或一箱可乐，也可以是一个物流单元，如一个托盘。所谓对物品的标识，就是首先给某一物品分配一个代码，然后以条码的形式将这个代码表示出来，并且标识在物品上，以便识读设备通过扫描识读条码符号对该物品进行识别。图 4 －1 是标识在一瓶古井贡酒上的条码符号。条码不仅可以用来标识物品，还可以用来标识资产、位置和服务关系等。

图 4 －1　标识在一瓶古井贡酒上的条码符号

2. 代码

代码即一组用来表征客观事务的一个或一组有序的符号。代码必须具备鉴别功能，即在一个信息分类编码标准中，一个代码只能唯一地标识一个分类对象，而一个分类对象只能有一个唯一的代码。如图 4 －1 所示，图中的阿拉伯数字 6902018994262 即是该瓶古井贡酒的商品标识代码，而在其上方由条和空组成的条码符号则是该代码的符号表示。

3. 码制

条码的码制是指条码符号的类型，每种类型的条码符号都是由符合特定编码规则的条和空组合而成。每种码制都具有固定的编码容量和所规定的条码字符集。条码字符中字符总数不能大于该种码制的编码容量。常用的一维条码码制包括：EAN 条码、UPC 条码、交叉 25 条码、39 条码、93 条码、库德巴（Code Bar）条码等。

4. 字符集

字符集是指某种码制的条码符号可以表示的字母、数字和符号的集合。有些码制仅能表示 10 个数字字符：0 到 9，如 EAN 条码、UPC 条码；有些码制除了能表示 10 个数字字符外，还可以表示几个特殊字符，如库德巴条码。39 条码可表示数字字符 0 ~ 9、26 个英文字母 A ~ Z 以及一些特殊符号。

5. 连续性与非连续性

条码符号的连续性是指每个条码字符之间不存在间隔，相反，非连续性是指每个条码字符之间存在间隔。

6. 定长条码与非定长条码

定长条码是条码字符个数固定的条码，仅能表示固定字符个数的代码。非定长条码是指条码字符个数不固定的条码，能表示可变字符个数的代码。例如：EAN/UPC 条码是定长条码，它们的标准版仅能表示 12 个字符，39 条码则为非定长条码。

7. 双向可读性

条码符号的双向可读性，是指从左、右两侧开始扫描都可被识别的特性。绝大多数码制都具有双向可读性。

8. 自校验特性

条码符号的自校验特性是指条码字符本身具有校验特性。若在一条码符号中，一个印刷缺陷（例如，因出现污点把一个窄条错认为宽条，而把相邻宽空错认为窄空）不会导致替代错误，那么这种条码就具有自校验功能。例如39条码、库德巴条码、交叉25条码都具有自校验功能；EAN条码和UPC条码、93条码等都没有自校验功能。

9. 条码密度

条码密度是指单位长度条码所表示条码字符的个数。条码密度越高，所需扫描设备的分辨率也就越高，这将增加扫描设备对印刷缺陷的敏感性。

10. 条码质量

条码质量指的是条码的印制质量，其判定主要从外观、条（空）反射率、条（空）尺寸误差、空白区尺寸、条高、数字和字母的尺寸、校验码、译码正确性、放大系数、印刷厚度、印刷位置几个方面进行。

条码的质量是确保条码正确识读的关键，不符合条码国家标准技术要求的条码，不仅会影响扫描速度，降低工作效率，而且可能造成误读进而影响信息采集系统的正常运行。

4.1.2 条码技术的特点

条码技术是电子与信息科学领域的高新技术，所涉及的技术领域较广，是多项技术相结合的产物，经过多年的长期研究和应用实践，现已发展成为较成熟的实用技术。

在信息输入技术中，采用的自动识别技术种类很多。条码作为一种图形识别技术与其他识别技术相比有以下特点。

（1）简单。条码符号制作容易，扫描操作简单易行。

（2）信息采集速度快。普通计算机的键盘录入速度是200字符/分钟，而利用条码扫描录入信息的速度是键盘录入的20倍。

（3）采集信息量大。利用条码扫描，一次可以采集几十位字符的信息，而且可以通过选择不同码制的条码增加字符密度，使录入的信息量成倍增加。

（4）可靠性高。键盘录入数据，误码率为1/300，利用光学字符识别技术，误码率约为万分之一。而采用条码扫描录入方式，误码率仅有百万分之一，首读率可达98%以上。

（5）灵活、实用。条码符号作为一种识别手段可以单独使用，也可以和有关设备组成识别系统实现自动化识别，还可和其他控制设备联系起来实现整个系统的自动化管理。同时，在没有自动识别设备时，也可实现手工键盘输入。

（6）自由度大。识别装置与条码标签相对位置的自由度要比OCR（光学字符识别）大得多。条码通常只在一维方向上表示信息，而同一条码符号上所表示的信息是连续，这样即使是标签上的条码符号在条的方向上有部分残缺，仍可以从正常部分识读正确的信息。

（7）设备结构简单、成本低。条码符号识别设备的结构简单，操作容易，无须专门训练。与其他自动化识别技术相比较，推广应用条码技术，所需费用较低。

4.1.3 条码的分类

目前，世界上常用的码制有ENA条码、UPC条码、交叉25条码、库德巴条码、39

条码和128条码等，而商品上最常使用的就是EAN条码。

1. 按码制分类

目前，常用码制如表4－1所示，说明如下。

（1）UPC条码。1973年，美国率先在国内的商业系统中应用UPC条码，之后加拿大也在商业系统中采用UPC条码。UPC条码是一种长度固定的连续型数字式码制，其字符集为数字0～9。它采用四种元素宽度，每个条或空是1、2、3或4倍单位元素宽度。UPC条码有两种类型，即UPC－A条码和UPC－E条码。

（2）EAN条码。1977年，欧洲经济共同体各国按照UPC条码的标准制定了欧洲物品编码EAN条码，与UPC条码兼容，而且两者具有相同的符号体系。EAN条码的字符编号结构与UPC条码相同，也是长度固定的、连续型的数字式码制，其字符集是数字0～9。它采用四种元素宽度，每个条或空是1、2、3或4倍单位元素宽度。EAN条码有两种类型，即EAN－13条码和EAN－8条码。

（3）交叉25条码。交叉25条码是一种长度可变的连续型自校验数字式码制，其字符集为数字0～9。采用两种元素宽度，每个条和空是宽或窄元素。编码字符个数为偶数，所有奇数位置上的数据以条编码，偶数位置上的数据以空编码。如果为奇数个数据编码，则在数据前补一位0，以使数据为偶数个数位。

（4）39条码。39条码是第一个字母数字式码制。1974年由Intermec公司推出。它是长度可变的离散型自校验字母数字式码制。其字符集为数字0～9、26个大写字母和7个特殊字符，共43个字符。每个字符由9个元素组成，其中有5个条（2个宽条，3个窄条）和4个空（1个宽空，3个窄空），是一种离散码。

（5）库德巴条码。库德巴条码出现于1972年，是一种长度可变的连续型自校验数字式码制。其字符集为数字0～9和6个特殊字符，共16个字符。常用于仓库、血库和航空快递包裹中。

（6）128条码。128条码出现于1981年，是一种长度可变的连续型自校验数字式码制。它采用四种元素宽度，每个字符由3个条和3个空，共11个单元元素宽度，又称（11，3）条码。它由106个不同条码字符，每个条码字符有三种含义不同的字符集，分别为A、B、C。它使用这3个交替的字符集可将128个ASCII码编码。

（7）93条码。93条码是一种长度可变的连续型字母数字式码制。其字符集为数字0～9、26个大写字母和7个特殊字符以及4个控制字符。每个字符有3个条和3个空，共9个元素宽度。

（8）49条码。49条码是一种多行的连续型、长度可变的字母数字式码制。出现于1987年，主要用于小物品标签上的符号。采用多种元素宽度。其字符集为数字0～9、26个大写字母和7个特殊字符、3个功能键（F1、F2、F3）和3个变换字符，共49个字符。

（9）其他码制。除上述码外，还有其他的码制，例如，25条码主要用于航空系统的机票的顺序编号；11条码主要用于电子元器件标签；矩阵25条码是11条码的变形；Nixdorf条码已被EAN条码所取代等。

表4－1　　　　　　常用条码的码制比较

种类	长度	排列	校验	字符符号、码元结构	其他
EAN－13 EAN－8	13位 8位	连续	校验码	7个模块，2条、2空	EAN－13为标准版 EAN－8为缩短版
UPC－A UPC－E	12位 8位	连续	校验码	7个模块，2条、2空	UPC－A为标准版 UPC－E为消零压缩版
39条码	可变长	非连续	自检验 校验码	12个模块，5条、4空，其中3个宽单元，6个窄单元	"*"用作起始符和终止符，密度可变，有串联性，也可增设校验码
93条码	可变长	连续	校验码	9个模块，3条、3空	有串联性，可设双校验码，加前置码后可表示128个全ASCII码
交叉25条码	定长或可变长	连续	自校验 校验码	18个模块表示2个字符。5个条表示奇数位，5个空表示偶数位	表示偶数位个信息编码，密度高，EAN条码、UPC条码的物流码采用该码制
矩阵25条码	定长或可变长	非连续	自校验 校验码	9个模块，3条、2空，其中2个宽单元3个窄单元	密度较高，在我国被广泛地用于邮政管理
库德巴条码	可变长	非连续	自校验	7个单元，4条、3空	有18种密度
128条码	可变长	连续	校验码	11个模块，3条、3空	有功能码、对数字码的密度最高
49条码	可变长 多行	连续	校验码	每行70个模块，18个条，17个空	多行任意起始扫描，行号由每行词的奇偶性决定
11条码	可变长	非连续	自校验	3条、2空	有双自校验功能

2. 按维数分类

(1) 一维条码。

一维条码只在一个方向（一般是水平方向）表达信息，而在垂直方向则不表达任何信息，其一定的高度通常是为了便于阅读器的对准。一维条码的应用可以提高信息录入的速度，减少差错率，可直接显示内容为英文、数字、简单符号；储存数据不多，主要依靠计算机中的关联数据库；保密性能不高；损污后可读性差。

随着条码技术的发展和条码码制的种类不断增加，条码的标准化显得越来越重要。同时，一些行业也开始建立行业标准，以适应发展的需要。此后，戴维·阿利尔又研制出49条码。这是一种非传统的条码符号，它比以往的条码符号具有更高的密度。特德·威廉斯1988年推出16K条码，该码的结构类似于49条码，是一种比较新型的码制，适用于激光系统。

普通的一维条码自问世以来，很快得到了普及和广泛应用。但是由于一维条码所携带的信息量有限，如商品上的条码仅能容纳13位（EAN－13条码）阿拉伯数字，更多的信息只能依赖商品数据库的支持，离开了预先建立的数据库，这种条码就没有意义了，因此在一定程度上也限制了条码的应用范围。基于这个原因，20 世纪 90 年代二维条码被发明出来。二维条码除了具有一维条码的优点外，同时还有信息量大、可靠性高、保密、防伪性强等优点。

(2) 二维条码。

在水平和垂直方向的二维空间存储信息的条码，称为二维条码，可直接显示英文、中文、数字、符号、图形；储存数据量大，可存放 1K 字符，可用扫描仪直接读取内容，无须另接数据库；保密性高（可加密）；安全级别最高时，损污 50% 仍可读取完整信息。使用二维条码可以解决以下问题：表示包括汉字、照片、指纹、签字在内的小型数据文件；在有限的面积上表示大量信息；对“物品”进行精确描述；防止各种证件、卡片及单证的伪造；在远离数据库和不便联网的地方实现数据采集。

目前，二维条码主要有 PDF 417 条码、Code 49 条码、Code 16K 条码、Data Matrix 条码、Maxi Code 条码等，可分为堆积式或层排式二维条码（Started Bar Code）和棋盘式或矩阵式二维条码（Dot Matrix Bar Code）两大类型，如图 4 – 2 所示。

图 4 – 2　二维条码实例

二维条码除具有普通条码的优点外，还具有信息容量大、可靠性高、保密防伪性强、易于制作、成本低等优点。二维条码依靠其庞大的信息携带量，能够把过去使用一维条码时存储于后台数据库中的信息包含在条码中，可以直接通过阅读条码得到相应的信息，并且二维条码还有错误修正技术及防伪功能，增加了数据的安全性。

二维条码可把照片、指纹编制于其中，可有效地解决证件的可机读和防伪问题。因此，可广泛应用于护照、身份证、行车证、军人证、健康证、保险卡等。

例如，中国移动二维码是用特定的几何图形按一定规律在平面（二维方向上）分布的黑白相间的矩形方阵记录数据符号信息的新一代条码技术。中国移动二维码由企业形象、二维码矩阵图形和一个二维码号（关键字），以及下方的使用提示说明文字构成。通过手机对此二维码拍照，或发送短信等方式均可方便地进行 WAP 网站的访问。用户通过手机摄像头对二维码图形进行扫描，或输入二维码号即可方便上网，下载图铃、信息、优惠券、视频等，企业通过二维码发布促销广告信息。

另外，在海关报关单、长途货运单、税务报表、保险登记表上也都有使用二维条码技术来解决数据输入及防止伪造、删改表格的例子。

（3）多维条码。

进入20世纪80年代以来，人们围绕如何提高条码符号的信息密度，进行了研究工作。多维条码和集装箱条码成为研究、发展与应用的方向。

3. 按应用领域分类

（1）商品条码。

商品条码是用来表示商品信息的一种手段，是商品标识代码的一种载体。商品标识代码（Identification Code for Commodity）是由国际物品编码协会（EAN）和统一代码委员会（UCC）规定的、用于标识商品的一组数字，包括EAN/UCC－13、EAN/UCC－8和UCC－12代码。商品标识代码包括EAN/UCC－13、EAN/UCC－8、UCC－12三种代码结构，厂商应根据需要选择申请适宜的代码结构，遵循三项基本的编码原则，即唯一性原则、无含义性原则、稳定性原则编制商品标识代码，这样就能保证商品标识代码在全世界范围内是唯一的、通用的、标准的，可作为全球贸易中信息交换、资源共享的关键字和“全球通用的商业语言”。

商品条码具有以下共同的符号特征（见图4－3）。

图4－3 商品条码符号

①条码符号的整体形状为矩形，由一系列互相平行的条和空组成，四周都留有空白区。

②采用模块组合法编码方法，条和空分别由1~4个深或浅颜色的模块组成。深色模块表示“1”，浅色模块表示“0”。

③在条码符号中，表示数字的每个条码字符仅有两个条和两个空组成，共7个模块。

④除了表示数字的条码字符外，还有一些辅助条码字符，用作表示起始、终止的分界符和平分条码符号的中间分隔符。

⑤条码符号可设计成既可供固定式扫描器全向扫描，又可用手持扫描设备识读的形式。

⑥条码符号的大小可在放大系数0.8~2所决定的尺寸之间变化，以适应各种印刷工艺印制合格条码符号及用户对印刷面积的要求。

（2）物流条码。

物流单元：在供应链过程中为运输、仓储、配送等建立的任意一种包装单元，如托盘、桶、板条箱、集装箱。

物流标签：即物流单元标签，物流标签设计分为3部分：供应商区段，客户区段，承运商区段。

标签文本：物流单元标签中用文字表示的信息。

与商品条码相比，物流条码具有以下特点。

①储运单元的唯一标识：通常标识多个或多种类商品的集合，用于物流的现代化管理。

②服务于供应链全过程（包装、运输、仓储、分拣、配送直至零售店）：而商品条码只服务于消费环节。

③信息多：商品条码是一个无含义的 13 位数字条码；物流条码则是一个可变的，可表示多种含义、多种信息的条码，是无含义的货运包装的唯一标识，可表示货物的体积、重量、生产日期、批号等信息，是贸易伙伴根据贸易过程中共同的需求，经过协商统一制定的。

④可变性：物流条码是随着国际贸易的不断发展，贸易伙伴对各种信息需求的不断增加应运而生的，其应用在不断扩大，内容也在不断丰富。

⑤维护性：物流条码的相关标准是一个需要经常维护的标准。及时沟通用户需求，传达标准化机构有关条码应用的变更内容，是确保国际贸易中物流现代化、信息化管理的重要保障之一。

4.2 条码识别技术

4.2.1 条码识别原理

条码是由宽度不同、反射率不同的条和空，按照一定的编码规则（码制）编制成的，用以表达一组数字或字母符号信息的图形标识符，即条码是一组粗细不同，按照一定的规则安排间距的平行线条图形。条码自动识别系统一般由条码自动识别设备、系统软件、应用软件等组成，如图 4－4 所示。

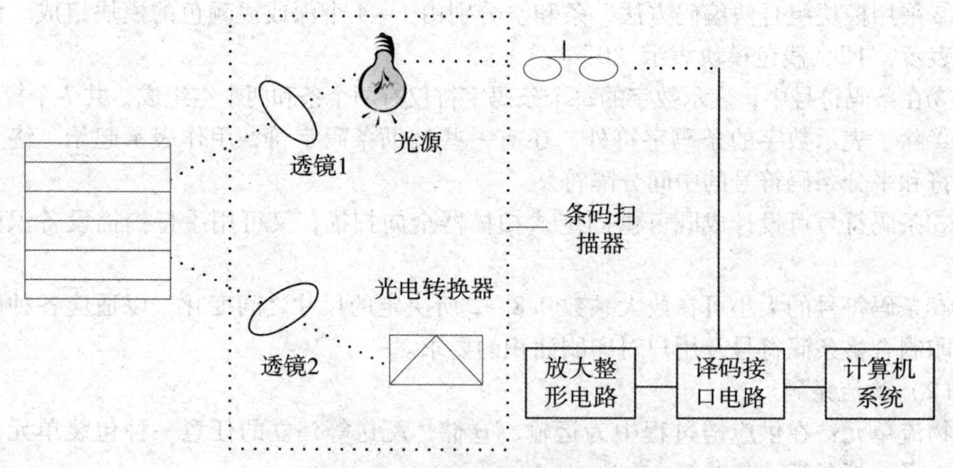

图 4－4 条码自动识别系统组成

由于不同颜色的物体，其反射的可见光的波长不同，白色物体能反射各种波长的可见光，黑色物体则吸收各种波长的可见光，所以当条码扫描器光源发出的光经光阑及凸透镜1后，照射到黑白相间的条码上时，反射光经凸透镜2聚焦后，照射到光电转换器上，于是光电转换器接收到与白条和黑条相应的强弱不同的反射光信号，并转换成相应的电信号输出到放大整形电路。白条、黑条的宽度不同，相应的电信号持续时间长短也不同。但是，由光电转换器输出的与条码的条和空相应的电信号一般仅10mV左右，不能直接使用，因而先要将光电转换器输出的电信号送放大器放大。放大后的电信号仍然是一个模拟电信号，为了避免由条码中的疵点和污点导致错误信号，在放大电路后需加一整形电路，把模拟信号转换成数字电信号，以便计算机系统能准确判读。

整形电路的脉冲数字信号经译码器译成数字、字符信息。它通过识别起始、终止字符来判别出条码符号的码制及扫描方向；通过测量脉冲数字电信号0、1的数目来判别出条和空的数目。通过测量0、1信号持续的时间来判别条和空的宽度，这样便得到了被辨读的条码符号的条和空的数目及相应的宽度和所用码制，根据码制所对应的编码规则，便可将条形符号换成相应的数字、字符信息，通过接口电路送给计算机系统进行数据处理与管理，便完成了条码辨读的全过程。

根据需要，一台计算机可配置多台阅读器终端，一台译码器也可以用若干个扫描器联网，形成一个数据采集网络。条码符号的印制质量将直接影响识别效果和整个系统的性能，因此必须按照印制标准，选择相应的印刷技术和设备，以便印制出符合规范的条码符号。条码符号印制载体、印刷涂料、印制设备、印制工艺和轻印刷系统的软件开发等都属于条码印刷技术所要研究的内容。条码识读原理如图4-5所示。

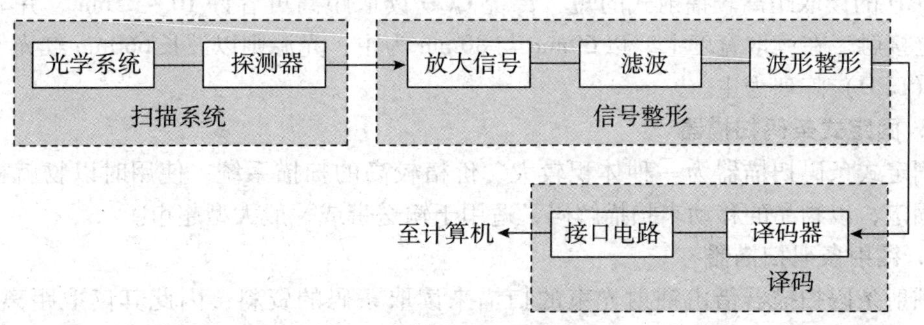

图4-5 条码识读原理

4.2.2 条码的识读设备

条码识别设备由条码扫描和译码两部分组成。现在绝大部分条码识读器都将扫描器和译码器集成为一体。条码扫描器可分为输入组件（Input Device）及解码器（Decoder），两者可一体成型，也可用电线连接，或利用红外线以无线方式输送数据。

输入组件主要包括光电转换系统与类比数位转换器两大部分，光电系统主要用来扫描条码，扫描动作可借助操作者手的移动或条码的移动来完成。当光源照射到条码，反射光经光路设计落在感测组件上时，感测组件随着不同内射光之强度转换成不同的类比信号，经类比数位（A/D）转换器处理成数位码输出。

数位码输出到解码器中，将数位码解译成条码信号，即完成了条码扫描的工作。条码扫描器的读取系统结构如图4-6所示。

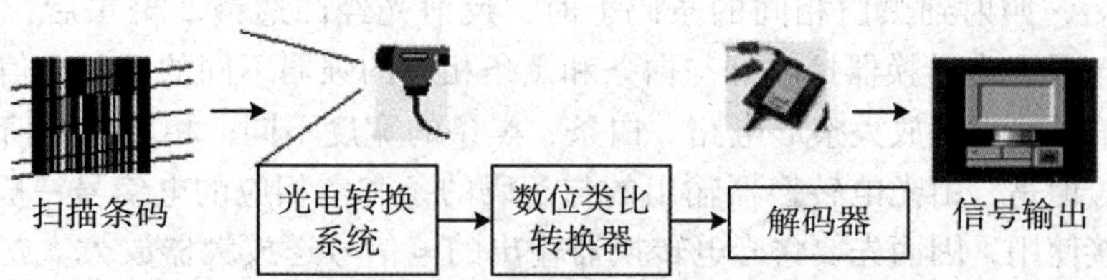

图4-6　条码扫描器的读取系统结构

人们根据不同的用途和需要设计了各种类型的扫描器。一般条码扫描器可分为四类。

1. 光笔条码扫描器

其取像方式为单点式，借由人手的移动来完成扫描条码动作。光笔的读取方式为接触式读取，属于条码扫描器的低阶产品。目前的光笔只能读取一维条码。需注意的是光径需符合最小条码间距，以便能完整读取条码资料。

2. CCD 条码扫描器

线型 CCD 条码扫描器主要用于一维条码，而面型 CCD 主要应用于资料量丰富的二维条码。其感测元件为光耦合器（Charge - Coupled Device），一般简称为 CCD。CCD 的取像方式属于线型接触式，由于其感测元件长度涵盖条码长度范围，所以读取时并不需要左右移动。CCD 的解析度约为 2048dpi，扫描速度较光笔快。

CCD 的读取距离较镭射式的短，传统 CCD 读取距离可容许 10 ~ 25mm，并非一定要完全接触。在读取宽度上，以 60mm 与 80mm 为主，光源则以波长 660nm 红光发光二级体（LED）阵列为主。

3. 固定式条码扫描器

固定式条码扫描器为一种体积较大，价格较高的扫描系统，使用时以物就机，即机器固定，以物品的移动来扫描解码，适用于输送带或一般大型超市。

4. 镭射条码扫描器

镭射条码扫描器借由镭射光束的扫描来读取条码的资料，因此其读取距离较长。由于它和笔式读码机一样，可自由移动到物体处扫描，因此条码的长度在容许的范围下并不会受到限制，而且扫描时可悬空划过，不必像笔式读码机要接触到条码的表面。镭射条码扫描器特别适用于大量扫描以及印刷品质较差的条码。

把条码识读器和具有数据存储、处理、通信传输功能的手持数据终端设备结合在一起，成为条码数据采集器，简称为数据采集器，而当人们强调数据处理功能时，往往简称为数据终端。它具备实时采集、自动存储、即时显示、即时反馈、自动处理、自动传输功能。它实际上是移动式数据处理终端和某一类型的条码扫描器的集合体。

数据采集器按处理方式分为两类：在线式数据采集器和批处理式数据采集器。数据采集器按产品性能分为：手持终端、无线型手持终端、无线掌上电脑、无线网络设备。

4.3 EAN · UCC 系统

4.3.1 EAN · UCC 系统概述

EAN · UCC 系统，由国际物品编码协会（EAN International）和美国统一代码委员会（UCC）共同开发、管理和维护的全球统一和通用的商业语言，为贸易产品与服务（即贸易项目）、物流单元、资产、位置、服务以及特殊应用领域等提供全球统一的标识系统。

国际物品编码协会（EAN）是一个国际性的非官方的非营利性组织。美国统一代码委员会（UCC）是一家致力于全球贸易标准化的非营利性组织。1973 年由美国统一代码委员会 UCC 所推出的 UPC 条码，促进了条码技术在美国的应用。在 UCC 的影响下，1974 年欧洲 12 国的制造商和销售商自愿组成了一个非营利性的机构，在 UPC 条码的基础上开发出了与 UPC 兼容的 EAN 条码，并于 1977 年正式成立了欧洲物品编码协会。其建立加速了条码技术在欧洲以及全球的应用进程。如今该组织已经不仅限于欧洲，而是发展成为一个拥有 90 多个成员国家或地区的国际物品编码协会，名为 EAN International。从 1998 年开始，国际物品编码协会和美国统一代码委员会两大组织联手，成为推行全球化标识和数据通信系统的唯一的国际组织，即全球统一标识系统。

目前，全球共有 100 多个国家（地区）采用这一标识系统，广泛应用于工业、商业、出版业、医疗卫生业、物流业、金融保险业和服务业，大大提高了供应链的效率。EAN · UCC 系统用于电子数据交换（EDI），极大地推动了电子商务的发展。

EAN · UCC 系统是全球统一的标识系统，是在商品条码基础上发展而来的。目前，统一标识系统主要由标准的编码系统、应用标识符和条码标识系统构成。该系统通过对产品和服务等全面的跟踪和描述，简化了电子商务过程，通过改善供应链管理和其他商务处理，降低成本，为产品和服务增值。

EAN · UCC 系统主要包含三部分内容：编码体系、可自动识别的数据载体、电子数据交换标准协议。

1. 编码体系是 EAN · UCC 系统的核心

它实现了对不同物品的唯一编码；数据载体是将供肉眼识读的编码转化为可供机器识读的载体，如条码符号等。然后通过自动数据采集技术（ADC）及电子数据交换（EDI/XML）技术，以最少的人工介入，实现自动化操作。

EAN · UCC 系统的物品编码体系包括六个部分（见图 4 - 7）：全球贸易项目代码（Global Trade Item Number，GTIN）、系列货运包装箱代码（Serial Shipping Container Code，SSCC）、全球位置码（Global Location Number，GLN）、全球可回收资产标识（Global Returnable Asset Identifier，GRAI）、全球单个资产标识（Global Individual Asset Identifier，GIAI）和全球服务关系代码（Global Service Relation Number，GSRN），主要包括三种条码符号：EAN/UPC 条码符号、ITF - 14 条码符号、UCC/EAN - 128 条码符号。

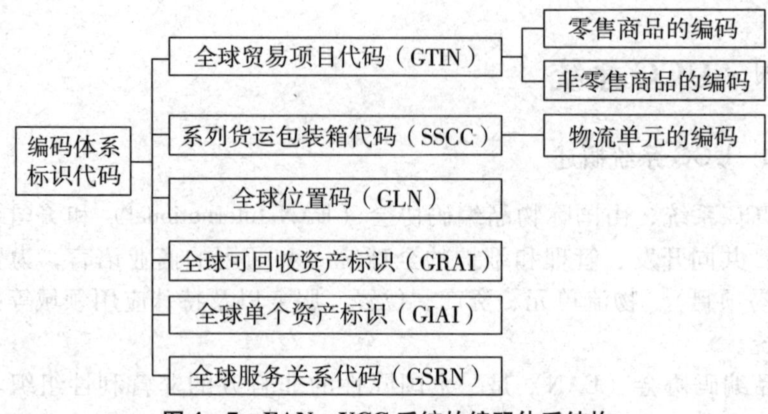

图4－7　EAN·UCC系统的编码体系结构

2. 数据载体

（1）条码符号。条码是目前EAN·UCC系统中的主要载体，是应用比较成熟的一种自动识别技术。EAN·UCC系统的条码符号主要有EAN/UPC条码、ITF－14条码和UCC/EAN－128条码三种。

（2）射频识别（Radio Frequency Identification，RFID）。射频识别技术的基本原理是电磁理论。射频系统的优点是不局限于视线，识别距离比光学系统远，射频识别标签具有可读写能力，可携带大量数据、难以伪造。

射频识别技术适用的领域：物料跟踪和货架识别等要求非接触数据采集和交换的场合，由于射频识别标签具有可读写能力，对于需要频繁改变数据内容的场合尤为适用。

射频识别系统的传送距离由许多因素决定，如传送频率、天线设计等。对于应用射频识别的特定情况应考虑传送距离、工作频率、标签的数据容量、尺寸、重量、定位、响应速度及选择能力等。

射频识别标签基本上是一种标签形式，将特殊的信息编码进电子标签，标签被粘贴在需要识别或追踪的物品上，如货架、汽车、自动导向的车辆、动物等。

一些射频识别系统是只读的，另一些则允许增加或更改标签中现有的信息。所有的射频识别系统都具有非接触识读能力，识读距离从1英寸到100英尺或更大。在恶劣的环境中可能会给接触式或近于接触式读写器造成损坏或失调，所以非接触型识读的应用将会十分广泛，尤其是某些射频识别系统已经具有高达1M的记忆力，给数据处理带来了极大的方便。

射频识别标签要比条码标签更具有放置方面的灵活性，而且几乎不需要任何保养工作。射频识别标签不要求瞄准线，不会被强磁场洗去信息。射频识别系统非常准确，错误率极低。尘土、油漆和其他不透明的物质都不会影响射频标签的识读性。射频识别还可以识别“飞行中”的物品，附有射频标签的物品不需要处于静止状态。非金属性的物品即使穿过读写器和射频标签之间也不造成干扰。但若是金属则会影响射频识别系统。当然，射频识别技术在金属环境下的功能要比另一些自动识别技术更成功。

射频识别标签能够在人员、地点、物品和动物上使用。目前，最流行的应用是在交通运输（汽车、货箱识别）、路桥收费、保安（进出控制）、自动生产和动物标签等方面。自动导向的汽车使用射频标签在场地上指导运行。其他应用包括自动存储、工具识别、人员监控、包裹和行李分类、车辆监控和货架识别。

3. 电子数据交换协议

EAN · UCC 系统的电子数据交换（EDI）用统一的报文标准传送结构化数据。它通过电子方式从一个计算机系统传送到另一个计算机系统，使人工干预最小化。EAN · UCC 是一套以 EAN · UCC 编码系统为基础的标准报文集。

4.3.2 EAN · UCC 系统应用领域

EAN · UCC 系统目前有六大应用领域，分别是贸易项目标识、物流单元标识、资产标识、位置标识、服务关系标识和特殊应用，如图 4 – 8 所示。

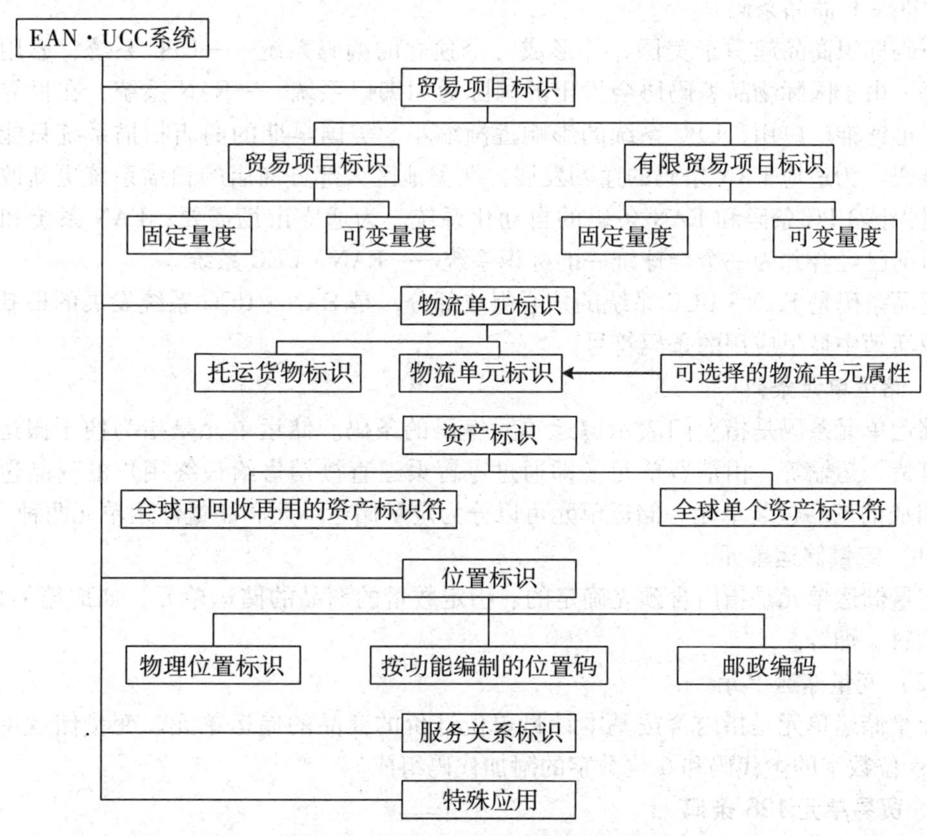

图 4 – 8 EAN · UCC 系统应用领域

EAN · UCC 系统是一个完整的系统，其技术内容包括系统的基本知识、应用领域（贸易单元的编码和符号表示、物流单元的编码和符号表示、资产的编码和符号表示、非常小的医疗保健品项目编码和符号表示）、单元数据串的定义、组成有效信息的单元数据串的联系、数据载体、EAN/UPC 符号规范、ITF – 14 符号规范、UCC/EAN – 128 符号规范、缩减空间码 RSS 和 EAN · UCC 复合码符号规范、条码制作与符号评价、条码符号放置指南、系统在电子数据处理（EDP）中的应用、术语等内容，可以满足社会各行各业的商业需求。

4.3.3 物流条码标准体系

尽管条码的标准有很多，但国际上公认的用于物流领域的条码主要有 3 种，即通用商品条码、储运单元条码和贸易单元128 条码，这3 种条码基本上可以满足物流领域的条码应用要求。

1. 通用商品条码

通用商品条码（Uniform bar code for commodity）是由国际物品编码协会（EAN）和美国统一代码委员会（UCC）规定的、用于表示商品标识代码的条码，包括 EAN 商品条码（EAN－13 商品条码和 EAN－8 商品条码）和 UPC 商品条码（UPC－A 商品条码和 UPC－E 商品条码）。

条码标识商品起源于美国，并形成一个独立的编码系统——UPC 系统，通用于北美地区。由于国际物品编码协会推出的国际通用编码系统——EAN 系统，在世界范围内得到迅速推广应用，UPC 系统的影响逐渐缩小。美国早期的商店扫描系统只能识读 UPC 条码。为适应 EAN 条码的蓬勃发展，北美地区大部分商店的扫描系统更新改造为能同时识读 UPC 条码和 EAN 条码的自动化系统。为适应市场需要，EAN 系统和 UPC 系统目前已经合并为一个全球统一的标识系统——EAN · UCC 系统。

商品条码是 EAN · UCC 系统的核心组成部分，是 EAN · UCC 系统发展的根基，也是商业活动中最早应用的条码符号。

2. 储运单元条码

储运单元条码是指专门表示储运单元编码的条码。储运单元是指为便于搬运、仓储、订货、运输等，由消费单元（即通过零售渠道直接销售给最终用户的商品包装单元）组成的商品包装单元。储运单元可以分为定量储运单元和变量储运单元两种。

（1）定量储运单元。

定量储运单元是指内含预先确定的、指定数量的商品的储运单元，如成箱的牙刷、瓶装饮料、烟等。

（2）变量储运单元。

变量储运单元是指内含按基本计量单位计价的商品的储运单元。变量储运单元编码由 14 位数字的主代码和 6 位数字的附加代码组成。

3. 贸易单元 128 条码

通用商品条码和储运单元条码都属于不携带信息的标识符。在物流配送过程中，如果需要将生产日期、有效日期、运输包装序号、重量、体积、尺寸、送出地址、送达地址等重要信息条码化，以便扫描输入，就需要用到贸易单元 128 条码。

128 条码是物流条码中常用条码之一。

4. 特殊情况下的编码

（1）产品变体的编码。

产品变体是指制造商在产品使用期内对产品进行的各种变更。如果制造商决定产品的变体（如含不同的有效成分）与标准产品同时存在，那么就必须为该变体另外分配一个标识代码。

产品只做较小的改变或改进，不需要分配不同的商品标识代码。比如，标签图形进行重新设计，产品说明有小部分修改，但内容物不变或成分只有微小的变化。

当产品的变化影响到产品的重量、尺寸、包装类型、产品名称、商标或产品说明时，必须另行分配一个商品标识代码。

产品的包装说明有可能使用不同的语言，如果想通过商品标识代码加以区分，则可以一种说明语言对应一个商品标识代码。也可以用相同的商品标识代码对其进行标识，但这种情况下，制造商有责任将贴着不同语言标签的产品包装区分开来。

（2）组合包装的编码。

如果商品是一个稳定的组合单元，其中每一部分都有其相应的商品标识代码。一旦任意一个组合单元的商品标识代码发生变化，或者组合单元的组合有所变化，都必须分配一个新的商品标识代码。

如果组合单元变化微小，其商品标识代码一般不变，但如果需要对商品实施有效的订货、营销或跟踪，那么就必须对其进行分类标识，另行分配商品标识代码。例如，针对某一特定地理区域的促销品，某一特定时期的促销品，或用不同语言进行包装的促销品。

若某一产品的新变体取代原产品使消费者发现两者截然不同，这时就必须给新产品分配一个不同于原产品的商品标识代码。

（3）促销品的编码。

此处所讲的促销品是指商品的一种暂时性的变动，并且商品的外观有明显的改变。这种变化是由供应商决定的，商品的最终用户从中获益。通常促销变体和它的标准产品在市场中共同存在。

商品的促销变体如果影响产品的尺寸或重量，必须另行分配一个不同的、唯一的商品标识代码。例如，加量不加价的商品，或附赠品的包装形态。

包装上明显地注明了减价的促销品，必须另行分配一个唯一的商品标识代码。例如，包装上有“省 2.5 元”的字样。

针对时令的促销品要另行分配一个唯一的商品标识代码。例如，春节才有的糖果包装。

其他的促销变体就不必另行分配商品标识代码。

（4）商品标识代码的重新启用。

厂商在重新启用商品标识代码时，应主要考虑以下两个因素。

①合理预测商品在供应链中流通的期限。根据 EAN · UCC 规范，按照国际惯例，一般来讲，不再生产的产品标识代码自厂商将最后一批商品发送之日起，至少 4 年内不能重新分配给其他商品项目。对于服装类商品，最低期限可为两年半。

②合理预测商品历史资料的保存期。即使商品已不在供应链中流通，由于要保存历史资料，需要在数据库中较长时期地保留它的商品标识代码。因此，在重新启用商品标识代码时，还需考虑此因素。

4.4 二维条码技术

近年来，随着信息自动收集技术的发展，用条码符号表示更多信息的要求与日俱增，而一维条码最大数据长度通常不超过 15 个字符，故多用以存放关键索引值（Key)，仅可作为一种数据标识，不能对产品进行描述。此外，一维条码有一个明显的缺点，即垂直方向不携带数据，数据的密度偏低。这样设计有两个目的：①保证局部损坏的条码仍可正确辨识；②使扫描容易完成。

既要提高数据密度，又要在一个固定面积上打印出所需数据，主要用两种方法来解决：①在一维条码的基础上向二维条码方向扩展；②利用图像识别原理，采用新的几何形体和结构设计出二维条码。前者发展出堆叠式（Stacked）二维条码，后者发展出矩阵式（Matrix）二维条码，构成现今二维条码的两大类型。

堆叠式二维条码的编码原理是建立在一维条码的基础上，将一维条码的高度变窄，再依需要堆成多行，其在编码设计、检查原理、识读方式等方面都继承了一维条码的特点，但由于行数增加，对行的辨别、解码算法与一维条码有所不同。较具代表性的堆叠式二维条码有 PDF417、Code16K、Supercode、Code49 等。

矩阵式二维条码是以矩阵的形式组成，在矩阵相应元素位置上，用点（Dot）的出现表示二进制的“1”，不出现表示二进制的“0”，点的排列组合确定了矩阵码所代表的意义。其中点可以是方点、圆点或其他形状的点。矩阵码是建立在电脑图像处理技术、组合编码原理等基础上的图形符号自动辨识的码制，已较不适合用“条码”称之。具有代表性的矩阵式二维条码有 Datamatrix、Maxicode、Vericode、Softstrip、Code1、Philips Dot Code 等。

二维条码的新技术在 20 世纪 80 年代晚期逐渐被重视，在数据储存量大、信息随着产品走、可以传真影印、错误纠正能力高等特性下，二维条码在 20 世纪 90 年代初期已逐渐被使用。

4.4.1 二维条码术语定义

1. 堆叠式二维条码（2D Stacked Code）

堆叠式二维条码是一种多层符号（Multi - Row Symbology)，通常是将一维条码的高度截短再层叠起来表示信息。

2. 矩阵式二维条码（2D Matrix Code）

矩阵式二维条码是一种由中心点到与中心点固定距离的多边形单元所组成的图形，用来表示信息及其他与符号相关的功能。

3. 数据字符（Data Character）

用于表示特定信息的 ASCⅡ字符集的一个字母、数字或特殊符号等字符。

4. 符号字符（Symbol Character）

依条码符号规则定义来表示信息的线条、空白组合形式。数据字符与符号字符间不一定是一对一的关系。一般情况下，每个符号字符分配一个唯一的值。

5. 代码集（Code Set）

代码集是指将数据字符转化为符号字符值的方法。

6. 字码（Code Word）

字码是指符号字符的值，为原始数据转换为符号字符过程的一个中间值，一种条码的字码数决定了该类条码所有符号字符的数量。

7. 字符自我检查（Character Self－Checking）

字符自我检查是指在一个符号字符中出现单一的印刷错误时，扫描器不会将该符号字符解码成其他符号字符的特性。

8. 错误纠正字符（Error Correction Character）

用于错误侦测和错误纠正的符号字符，这些字符是由其他符号字符计算而得，二维条码一般有多个错误纠正字符用于错误侦测以及错误纠正。

9. E 错误纠正（Error Correction）

E 错误是指在已知位置上因图像对比度不够，或有大污点等原因造成该位置符号字符无法辨识，因此又称为拒读错误。通过错误纠正字符对 E 错误的恢复称为 E 错误纠正。对于每个 E 错误的纠正只需一个错误纠正字符。

10. T 错误纠正（Error Correction）

T 错误是指因某种原因将一个符号字符识读为其他符号字符的错误，因此又称为替代错误。T 错误的位置以及该位置的正确值都是未知的，因此每个 T 错误的纠正需要两个错误纠正字符，一个用于找出位置，另一个用于纠正错误。

11. 错误侦测（Error Detection）

一般是保留一些错误纠正字符用于错误侦测，这些字符被称为侦测字符，用以侦测出符号中不超出错误纠正容量的错误数量，从而保证符号不被读错。此外，也可利用软体通过侦测无效错误纠正的计算结果提供错误侦测功能。若仅为 E 错误纠正则不提供错误侦测功能。

4.4.2 二维条码的识别

二维条码的识别有两种方法：①通过线型扫描器逐层扫描进行解码；②通过照相和图像处理对二维条码进行解码。对于堆叠式二维条码，可以采用上述两种方法识读，但对绝大多数的矩阵式二维条码则必须用照相方法识读，例如使用面型 CCD 扫描器。

用线型扫描器（如线型 CCD、镭射枪）对二维条码进行辨识时，如何防止垂直方向的数据漏读是主要的技术关键，因为在识别二维条码符号时，扫描线往往不会与水平方向平行。解决这个问题的方法之一是必须保证条码的每一层至少有一条扫描线完全穿过，否则解码程序无法识读。这种方法简化了处理过程，但却降低了数据密度，因为每层必须要有足够的高度来确保扫描线完全穿过，如图 4－9 所示。我们所提到的二维条码中，如 Code 49、Code 16K 的识别即是如此。

二维条码的识读设备依据识读原理的不同可分为以下几类。

(1) 线性 CCD 和线性图像式识读器（Linear Image Reader）。可识读一维条码和行

图 4-9　二维条码的识别（每层至少一条扫描线穿过）

排式二维条码（如 PDF417），在阅读二维条码时需要沿条码的垂直方向扫过整个条码，又称为“扫动式阅读”，这类产品的价格比较便宜。

（2）带光栅的激光识读器。可识读一维条码和行排式二维条码。识读二维码时将扫描光线对准条码，由光栅部件完成垂直扫描，不需要手工扫动。

（3）图像式识读器（Image Reader）。采用面阵 CCD 摄像方式将条码图像摄取后进行分析和解码，可识读一维条码和二维条码。

另外，二维条码的识读设备依据工作方式的不同还可以分为手持式、固定式和平版扫描式。二维条码的识读设备对于二维条码的识读会有一些限制，但是均能识别一维条码。

4.4.3　PDF417 二维码

PDF417 是美国符号科技（Symbol Technologies，Inc）发明的二维条码，发明人是王寅君博士，目前 PDF417、Maxicode、Datamatrix 均被美国国家标准协会（American National Standards Institute，ANSI）MH10 SBC-8 委员会选为二维条码国际标准制定范围，其中 PDF417 主要是预备应用于运输包裹与商品数据标签。PDF417 不仅具有错误侦测能力，且可从受损的条码中读回完整的信息，其错误复原率最高可达 50%。

由于 PDF417 的容量较大，除了可将人的姓名、单位、地址、电话等基本信息进行编码外，还可将人体的特征如指纹、视网膜扫描及照片等个人记录储存在条码中，这样不但可以实现证件信息的自动输入，而且可以防止证件的伪造，减少犯罪。PDF417 已在美国、加拿大、新西兰的交通部门的执照年审、车辆违规登记、罚款及定期检验上开始应用。美国同时将 PDF417 应用在身份证、驾照、军人证上。此外，墨西哥也将 PDF417 应用在报关单据与证件上，从而防止了仿造及犯罪。

PDF417 是一个公开码，任何人皆可用其算法而不必付费，因此是一个开放的条码系统。PDF417 的 PDF 为可携性数据档（Portable Data File）的缩写，取其条码类似一个数据档，可储存较多数据，且可随身携带而得名（Paclidis，1992）。

每一个 PDF417 码是由 3～90 横列堆叠而成，而为了扫描方便，其四周皆有静空区，静空区分为水平静空区与垂直静空区，至少应为 0.02 寸（1 寸≈0.033 米）。PDF 417 码的结构如图 4-10 所示。

PDF417 的一个重要特性是其自动纠正错误的能力较强，不过 PDF417 的错误纠正能力与每个条码可存放的数据量有关，PDF417 码将错误复原分为 9 个等级，其值从 0 到 8，级数越高，错误纠正能力越强，但可存放数据量就越少，一般建议编入至少 10% 的检查字码。数据存放量与错误纠正等级的关系如表 4-2 所示。

图 4 – 10　PDF417 码的结构

如前所述，错误纠正等级涉及拒读错误（E 错误）与替代错误（T 错误）两种错误类型。无论使用哪一种条码机都有一定的精密度极限，造成线条和空白的宽度与理想宽度间必有偏差存在，条码扫描设备能够读出解码算法所允许范围内的不精确条码符号，目前标准中规定 X 的值最小为 0.0075 in（约 0.191mm），此一限制同时反映出目前标准设备的技术现状。

表 4 – 2　　可存放数据量与错误纠正等级对照表

错误纠正等级	纠正码数	可存数据量（位）
自动设定	64	1024
0	2	1108
1	4	1106
2	8	1101
3	16	1092
4	32	1072
5	64	1024
6	128	957
7	256	804
8	512	496

综合以上所述，PDF417 的特性如表 4 – 3 所示。

表 4 – 3　　PDF417 的特性

项目	特性
可编码字符集	8 位二进制数据，多达 811800 种不同的字符集或解释
类型	连续型，多层
字符自我检查	有
尺寸	可变，高：3 ~ 90 层，宽：1 ~ 30 栏

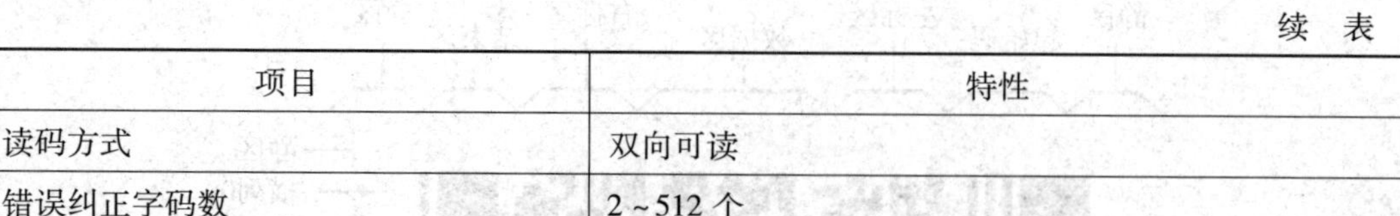

续 表

项目	特性
读码方式	双向可读
错误纠正字码数	2~512 个
最大数据容量	安全等级为 0，每个符号可表示 1108 个位

PDF417 作为一种新的信息存储和传递技术，现已广泛地应用在国防、公共安全、交通运输、医疗保健、工业、商业、金融、海关及政府管理等领域。据不完全统计，在身份证或驾驶证上采用二维条码 PDF417 的国家已达 40 多个，中国对香港地区恢复行使主权后，香港居民新发放的特区护照上采用的就是二维条码 PDF417 技术。除了证件上，在工业生产、国防、金融、医药卫生、商业、交通运输等领域，二维条码同样得到了广泛的应用。由于二维条码具有成本低，信息可随载体移动，不依赖于数据库和计算机网络、保密防伪性能强等优点，该技术可广泛地应用在护照、身份证、驾驶证、暂住证、行车证、军人证、健康证、保险卡等任何需要唯一识别个人身份的证件上。海关报关单、税务报表、保险登记表等任何需重复录入或禁止伪造、删改的表格，都可以将表中填写的信息编在 PDF417 条码中，以解决表格的自动录入和防止篡改表中内容。机电产品的生产和组配线，如汽车总装线、电子产品总装线，皆可采用二维条码并通过二维条码实现数据的自动交换。

4.4.4 QR 码

QR 码是由日本 Denso 公司于 1994 年 9 月研制的一种矩阵二维码符号。QR 码除具有一维条码及其他二维条码所具有的信息容量大、可靠性高、可表示汉字及图像多种文字信息、保密防伪性强等优点外，还具有以下主要特点。

普通的一维条码只能在横向位置表示大约 20 位的字母或数字信息，无纠错功能，使用时候需要后台数据库的支持，而 QR 码二维条码是横向纵向都存有信息，可以放入字母、数字、汉字、照片、指纹等大量信息，相当于一个可移动的数据库。如果用一维条码与二维条码表示同样的信息，QR 二维条码占用的空间只是 1/11 的面积。

QR 码与其他二维码相比，具有识读速度快、数据密度大、占用空间小的优势。QR 码的 3 个角上有 3 个寻像图形，使用 CCD 识读设备来探测码的位置、大小、倾斜角度，并加以解码，实现 360 度高速识读。每秒可以识读 30 个含有 100 个字符的 QR 码。QR 码数据密度大，可以放入 1817 个汉字、7089 个数字、4200 个英文字母。QR 码用数据压缩方式表示汉字，仅用 13bit 即可表示一个汉字，比其他二维条码表示汉字的效率提高了 20%。QR 具有 4 个等级的纠错功能，即使破损也能够正确识读。QR 码抗弯曲的性能强，即使将 QR 码贴在弯曲的物品上也能够快速识读。QR 码可以分割成 16 个 QR 码，可以一次性识读数个分割码，适应于印刷面积有限及细长空间印刷的需要。此外，微型 QR 码可以在 1 厘米的空间内放入 35 个数字或 9 个汉字或 21 个英文字母，适合小型电路板对 ID 号码进行采集的需要。

图 4-11 表示“智能物流实验室”的 QR 码的结构。

图 4－11 QR 码的结构

4.4.5 二维条码与一维条码的比较

一维条码与二维条码应用处理的比较如图 4－12 所示，虽然一维条码和二维条码的原理都是用符号（Symbology）来携带数据，达成信息的自动辨识，但是从应用的观点来看，一维条码偏重于标识商品，而二维条码则偏重于描述商品。因此，相较于一维条码，二维条码不仅只存入关键值，并可将商品的基本数据编入二维条码中，达到数据库随着产品走的效果，进一步提供许多一维条码无法达成的应用。例如一维条码必须搭配电脑数据库才能读取产品的详细信息，若为新产品则必须再重新登录，对产品特性为多样少量的行业构成应用上的困扰。此外，一维条码稍有磨损即会影响条码阅读效果，故较不适用于工厂型行业。除了这些数据重复登录与条码磨损等问题外，二维条码还可有效解决许多一维条码面临的问题，让企业充分享受数据自动输入、无键输入的好处，给企业与整体产业带来相当的利益，也拓宽了条码的应用领域。

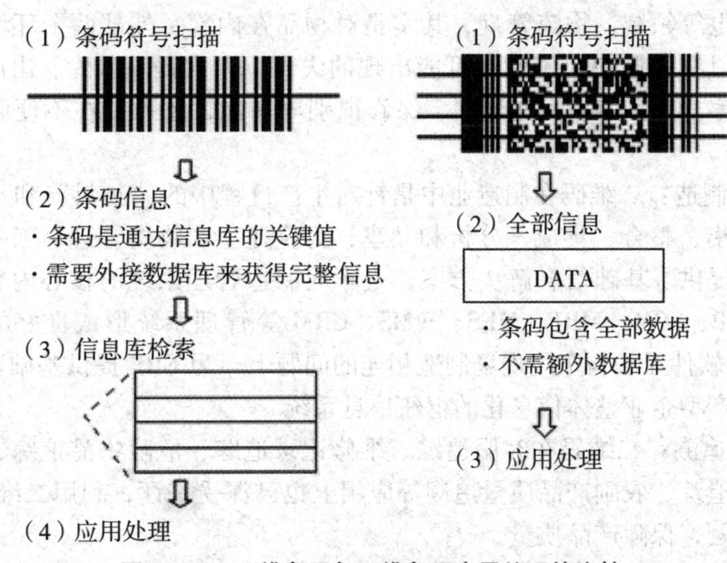

图 4－12 一维条码与二维条码应用处理的比较

一维条码与二维条码的差异可以从数据容量与密度、错误侦测能力及错误纠正能力、主要用途、数据库依赖性、识读设备等项目看出，两者的比较如表 4－4 所示。

表 4－4　　一维条码与二维条码的比较

项目＼条码类型	一维条码	二维条码
数据密度与容量	密度低，容量小	密度高，容量大
错误侦测及自我纠正能力	可以进行错误侦测，但没有错误纠正能力	有错误检验及错误纠正能力，并可根据实际应用设置不同的安全等级
垂直方向的数据	不储存数据，垂直方向的高度是为了识读方便，并弥补印刷缺陷或局部损坏	携带数据，可以通过纠正机制恢复数据
主要用途	主要用于对物品的标识	用于对物品的描述
数据库与网络依赖性	须依赖数据库及通信网络的存在	可不依赖数据库及通信网络的存在而单独应用
识读设备	可用线型扫描器识读，如光笔、线型CCD、镭射枪	对于堆叠式可用线型扫描器扫描，或可用图像扫描仪识读。矩阵式则仅能用图像扫描仪识读

4.4.6　二维条码的应用范围

二维条码具有储存量大、保密性高、追踪性高、抗损性强、成本低等特性，这些特性可以广泛应用于各个行业。

（1）物流应用：二维码技术物流领域应用主要是生产制造业、销售业、物流配送业、仓储、邮电等领域。物流管理，其实是对物品在内部、外部两个环境中的管理和控制。不但可以有效避免人工输入可能出现的失误，大大提高入库、出库、制单、验货、盘点的效率，而且兼有配送识别、保修识别等功能，还可以在不便联机的情况下实现脱机管理。

（2）生产制造：二维码在制造业中是针对生产过程中的“物料”和“在制品”信息进行精确采集、整合、集成、分析和共享，为企业生产物资管理、工序管理和产品生命周期管理提供了基础信息解决方案，是车间制造管理系统的核心内容。系统的应用和 ERP、SAP、SCM、MRP、MES、WMS、CRM 等管理系统形成良好的互补，尤其是在解决 ERP 软件无法与车间现场制造相连的问题上，为 ERP 提供基础数据支持，是实现工厂或生产型企业整体信息化的枢纽信息系统。

（3）质量追溯：二维码在客服追踪、维修记录追踪、危险物品追踪、后勤补给追踪、医疗体检追踪、农副产品质量追溯等应用上也已深受好评，利用二维码进行跟踪，可及时发现问题，保障产品质量。

（4）电子票务：目前，我们最常见的电影票、汽车票、景区门票、演唱会门票等在很多城市都已经实现了二维码电子票。减少了传统人工传递的费用，以及约定票毁约风险。

（5）精准营销：二维码在优惠券、打折卡、会员卡、提货券等的应用上有很好的表现。不但可以节约促销成本，还可以进行数据分析，以便达到精准营销效果。

（6）拍码上网：图书、新闻、广告使用二维码，用户只要用手机一拍即可快速地实现上网或者拨打联系电话。打破了传统阅读的单一方式，实现了媒体和读者的互动。

（7）证照应用：护照、身份证、挂号证、驾照、借书证等资料登记、自动输入、随时读取。

（8）表单传输：公文表单、商业表单、进出口报单、舱单等资料的传送交换，减少人工重复输入表单资料，避免人为错误，降低人力成本。

（9）资料保密：商业情报、经济情报、政治情报、军事情报、私人情报等机密资料的加密及传递。

（10）备援存储：文件表单的资料若不便以磁盘等设备储存时，可利用二维条码来储存备援，携带方便，不怕损坏，保存时间长。

4.5 条码识别技术应用

4.5.1 条码的应用范围

条码作为一种即时、准确、可靠、经济的数据输入手段已被物流信息系统所采用。在工业发达的国家已经普及应用，已成为商品独有的世界通用的“身份证”。

欧美、日本等国家已经普遍使用条码技术，而且正在世界各地迅速推广普及。由于采用了条码，消费者从心理上对商品质量产生了安全感。条码在识别伪劣产品、防假打假中也可起到重要作用。因为条码技术具有先进、适用、容易掌握和见效快等特点，在信息（数据）采集中发挥优势。无论在商品的入库、出库、上架还是和顾客结算的过程，都要面对如何将数据量巨大的商品（不论是整包包装还是拆封后单个零售）信息输入计算机中的问题。条码技术用于物流信息系统中，完成计算机的信息采集与输入，这将大大提高许多计算机管理系统的实用性。条码的应用和推广首先源于商品管理现代化，即 POS 系统的应用。如美国超级市场商品种类有 22 万多种，每年约有 10000 种新商品进入市场，10000 种老商品清除，如此繁重的工作量，没有条码，没有 POS 系统的应用是难以应付的。当今日本在 POS 系统的应用上走在了世界的前列。目前，日本已有 48000 个制造厂家约 1 亿种商品项目采用了 EAN 码标识，有相当一部分商家采用 POS 系统，POS 系统不局限于食品杂货，一些专业店（如医药、化妆品、烟酒等）也建立了 POS 系统。另外，很多国家还建立了市场数据交换中心，沟通产、供、销之间信息，建立贸易数据交换机构，及时收集汇总各商店、各种商品的销售信息并及时反馈给制造厂家。这样生产厂家可及时、准确地了解商品销售、购买情况和价格等，可分析消费者的心理，预测市场，及时组织货源。零售商也可根据情况及时调整销售计划、进货情况等。

1. 交通运输业

货物运输中，物品的包装箱上必须标有条码符号。铁路、公路的旅客车票自动化售票及检票系统、公路收票站的自动化等，都须应用条码技术。早在 20 世纪 60 年代，北美铁路系统便将条码技术应用于列车编码与自动识别。1996 年年初，我国的广州火车站和北京西客站，也推出一种由计算机印制并带有条码的新型“电子火车票”。当旅客持这种“电子火车票”进站时，只要将车票插入“电子检票机”内，条码内的信息就被自动识别、判断，并自动输入网络管理机，车票亦被自动剪切，每张客票检票时间不到 1s。

2. 邮电通信业

邮件的分拣、登单是非常繁重的工作，占用了邮电职工的绝大部分工作时间。在邮件上贴上或印制上条码符号，就能用条码阅读设备输入相应的信息，实施分拣、登单的自动化管理。

3. 物流行业

物流行业是条码技术一个很重要的应用领域。在物资入库、分类、出库、盘点和运输等方面，可以全面实现条码管理。通用商品流通销售方面除抓好出口商品条码自动化管理外，应着手研制适合中国情况的专用收款机和商场综合管理系统，并经商场试用，逐步进行推广。POS 系统由若干个子系统组成，其中现金收款机（又叫收银机）是集个人电脑和译码器于一身，既能自动识别条形符号，又能进行数据处理，而且能打印购物清单。系统中的计算机是用来对数据进行综合处理的，为此应事先建立数据库和应用软件。这样有利于根据各终端当日的报告情况，进行商品销售综合分析，及时提供市场动态，并据此确定订货计划，以保证经营活动的正常进行。由于使用了条码技术，既方便迅速，又保证信息准确。

4. 工业领域

企业管理中，条码识别设备可有效采集数据。在生产过程的自动化控制系统中，条码技术更是重要的数据采集手段。

5. 其他行业

实践表明，商店采用条码系统管理体制所带来的直接效益可达营业额的 6.12%。更为重要的是，除了促进商品流通化管理外，对生产厂家来说，采用条码技术不仅能有效地掌握生产线上各工序元器件、部件、半成品数量以及成品和原材料的库存情况，还可以通过计算机网络快速获得销售信息，及时有效地预测市场动向，建立集产、供、销于一体的高效运行机制。由于现代工商贸易异常活跃，商品种类多而庞杂，采用物品编码可使出口商在贸易中避免出现差错，并能及时了解货物分布情况。零售业采用 POS 系统，不仅提高了结算速度，也避免了人为差错。对顾客而言，可大大减少购物等待时间，而有购物清单便于家庭记账。条码管理系统的应用也为商场服务人员向顾客提供咨询服务创造了有利的条件。

条码技术在海关可以用于管理商品报关单和海关商品检验等；在公安系统用于出入签证管理以及护照、身份证、管理等方面；可于用人事档案管理、设备管理、会务管理、考勤管理和各种票证、票据管理等。条码技术为商品管理和各国间贸易往来以及各领域的自动化管理，提供了简便的共同语言。

4.5.2 条码在物流系统中的应用

条码技术从诞生的第一天起就与物流结下了不解之缘。条码技术像一条纽带，把产品生命期中各阶段发生的信息连在一起，可以跟踪产品从生产到销售的全过程。条码在物流系统中的应用，主要表现在以下几方面。

1. 生产线自动控制系统

现代大生产日益计算机化和信息化，自动化水平不断提高，生产线自动控制系统要正常运转，条码技术的应用不可或缺。因为现代产品性能日益先进，结构日益复杂，零部件数量和种类众多，传统的人工操作既不经济也不可能。例如，一辆汽车要由成千上万个零部件装配而成，不同型号、款式，所需要的零部件的品种和数量也不同，而且不同型号、款式的汽车往往要在同一条生产线上装配，如果使用条码技术对每一个零部件进行在线控制，就能避免差错、提高效率、确保生产顺利进行。使用条码技术成本低廉，只需先对进入生产线的物品赋码，在生产过程中通过安装于生产线的条码识读设备，获取物流信息，从而随时跟踪生产线上每一个物品的情况，形成自动化程度高的电子车间。

2. 自动销售管理系统（POS 系统）

目前，条码技术应用最为广泛的领域是商业自动化管理，即建立商业 POS 系统。利用现金收款机作为终端机与主计算机相连，借助识读设备为计算机录入商品上的条码符号。计算机从数据库中自动查寻对应的商品信息，显示出商品名称、价格、数量、总金额，反馈给现金收款机开出收据，迅速准确地完成结算过程，从而节省顾客购买结算时间。更为重要的是，它使商品零售方式发生了巨大的变革，由传统的封闭柜台式销售变为开架自选销售，大大便利了顾客采购商品；同时计算机还可根据购销情况对货架上各类商品的数量、库存进行处理，及时提出进、销、存、退的信息，供商家及时掌握购销行情和市场动态，提高竞争力，增加经济效益；对于商品制造商来说则可以及时了解商品销售情况，及时调整生产计划，生产适销对路的商品。

POS 系统的建立，可以采集大量的商品信息。使零售商和批发商及时了解商店的经营情况，减少库存，降低成本，提高效益。制造商则可以从 POS 系统中获得准确的商品及市场销售信息，及时调整生产结构，提高产品的竞争能力。同时，POS 系统为顾客提供了更加满意的服务。建立 POS 系统的作用是承上启下的，它不但可以促进商品条码的普及，同时可以带动商业的电子数据交换（EDI）。

3. 仓储管理系统

仓储管理无论在工业、商业，还是物流配送业都是重要的环节。现代仓储管理所要面对的产品数量、种类和进出仓频率都大为增加，继续原有的人工管理不仅成本昂贵，而且难以为继，尤其是对一些有保质期控制的产品的库存管理，库存期不能超过保质期，必须在保质期内予以销售或进行加工生产，否则就有可能因其变质而遭受损失。人工管理往往难以真正做到按进仓批次在保质期内先进先出。利用条码技术，这一难题就迎刃而解，只需在原材料、半成品、成品入仓前先进行赋码，进出仓时读取物品上的条码信息，从而建立仓储管理数据库，并提供保质期预警查询，使管理者可以随时掌握各类产品进出仓和库存情况，及时准确地为决策部门提供有力的参考。

4. 自动分拣系统

现代社会物品种类繁多，物流量庞大，分拣任务繁重，例如邮电业、批发业和物流配送业，人工操作越来越不能适应分拣任务的增加，利用条码技术实行自动化管理就成为时代的要求了。运用条码技术对邮件、包裹、批发和配送的物品等进行编码，通过条码自动识别技术建立自动分拣系统，就可大大提高工作效率，降低成本。邮政运输局是我国最早配备自动分拣系统的单位之一，该系统的流程是：在投递窗口将各类包裹的信息输入计算机，条码打印机按照计算机的指令自动打印条码标签，贴在包裹上，然后通过输送线汇集到自动分拣机上，自动分拣机再通过全方位的条码扫描器，识读、鉴别包裹，并将它们分拣到相应的出口溜槽，这样可以大大提高工作效率，降低成本，减少差错。在配送方式和仓库出货时，采用分货、拣选方式，需要快速处理大量的货物，利用条码技术可自动进行分货拣选，并实现有关管理。其过程如下：配送中心接到若干个配送订货要求，将若干订货汇总，每一品种汇总成批后，按批量发出所在条码的拣货标签，拣货人员到库中将标签贴在每件商品上并取出用自动分拣机分货。分货机始端的扫描器对处于运动状态分货机上货物扫描，一方面确认所拣货物是否正确，另一方面识读条码上用户标记，指令商品在确定的分支分流，到达各用户的配送货位，完成分货拣选作业。

5. 售后服务系统

一般来说，大件商品或一些耐用消费品，其售后服务往往决定着其市场销售情况和市场占有率。因此对此类商品的生产者来说，搞好客户管理和售后服务尤显重要。利用条码进行客户管理和售后服务管理不仅简便易行，而且成本低廉，厂商只需在产品出厂前进行赋码，各代理商、分销商在销售时读取产品上的条码，向厂商及时反馈产品流通的信息和客户信息，建立客户管理和售后服务管理系统，随时掌握产品的销售状况和市场信息，为厂商及时进行技术革新和花色品种更新，为生产适销对路的商品提供可靠的市场依据。可见，以条码这种标准标识“语言”为基础的自动识别技术，大大提高了数据采集和识别的准确性和速度，并可实现过程中的计算意义，实现了物流的高效率运作。

6. 实现商品信息的电子数据交换（EDI）

采集商品信息的最终目的是使用信息，并通过信息交换实现资源共享，从而提高信息的利用率，为科学决策服务。没有信息交换，条码系统就无法发挥应有的效益。条码作为商品信息的载体，不仅为生产商、批发商和零售商建立了联系的纽带，更重要的是为电子信息交换提供了通用的“语言”。

推广商品条码不仅可以通过建立 POS 系统提高管理水平，还在于商业信息的电子数据交换（EDI），实现无纸张贸易。这样人们可以通过电子信息交换系统及时、准确地获得所需要的商业信息，提高生产和经营效率。

国际物品编码协会已组织几十个会员国，在联合国及国际标准化组织 ISO 规范指导下，根据联合国欧洲经济开发委员会的行政管理、商业和运输业电子数据交换规则（EDIFACT），制定了电子通信标准（EANCOM）。

EANCOM 标准是世界上最早采用的多行业电子数据交换标准，其主要作用是为用户提供实际可行的国际或国内电子通信标准。这套标准主要包括用户信息、价格/销售目录、订单、发票、汇款等方面的标准报文格式。

很多发达国家如英国、荷兰等，通过采用EANCOM标准建立了条码商品信息交换系统。有些中等发达国家和发展中国家也在这方面开始了有益的尝试。条码商品信息交换系统的出现，使工厂、商店和顾客可以通过计算机联网，借助条码，实现电子数据交换和资源共享。

案例分析

天津丰田汽车有限公司

天津丰田汽车有限公司是丰田汽车公司在中国的第一个轿车生产基地。在这里，丰田汽车公司将不惜投入TOYOTA的最新技术，生产专为中国最新开发的、充分考虑到环保、安全等条件因素的新型小轿车。二维码应用管理解决方案使丰田汽车在生产过程控制管理系统中成功应用了QR二维条码数据采集技术，并与丰田汽车公司天津公司共同完成了生产过程控制管理系统的组建。

（1）丰田汽车组装生产线数据采集管理汽车是在小批量、多品种混合生产线上生产的，将写有产品种类生产指示命令的卡片安在产品生产台，这些命令被各个作业操作人员读取并完成组装任务，使用这些卡片存在严重的问题和大的隐患：包括速度、出错率、数据统计、协调管理、质量问题的管理等一系列问题。系统概要如果用二维码来取代手工卡片，初期投入费用并不高，但建立了高可靠性的系统。具体操作如下。

①生产线的前端，根据主控计算机发出的生产指示信息，条码打印机打印出1张条码标签，贴在产品的载具上。

②各作业工序中，操作人员用条码识读器读取载具上的条码符号，将作业的信息输入计算机，主系统对作业人员和检查装置发出指令。

③各个工序用扫描器读取贴在安装零件上的条码标签，然后再读取贴在载具上的二维条码，以确认零件安装是否正确。

④各工序中，二维条码的生产指示号码、生产线顺序号码、车身号数据和实装零部件的数据、检查数据等，均被反馈回主控计算机，用来对进展情况进行管理。

应用效果如下。

①投资较低。

②二维条码可被识读器稳定读取（错误率低）。

③可省略大量的人力和时间。

④主系统对生产过程的指挥全面提升。

⑤使生产全过程和主系统连接成为一体，生产效益大大提高。

（2）丰田汽车供应链采集系统的应用环境：汽车零件供货商按汽车厂商的订单生产零配件，长期供货，这样可以减少人为操作，缩减成本，提高效率。应用操作描述如下。

①汽车厂家将看板标签贴在自己的周转箱上，先定义箱号。

②汽车厂家读取看板标签上的一维条码，将所订购的零件编号、数量、箱数等信息制作成QR码，并制作带有该QR码的看板单据。

③将看板单据和看板标签一起交给零件生产厂。

④零件生产厂读取由车辆提供的看板单据上的QR码，处理接受的订货信息，并制作发货指示书。

⑤零件生产厂将看板标签附在发货产品上，看板单据作为交货书发给汽车生产厂。

⑥汽车生产厂读取看板单据上的QR码进行接货统计。

应用效果如下。

①采用QRCode使得原来无法条码化的“品名”“规格”“批号”“数量”等可以自动对照，出库时的肉眼观察操作大幅减少，降低了操作人员人为识别验货的错误，避免了误配送的发生。

②出库单系统打印二维条码加密、安全、不易出错。

③验货出库工作，可以完全脱离主系统和网络环境独立运行，对主系统的依赖性小，减少主系统网络通信和系统资源的压力，同时对安全性要求降低。

④真正做到了二维条码数据与出库单数据及实际出库的物品的属性特征的统一。

⑤加快了出库验收作业的时间，缩短了工作的过程，并且验收的信息量大大增加，从而提高了效率、降低了成本、保证了安全、防止了错误的发生。

思考题

1. 什么是条码？条码是由哪几部分构成的？
2. 条码有几种编码方法？
3. 一维条码和二维条码有哪些区别？
4. 目前常用的条码扫描器有哪几种？选择时考虑哪些指标 ？
5. 简述条码识读原理。
6. 选择条码识读设备时应考虑哪些因素？
7. 物流条码标准体系的内容有哪些？

5 RFID 技术与 EPC 系统

案例导入

美国零售商巨头沃尔玛商场在全球零售行业中享有的最大优势就是其配送系统效率最高。究其原因，无非是向科学技术要生产力，普遍采用射频识别技术标签（物联网 RFID）。同时，不断革新其持续快速补充货架的物流战略，不断引进和运用现代化供应链管理技术，货架持续保持令消费者近悦远来的足够商品数量、种类和质量，避免货物无故脱销和短缺，从而使沃尔玛在美国和世界各地的商场供应链的经济效益和服务效率大幅度提高，终于造就沃尔玛的今日辉煌。

1. 采用 RFID 技术成就最大优势

据美国托运人研究中心 2005 年年底的一份研究报告指出，沃尔玛在其美国和世界各地的零售商场和配送中心普遍采用 RFID 标签技术以后，货物短缺和货架上的产品脱销发生率降低 16%，从而大幅度提高客户服务满意率。RFID 标签在每一种，甚至每一件货物贴上技术含量远远超过条码，并且信息具有唯一的 RFID 标签。在货物进出通道口的时候，RFID 标签能够发出无线信号，把信息立即传递给无线射频机读器，传递到供应链经营管理部门的各个环节上。于是，仓库、堆场、配送中心甚至商场货架上的有关商品的存货动态一目了然。

沃尔玛的这项 RFID 标签技术是在美国阿肯萨斯大学帮助下开发出来的，事实证明，在 RFID 标签技术和其他电子产品代码技术的大力支持下，避免了订货和货物发送的重复操作和遗漏，更不会出现产品或者商品供应链经营操作规程中的死角和黑箱。

仅在 2005 年，沃尔玛在原来的基础上又增加使用 5000 余万件 RFID 技术标签。RFID 技术标签的操作方式其实相当简便，只需要少数人管理，货物跟踪和存货搜索效率高得惊人，大幅度提高了存货管理水平，减少了库存和降低物流成本。沃尔玛商场的工作人员手持射频识别标签技术机读器，定时走进商场销售大厅或者货物仓库，用发射天线对着所有的货物一扫，各种货物的数量、存量等动态信息全部自动出现在机读器的荧光屏幕上，已经缺货和即将发生短缺的货物栏目会发出提示警告声光信号，无一漏缺。

总而言之，确保沃尔玛零售商场货架上的各种产品该有的不得无故短缺，商场货架快充物流战略必须进一步实施，如果突发事件和意外事故无可避免，也必须向消费者发出提前告示，解释原因，表示道歉，并且预告货物补充的日期。令人佩服的是，分布在美国和世界各地的沃尔玛零售商场的RFID网络，可以通过卫星通信网络技术实施全球一体化经营管理。也就是说，沃尔玛集团的各个零售商场，各家供货商、制造商、运输服务上和中间商等的存货、销售和售后服务、金融管理等信息动态均被美国沃尔玛零售商总部全面掌握。

2. RFID 技术成本由供货商负担

据来自美国阿肯萨斯大学的一份报告，到2005年10月底，沃尔玛已经把射频识别技术标签（RFID）等现代化供应链经营管理技术，推广到美国和世界各地的500多家沃尔玛零售商场和连锁店。到2006年年底将把RFID技术的使用范围扩大到1000余家。也就是说，凡是沃尔玛零售商集团名下的所有店铺货架上的商品，供货商的产品包装箱和货物托盘等全部必须使用RFID标签，与其配套的扫描跟踪屏幕显示机读器也必须到位。其目标就是通过射频识别技术标签和电子信息网络，在第一时间和第一现场全面掌握有关沃尔玛商场货架上、托盘上、仓库中和运输途中的货物动态，其快充商场或者连锁店货架物流服务战略的操作规程精确度可以达到99%以上。

至于RFID标签技术成本基本上由供货商负担，因为供货商可以通过强化与沃尔玛零售商的密切关系，扩大商品的营销规模经济，降低物流成本和提高效益，从中获得相当大的技术革新投资回报率，而不是把RFID成本转嫁到积极倡导高科技供应链技术的沃尔玛零售商头上。RFID确实能够提高零售行业的生产率，尤其是在提高供应链经济效益方面的作用相当灵验。过去要花上几个小时，商场工作人员几乎全体出动才能查对商场货架上的货物，现在仅需要若干人在30分钟内就可以全部搞定。于是，加入沃尔玛的RFID技术队伍，改善零售行业存货和货架物流效率的全球供货商越来越多。

3. 快充货架策略令成本大减

按照美国沃尔玛零售商的要求，配送中心必须通过快速调度，提高货架补充操作的准确性和实时性，进一步降低配送中心存货成本。这就是说，为沃尔玛零售商场和连锁店货架补充货物的供货商，要提高快速供货操作频率。但是每次送货大多是小批量，沃尔玛不再要求供货商每次提供半个月、1个月，甚至更长时间的产品，也不再把大量待售的商品长期积压在商场或者连锁店的仓库内。现在的沃尔玛要求供货商提供不超过5天销售量的商品，这也使沃尔玛和其供货商的工作十分严峻，供销双方蒙受的市场压力更大，但是只要操作得当，快充商场货架物流战略就可获得成功。

例如，现在的供货商可以直接操作使用沃尔玛零售公司的配送中心进货物流规程，容许供货商使用沃尔玛零售商场和连锁店存货信息技术网络，不仅信息共享，而且共同策划商品零售供应链管理，大幅提高其供货效率、速度和精确率，促使供销双方都能够获得巨大的经济利益，而客户服务质量也得到保证。

商场货架快速补充物流战略的最大优势就是通过缩短供货周期，增加小批量、多品种和大范围产品的供货频率，进一步大幅度降低存货成本，提高货架供应的经济效益。这项货架补充货物物流服务革新措施仅在2004年就为沃尔玛零售集团增加收益2.85亿美元。目前沃尔玛零售商集团正在把快充商场货架物流战略全面推广到合伙人经营的日用品和食品零售连锁店、零售商场、供货商、生产商和制造商，扩大快充货架物流战略的覆盖面和受益面。

毫无疑问，按照沃尔玛零售商的要求实施快充货架物流战略，必然会造成卡车货运增加成本，但是这些成本可以通过RFID等零售市场供应链技术功能效益和投资回报率的提高，来降低存货成本。再加上供货商和制造商等合伙人的紧密合作，在物联网RFID标签技术普遍运用下，扩大电子信息技术在供应链管理中的作用，从供货源头开设就致力于物流成本的降低，只要持之以恒的努力，最终达到零售行业整体利好平衡。美国沃尔玛零售商的快充货架物流战略还有节约能源、减少污染、保护环境等作用。快充货架物流战略正在进一步促进供应商紧密配合世界零售商巨头沃尔玛的全球零售物流方针，即持续性减少成本，引进技术和革新供应链操作规程，将其全球经营年总收益目标提高到2850亿美元。

5.1 RFID技术

射频识别（Radio Frequency Identification，RFID）技术是20世纪90年代开始兴起的一种自动识别技术，RFID技术利用无线射频方式在阅读器和射频卡之间进行非接触双向数据传输，以达到目标识别和数据交换的目的。

射频识别技术的基本原理是电磁理论，它由标签专用芯片和标签天线组成。其主要核心部件是一个直径不到2mm的电子标签，通过相距几厘米到几米距离内传感器发射的无线电波，可以读取电子标签内储存的信息，识别电子标签代表的物品、人和器具的身份。RFID的存储容量是2^{96}以上，理论上看，世界上每一件商品都可以唯一的代码表示。以往使用条码，由于长度的限制，人们只能给每一类产品定义一个类码，从而无法通过代码获得每一件具体产品的信息。智能标签彻底抛弃了这种限制，使每一件商品都可以享受独一无二的ID。况且，贴上这种电子标签之后的商品，从它在工厂的流水线上开始，到被摆上商场的货架，再到消费者购买后结账，甚至到标签最后被回收的整个过程都能够被追踪管理。

与目前广泛使用的自动识别技术例如摄像、条码、磁卡、IC卡等相比，射频识别技术具有很多突出的优点：第一，非接触操作，长距离识别（几厘米至几十米），因此完成识别工作时无须人工干预，应用便利；第二，无机械磨损，寿命长，并可在各种油渍、灰尘污染等恶劣的环境下工作；第三，可识别高速运动物体并可同时识别多个电子标签；第四，读写器具有不直接对最终用户开放的物理接口，保证其自身的安全性；第五，数据安全方面除电子标签的密码保护外，数据部分可用一些算法实现安全管理；第六，读写器与标签之间存在相互认证的过程，实现安全通信和存储。

目前，RFID技术在国民经济的各个领域具有广泛的用途。在安全防护领域，RFID技术可以用于门禁保安、汽车防盗、电子物品监控；在商品生产销售领域，RFID技术可以用于生产线自动化、仓储管理、产品防伪、收费，在管理与数据统计领域，RFID技术可以用于畜牧管理、运动计时；在交通运输领域，RFID技术可以用于高速公路自动收费及交通管理、火车和货运集装箱的识别等。

总之，射频识别技术在未来的发展中结合其他高新技术，如GPS、生物识别等技术，由单一识别向多功能识别方向发展的同时，将结合现代通信及计算机技术，实现跨地区、跨行业应用。

5.1.1 RFID技术发展历史

最早探讨RFID技术的一篇论文是由哈克·斯托克曼在1948年发表的《利用反射功率的通信》，从而奠定了RFID技术的理论基础。RFID技术的应用最早出现在1935年，第二次世界大战期间盟军用来判断识别敌方飞机，但由于昂贵的价格抑制了其广泛应用。近年来，随着科技的飞速发展，芯片价格随之下降，电子标签逐渐成为IT业新的热点，IBM、微软、SAP等巨头纷纷重金投入此项技术和解决方案的开发，试图抢占先机。新加坡、韩国等国家都明确指出要重点发展电子标签技术和应用，而中国是世界生产中心之一和最具潜力的消费市场，对RFID技术的应用需求也将越来越强烈。

射频识别技术的发展可按十年期划分如下。

1941—1950年：雷达的改进和应用催生了射频识别技术，1948年奠定了射频识别技术的理论基础。

1951—1960年：早期射频识别技术的探索阶段，主要处于实验室实验研究。

1961—1970年：射频识别技术的理论得到了发展，开始了一些应用尝试。

1971—1980年：射频识别技术与产品研发处于一个大发展时期，各种射频识别技术测试得到加速。出现了一些最早的射频识别应用。

1981—1990年：射频识别技术及产品进入商业应用阶段，各种规模应用开始出现。

1991—2000年：射频识别技术标准化问题日趋得到重视，射频识别产品得到广泛采用，射频识别产品逐渐成为人们生活中的一部分。

2001年以后，标准化问题日趋为人们所重视，射频识别产品种类更加丰富，有源电子标签、无源电子标签及半无源电子标签均得到发展，电子标签成本不断降低，规模应用行业扩大。

至今，射频识别技术的理论得到丰富和完善。单芯片电子标签、多电子标签识读、无线可读可写、无源电子标签的远距离识别、适应高速移动物体的射频识别技术与产品正在成为现实并走向应用。

特别值得一提的是，在1998年美国麻省理工学院的David Brock博士和Sanjay Sarma教授在喝咖啡聊天时，谈及物品自动识别技术手段问题时产生地从系统的角度来解决物品自动识别问题的灵感，由此导致了供应链中物品自动识别概念的一次革命，并最终在1999年10月1日正式创建Auto - ID Center非营利性的开发组织。Auto - ID Center诞生后，迅速提出了产品电子代码EPC（Electronic Product Code）的概念以及物联网的概念与构架，并积极推进有关概念的基础研究与实验工作。可以说，EPC与物联网的概念将射频识别技术的应用推到了极致，对射频识别技术的发展与应用的推广起到了极大的推动作用。

5.1.2 RFID系统工作原理

RFID系统基本工作流程是：阅读器通过发射天线发送一定频率的射频信号，当射频卡进入发射天线工作区域时产生感应电流，射频卡获得能量被激活；射频卡将自身编码等信息通过卡内置发送天线发送出去；系统接收天线接收到从射频卡发送来的载波信号，经天线调节器传送到阅读器，阅读器对接收的信号进行解调和解码然后送到后台主系统进行相关处理；主系统根据逻辑运算判断该卡的合法性，针对不同的设定做出相应的处理和控制，发出指令信号控制执行机构动作。

RFID 系统工作原理如下：阅读器将要发送的信息，经编码后加载在某一频率的载波信号上经天线向外发送，进入阅读器工作区域的电子标签接收此脉冲信号，卡内芯片中的有关电路对此信号进行调制、解码、解密，然后对命令请求、密码、权限等进行判断。若为读命令，控制逻辑电路则从存储器中读取有关信息，经加密、编码、调制后通过卡内天线再发送给阅读器，阅读器对接收到的信号进行解调、解码、解密后送至中央信息系统进行有关数据处理；若为修改信息的写命令，有关控制逻辑引起的内部电荷泵提升工作电压，提供擦写 EEPROM 中的内容进行改写，若经判断其对应的密码和权限不符，则返回出错信息。RFID 基本原理框图如图 5－1 所示。

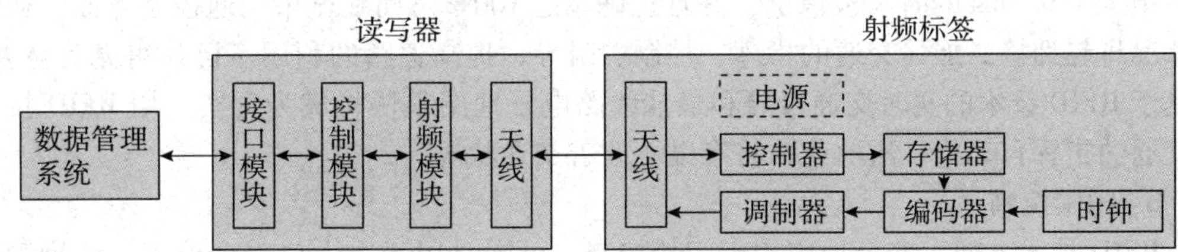

图 5－1　RFID 系统基本原理

在 RFID 系统中，阅读器必须在可阅读的距离范围内产生一个合适的能量场以激励电子标签。在当前有关的射频约束下，欧洲的大部分地区各向同性有效辐射功率限制在 500mW，这样的辐射功率在 870MHz，可近似达到 0. 7m。美国、加拿大以及其他一些国家，无须授权的辐射约束为各向同性辐射功率为 4W，这样的功率将达到 2m 的阅读距离，在获得授权的情况下，在美国发射 30W 的功率将使阅读区增大到 5. 5m 左右。

5. 1. 3　RFID 技术应用领域

随着大规模集成电路技术的进步以及生产规模的不断扩大，RFID 产品的成本也不断降低，更由于射频识别技术的自身优势及特点，其应用越来越广泛，目前，射频识别主要有以下几方面应用。

1. 车辆的自动识别

北美铁道协会 1992 年年初批准了采用 RFID 技术的车号自动识别标准，首次在北美大范围内成功地建立了自动车号识别系统。成为车辆射频识别应用的标志，截至 1995 年 12 月共 3 年，已在北美 150 万货车、1400 个地点安装了射频识别装置。

欧洲一些国家，也先后利用射频识别技术建立了区域性的自动车号识别系统。瑞士国家铁路局在瑞士的全部旅客列车上安装 RFID 自动识别系统，调度员可以实时掌握火车运行情况，不仅利于管理，还大大减小发生事故可能性。我国铁路系统也建立了车号射频识别系统，实现了全国铁路车辆的自动跟踪管理。澳大利亚近年来开发了自动识别系统，用于矿山车辆的识别和管理。

在国内，20 世纪 90 年代由于射频识别设备主要依靠国外进口，价格昂贵，虽然偶有试点，但都不能大量推广。而目前随着加入 WTO 及承诺的逐步履行，国际资本和技术进入国内市场，射频识别技术整体应用更加成熟，同时随着国内公司自主开发的产品的日益增加，国内市场也逐渐丰富，为射频识别技术在中国大面积推广提供了基础。现在射频识别技术已经成功地应用在路桥不停车收费系统、海关进出口转关车辆监管系统等。

2. 高速公路收费及智能交通系统（ITS）

高速公路自动收费系统是 RFID 技术最成功的应用之一，它充分体现了非接触识别优势。在车辆高速通过收费站的同时自动完成缴费，解决交通瓶颈问题，避免拥堵，提高收费结算效率。如：1996 年，广东省佛山市即应用 RFID 系统用于自动收取路桥费，装有电子标签的车辆通过装有射频扫描器的专用隧道、停车场或高速公路路口时，无须停车缴费，大大提高了车辆通过率，有效缓解公路瓶颈。车辆可以在 250km 的时速下用少于 0. 5ms 的时间被识别，并且正确率达 100%。而在城市交通控制方面，交通的状况日趋拥挤，加强交通的指挥、控制、疏导，提高道路的利用率已显得尤为重要，而基于 RFID 技术的实时交通督导和最佳线路电子地图很快将成为现实。用 RFID 技术使交通的指挥自动化、法治化，将有助于改善交通状况。

3. 门禁控制

RFID 技术方便、安全地应用于门禁控制，可同时用于出入口安全检查，考勤管理及公司财产监控等方面。由于系统可以同时识别多个电子标签，避免了上班前排队打卡的现象。在安全级别要求较高的场合，还可以使 RFID 技术与其他识别技术相结合，将指纹、掌纹或面容等特征存入电子标签。这种安全系统已成功应用在 1996 年的亚特兰大奥运会的安全机构中。

4. 电子钱包、电子票证

射频识别卡，替代各种“卡”，如电话卡，会员收费卡，储蓄卡地铁及汽车月票等，实现所谓非现金结算，解决了以往的各种磁卡、IC 卡受机械磨损及外界强电、磁场干扰等问题，成为射频识别的一种主要应用。日本从 1999 年着手开始用射频卡换掉原有的电话磁卡，日本经营地铁、游戏机等公司也都投入大量资金，取消原有磁卡设备，代之以非接触识别卡。1996 年 1 月韩国在汉城（现叫“首尔”）的 600 辆公共汽车上安装 RFID 系统用于电子月票，还计划将这套系统推广到铁路和其他城市，德国汉莎航空公司试用非接触的射频卡作为飞机票，改变了传统的机票购销方式，简化了机场入关的手续。我国的上海、深圳、北京等地区的部分公交路线也采用了射频识别卡方式的电子月票。

根据估测，约占所售出的非接触 IC 卡的 50% 是使用在公共交通领域。应用地区主要是亚洲的一些人口密集区，在 1994 年和 1995 年，全世界范围内每年为公共交通应用领域生产的非接触 IC 卡约有 100 万张。1996—1997 年，这个数字已经上升到了每年超过 400 万张卡。而仅在 1998 年，全世界公共交通业所需要的非接触 IC 卡的数量就已经达到了约 1000 万张。

在亚洲—太平洋地区可能会出现非接触 IC 卡在公共交通领域最高的增长率，因为这里正在使用现代化技术建设新的基础设施。

5. 货物的跟踪、管理及监控

射频识别为货物的跟踪、管理及监控提供了快捷、准确、自动化的技术手段。如澳大利亚将它的 RFID 产品用于机场旅客行李管理中并发挥了出色的作用；英国的希思罗机场采用射频识别技术完成机场行李的分拣，大大提高了效率，降低差错。欧共体宣布 1997 年开始生产的新车型必须具有基于 RFID 技术的防盗系统。

射频识别目前在仓储、配送等物流环节也有许多成功的应用。对于大型仓储中心来说，管理中心实时了解货物位置，货物存储情况，对提高仓储效率、反馈产品信息、指导生产都有极其重要的意义。另外，货物集装箱运输过程中，利用射频标签结合 GPS 系统，可实现对货物进行有效跟踪，成为全球范围最大的货物跟踪管理应用。因此，随着射频识别在开放的物流环节统一标准的研究开发，物流业将成为射频识别最大的受益行业之一。

6. 生产线的自动化及过程控制

射频识别因其抗恶劣环境能力强、可非接触识别等特点，在生产过程控制中有许多应用。如德国宝马公司在汽车装配流水线上应用 RFID 技术实现了用户定制的生产方式：在流水线上安装有 RFID 系统，使用可重复使用的 RFID 标签，标签上带有详细的汽车定制要求，在流水线每一个工作点设有读写器，以保证汽车在流水线各位置处毫不出错地完成装配任务。

MOTOROLA、SGSTHOMSON 等集成电路制造商采用加入了 RFID 技术的自动识别工序控制系统，无人工介入，满足了半导体生产对于超净环境的特殊要求，同时提高了效率。

7. 动物的跟踪及管理

电子标识系统在牛的饲养业中已经应用了将近 20 年了，在欧洲已成为技术的展示。除了企业内部在饲料的自动配给和产量统计方面的应用外，还产生了另一个应用领域，即跨企业的动物标识、瘟疫及质量控制以及追踪动物的品种。例如，新加坡利用 RFID 技术研究鱼的洄游特性等。近年来，食品安全问题受到全球普遍关注，许多发达国家利用 RFID 技术高效、自动化管理牲畜，通过对牲畜个体识别，保证疾病暴发期间感染者的有效跟踪及对未感染者的隔离控制。部分国家或地区还将 RFID 技术用于信鸽比赛、赛马识别等，以准确测定到达时间。

8. 容器识别

煤气和化学药剂都是在租用容器中进行运输的。如果这些容器的选用出现错误，那么无论是在重新灌注使用还是在使用时都会产生灾难性的后果。除了产品专用的密封系统外，明确的标志在避免混乱方面有很大的帮助。而采用机器可识别标志更增加了进一步的保护。在粗糙的工业应用环境中，射频标签的优势再一次得到显现。在德国目前就有总计 800 万个储气瓶装备有电子标签，存储除了简单的储气瓶号码外的其他数据，如货主、内容、容量、最大灌注压力和分析数据等。

同样原理，射频识别系统也被应用在城市垃圾的清运、管理流程中。

随着射频技术的发展及相应技术设备成本的降低，射频识别系统正在应用于生产、活动的各个领域当中，如大型体育运动会应用射频识别系统实现对运动员的单独计时的应用；在工业加工领域上，应用射频识别系统对从加工工具、原材料到成品半成品进行生产全过程的监控管理。

5.2 RFID 技术的特点及分类

5.2.1 RFID 技术的特点

RFID 是一项易于操控，简单实用且特别适合用于自动化控制的灵活性应用技术，识别工作无须人工干预，它既可支持只读工作模式，也可支持读写工作模式，且无须接触或瞄准；可在各种恶劣环境下工作：短距离射频产品不怕油渍、灰尘污染等恶劣的环境，可以替代条码，例如用在工厂的流水线上跟踪物体；长距射频产品多用于交通上，识别距离可达几十米，如自动收费或识别车辆身份等。其所具备的独特优越性是其他识别技术无法企及的。

RFID 主要有以下几个方面特点。

（1）读取方便快捷：数据的读取无须光源，甚至可以透过外包装来进行。有效识别距离更大，采用自带电池的主动标签时，有效识别距离可达到 30m 以上。

（2）识别速度快：标签一进入磁场，解读器就可以即时读取其中的信息，而且能够同时处理多个标签，实现批量识别。

（3）数据容量大：数据容量最大的二维条码（PDF417），最多也只能存储 2725 个数字；若包含字母，存储量则会更少；RFID 标签则可以根据用户的需要扩充到数 10k。

（4）使用寿命长，应用范围广：其无线电通信方式，使其可以应用于粉尘、油污等高污染环境和放射性环境，而且其封闭式包装使得其寿命大大超过印刷的条码。

（5）标签数据可动态更改：利用编程器可以向写入数据，从而赋予 RFID 标签交互式便携数据文件的功能，而且写入时间相比打印条码更少。

（6）更好的安全性：不仅可以嵌入或附着在不同形状、类型的产品上，而且可以为标签数据的读写设置密码保护，从而具有更高的安全性。

（7）动态实时通信：标签以与每秒 50～100 次的频率与解读器进行通信，所以只要 RFID 标签所附着的物体出现在解读器的有效识别范围内，就可以对其位置进行动态的追踪和监控。

5.2.2 RFID 技术的分类

根据电子标签工作频率的不同通常可分为低频、中频和高频系统。低频系统特点是电子标签内保存的数据量较少、阅读距离较短、电子标签外形多样、阅读天线方向性不强等。主要用于短距离、低成本的应用中，如多数的门禁控制、校园卡、煤气表、水表等；中频系统则用于需传送大量数据的应用系统；高频系统的特点是电子标签及阅读器成本均较高，标签内保存的数据量较大，阅读距离较远（可达十几米），适应物体高速运动，性能好。阅读天线及电子标签天线均有较强的方向性，但其天线宽波束方向较窄且价格较高，主要用于需要较长的读写距离和高读写速度的场合，多在火车监控、高速公路收费等系统中应用。

根据电子标签的不同可分为可读写卡（RW）、一次写入多次读出卡（WORM）和只读卡（RO）。RW 卡一般比 WORM 卡和 RO 卡贵得多，如电话卡、信用卡等；WORM 卡是用户可以一次性写入的卡，写入后数据不能改变，比 RW 卡要便宜；RO 卡存有一个唯一的号码，不能修改，保证了安全性。

根据电子标签的有源和无源又可分为有源的和无源的。有源电子标签使用卡内电流的能量、识别距离较长，可达十几米，但是它的寿命有限（3～10 年），且价格较高；无源电子标签不含电池，它接收到阅读器（读出装置）发出的微波信号后，利用阅读器发射的电磁波提供能量，一般可做到免维护、重量轻、体积小、寿命长、较便宜，但它的发射距离受限制，一般是几十厘米，且需要阅读器的发射功率大。

根据电子标签调制方式的不同还可分为主动式（Active Tag）和被动式（Passive Tag）。主动式的电子标签用自身的射频能量主动地发送数据给读写器，主要用于有障碍物的应用中，距离较远（可达 30m）；被动式的电子标签，使用调制散射方式发射数据，它必须利用阅读器读写器的载波调制自己的信号，适宜在门禁或交通的应用中使用。

5.3 读写器与标签技术

5.3.1 读写器技术

由于标签的非接触性质，必须借助位于应用系统与标签之间的读写器来实现数据读写功能。读写器主要完成以下功能。

（1）读写器与标签之间的通信功能。

（2）读写器与计算机之间可以通过标准接口如 RS232 等进行通信。

（3）能够在读写区内实现多标签的同时识读，具备防冲突功能。

（4）适用于固定标签和移动标签的识读。

（5）能够校验读写过程中的错误信息。

（6）对于有源电子标签，能够标识电池相关信息，如电量等。

读写器的基本功能是触发作为数据载体的电子标签，与电子标签建立通信联系，并在应用软件和电子标签之间传输数据。这种通信的一系列任务包括通信的建立、防冲撞和身份验证，均由读写器进行处理。

根据应用系统的功能需求，读写器具有不同形式的结构与外观形式（见图 5－2 至图 5－4）。由天线和读写器是否分离，可以分为分离式读写器和集成式读写器；由读写器的应用场合，可以分为固定式读写器、工业读写器以及手持机和发卡机。

图 5-2 集成式读写器

图 5-3 分离式读写器

图 5-4 手持机

射频系统的读写器必须通过天线来发射能量，形成电磁场，通过电磁场对电子标签进行识别，可以说，天线所形成的电磁场范围就是射频系统的可读区范围。任一 RFID 系统至少包含一根天线用以发射和接受 RF 信号，有些 RFID 系统是由一根天线同时完成发射和接收的；而另一些 RFID 系统则由一根天线来完成发射而另一根天线来接收，所采用的天线的形式及数量应由具体应用而定。

在目前的超高频与微波系统中，广泛采用平面型天线，包括全向平板天线、水平平板天线和垂直平板天线。

随着 RFID 技术的发展，应用行业的增加，读写器的结构和性能也随着应用的需求不断发展。其发展趋势如下。

（1）多功能。为适应市场对 RFID 系统的多样性和多功能的要求，读写器将集成更多和更加方便的功能，如与条码系统的集成；如为无线传输数据，读写器可能集成 GSM、CDMA、Wi-Fi 模块。

（2）智能多天线端口。根据行业应用降低成本的需要，读写器将会具有智能的多天线端口，可按照一定的处理顺序，“智能”打开和关闭不同的天线，使系统可以感知不同天线覆盖区域的标签，增大系统覆盖范围。同时可结合智能天线相位控制技术，使射频系统具有空间感应能力。

（3）多种数据接口。由于 RFID 系统应用的不断扩展和应用领域的增加，需要系统提供不同形式的接口，如 RS232、RS422/485、USB、以太网口等。

（4）多制式兼容。由于没有统一的 RFID 系统标准，各个厂家的系统不相兼容，但随着 RFID 系统标准的逐渐统一及市场竞争的需要，一些厂家读写器将兼容不同制式的电子标签，以提高产品的适应能力和市场竞争力。

（5）小型化、便携式、嵌入式、模块化。小型化、便携式、嵌入式、模块化是读写器发展的一个必然趋势，一些读写器模块提供了 CF 标准接口，可与 PDA 连接后成为一个方便的 RFID 读写器。

（6）多频段兼容。由于缺乏全球统一的 RFID 频率标准，不同国家和地区的 RFID 产品具有不同的频率，如欧洲为 869MHz、美国为 922 ~ 968MHz。为适应不同国家和地区的需要，读写器将朝着兼容多个频段、输出功率数字可控方向发展。

（7）成本更低。相对而言，目前 RFID 系统的应用成本较高。随着市场的普及和相关技术的发展，读写器及整个 RFID 系统的应用成本将会越来越低。

（8）更多新技术的应用。随着 RFID 系统的广泛应用，必然带来新技术的不断集成，使系统性能更高，功能更加完善。如为适应频谱资源紧张的局面，将更多采用智能信道分配技术、扩频技术、码分多址技术。

5.3.2 电子标签技术

电子标签是指由 IC 芯片和无线通信天线组成的无线通信 IC 和天线组成的模块超微型的小标签。标签中一般保存有约定格式的电子数据，在实际应用中，电子标签贴附于待识别的物体。

RFID 技术之所以被重视，关键在于让物品实现真正的自动化管理，不像条码那样需要扫描。在 RFID 的标签中存储着规范可用的信息，通过无线数据通信网络采集到中央信息系统。RFID 不需要人工去识别标签，读写器可自动从标签中读出数据。

系统工作时，读写器发出能量信号，电子标签（无源）收到能量信号后，将其一部分整流为直流电源供电子标签内的电路工作，另一部分能量信号被电子标签内保存的数据信息调制后返回读写器，读写器接收反射回的幅度调制信号，从中提取出电子标签中保存的数据信息。

在 RFID 应用系统中，标签是易损件，对于大型的应用系统而言，标签的成本决定系统的建设成本。根据标签的技术特征，可将标签进行完整的分类，如表 5 - 1 所示。

表 5 - 1　　标签分类

分类方式	分类
供电方式	有源/无源
工作方式	主动式/被动式
读写方式	只读型/读写型
工作频率	低频/高频/超高频与微波
作用距离	密耦合/近耦合/疏耦合/远距离

根据 RFID 系统的不同应用场合以及不同的技术性能参数，考虑到应用系统的标签成本、环境要求，可将标签封装成不同厚度、不同大小、不同形状的标签，有圆形、线形、信用卡型等。根据标签封装材质的不同，可以将标签封装成纸、PP、PET、PVC 等材料作为封装材质的标签。

电子标签的制作主要包括芯片技术、模块和天线封装与标签加工三个方面。目前国内已经形成了比较成熟的 IC 卡封装。国内部分企业在电子标签的封装形式上进行了新的尝试。

随着行业应用的需要，电子标签技术的发展趋势如下。

（1）作用距离更远。由于无源电子标签系统的作用距离主要决定于电磁波束给标签能量供电，随着低功耗 IC 设计技术的发展，电子标签的工作电压进一步降低。这使无源系统的作用距离进一步加大，在某些应用场合可以达到几十米以上的距离。

（2）无线可读写性能更强。不同的应用系统对电子标签的读写性能和作用距离有不同的要求，为适应需要多次改写标签数据的场合，需要进一步完善电子标签的读写性能，使误码率和抗干扰性能达到可以接受的程度。

（3）适合高速可移动物品的识别。针对高速移动的物体，如火车、地铁列车、高速公路上行驶的汽车的准确快速识别的需要，电子标签与读写器之间的通信速率提高，以满足高速移动物体的识别。

（4）快速多标签读/写功能。在物流领域，由于涉及大量的物品需要同时识别，必须采用适合物流应用的通信协议，实现快速的多标签读/写功能。

（5）一致性更好。由于电子标签加工工艺限制，电子标签制造的成品率和一致性并不太好，随着加工工艺的提高，电子标签的一致性得到提高。

（6）强场强下的自保护功能更加完善。电子标签处于读写器发射的电磁辐射场中，有可能距离读写器很远，也可能距离读写器发射天线很近，这样电子标签处在非常强的能量场中，电子标签收到的电磁能量很强，会产生较高的电压，必须加强电子标签的强场强下的自保护功能。

（7）智能性更强，更加完善的加密特性。对某些安全性要求较高的应用领域，需要对标签的数据进行严格的加密，并对通信过程进行加密。这样就需要智能性更强、加密特性更好的电子标签。

（8）带有传感器功能的标签。将电子标签与传感器相连，将大大扩展电子标签的功能和应用领域。

（9）带有其他功能的电子标签。在某些领域，需要正确寻找某一个标签时，标签具有附属功能如蜂鸣器或指示灯，向特定标签发送指令时，电子标签会发出声光指示，这样就可以在大量目标中寻找特定功能的标签。

（10）具有杀死功能的标签。为了保护隐私，在标签的设计寿命到期或需要中止标签的使用时，读写器会发送杀死命令或标签自行销毁。

（11）新的生产工艺。为降低天线的生产成本，公司研制新的天线印刷技术，其中导电墨水的研制是一个新的发展方向。通过导电墨水，可以将标签天线以接近零成本的方式印刷到产品包装。

（12）体积更小。由于实际应用的需要，一般要求电子标签的体积比被标记的商品小，这样对一些特殊应用场合对标签体积提出了新的要求。如日立公司制造出了带有内置天线的最小 RFID 芯片，其最小厚度仅有 0.1mm 左右，可以嵌入纸币中。

5.4 RFID 中间件技术

5.4.1 概述

看到目前各式各样 RFID 的应用，企业最想问的第一个问题是："我要如何将我现有的系统与这些新的 RFID Reader 连接?"这个问题的本质是企业应用系统与硬件接口的问题。因此，通透性是整个应用的关键，正确抓取数据、确保数据读取的可靠性以及有效地将数据传送到后端系统都是必须考虑的问题。传统应用程序与应用程序之间数据通透是通过中间件架构解决，并发展出各种 Application Server 应用软件；同理，中间件的架构设计解决方案便成为 RFID 应用的一项极为重要的核心技术。

RFID 中间件扮演 RFID 标签和应用程序之间的中介角色，从应用程序端使用中间件所提供一组通用的应用程序接口（Application Program Interface，API），即能连到 RFID 读写器，读取 RFID 标签数据。这样一来，即使存储 RFID 标签情报的数据库软件或后端应用程序增加或改由其他软件取代，或者读写 RFID 读写器种类增加等情况发生时，应用端不需修改也能处理，省去了多对多连接的维护复杂性问题。

RFID 中间件是一种面向消息的中间件（Message - Oriented Middleware，MOM），信息是以消息的形式，从一个程序传送到另一个或多个程序。信息可以以异步的方式传送，所以传送者不必等待回应。面向消息的中间件包含的功能不仅是传递信息，还必须包括解译数据、安全性、数据广播、错误恢复、定位网络资源、找出符合成本的路径、消息与要求的优先次序以及延伸的除错工具等服务。

5.4.2 RFID 中间件的分类及常用的中间件

RFID 中间件可以从架构上分为以应用程序为中心和以架构为中心两类。

（1）以应用程序为中心。设计概念是通过 RFID Reader 厂商提供的 API，以 Hot Code 方式直接编写特定 Reader 读取数据的 Adapter，并传送至后端系统的应用程序或数据库，从而达成与后端系统或服务串接的目的。

（2）以架构为中心。随着企业应用系统的复杂度增高，企业无法负荷以 Hot Code 方式为每个应用程序编写 Adapter，同时面对对象标准化等问题，企业可以考虑采用厂商所提供标准规格的 RFID 中间件。这样一来，即使存储 RFID 标签数据的数据库软件改由其他软件代替，或读写 RFID 标签的 RFID Reader 种类增加等情况发生时，应用端不做修改也能应付。

以下是一些主要 RFID 中间件产品。

（1）微软公司的 BizTalk RFID。微软 BizTalk RFID 为 RFID 应用的推广提供了一个功能强大的平台。提供基于 XML 标准和 Web Services 的开放式接口，方便软硬件合作

伙伴在本平台上进行开发、应用、集成。它含有 RFID 器件设备的标准接入协议及管理工具，DSPI（设备提供程序应用接口）是微软和全球 40 家 RFID 硬件合作伙伴制定的一套标准接口。所有支持 DSPI 的各种设备（RFID、条码、IC 卡等）在 Microsoft Window 可即插即用。

作为微软的一个平台级软件，微软 RFID 开发服务平台不仅能和微软的其他产品进行良好的集成，而且能和其他产品进行良好的集成。其作为 BizTalk Server R2 的一个组件已于 2007 年 9 月正式发布。

（2）Sybase 公司的 RFID Anywhere 2.1。RFID Anywhere 2.1 可以支持新一代固足式或者手持式 RFID 器件。软件可以为开发商提供全套 RFID 读写器的性能，外加动态支持新一代标签如 Gen2、简化的通用输出输入管理（GPIO），以及在读取器密布场合对读取器进行同步管理。RFID Anywhere 是一种软件平台，特点是可以提供可扩充的应用环境，用户可以自行开发和管理各种分散的 RFID 解决方案。

对于使用掌上 RFID 器件的用户，RFID Anywhere 2.1 可以为器件提供移动通信服务，可以把器件与 RFID Anywhere 的开发架构与管理工具紧密结合。Sybase RFID Anywhere 安全中间件是专门针对安全问题的 RFID 中间件，但它的推广和应用目前还主要集中在国外市场。

（3）IBM 公司的 IBM WebSphere。IBM 的 RFID 中间件分为：IBM WebSphere RFID Device Infrastructure 和 IBM WebSphere RFID Premises Sever 两个部分。

Device Infrastructure 主要适配各种 RFID 读写器，处理来自 RFID 读写器的数据，因为读写器厂家很多，支持的协议也不尽相同。Filter Agent 负责过滤不需要的数据，并且定制过滤规则；可发送数据到 Premises Server，通过 Micro Broker 的消息传送功能将数据进行后续处理。

IBM WebSphere RFID Premises Server 将 RFID 事件与企业的商业模型，以及应用程序进行映像，提取应用程序关心的 RFID 事件和数据。由于 IBM WebSphere RFID Premises Server 运行在标准 J2EE 环境下，该产品可动态配置网络拓扑结构，管理工具可以动态配置网络中 RFID 读写器，并且可以重新启动 Edge Controller。

IBM 最新发布了一款名为“WebSphere RFID 信息中心”（WebSphere RFID Information Center）的中间件产品。该产品的关键是为 RFID 数据提供了符合 EPC 标准的数据库，它符合 EPCglobal 即将颁布的“EPC 信息服务”（EPCglobal EPC Information Services，EPCIS）标准。预计“RFID 信息中心”将在医药品、零售业和物流三大产业中率先得到应用。

（4）同方的 ezRFID。ezRFID 是同方 ezONE（易众）业务基础平台的重要组成部分，而 ezONE 业务基础平台是同方打造的具有自主知识产权的统一应用平台。基于 J2EE/XML/Portlet/WFMC 等开放技术，ezONE 提供的整合框架和丰富的构件及开发工具，使行业信息化只需专注于业务目标，缩短了项目周期，降低了系统开发的复杂度。

除了上面提到的中间件产品，还有 Oracle 公司的 Oracle Sensor Edge Server，BEA 公司的 WebLogic RFID 产品系列等，国内的青岛海尔、上海科识、深圳立格等。其中青岛海尔正在基于江苏瑞福 RFS2300 系列的产品，升级开发 RFID 中间件，而之前基于

Alien 的中间件已完成。

5.4.3 RFID 中间件特点与发展趋势

一般来说，RFID 中间件具有以下特点。

（1）独立于架构。RFID 中间件独立并介于 RFID 读写器与后端应用程序之间，并且能够与多个 RFID 读写器以及多个后端应用程序连接，以减轻架构与维护的复杂性。

（2）数据流。RFID 的主要目的在于将实体对象转换为信息环境下的虚拟对象，因此数据处理是 RFID 最重要的功能。RFID 中间件具有数据的收集、过滤、整合与传递等特性，以便将正确的对象信息传到企业后端的应用系统。

（3）处理流。RFID 中间件采用程序逻辑及存储再转送（Store - and - Forward）的功能来提供顺序的消息流，具有数据流设计与管理的能力。

（4）标准。RFID 为自动数据采样技术与辨识实体对象的应用。EPC global 目前正在研究为各种产品的全球唯一识别号码提出通用标准，即 EPC。EPC 是在供应链系统中以一串数字来识别一项特定的商品，通过无线射频辨识标签由 RFID 读写器读入后，传送到计算机或是应用系统中的过程称为对象命名服务（Object Name Service，ONS）。对象命名服务系统会锁定计算机网络中的固定点抓取有关商品的消息。EPC 存放在 RFID 标签中，被 RFID 读写器读出后，即可提供追踪 EPC 所代表的物品名称及相关信息，并立即识别及分享供应链中的物品数据，有效率地提供信息透明度。

RFID 中间件的发展可分为以下 3 个阶段。

（1）应用程序中间件发展阶段。RFID 初期的发展多以整合、串接 RFID 读写器为目的，本阶段多为 RFID 读写器厂商主动提供简单 API，以供企业将后端系统与 RFID 读写器串接。以整体发展架构来看，此时企业的导入须自行花费许多成本去处理前后端系统连接的问题，通常企业在本阶段会通过 Pilot Project 方式来评估成本效益与导入的关键议题。

（2）架构中间件发展阶段。本阶段是 RFID 中间件成长的关键阶段。由于 RFID 的强大应用，沃尔玛与美国国防部等关键使用者相继进行 RFID 技术的规划并进行导入的 Pilot Project，促使各国际大厂持续关注 RFID 相关市场的发展。本阶段 RFID 中间件的发展不但已经具备基本数据收集、过滤等功能，同时也满足企业多对多（Devices - to - Applications）的连接需求，并具备平台的管理与维护功能。

（3）解决方案中间件发展阶段。未来在 RFID 标签、读写器与中间件发展成熟过程中，各厂商针对不同领域提出各项创新应用解决方案。

随着硬件技术逐渐成熟，庞大的软件市场商机促使国内外信息服务厂商无不持续注意与提早投入，RFID 中间件在各项 RFID 产业应用中居于神经中枢，特别受到国际大厂的关注，未来在应用上可朝下列方向发展。

（1）基于 RFID 的面向服务的架构。面向服务的架构（Service Oriented Architecture，SOA）的目标就是建立沟通标准，突破应用程序对应用程序沟通的障碍，实现商业流程自动化，支持商业模式的创新，让 IT 变得更灵活，从而更快地响应需求。因此，RFID 中间件在未来发展上，将会以面向服务的架构为基础的趋势，为企业提供更弹性灵活的服务。

（2）安全机制。RFID 应用最让外界质疑的是 RFID 后端系统所连接的大量厂商数据库可能引发的商业信息安全问题，尤其是消费者的信息隐私权。通过大量 RFID 读写器的布置，人类的生活与行为将因 RFID 而容易追踪，沃尔玛、Tesco 初期 RFID Pilot Project 都因为用户隐私权问题而遭受过抵制与抗议。为此，飞利浦半导体等厂商已经开始在批量生产的 RFID 芯片上加入“屏蔽”功能。RSA Security 也发布了能成功干扰 RFID 信号的技术“RSA Blocker 标签”，通过发射无线射频扰乱 RFID 读写器，让 RFID 读写器误以为收集到的是垃圾信息而错失数据，达到保护消费者隐私权的目的。目前 Auto－ID Center 也正在研究安全机制以配合 RFID 中间件的工作。相信安全将是 RFID 未来发展的重点之一，也是成功的关键因素。

5.5 RFID 技术标准

RFID 标准化工作最早可以追溯到 20 世纪初期，当时负责制定条码标准的欧洲 CEN TC225 委员会开始关注自动识别技术。1995 年 ISO/IEC 联合技术委员会 JTC－1 设立了子委员会 SC31，负责 RFID 技术相关标准的制定。SC31 共有 5 个工作组来分别承担相关工作，工作内容涉及自动识别与数据采集技术相关的数据格式、数据语法、数据结构、数据编码等内容。其中第 4 工作组（WG4）主要负责 RFID 技术在单品管理中的应用工作，使其能在全球 ISM 频段或可自由使用的频率范围内传输、接收和存储数据，使这项技术能在供应链管理中发挥作用。

从类别看，RFID 标准可以分为以下四类：技术标准（如 RFID 技术、IC 卡标准等）；数据内容与编码标准（如编码格式、语法标准等）；性能与一致性标准（如测试规范等）；应用标准（如船运标签、产品包装标准等）。

1. RFID 标准体系

RFID 标准体系主要包含技术标准和应用标准两大类。其基本结构如图 5－5 所示。

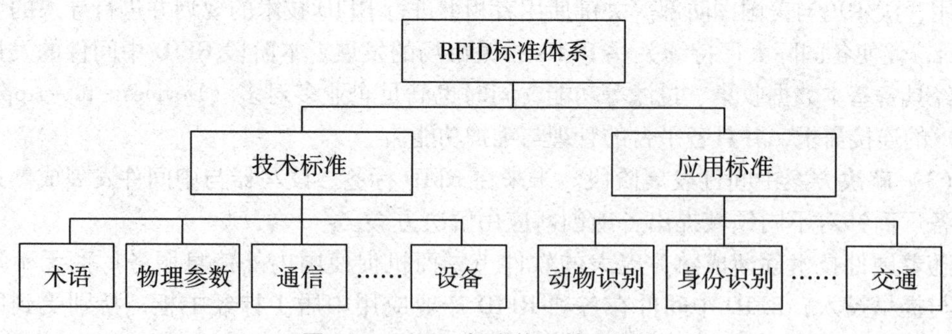

图 5－5　RFID 标准体系基本结构

2. RFID 技术标准

RFID 技术标准包含设备、测试及试验、安全、协议、数据、通信、物理参数和术语等方面的标准。

RFID 技术标准基本结构如图 5－6 所示。

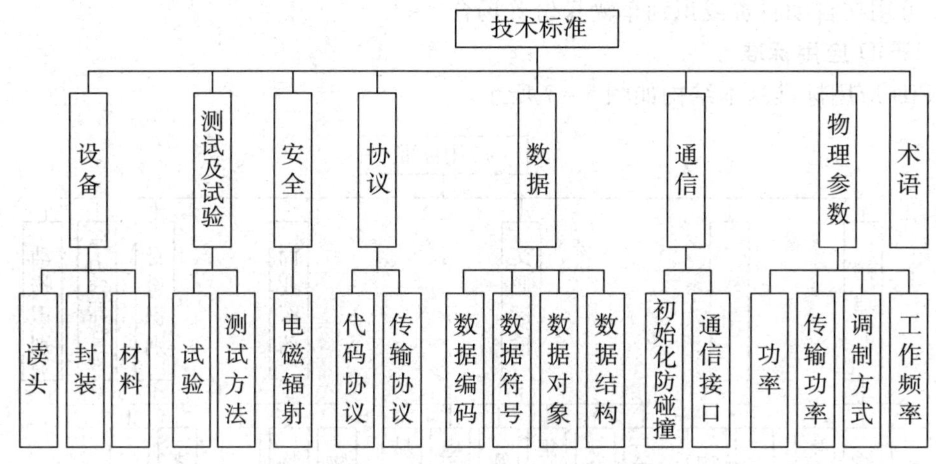

图 5－6　RFID 技术标准基本结构

RFID 主要的技术标准包括以下几方面。

（1）电子产品编码标准。RFID 是一种只读或可读写的数据载体，它所携带的数据内容中最重要的是唯一标识号。因此，唯一标识体系以及它的编码方式和数据格式，是我国电子标签标准中的一个重要组成部分。唯一标识号广泛应用于国民经济活动中，例如我国的居民身份证号、组织机构代码、全国产品与服务统一代码扩展码、电话号、车辆识别代号、国际证券号等。尽管国家多个部委在唯一标识领域开展了一系列的相关研究工作，但与发达国家相比，我国的唯一标识体系总体上处于发展的起步阶段，正在逐步完善中。电子产品编码标准包括产品电子代码 EPC、EAN · UCC 系统、GB 18937（NPC）。

（2）通信标准。RFID 的无线接口标准中最受注目的是 ISO/IEC 18000 系列协议，涵盖了从 125KHz 到 2.45GHz 的通信频率，识读距离由几厘米到几十米，其中主要是无源标签，但也有用于集装箱的有源标签。

近距离无线通信（Near Field Communication，NFC）是一项让两个靠近（近乎接触）的电子装置以 13.56MHz 频率通信的 RFID 应用技术，该标准还与 ISO/IEC 14443 和 ISO/IEC 15693 非接触式 IC 卡兼容。

超宽带无线技术（Ultra Wide Band，UWB）是一种直接以载波频率传送数据的通信技术。以 UWB 作为射频通信接口的电子标签可实现半米以内的精确定位。

无线传感器网络是另一种 RFID 技术的扩展。传感器网络技术的对象模型和数字接口已经形成产业联盟标准 IEEE 1451。该标准正进一步扩展，提供基于射频的无线传感器网络，并对现有的 ISO/IEC 18000 系列 RFID 标准，以及 ISO/IEC 15961、ISO/IEC 15862 读写器数据编码内容和接口协议进行扩展。

（3）频率标准。RFID 标签与阅读器之间进行无线通信的频段有多种，各频段有其技术特性和适合的应用领域。低频系统使用最广，但通信速度过慢，传输距离也不够长；高频系统通信距离远，但耗电量也大。短距离的射频卡可以在一定环境下替代条码，用在工厂的流水线等场合跟踪物体。长距离的产品多用于交通系统，距离可达几十米，可用在自动收费或识别车辆身份等场合。

3. RFID 应用标准

RFID 应用标准基本结构如图 5－7 所示。

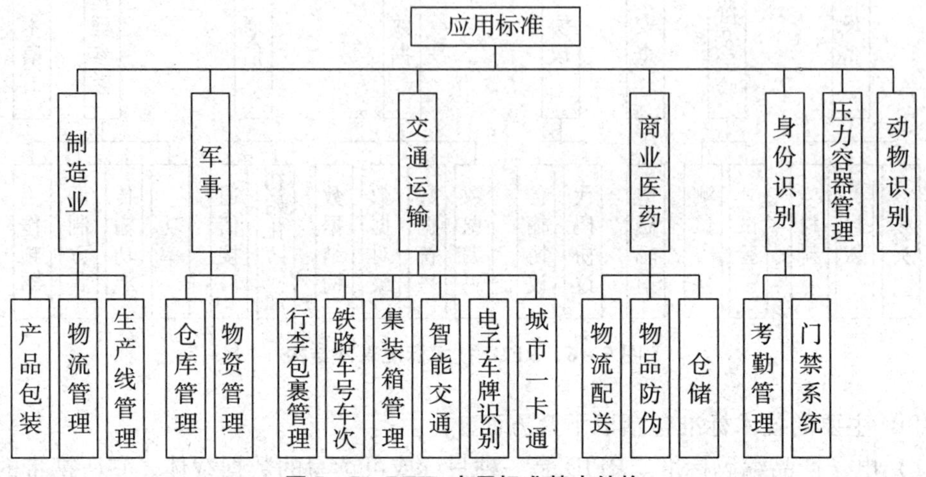

图 5－7　RFID 应用标准基本结构

RFID 在行业上的应用标准包括动物识别、道路交通、集装箱识别、产品包装、自动识别等。

4. RFID 技术相关标准

（1）EPC Global。EPC Global 是由 UCC 和 EAN 联合发起的非营利性机构，美国沃尔玛、英国德士高，还有强生、宝洁等都是 EPC 的成员，同时由美国 BEA 公司、IBM 公司、微软等进行技术研究支持。此组织除发布工业标准外，还负责 EPC global 号码注册管理。EPC Global 系统是一种基于 EAN/UCC 编码的系统。作为产品与服务流通过程信息的代码化表示，EAN/UCC 编码具有一整套涵盖了贸易流通过程各种有形或无形的产品所需的全球唯一的标识代码，包括贸易项目、物流单元、位置、资产、服务关系等标识代码。EAN/UCC 标识代码随着产品或服务的产生在流通源头建立，并伴随着该产品或服务的流动贯穿全过程。EAN/UCC 标识代码是固定结构、无含义、全球唯一的全数字形代码。在 EPC 标签信息规范 1.1 中采用 64～96 位的电子产品编码；在 EPC 标签 2.0 规范中采用 96～256 位的电子产品编码。

原来的产品条码仅是对产品分类的编码，EPC 则为所有产品都赋予一个全球唯一编码。

（2）UHF Gen2 标准。UHF Gen2 标准是由加入 EPC global 组织的全球 60 多家主要公司于 2004 年 12 月 16 日合作开发完成的。Gen2 标准是制定推动新的 RFID 硬件产品开发的标准接口和协议的一项基础要素，能够在供应链内提供准确的、有成本效益的信息可见度，从而使企业间可以共享货物在供应链中传输的相关信息。

Gen2 协议与 Gen1 协议比较，有多方面的功能增强。如标签的信息储存量增大、准确性提高、符合全球许多条例的要求。而 UHF Gen2 空中接口协议也于 2006 年 6 月被 ISO 组织批准并入了 ISO/IEC 18000－6c 标准里面，使全球 UHF RFID 技术发展得到规范。而沃尔玛则于 2006 年 9 月正式开始用 Gen2 标签替代 Gen1 标签，则所有新进入沃尔玛配送网络的货物都必须贴上 Gen2 标签。当前许多新的供应商都决定支持 Gen2，这样制造商就可以在统一标准的基础上充分发挥各种标签、芯片、打印机或者编码器通用性的优点，在价格竞争上占据优势。

（3）ISO 标准。目前，常用的 RFID 国际标准主要有用于对动物识别的 ISO 11784/ISO 11785，用于非接触智能卡的 ISO 10536、ISO 15693 和 ISO 14443，用于集装箱识别的 ISO 10374，以及用于供应链的 ISO 18000。ISO 也建立了测试 RFID 标签和读写器兼容性的标准（ISO 18047）和测试 RFID 标签和读写器性能的标准（ISO 18046）。

其中，ISO 11784 和 ISO 11785 分别规定了动物识别的代码结构和技术准则，其中 ISO 11784 定义了如何组织标签的数据结构，ISO 11785 定义了空中接口协议。标准中没有对射频标签样式尺寸加以规定，因此可以设计成适合于所涉及的动物的各种形式，如玻璃管状、卫标或项圈等。技术准则规定了射频标签的数据传输方法和读写器规范，工作频率为 134. 2kHz，可采用全双工和半双工两种数据传输方式。

ISO 18000 是一系列标准，此标准是目前较新的标准，原因是它可用于供应链，其中的部分标准也正在形成之中。ISO 18000 包括可能被用来追踪货物的空中接口协议，涉及 125KHz、13. 56MHz、433MHz、860～930MHz、2. 45GHz、5. 8GHz 等频段空中接口通信参数。它们基本覆盖了用于 RFID 系统的频率范围。其中，ISO 18000－6 基本上是整合了一些现有 RFID 厂商的读写器规格和 EAN/UCC 所提出的标签架构要求而定出的规范。

在未来发展中，RFID 市场竞争将从技术转移到标准和系统实施。标准之争也就是利益之争，掌握了标准就等于掌握了产业发展的先机。虽然人们已经认识到，全球统一标准是这种新技术得以推广和运用的必然要求，但各标准组织背后都有自己的利益团体支持，各国主管机构未能协调好利益和主权，成了 RFID 应用的最大障碍之一。

基于 RFID 技术的多样性，各标准组织根据自身的应用特点，开发重点也略有不同，这主要体现在频段上。ISO 18000 系列标准中，UID 中心提交的方案主要集中于第 3 部分和第 4 部分，对应的频段为 13. 56MHz 和 2. 45GHz。EPCglobal 一直致力于将 EPC Class 1Gen2 相关标准并入第 6 部分的 Type－C 中，在 2006 年已经取得成效。NFC 主要应用于手机的短距离通信和移动支付，因此只关注 ISO 1443 标准及 13. 56MHz 频段。IP－X 技术标准采用一些独特的技术来提高性能，其代表产品有使用较为特殊的 125KHz 和 6. 8MHz 双频段。

另外，在全球化的背景下，各标准组织在保证自身利益的前提下，也开始寻找更为广泛的合作，标准之间的互连性将会逐步增强。如 ATM 制定的标准兼容多项标准，并在互操作性上给予了规范；NFC 的标签标准同时基于 ISO 14443 Type－A/B 以及索尼公司的 FeliCa 协议。

5. 6　EPC 系统

针对 RFID 技术的优势及其可能给供应链管理带来的效益，国际物品编码协会 EAN

和 UCC 早在 1996 年就开始与国际标准化组织 ISO 协同合作，陆续开发了无线接口通信等相关标准，自此，RFID 的开发、生产及产品销售乃至系统应用有了可遵循的标准，对于 RFID 制造者及系统方案提供商而言也是一个重要的技术标准。

1999 年麻省理工学院成立 Auto－ID Center，致力于自动识别技术的开发和研究。Auto－ID Center 在美国统一代码委员会（UCC）的支持下，将 RFID 技术与 Internet 网结合，提出了产品电子代码（EPC）概念。国际物品编码协会与美国统一代码委员会将全球统一标识编码体系植入 EPC 概念当中，从而使 EPC 纳入全球统一标识系统。世界著名研究性大学——英国剑桥大学、澳大利亚阿德雷德大学、日本庆应义塾大学、瑞士圣加仑大学、上海复旦大学相继加入并参与 EPC 的研发工作。该项工作还得到了可口可乐、吉利、强生、辉瑞、宝洁、联合利华、UPS、沃尔玛等 100 多家国际大公司的支持，其研究成果已在一些公司中试用，如宝洁公司、TESCO 等。

2003 年 11 月 1 日，国际物品编码协会（EAN/UCC）正式接管了 EPC 在全球的推广应用工作，成立了 EPCglobal，负责管理和实施全球的 EPC 工作。EPCglobal 授权 EAN/UCC 在各国的编码组织成员负责本国的 EPC 工作，各国编码组织的主要职责是管理 EPC 注册和标准化工作，在当地推广 EPC 系统和提供技术支持以及培训 EPC 系统用户。在我国，EPCglobal 授权中国物品编码中心作为唯一代表负责我国 EPC 系统的注册管理、维护及推广应用工作。同时，EPCglobal 于 2003 年 11 月 1 日将 Auto－ID 中心更名为 Auto－ID Lab，为 EPCglobal 提供技术支持。

EPCglobal 的成立为 EPC 系统在全球的推广应用提供了有力的组织保障。EPCglobal 旨在改变整个世界，搭建一个可以自动识别任何地方、任何事物的开放性的全球网络，即 EPC 系统，可以形象地称为“物联网”。在物联网的构想中，RFID 标签中存储的 EPC 代码，通过无线数据通信网络把它们自动采集到中央信息系统，实现对物品的识别。进而通过开放的计算机网络实现信息交换和共享，实现对物品的透明化管理。EPC 系统是一个非常先进的、综合性的和复杂的系统。其最终目标是为每一单品建立全球的、开放的标识标准。它由全球产品电子代码（EPC）的编码体系、射频识别（RFID）系统及信息网络系统三部分组成，主要包括六个方面，如表 5－2 所示。

表 5－2　　EPC 系统的构成

系统构成	名称	注释
EPC 编码体系	EPC 代码	用来标识目标的特定代码
射频识别（RFID）系统	EPC 标签	贴在物品之上 内嵌在物品之中
	读写器	识读 EPC 标签
信息网络系统	EPC 中间件	EPC 系统的软件支持系统
	对象名称解析服务（Object Naming Service，ONS）	
	EPC 信息服务（EPC IS）	

EPC 的特点如下。

（1）开放的结构体系。EPC 系统采用全球最大的公用的 Internet 网络系统。这就避免了系统的复杂性，同时也大大降低了系统的成本，并且有利于系统的增值。

（2）独立的平台与高度的互动性。EPC 系统识别的对象是一个十分广泛的实体对象，因此，不可能有哪一种技术适用于所有的识别对象。同时，不同地区、不同国家的射频识别技术标准也不相同。因此，开放的结构体系必须具有独立的平台和高度的交互操作性。EPC 系统网络建立在 Internet 网络系统上，并且可以与 Internet 网络所有可能的组成部分协同工作。

（3）灵活的可持续发展的体系。EPC 系统是一个灵活的开放的可持续发展的体系，可在不替换原有体系的情况下就可以做到系统升级。

EPC 系统是一个全球的大系统，供应链的各个环节、各个节点、各个方面都可受益。EPC 系统正在考虑通过本身技术的进步，进一步降低成本，同时通过系统的整体改进使供应链管理得到更好的应用，提高效益，以便抵消和降低附加价格。

5.6.1 EPC 编码体系

EPC 编码体系是新一代与 GTIN 兼容的编码标准，它是全球统一标识系统的延伸和拓展，是全球统一标识系统的重要组成部分，是 EPC 系统的核心与关键。

EPC 编码标准与目前广泛应用的 EAN · UCC 编码标准是兼容的。GTIN 是 EPC 编码结构中的重要组成部分，目前被广泛使用的 GTIN、SSCC、GLN 等都可以顺利转换成 EPC 编码。在物流领域，许多国家都将 EPC 技术成功地应用在货品跟踪、采购管理、订单管理和库存管理等各个方面。

它是由 EPCglobal、各国的 EPC 管理机构（中国的管理机构称为 EPCglobal China）以及被标识物品的管理者实行分段管理、共同维护和统一应用，具有较强的合理性。

当前，出于成本等因素的考虑，参与 EPC 测试所使用的编码标准采用的是 64 位数据结构，未来将采用 96 位的编码结构。它对每个单品都赋予一个全球唯一编码，96 位的 EPC 码，可以为 2.68 亿公司赋码，每个公司可以拥有 1600 万的产品分类，每类产品有 680 亿的独立产品编码，形象地说它可以为地球上的每一粒大米赋予一个唯一的编码。

EPC 编码结构有效地应用于五个需要特殊识别类型的领域，如图 5－8 所示。

EPC 代码是由一个版本号加上域名管理者、对象分类、序列号三段数据组成的一组数字。它是由 EPCglobal 组织、各应用方协调一致的编码标准，具有以下特性。

（1）科学性：结构明确，易于使用、维护。

（2）兼容性：兼容了其他贸易流通过程的标识代码。

（3）全面性：可在贸易结算、单品跟踪等各环节全面应用。

（4）合理性：由 EPCglobal、各国 EPC 管理机构（中国的管理机构称为 EPCglobal-China）、标识物品的管理者分段管理、共同维护、统一应用，具有合理性。

（5）国际性：不以具体国家、企业为核心，编码标准全球协商一致，具有国际性。

（6）无歧视性：编码采用全数字形式，不受地方色彩、语言、经济水平、政治观

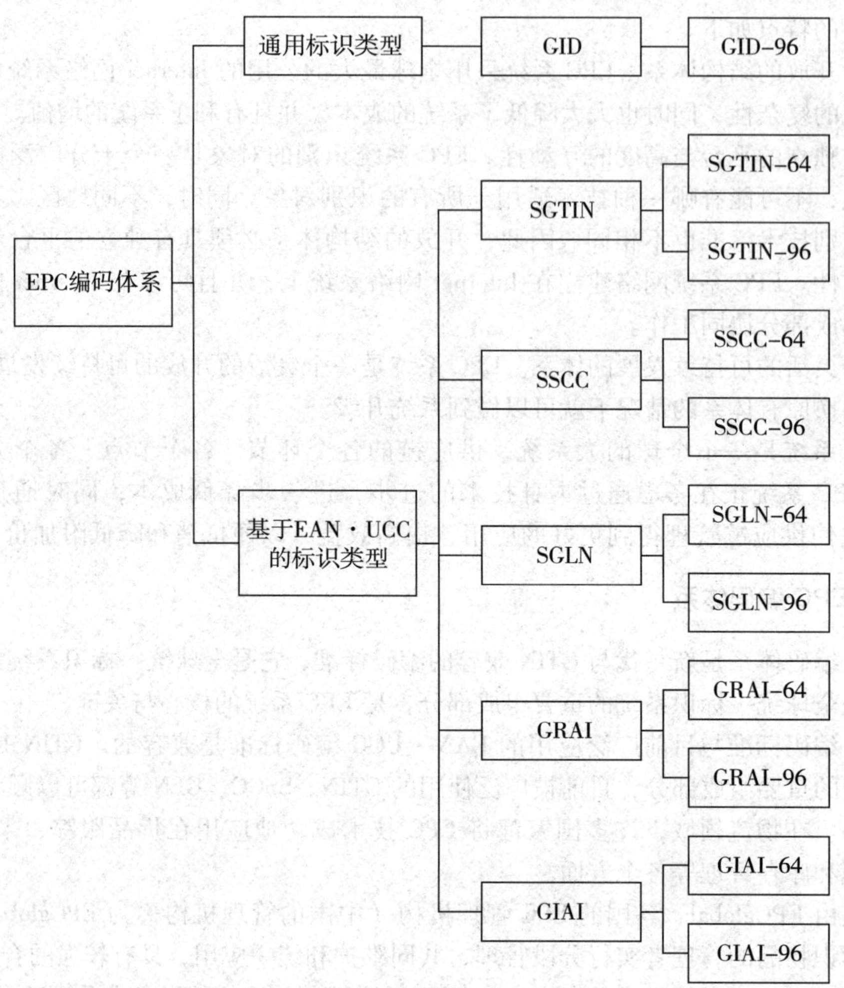

图 5-8　EPC 编码体系

点的限制，是无歧视性的编码。

EPC 代码是新一代的与 EAN/UPC 码兼容的新的编码标准，在 EPC 系统中 EPC 编码与现行 GTIN 相结合，因而 EPC 并不是取代现行的条码标准，而是由现行的条码标准逐渐过渡到 EPC 标准或者是在未来的供应链中 EPC 和 EAN · UCC 系统共存。

EPC 中码段的分配是由 EAN · UCC 来管理的。在我国，EAN · UCC 系统中 GTIN 编码是由中国物品编码中心负责分配和管理的。同样，ANCC 也已启动 EPC 服务来满足国内企业使用 EPC 的需求。

EPC 代码是由一个版本号加上另三段数据（依次为域名管理者、对象分类、序列号）组成的一组数字。其中版本号标识 EPC 的版本号，它使 EPC 随后的码段可以有不同的长度；域名管理是描述与此 EPC 相关的生产厂商的信息，例如“可口可乐公司”；对象分类记录产品精确类型的信息，例如：“美国生产的 330mL 罐装减肥可乐（可口可乐的一种新产品）”；序列号唯一标识货品，它会精确地告诉我们所说的究竟是哪一罐 330mL 罐装减肥可乐，具体结构如表 5-3 所示。

表5－3　EPC代码具体结构

		版本号	域名管理	对象分类	序列号
EPC－64	类型Ⅰ	2	21	17	24
	类型Ⅱ	2	15	13	34
	类型Ⅲ	2	26	13	23
EPC－96	类型Ⅰ	8	28	24	36
EPC－256	类型Ⅰ	8	32	56	160
	类型Ⅱ	8	64	56	128
	类型Ⅲ	8	128	56	64

目前，EPC代码有64位、96位和256位3种。为了保证所有物品都有一个EPC代码并使其载体——标签成本尽可能降低，建议采用96位，这样其数目可以为2.68亿个公司提供唯一标识，每个生产厂商可以有1600万个对象种类，并且每个对象种类可以有680亿个序列号，这对未来世界所有产品已经非常够用了。

鉴于当前无须那么多序列号，所以只采用64位EPC，这样会进一步降低标签成本。但是随着EPC－64和EPC－96版本的不断发展使得EPC代码作为一种世界通用的标识方案已经不足以长期使用，所以出现了256位编码。至今已经推出EPC－96Ⅰ型，EPC－64Ⅰ型、Ⅱ型、Ⅲ型，EPC－256Ⅰ型、Ⅱ型、Ⅲ型等编码方案。

1. EPC－64码

目前，研制出了三种类型的64位EPC代码。

(1) EPC－64Ⅰ型。

如图5－9所示，Ⅰ型EPC－64编码提供2位的版本号编码，21位的管理者编码，17位的库存单元和24位的序列号。该64位EPC代码包含最小的标识码。21位的管理者分区就会允许两百万个组使用该EPC－64码。对象种类分区可以容纳131072个库存单元——远远超过UPC所能提供的，这样就可以满足绝大多数公司的需求。

24位序列号可以为1600万个单品提供空间。

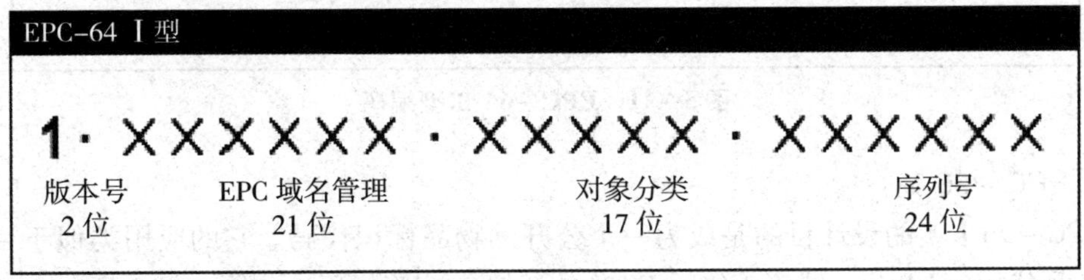

图5－9　EPC－64 Ⅰ型编码

(2) EPC－64Ⅱ型。

除了Ⅰ型EPC－64，还可采用其他方案来符合更大范围的公司、产品和序列号的要求。建议采用 EPC－64Ⅱ（见图 5－10）来满足众多产品以及价格反应敏感的消费品生产者。

那些产品数量超过两万亿并且想要申请唯一产品标识的企业，可以采用方案 EPC－64Ⅱ。采用 34 位的序列号，最多可以标识 17179869184 件不同产品。

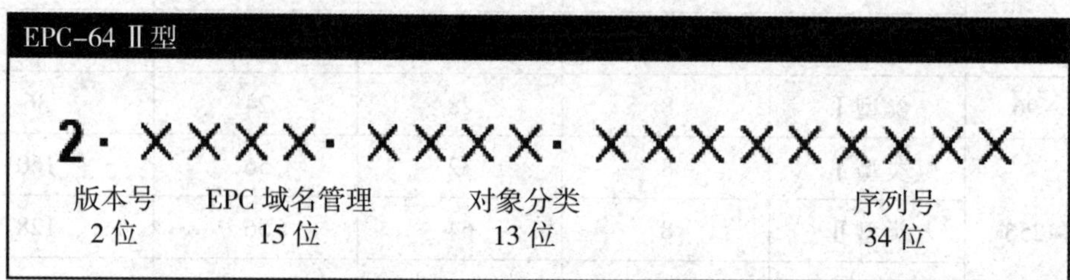

图 5－10　EPC－64 Ⅱ型编码

（3）EPC－64Ⅲ型。

除了一些大公司和正在应用 UCC. EAN 编码标准的公司外，为了推动 EPC 应用过程，打算将 EPC 扩展到更加广泛的组织和行业。希望通过扩展分区模式来满足小公司、服务行业和组织的应用。因此，除了扩展单品编码的数量，就像第二种 EPC－64 那样，也会增加可以应用的公司数量来满足要求。

通过把管理者分区增加到 26 位，如图 5－11 所示，EPC－64Ⅲ型可以提供多达 67108864 个公司来采用 64 位 EPC 编码。6700 万个号码已经超出世界公司的总数，因此现在已经足够用了。我们希望更多公司采用 EPC 编码体系。

采用 13 位对象分类分区，这样可以为 8192 种不同种类的物品提供空间。序列号分区采用 23 位编码，可以为超过 800 万（$2^{23}=8388608$）的商品提供空间。因此对于这 6700 万个公司，每个公司允许超过 680 亿（$2^{36}=68719476736$）的不同产品采用此方案进行编码。

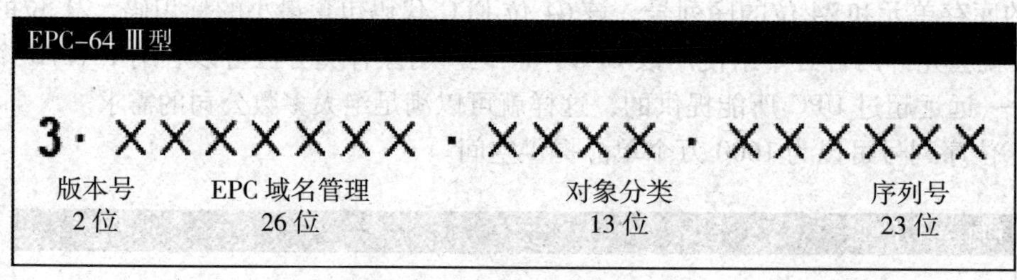

图 5－11　EPC－64 Ⅲ型编码

2. EPC－96 码

EPC－96Ⅰ型的设计目的是成为一个公开的物品标识代码。它的应用类似于目前的统一产品代码（UPC），或者 UCC · EAN 的运输集装箱代码，如图 5－12 所示。

如图 5－12 所示，域名管理负责在其范围内维护对象分类代码和序列号。域名管理必须保证对 ONS 可靠的操作，并负责维护和公布相关的产品信息。域名管理的区域占据 28 个数据位，允许大约 2.68 亿家制造商。这超出了 UPC－12 的 10 万个和 EAN－

EPC-96 Ⅰ型			
01	0000A89	00016F	000169DC0
版本号 8位	EPC域名管理 28位	对象分类 24位	序列号 36位

图5－12　EPC－96 Ⅰ型

13的100万个的制造商容量。

对象分类字段在EPC－96代码中占24位。这个字段能容纳当前所有的UPC库存单元的编码。序列号字段则是单一货品识别的编码。EPC－96序列号对所有的同类对象提供36位的唯一辨识号，其容量为$2^{28}=268435456$。与产品代码相结合，该字段将为每个制造商提供1.1×10^{28}个唯一的项目编号——超出了当前所有已标识产品的总容量。

3. EPC－256码

EPC－96和EPC－64是作为物理实体标识符的短期使用而设计的。在原有表示方式的限制下，EPC－64和EPC－96版本的不断发展使得EPC代码作为一种世界通用的标识方案已经不足以长期使用。更长的EPC代码表示方式一直以来就广受期待并酝酿已久。EPC－256就是在这种情况下应运而生的。

256位EPC是为满足未来使用EPC代码的应用需求而设计的。因为未来应用的具体要求目前还无法准确地知道，所以256位EPC版本必须可以扩展以便其不限制未来的实际应用。多个版本就提供了这种可扩展性。EPC－256类型Ⅰ、类型Ⅱ和类型Ⅲ的位分配情况如图5－13所示。

5.6.2　EPC信息网络系统

EPC系统的信息网络系统是在本地网络和全球互联网的基础上，通过EPC中间件、对象名称解析服务（ONS）和EPC信息服务（EPC IS）来实现信息的管理和流通，从而实现全球的“物物相连”。

1. EPC中间件（Savant）

EPC中间件以前被称为Savant，它具有一系列特定属性的“程序模块”或“服务”，被用户集成用来满足他们的特定需求。

应用事件管理协议和RFID通信协议构成了EPC中间件的主要协议。前者是EPCglobal的中间件标准，它是一个接口协议，主要用于阅读器和应用程序之间。对于各种目的的程序，此协议定义了两者之间统一的接口，以告知客户怎么收集和处理来自读写器的EPC标签。

图5－14描述了EPC中间件组件与其他应用程序通信。

EPC-256 Ⅰ型			
1 · ×××××××× ·	×××× ·	××××××	
版本号 8位	EPC 域名管理 32位	对象分类 56位	序列号 160位

EPC-256 Ⅰ型

EPC-256 Ⅱ型			
2 · ×××××××× ·	×××× ·	××××××	
版本号 8位	EPC 域名管理 64位	对象分类 56位	序列号 128位

EPC-256 Ⅱ型

EPC-256 Ⅲ型			
3 · ×××××××× ·	×××× ·	××××××	
版本号 8位	EPC 域名管理 128位	对象分类 56位	序列号 64位

EPC-256 Ⅲ型

图 5－13　EPC－256 码的三种编码体系

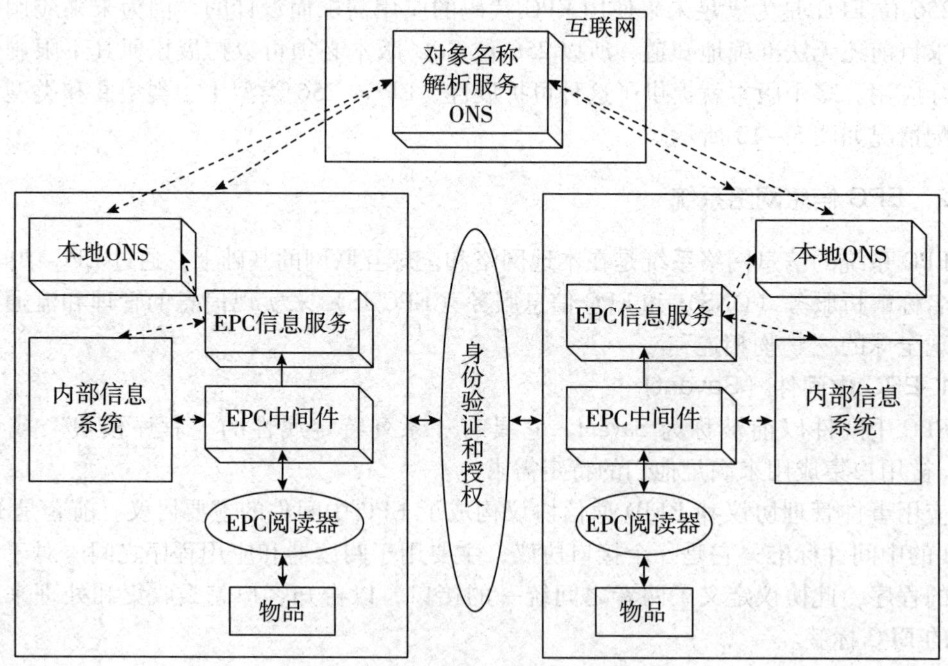

图 5－14　EPC 网络体系结构

2. 对象名称解析服务（ONS）

这是一种连接 EPC 编码和标签上附带项目数据或信息的“直接服务”。这些附加的、项目相关的数据或信息可能储存在局域网或因特网的服务器上，ONS 类似于用来定位因特网信息的域名解析服务（DNS）。

对象名称解析服务是联系 EPC 中间件和 EPC 信息服务的网络枢纽，并且 ONS 设计与架构都以 Internet 域名解析服务 DNS 为基础。因此可以利用整个 EPC 网络以 Internet 为依托，迅速架构并顺利延伸到世界各地。

当阅读器获得 EPC 标签的数据时，就会将 EPC 码发送给 Savant 系统，借助 ONS 查出对象数据的存储位置。

3. EPC 信息服务

EPC 的信息服务提供了一个模块化、可扩展的数据和服务的接口，使 EPC 的相关数据可以在企业内部或者企业之间实现共享。

在物联网中，有关产品信息的文件存储在 EPC 信息服务器中。这些服务器往往由生产厂家来维护。所有产品信息将用一种新型的标准计算机语言——物理标记语言（PML）书写，PML 文件将被存储在 EPC 信息服务器上，为其他计算机提供他们需要的文件。

4. EPC 的物理标记语言（PML）

PML 是基于被人们广为接受的可扩展标识语言发展而来的，是用信息对某个产品或对象进行适当的说明。标准组织如国际测量协会、国际标准与技术研究所已经开始进行节能型产品描述，PML 标记工具内的产品定义，从食品项目开始，要求管理机构不断努力建立指南。

5.6.3 EPC 系统的工作流程

在由 EPC 标签、读写器、EPC 中间件、Internet、ONS 服务器、EPC 信息服务（EPC IS）以及众多数据库组成的实物互联网中，读写器读出的 EPC 只是一个信息参考（指针），由这个信息参考从 Internet 找到 IP 地址并获取该地址中存放的相关的物品信息，并采用分布式的 EPC 中间件处理由读写器读取的一连串 EPC 信息。由于在标签上只有一个 EPC 代码，计算机需要知道与该 EPC 匹配的其他信息，这就需要 ONS 来提供一种自动化的网络数据库服务，EPC 中间件将 EPC 代码传给 ONS，ONS 指示 EPC 中间件到一个保存着产品文件的服务器（EPC IS）查找，该文件可由 EPC 中间件复制，因而文件中的产品信息就能传到供应链上，EPC 系统的工作流程如图 5－15 所示。

5.6.4 RFID 技术与 EPC 系统的关系

采用 RFID 最大的好处是可以对企业的供应链进行高效管理，以有效地降低成本。因此对于供应链管理应用而言，射频技术是一项非常适合的技术，但由于标准不统一等原因，该技术在市场中并未得到大规模的应用。EPC 产品电子代码及 EPC 系统的出现，使 RFID 技术向跨地区、跨国界物品识别与跟踪领域的应用迈出了划时代的一步。

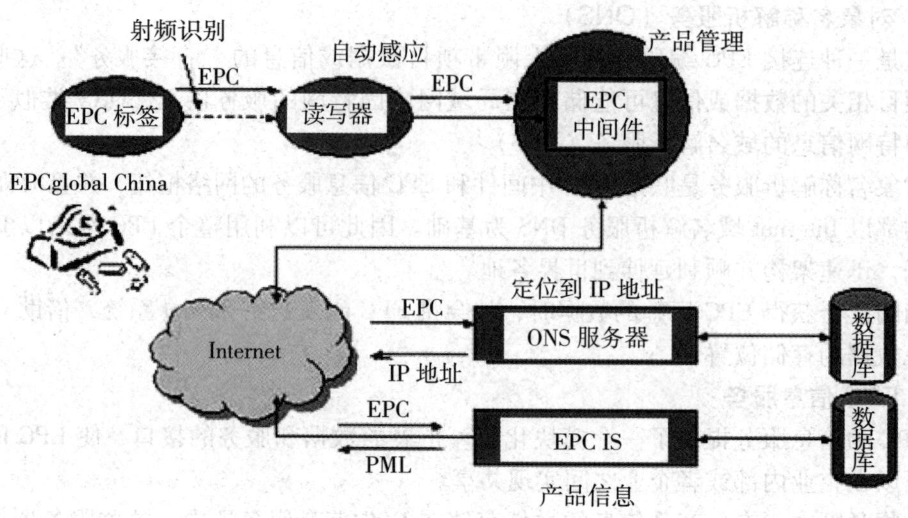

图 5-15 EPC 系统工作流程示意

EPC 与 RFID 之间有共同点，也有不同之处。从技术上来讲，EPC 系统包括物品编码技术、RFID 技术、无线通信技术、软件技术、互联网技术等多个学科技术，而 RFID 技术只是 EPC 系统的一部分，主要用于 EPC 系统数据存储与数据读写，是实现系统其他技术的必要条件；而对 RFID 技术来说，EPC 系统应用只是 RFID 技术的应用领域之一，EPC 的应用特点决定了射频标签的价格必须降低到市场可以接受的程度，而且某些标签必须具备一些特殊的功能（如保密功能等）。换句话说，并不是所有的 RFID 射频标签都适合做 EPC 射频标签，只是符合特定频段的低成本射频标签才能应用到 EPC 系统。

成熟的 RFID 技术应用于新生的 EPC 系统，将极大拓展 RFID 技术的应用领域，促进 RFID 技术特别是 RFID 标签市场迅猛增长，随着沃尔玛要求其供应商使用 EPC 射频标签的期限迫近，EPC 给 RFID 世界带来的商机已逐渐显现，同时，随着 2004 年第二代射频标签全球标准的出台，RFID 技术与市场的发展将更加规范有序，EPC 系统的推广与应用将真正步入快车道。

5.7 RFID 技术在物流系统中的应用

5.7.1 RFID 技术在物流管理中的应用概述

1. 在仓储环节的应用

RFID 系统可以在智能仓库货物接收、入库、订单拣货、出库等环节应用。当贴有射频标签的货物或容器进入仓储中心（或物流中心）时，装卸平台上的阅读器将自动识读标签，确认货物的数量、大小、种类等是否与订单一致，并且把收货时间及货物运输途中的损坏程度等信息输入主机系统的数据库，完成货物接收工作。入库时，由于实现了库位、品种和射频标签的对应管理，系统可以根据目前仓库库位情况，自动生成货物上架信息（如货物上架库位地址等），待上架操作完成后，利用手持阅读器将对应货位最新的货物信息通过无线网络传输到后台数据库，主控计算机自动进行货位货物信息的变更确认，完成货物入库操作。

出库时，出库信息通过系统处理并传到相应库位的电子标签上，显示出该库位货物需出库的数量，同时发出光和声音信号，指示拣货员完成作业。拣货完毕后，拣货人员通过手持阅读器，将对应货位最新货物信息通过无线网络传输到后台数据库，系统自动进行货位货物信息的变更确认，完成物品出库操作。当货物从备货区到装卸平台，安置于该处的 RFID 系统把出货时间、数量等信息输入主机系统的数据库。

2. 在运输环节的运用

射频识别技术结合全球卫星定位系统，可以对物流运输过程进行全面可视化跟踪。当贴有电子标签的货物和运输工具，经过一些设立了 RFID 读写系统的地理位置时，运输工具可以不用停下来而直接通过，节省了通关的时间。同时，设立在运输路径上的 RFID 系统可以对车辆进行实时定位跟踪，及时了解货物在途运输信息，便于公司进行远程调度管理，并极大地提高了在途货物的安全性。例如，RFID 技术在集装箱运输管理中的应用可以提高集装箱的运输效率。

将记录有集装箱箱号、箱型、装载货物种类、数量等数据的电子标签安装在集装箱上，在经过安装有 RFID 系统的公路、铁路的出入口、码头的检查门时，该系统既可以对集装箱进行动态跟踪，同时阅读器可以非常容易地校验集装箱等封闭容器内的货物，而无须花费大量的人力和时间进行开箱检查、手工点货和货单校对，不仅加快了车辆进港提箱的速度，而且对车辆提箱进行严密的管理并有效地降低了工作人员的劳动强度，减少了人为因素造成的差错。

3. 在物流配送环节的应用

(1) 用于在途物资可见性系统。物资配送中心接到配送任务后，需要及时、迅速地将需求方所需物资运送到位，利用射频技术即可准确、迅速地完成配送任务并实现对在途物资的跟踪。物资配送中心为每台车配发一枚射频标签，并在仓库出入口处安装一套射频装置形成门禁，以利用射频技术完成物资的自动出入库操作。

第一步，物资配送中心所派车队进入仓储中心时通过门禁，阅读器读取到射频标签信息并在仓储中心系统中显示此时车队所载物资为空。

第二步，车队装载物资完毕离开发物仓库时再次通过门禁，物流系统将出库物资信息写入系统数据库中并上报给物资配送中心，这样就等于射频标签承载了所运物资的相关信息，自动完成物资出库，此时运送物资的车辆和物资进入在途状态。

第三步，运输车队到达收物仓库时再度通过门禁，阅读器读取到射频标签中的信息后传输给仓储中心系统，系统即显示待入库物资的相关信息并写入数据库，自动完成物资入库，并上报给物资配送中心，以告知物资配送中心此次物资配送任务已经完成。

在物资在途期间，物资配送中心根据发/收物仓储中心上报的数据可知在途物资的名称、品种和数量等信息，达到在途物资的可见性，如果再结合 GIS 技术还可以实现在途物资的动态可见。

（2）用于寻找特定物资。特定物资寻找系统主要由射频标签和手持式无线询问机组成，其中记录着物资信息的射频标签附在物资运输车辆或包装箱上，手持式无线询问机能发出脉冲电波激活射频标签，并能在100米距离范围内阅读标签上的信息内容。一个货物场上通常停着若干车辆，当需要尽快找到某种特定物资时，询问机可根据该物资的名称和编码提出询问，所有装有该物资的射频标签即会做出应答，利用询问机激活射频标签上的鸣叫器。操作人员即可循声找到车辆或者包装箱，如果声音在查找范围之外，则可根据询问机上的测距仪显示的距离去逐步接近，直至找到所需物资。

5.7.2 RFID 技术在仓库管理的应用

目前，仓库管理主要是基于相应规范的手工作业及电脑半自动化管理实现的。其弊病显而易见，即需要投入大量人力进行规范物品的放置、定期整理盘点以及出/入库登记等工作，这使得仓库管理问题十分烦琐，浪费大量时间。因此，把 RFID 技术应用于仓库管理比较理想，这也是 RFID 技术一个新的应用领域。

RFID 物流仓储管理系统可以实现仓储货物进出自动化管理，由安装在货物上或托盘上的 RFID 电子标签、安装在仓库大门的远距离射频系统、管理中心网络管理设备及其管理软件组成。当携带 RFID 电子标签的车辆、货物或托盘通过仓库设定的射频感应区域时，系统通过 RFID 电子标签实现自动化的存货、取货及仓库中的快速盘点等操作。RFID 物流仓储管理系统应用框架如图 5 – 16 所示。

RFID 物流仓储系统一般由业务管理软件、RFID 标签发行系统和 RFID 标签识别采集系统组成，这几个系统互相联系，共同完成物品管理的各个流程。后台数据库管理系统是整个系统的核心，RFID 识别采集是实现管理功能的基础和手段。

后台管理软件由中心数据服务器和管理终端组成，是系统的数据中心。负责与手持机通信，将手持机上传的数据转换并插入后台业务仓储管理系统的数据库中，对标签管理信息、发行标签和采集的标签信息集中进行储存和处理。

RFID 标签发放系统由电子标签专用打印机和标签制作管理软件组成，负责完成库位标签、物品标签、箱标签的信息写入和标签表面信息打印工作。电子标签专用打印机采用内嵌非接触读写器的工业级热转印打印机，能够在标签芯片写入信息的同时在标签表面打印预先设定的内容信息。标签制作管理软件的核心是标签制作函数动态链接库，它嵌入后台系统内，为后台仓储管理系统提供操作打印机制作标签的开发接口函数。基于该动态库还提供了一个独立的标签制作软件，可以手工输入标签数据，便于临时制作标签。

RFID 标签识别采集系统可通过手持机或固定位置终端采集标签信息，完成标签数据的存储，并通过 RFID 中间件与管理中心进行数据的交换。

RFID 物流仓储系统的工作流程如图 5 – 17 所示。

依据入库单及标签制作申请单录入的货物信息生成每个物品的电子标签，在标签表面上打印标签序号及产品名称、型号规格，在芯片内记录产品的详细信息。

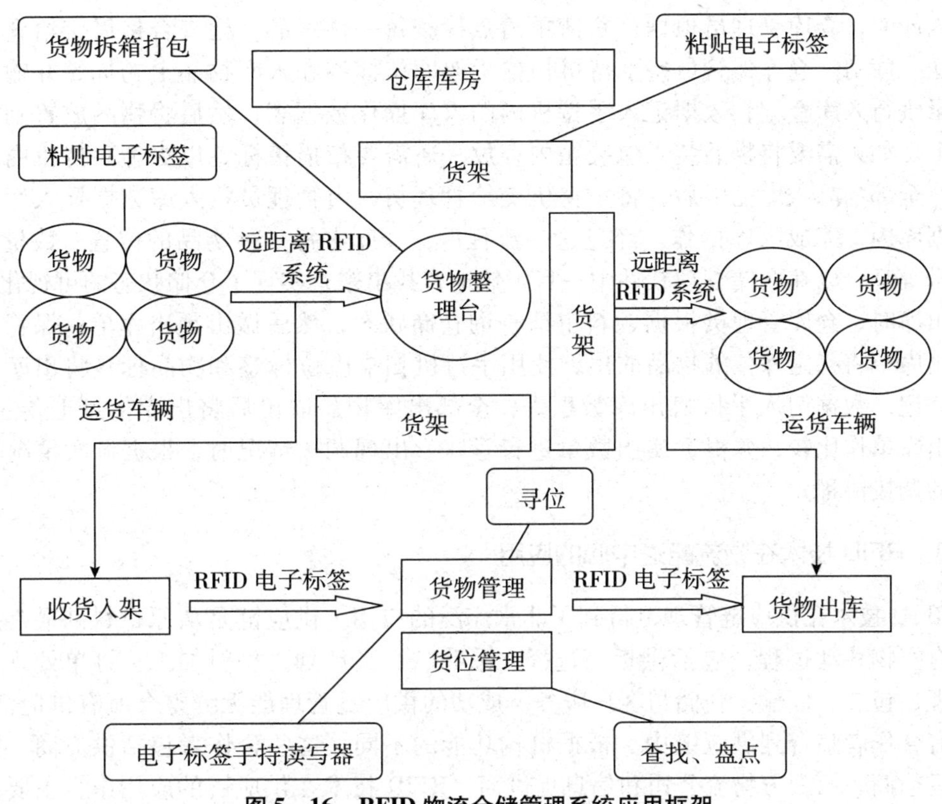

图 5－16 RFID 物流仓储管理系统应用框架

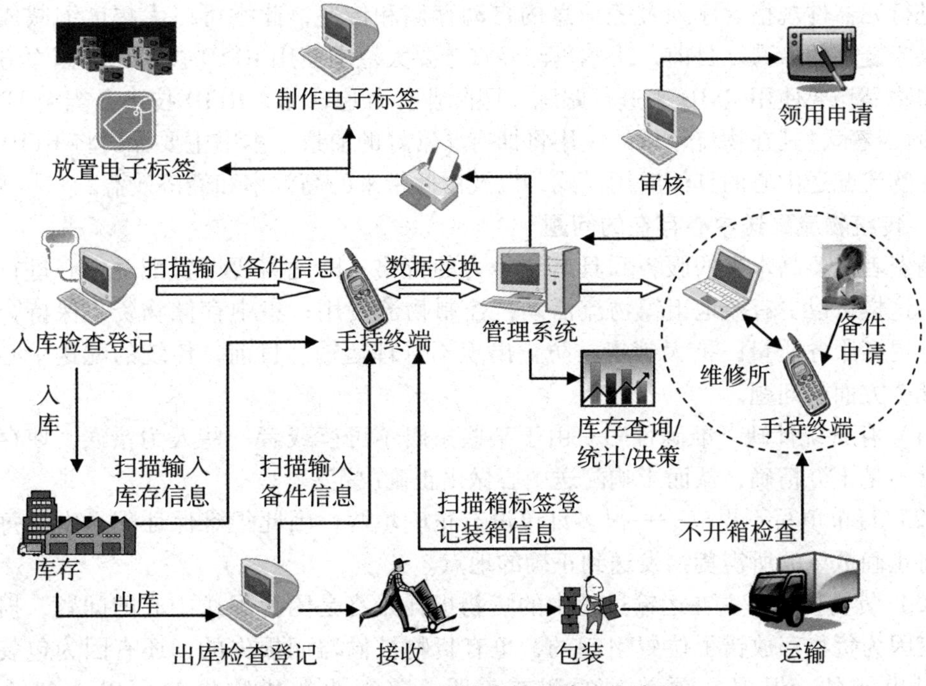

图 5－17 RFID 物流仓储系统工作流程

入库时，仓库管理员根据订货清单清点检查每一件货品，检查合格后交给仓库保管员送入库房。仓库保管员持手持机扫描货架库位标签和入库物品上的标签并输入物品数量进行入库登记，数据记入手持机内的入库操作数据表，然后将物品放置到指定库位上。如果需要将物品装入包装箱内存放，还需要扫描箱标签以更新手持机内的明细表。全部物品入库完毕后，将手持机交给管理员，由管理员将入库数据导入后台管理数据库内，完成入库操作。经过这一流程后，仓库中每一种物品的位置、数量、规格型号等都可以在仓储管理软件中一目了然地查找出来，实现了仓储状态的可视化。

出库时，仓库管理员根据领料申请查询仓储状态，然后做出预出库单；保管员根据预出库单将指定库位的物品取出，使用手持机扫描库位标签和物品标签将出库信息进行登记，数据记入手持机出库数据表；全部出库物品取出后将出库信息上传主机，与预出库单作比较，并根据实出数量进行登账。出现调拨情况时，根据调拨情况选择不同的调拨流程。

5.7.3 RFID 技术在物流配送中心的应用

RFID 技术在供应链管理上得到了非常广泛的应用。供应链是从原材料到最终用户的所有实物移动过程，包括供货商选择、采购、产品计划、材料加工、订单处理、存货管理、包装、运输、仓储与客户服务。成功的供应链管理能无缝整合所有供应活动，将所有合作者整合到供应链中。根据机构功能的不同，这些合作者包括供应商、配送商、运输商、第三方物流公司和信息提供商。RFID 技术在供应链的应用中，主要的应用模式是物流的跟踪应用。技术实现模式是将 RFID 标签贴在托盘、包装箱或元器件上，进行元器件规格、序列号等信息的自动存储和传递，此举可以大幅度缩减成本和清理供应链中的障碍。目前，沃尔玛已经宣布要大范围使用 RFID 技术，美国军方也宣布军需物品均要使用 RFID 来进行跟踪，国际业界普遍认为，RFID 技术是当今 IT 领域的革命性技术，其在物流领域的应用将拥有非常好的前景。本书主要探讨将 RFID 技术应用在物流配送中心的具体应用模式，以及由此带来的高效率和经济效益。

1. 传统物流配送中心存在的问题

消费者需要高水平的服务和具有竞争力的价格，因此需要设置配送中心进行集中配送，这样可以更有效地组织物流活动，控制物流费用；集中存储物资，保持合理的库存；提高服务质量，扩大销售；防止出现不合理运输。目前，传统的配送中心面临以下几个方面的问题。

（1）存货统计缺乏准确性——由于某些条码不可读或者一些人为错误，使存货统计常常不是十分精确，从而影响配送中心做出正确决定。

（2）订单填写不规范——很多订单没有正确填写，因此很难保证配送中心每次都可以将正确数量的所需货物发送到正确的地点。

（3）货物损耗——在运输过程中的货物损耗始终是困扰配送中心的问题，损耗的原因有因为货物存放错了位置引起的，也有货物被偷盗而损失的，还有因为包装或者发运时出错的。根据一项美国的调查表明，零售业的货物损耗可以达到销售量的 1.71%。

（4）清点货物——传统方法在清理货物时效率很低，而为了及时了解货物的库存状况又需要随时清点，为此需花费大量的人力、物力。

（5）劳动力成本——劳动力成本已经成为一个比较严重的问题，统计表明，在整个供应链成本中，劳动力成本所占比重已经上升到30%左右。

2. RFID 技术在供货配送中心的具体应用

（1）入库和检验。当贴有射频标签的货物运抵配送中心时，入口处的阅读器将自动识读标签，根据得到的信息，管理系统会自动更新存货清单，同时，根据订单的需要，将相应货品发往正确的地点。这一过程将传统的货物验收入库程序大大简化，省去了烦琐的检验、记录、清点等大量需要人力的工作。

（2）整理和补充货物。装有移动阅读器的运送车自动对货物进行整理，根据计算机管理中心的指示自动将货物运送到正确的位置，同时将计算机管理中心的存货清单更新，记录下最新的货品位置。存货补充系统将在存货不足指定数量时自动向管理中心发出申请，根据管理中心的命令，在适当的时间补充相应数量的货物。在整理货物和补充存货时，如果发现有货物堆放到了错误位置，阅读器将随时向管理中心报警，根据指示，运送车将把这些货物重新堆放到指定的正确位置。

（3）订单填写。通过 RFID 系统，存货和管理中心紧密联系在一起，而在管理中心的订单填写，将发货、出库、验货、更新存货目录整合成一个整体，最大限度地减少了错误的发生，同时也大大节省了人力。

（4）货物出库运输。应用 RFID 技术后，货物运输将实现高度自动化。当货品在配送中心出库，经过仓库出口处阅读器有效范围时，阅读器自动读取货品标签上的信息，不需要扫描，可以直接将出库的货物运输到零售商手中，而且由于前述的自动操作，整个运输过程速度大为提高，同时所有货物都避免了条码不可读和存放到错误位置等情况的出现，准确率大大提高。

3. 应用 RFID 技术给配送中心带来的效益

在配送中心应用 RFID 技术后，带来的效益体现在以下几个方面。

（1）节省人力成本——传统的配送中心由于要对货品进行扫描和定位工作，需要花费大量的人力，相应的统计、核对也是费时费力，而应用了 RFID 技术后，几乎所有的扫描和核对都是自动进行，仅此一项，即可节省人力成本达30% ~40%。

（2）提高存货目录精确性——由于可以知道每个货物的精确位置，数据的管理具有即时性和准确性，将录入存货信息时人为出错的可能性彻底消除，使存货信息精确性大大提高，同时更加及时可靠。

（3）订单填写效率提高——由于入库、整理、补充的可靠性提高，时间及时，订单填写过程中避免了很多无效或者不合理订单的出现，缩短了整个订购的周期，提高了在整个供货配给中填写订单的效率。

（4）降低货物损耗——调查显示，货物的损耗主要由职员盗窃、运输过程中的丢失、因为管理和核对的错误带来的遗失等引起。其中运输过程中的丢失在货物配给中是普遍存在的现象，而由于 RFID 技术可以详细管理每一个货物，所以运输丢失带来的货物损耗几乎可以完全避免。此外，自动化的 RFID 技术也使管理、审计错误引起的货物损耗降到最低，所以除了对内部职员盗窃行为作用不大外，采用 RFID 技术后极大地降低了配送过程中货物损耗。

案例分析

RFID 技术在欧洲零售业的应用

1. 玛莎拓展微型 RFID 芯片

玛莎百货公司（Marks & Spencer Group PLC）自 1884 年创业以来，走过了一段漫长的道路。当初的玛莎百货只是英格兰利兹露天市场一家廉价的杂货摊，但如今，每星期都有数百万人在英国近400 家玛莎百货店中购物。后来，玛莎百货公司在其9 家商店供顾客试穿的男式套装和衬衫上都贴上了微型 RFID 芯片。在不久的将来，这家零售商还将在53 家商店内给女式内衣和服装贴上 RFID 芯片。

玛莎百货公司负责 RFID 技术的詹姆斯·斯坦福表示："公司 2004 年的总收入为 159 亿美元。如果不能对不同等级的产品进行跟踪，公司就无法做到准确地掌握尺码多样的商品信息。比如女士的文胸就有68 种不同的尺寸，一旦顾客在货架上找不到自己的尺码，或员工想帮助顾客找到合适的产品却无能为力，大家都会感到非常沮丧。采用 RFID 技术对单件商品贴标签并加以识别，就能迅速、明显地改善我们商店的客户服务质量。"

2005 年年初，玛莎百货公司公布了一项计划，将把产品级标签应用扩展到尺码更为复杂繁多的服装上面，比如文胸。一年后，公司还将在53 家门店6 个部门的衣服上贴上 RFID 标签，以便更好地追踪这些服装的信息。这次，玛莎公司不再像从前那样，分别使用 RFID 标签和条码标签，而是与派克萨公司（Paxar）展开技术合作，生产一种新型标签。派克萨公司专门为服装行业提供销售系统和标签服务，他们将共同开发一种 5in 的纸质标签，把 RFID 芯片和条码整合在同一标签内。每只芯片将存储每件产品独有的系列号码，这些芯片由斯沃琪集团（Swatch Group）旗下的微电子制造商 EM Microelectronics - Marin SA 公司生产。每天工作结束时，员工只需要用 868MHz 手持读卡器对剩余商品进行 RFID 芯片扫描，就能完成库存管理。

玛莎百货公司表示，顾客也许会担心 RFID 标签是否会包含个人信息。为了消除这种顾虑，员工在收银时会只扫描条码，而非 RFID 信息。斯坦福表示，标签和商店的手册都写明，RFID 芯片是用于库存管理的智能标签。公司将继续让顾客在购买商品时自主选择是否要去掉商店所加的标签。

2. Tesco 为小件商品添加 RFID

Tesco 最近正与至少 10 家供应商合作，在小件商品（如化妆品和 DVD）上添加 RFID 标签，这些商品的价格都在 20 ~ 30 美元。Tesco 的 IT 总监科林·科本在年初的一次会议上表示，对 DVD 追踪的试验将长达一年，并将从一家商店扩展到 10 家。虽然他没有透露更多细节，但我们也看到了 Tesco 为小件商品添加 RFID 标签的决心。Tesco 与发行商英国娱乐有限公司（Entertainment U. K. Ltd.）合作进行在DVD上添加RFID标签的项目，并将读取器嵌入货架，以此对产品进行追踪，这项技术是由美德维实伟克公司（MeadWestvaco）智能系统部门提供的。RFID标签使Tesco能够准确地掌握存货水平，而且还能迅速查找出放错货架的DVD。初期报告表明，RFID的试验逐渐取得成效。IDTechEx公司的海若普估计，Tesco在试验RFID期间，DVD的销量可能增加4%。

以前在商品分拣、包装以及从发行中心运往商店的过程中，Tesco都没有做具体的统计，即便对贴有RFID标签的DVD也是如此，公司对存货的统计是基于假设的。不过，自从Tesco将RFID技术应用扩展到一个发行中心后，这种情况发生了明显的改变。

商品经过分拣后被放入指定的塑料包中，塑料包贴上RFID标签后运往各发行中心。在运输系统的特定地点，安装好的读卡器将扫描标签并识别塑料包的数据和电子产品代码，来证实商品正在运往发行中心的途中。之后，这些信息将被传回中央仓库管理系统。当塑料包离开发行中心时，再次进行扫描以更新存货统计。当货物运抵时，接收商店的读卡器也将重新更新系统。

3. 麦德龙让RFID全程“跟踪”

麦德龙集团CIO齐格蒙特·米尔道夫认为：“从长远来看，RFID技术不会局限于物流和存货管理方面的应用。麦德龙是一家年收入743亿美元的零售企业，在30个国家拥有2500多家门店。集团还要将这项技术深入到顾客当中，甚至延伸到售后服务，直到质量保证阶段。它能追踪投资回报、商品是否遵守有关规定，并有助于做好产品召回和安全等工作。”欧洲人对高科技热情很高的文化氛围，使得麦德龙及其他零售商在推进RFID部署时相对容易一些。

麦德龙也在明斯特和韦塞尔的两家考夫霍夫商店以及诺伊斯的配送中心试用产品级RFID技术。产品级的存货补给系统，把麦德龙集团的POS机平台与订单处理软件连接在一起进行工作。当贴有RFID标签的服装在出口处扫描时，信号传到订单处理系统，然后提醒员工对货架重新整理。订单处理软件还能报告仓库是否还有足够的存货，或者商店是否该从配送中心再次进货。如果配送中心的存货量太少，该系统就会自动向供应商传送补货的信号。

这项试验为期5个月，麦德龙在存货层面对自动补给流程进行了测试。这项试验目前还没有在麦德龙大规模铺开，因为公司在部署和实施RFID技术上，态度比较谨慎。为此，公司还将进行扩展性的研究，以实现利益最大化。

4. RFID在欧洲零售业的前景

和美国的沃尔玛一样，这些欧洲企业都让供应商在包装箱和集装箱贴上了被动型RFID标签。这样，从货物离开制造工厂到商店的接货码头，零售商能随时掌握货物的位置。从自己和供应商装备的RFID设备数量上来看，沃尔玛与欧洲零售商相比处于领先地位，但在贴标签的产品数量以及对从超市、服装商店和其他零售系统收集来的RFID数据进行利用等方面，欧洲的零售商就显得比较超前了。

费雷斯特市场调研公司（Forrester）的消费市场首席分析师克里斯廷·欧佛比表示：“在RFID问题上，沃尔玛相对于大多数欧洲企业而言，更追求低成本，在应用方式上，欧洲企业比美国企业更为积极主动。”例如，沃尔玛就没有类似的机构能与麦德龙的创新中心相媲美。在这个中心，麦德龙集团对诸如 RFID 服装分类设备等一些先进技术的应用进行了测试。

思考题

1. 请从条码技术的发展历史谈谈你对条码技术的认识。
2. 举例说明自动识别技术在你身边的应用。
3. 你能说明二维条码应用系统与一维条码应用系统的区别吗？
4. 在数据库中有表示 UPC－E 的 8 位代码吗？为什么？
5. 如果让你来设计一个图书销售大厦的信息系统，可以在什么地方使用条码？
6. 条码技术今后的发展方向是什么？
7. 与条码相比，射频识别技术（RFID）有哪些优缺点？
8. 简述射频识别技术（RFID）的系统组成和技术特点。
9. 请谈谈你对 RFID 标准化的发展趋势的认识。
10. 简述 RFID 中间件产品及市场特点和热点。
11. 简述射频识别技术在物流中的应用。

6 空间信息技术及应用

案例导入

海尔的服务质量有目共睹，但是这并不意味着他们为高质量要付出很高的成本。那么，他们怎么有效控制成本呢？

海尔集团的顾客服务实行网上派工制，电话中心收到客户信息后，利用全国联网的派工系统在5min之内将信息同步派送到离用户距离最近的专业维修服务网点。

在海尔的服务管理中，用户报修的流程是这样的：首先用户打电话报修，之后登记用户信息，关键是用户所处的位置，然后工作人员手动选择离该用户最近的维修网点，手动网上分派任务，之后维修工程师上门服务。乍一看，流程非常完美。但仔细看却有不少漏洞。在登记用户信息时，接线员可能对该地址一点都不熟悉，他怎样才能快速、准确地定位用户的位置？而在手动选择离该用户最近维修网点的环节，该接线员又怎样知道哪个网点离报修地点最近？

刚开始，海尔使用的是“人海+人脑”的战术。先记住各个城市网点的分布情况，然后根据用户提供的信息，将维修任务派送到业务员认为最近的网点。之后，业务员使用纸质地图量出用户点至维修网点的大概距离进行费用结算。纸质地图本身就存在较大的测量误差，同时，当人工测量结果是15km时，会有服务商说量的路是直的，而实际路是弯的，要求多加5km。维修费就这样“溜”出去了。很显然，这种通过人工方法得到的信息，在准确性、正确性和详细程度上都有很大问题。同时，人海战术直接带来的是成本的上升。

2006年，海尔引入了由中国科学院旗下的超图公司的SuperMap GIS（地理信息系统）的空间分析功能，在售后服务系统中增加了地理信息处理能力。GIS包含了全国所有的县级道路网和200个城市的详细道路信息，还记录了全国100多万条地址信息。在如此海量的地理信息基础上，售后服务系统可以在很短时间内计算出距离用户最近的网点，以及网点到用户家的详细路径描述和距离，并及时将这些信息派送到最合理的服务网点。

应用GIS之后，海尔的售后服务流程变为这样：用户打电话报修，之后接线员登记用户信息，关键是位置信息。接线员记录后，系统自动匹配用户地址，计算出距离用户最近的网点，之后自动将维修信息派送到网点，网点维修工程师再上门服务。整个地址匹配和服务商挑选工作由系统自动完成，无须手动操作，堵住了服务漏洞。同时，系统的速度也远不是手动速度能比的，以前要花几十秒甚至几分钟查找信息，现在系统自己匹配，每次处理的时间缩短到0.1s以内，大大提高了客服部门的效率。在GIS的支持下，海尔客服部门现在每天可以处理10万次左右的服务请求，得以满足全国用户的需求。

作为海尔售后服务GIS的平台软件供应商，超图地理信息技术有限公司统计软件事业部总经理安凯博士认为，因为数据量和计算量很大，因此，类似海尔这样的用户在选择GIS平台时要充分考虑系统性能和稳定性。从性能上来说，如果输入数据很久都查不出相关信息，GIS反而会成为负担，影响客服质量；而稳定性不高更可怕——该到派单时派不出去，影响的就不仅是客服质量，甚至会遭遇投诉问题了。

6.1 空间信息技术

空间信息技术（Spatial Information Technology）是20世纪60年代兴起的一门新兴技术，70年代中期以后在我国得到迅速发展。主要包括3S（全球定位系统、地理信息系统和遥感）等理论与技术，同时结合计算机技术和通信技术，进行空间数据的采集、测量、分析、存储、管理、显示、传播和应用等。空间信息技术在广义上也被称为"地球空间信息科学"，在国外被称为GeoInformatics。

3S是全球定位系统（GPS）、地理信息系统（GIS）和遥感（RS）的简称。

RS是指从高空或外层空间接收来自地球表层各类物体的电磁波信息，并通过对这些信息进行扫描、摄影、传输和处理，从而对地表各类物体和现象进行远距离监测和识别的现代综合技术，它是空间信息采集和分析技术，为GIS等应用提供支持，物流领域应用较少，在本章不做详细介绍。GIS就是一个专门管理地理信息的计算机软件系统，它不但能分门别类、分级分层地去管理各种地理信息；而且还能将它们进行各种组合、分析、再组合、再分析等；还能查询、检索、修改、输出、更新等。地理信息系统还有一个特殊的"可视化"功能，就是通过计算机屏幕把所有的信息逼真地再现到地图上，成为信息可视化工具，清晰直观地表现出信息的规律和分析结果，同时还能在屏幕上动态地监测"信息"的变化。GPS是由空间星座、地面控制和用户设备三部分构成的。GPS是美国从20世纪70年代开始研制，于1994年全面建成，具有海、陆、空全方位实时三维导航与定位能力的新一代卫星导航与定位系统。中国自主研发的北斗卫星导航系统［BeiDou（COMPASS）Navigation Satellite System］，与美国的GPS、俄罗斯的格洛纳斯、欧盟的伽利略系统兼容共用的全球卫星导航系统，并称全球四大卫星导航系统。中国此前已成功发射四颗北斗导航试验卫星和十六颗北斗导航卫星（其中，北斗－1A已经结束任务），将在系统组网和试验基础上，逐步扩展为全球卫星导航系统。图6－1为3S技术结合大地测量学应用的综合体现。

空间信息技术为多个学科和行业的发展提供了强力支持，在物流领域的应用也非常广泛：GPS可以获取运输车辆的位置信息，结合GIS技术可以实现运输车辆和货物的追踪管理；同时，GIS可以为物流规划提供全面、准确的基础数据，分析预测货物流

图 6-1 数字模拟地球

量、流向及其变化，减少物流规划中的盲目性等。未来，空间信息技术将会在物流领域发挥更大的作用，为物流系统营运或物流企业的方案决策提供科学的决策依据，为实现决策的可视化、促进物流相关部门管理的科学化、信息化进程做出贡献。

6.2 GIS 技术

6.2.1 GIS 概述

1. GIS 的概念

地理信息是指表示地理环境诸要素的数量、质量、分布特征及其相互联系和变化规律的数字、文字、图像和图形等的总称。

从地理实体到地理数据，从地理数据到地理信息的发展，是人类认识地理事务的一次飞跃。

地理信息的主要特征有以下三点。

（1）地理信息属于空间信息。这是地理信息区别于其他类型信息的显著标志。地理信息位置的识别是通过经纬网或方里网建立的地理坐标来实现空间位置的识别。

（2）地理信息具有多维结构的特征。在二维空间的基础上，实现多专题的第三维结构，而各个专题型、实体型之间的联系是通过属性实现的，如图 6-2 所示。

（3）地理信息的时序特征十分明显。

可以按照时间尺度将地理信息划分为超短期的（如台风、地震）、短期的（如江河洪水、寒潮）、中期的（如土地利用、作物估产）、长期的（如水土流失、城市化）、超长期的（如气候变化、地壳变动）等。

地图是地理环境诸要素按照一定的数学法则，运用符号系统并经过制图综合缩绘于平面上的图形，以传递各种自然和人文现象的数量与质量的空间分布和联系以及随时间的发展变化。

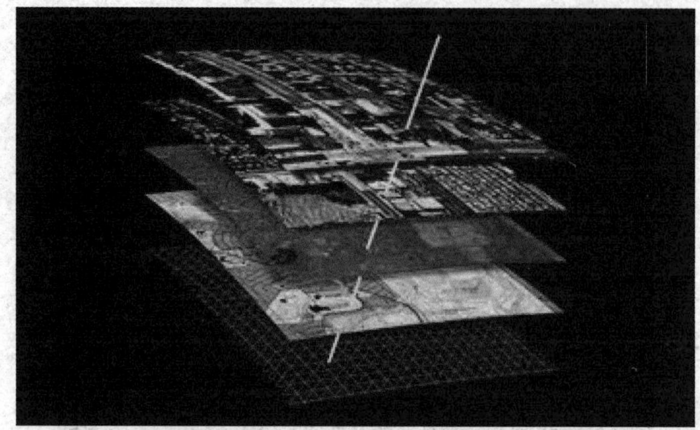

图 6-2　GIS 多维结构演示

地图是一种符号图形，从地图上可以获得一个区域或整个地球表面的同一时间的空间表象，它是自然世界的一种模型，是制图者对自然世界的认识，是简化和概括的，普遍使用的第二语言。

地图是地理信息的传统数据源，GIS 的查询与分析结果的表示手段主要是地图。因此，地图学理论和地图分析方法是 GIS 的重要学科基础。

信息系统是具有采集、管理、分析和表达数据能力的系统。信息系统是为实现某些特定功能，由人、机器、数据、程序或方法按一定的相关关系联系起来进行工作的集合体，内部要素之间的相互联系通过信息流实现。信息系统由硬件、软件、数据和用户四个主要部分组成。另外，智能化的信息系统还包括知识。

信息系统根据所处理的信息特征可分为空间信息系统和非空间信息系统。

非空间信息系统强调的是数据的记录和操作，如目前流行的人事档案信息系统、图书情报信息系统、企业管理信息系统等。

空间信息系统是一种十分重要而又与其他类型信息系统有显著区别的信息系统，它所采集、管理、处理和更新的是空间信息。因此，这类信息系统在结构上也比一般信息系统复杂得多，功能上也较其他信息系统强得多。

地理信息系统是在计算机软硬件支持下，对地理环境诸要素进行采集、存储、管理、分析、显示与应用地理信息的计算机系统。简单地说，地理信息系统就是综合处理和分析地理空间数据的一种技术系统，也称为土地资源信息系统，在我国有时也称为资源与环境信息系统。目前，国内外已研制了一批 GIS 工具软件，如美国环境系统研究所研制的 ARC/INFO 系统、中国地质大学研制的微机地理信息系统工具 MAPGIS 等。

2. GIS 的特征

地理信息系统具有以下特征。

（1）公共的地理定位基础。所有的地理要素，要按地理坐标或者特定的坐标系统进行严格的空间定位，才能使具有时序性、多维性、区域性特征的空间要素进行复合和分解，将隐含其中的信息进行显示表达，形成空间和时间上连续分布的综合信息基础，支持空间问题的处理与决策。

（2）具有采集、管理、分析和输出多种地理空间信息的能力。

（3）系统以分析模型驱动，具有极强的空间综合分析和动态预测能力，并能产生高层次的地理信息。

（4）以提供地理信息服务为目的，是一个人机交互式的空间决策支持系统。GIS 的外观表现为计算机软硬件系统，其内涵是由计算机程序和地理数据组成的地理空间信息模型，一个逻辑缩小的、高度信息化的地理系统，从视觉、计量和逻辑上对地理系统进行模拟，信息的流动及信息流动的结果，完全由计算机程序的运行和数据的变换来仿真，也可以快速地模拟自然过程的演变和思维过程，取得地理预测和实验的结果，选择优化方案，避免错误的决策。

3. GIS 的分类

（1）按内容分类。

GIS 按内容可分为应用型地理信息系统和地理信息系统工具两大类。

①应用型地理信息系统。

应用型地理信息系统具有具体应用目标、特定的数据、特定的规模和特定的服务对象。通常，应用型地理信息系统是在地理信息系统工具的支持下建立起来的，这样可以节省大量的软件开发费用，缩短系统的建立周期，提高系统的技术水平，使开发人员能把精力集中于应用模型的开发，且有利于标准化的实行。

应用型地理信息系统又可以分为专题地理信息系统和区域地理信息系统。

a. 专题地理信息系统：是以某一专业、任务或现象为主要内容的 GIS，为特定的专门目的服务，如森林动态监测信息系统、农作物估产信息系统、水土流失信息系统和土地管理信息系统等。

b. 区域地理信息系统：主要以区域综合研究和全面信息服务为目标。区域可以是行政区域，如国家级、省级、市级和县级等区域信息系统；也可以是自然区域，如黄土高原区、黄淮海平原区和黄河流域等区域信息系统；还可以是经济区域，如京津唐区和沪宁杭区等区域信息系统。

②地理信息系统工具。

地理信息系统工具是一组包括 GIS 基本功能的软件包。一般包括图形图像数字化、存储管理、查询检索、分析运算和多种输出等地理信息系统的基本功能，但是没有具体的应用目标，只是供其他系统调用或用户进行二次开发的操作平台。因为，在应用地理信息系统解决实际问题时，有大量软件开发任务，有了工具型 GIS，只要在工具型 GIS 中加入地理空间数据，加上专题模型和界面，就可以开发成为一个应用型的 GIS 了。GIS 工具软件适用于建立专题或区域性实用 GIS 的支撑软件，也可作教学软件，如 ARC/INFO、MAPGIS 和 CITYSTAR 等均属此类。

（2）按用途分类。

GIS 按用途的不同可分为多种地理信息系统，如自然资源查询信息系统、规划与评价信息系统和土地管理信息系统。

除此之外，GIS 还可以按照系统功能、数据结构、用户类型、数据容量等进行分类。

6.2.2 GIS的功能

由于GIS本身的综合性，决定了它具有广泛的用途。GIS在各方面的应用主要是通过系统中的多要素空间数据、各种数学模型以及应用软件来实现。概括起来讲，GIS的主要应用功能如下。

1. 统计与量算

利用GIS将多种数据源信息汇集在一起，通过系统的统计和叠置分析功能，按多种边界和属性条件，提供区域多种条件组合形式的资源统计和进行原始数据的快速再现。

GIS是一种空间信息系统，空间信息的查询和分析是GIS的基本功能。不仅能提供静态的查询和检索，还可以进行动态的分析。通过GIS的有关应用程序，分别可以在一维、二维和三维空间里实现对各种研究对象的长度、面积和体积的快速量算，为用户提供各种有用的数据。

2. 规划与管理

规划与管理是GIS应用的一个重要方面。地理信息系统通过对跨地域的资源数据进行处理、分析，并将空间和信息结合起来，揭示其中隐含的模式，发现其内在的规律和发展趋势，使用户在短时间内对资源数据有一个直观和全面的了解。区域规划和城市规划中涉及诸多方面和众多因素，如人口、交通、经济、文化、教育、金融和基础设施等多个地理变量和大量数据。GIS技术能够进行多要素分析，它具有为规划部门快速提供大量信息的能力。

3. 监测与预测

在GIS中，预测主要采用统计方法，通过分析历史资料和建立数学模型，对事务进行定量分析，并对事务的未来做出判断和预测，例如洪水预报模型。

监测是借助遥感遥测数据的搜集，利用GIS对环境污染、森林火灾、洪水灾情等进行监视推测，为环境治理和救灾抢险决策提供即时准确的信息。

4. 辅助决策

GIS在其多要素空间数据库的支持下，通过构建一系列决策模型，并对这些决策模型进行比较分析，为各部门决策提供科学的依据，辅助政府部门决策的制定。GIS技术已经被用于辅助完成一些任务。例如，为计划调查提供信息，为解决领土争端提供信息服务，以最小化视觉干扰为原则设置路标等。所有的这些数据都可以用地图的形式简洁而清晰地显示出来，或者出现在相关的报告中，使决策的制定者不必再在分析和理解数据上浪费精力。GIS快速的结果获取，使多种方案和设想可以得到高效的评估。

5. 制图功能

制图功能是GIS最重要的一种功能，对多数用户来说，也是用得最多的一种功能。GIS的综合制图功能包括专题地图制作，在地图上显示出地理要素，并赋予数值范围，同时可以放大和缩小以表现不同的细节层次。GIS不仅可以为用户输出全要素图，而且可以根据用户需要分层输出各种专题地图，以显示不同要素和活动的位置，或有关属性内容。例如，矿产分布图、城市交通图、旅游图等。通常这种含有属性信息的专题地图主要有多边形图、线状图、点状图三种基本形式，也可由这几种基本图形综合组成各种形式和内容的专题图。

总之，GIS 的基本功能一方面是统一支配相关的海量信息，加快信息的处理速度、节约时间、提高效率，快速响应社会需求，直接创造社会财富；另一方面赢得预测、预报的时间，减少损失，间接获得经济效益。随着社会的进步、科技的发展，GIS 的应用将越来越广泛，必将产生巨大的经济效益和社会效益。

6.2.3 常用的地理信息系统软件

本节介绍比较常用的一些地理信息系统软件，具体包括三家美国 GIS 开发商 ESRI、Intergraph 和 MapInfo 的软件产品，以及四个国产软件 MapGIS、GeoStar 和 CityStar Super Map GIS。

这些软件提供了相似的功能集合，不同之处在于其具体的实现方式（如用户界面、操作流程）和操作效率（如速度、数据量）。这种相似性也正说明了 GIS 技术的成熟。

1. 国外软件

（1）ESRI 产品系列。

ESRI 公司（Environmental Systems Research Institute Inc.）于 1969 年成立于美国加利福尼亚州的 Redlands（雷德兰兹）市，主要从事 GIS 工具软件的开发和 GIS 数据生产。

ESRI 的产品中，最主要的是运行于 UNIX/Windows NT 平台上的 ArcInfo，它由两部分组成：Workstation ArcInfo 和 Desktop ArcInfo。

①Workstation ArcInfo 基于拓扑数据模型，实现了图库（Map Library）的管理，并且具有了栅格数据的分析功能，支持栅格矢量一体化查询和叠加显示。此外，ArcInfo 还提供了二次开发语言 AML 以及开放开发环境 ODE，以便于用户定制自己的 GIS 应用。

Workstation ArcInfo 提供了最基本的 GIS 功能，包括数据录入和编辑、投影变换、制图输出、查询分析及其分析功能（缓冲区分析、叠加复合分析等）。

除上述基本功能以外，Workstation ArcInfo 还通过一些扩展模块实现特定的专门功能。

TIN：基于不规则三角网的地表模型生成、显示和分析模块，可以根据等高线、高程点、地形线生成 DEM，并进行通视、剖面、填挖方计算等。

GRID：栅格分析处理模块，可以对栅格数据进行输入、编辑、显示、分析、输出，其分析模型包括基于栅格的市场分析、走廊分析、扩散模型等。

NETWORK：网络分析模块，提供了最短路径选择、资源分配、辖区规划、网络流量等功能，可以应用于交通、市政、电力等领域的管理和规划。

ARCSCAN：扫描矢量化模块。

ARCSTORM：基于客户机/服务器机制建立的数据库管理模块，可以管理大量的图库数据。

COGO：侧重于处理一些空间要素的几何关系，用于数字测量和工程制图。

ArcPress：图形输出模块，可以将制图数据转换成为 PostScript 格式，并可分色制版。

ArcSDE：SDE 指空间数据库引擎（Spatial Database Engine），它是一个连续的空间数据模型，通过它可以将空间数据加入关系数据库管理系统中去，并基于客户机/服务器机制提供了对数据进行操作的访问接口，支持多用户事务处理和版本管理。用户可以以 ArcSDE 作为服务器，定制开发具体的应用系统。

ARC/INFO 的图库管理：为了能够管理分布在不同图库的多个专题要素，在 ARC/INFO 的图库中，把地图数据纵向分为“图层（Layer）”，而水平方向分为“图块（Tile）”。描述同一区域的不同专题图块构成一个“地图（Map）”，基于这种方式的管理，可以根据内容或区域范围任意调入相关的数据，并且便于实现数据共享和并发访问控制。

②Desktop ArcInfo 包括三个应用：Arc Map、Arc Catalog 和 Arc Toolbox。Arc Map 实现了地图数据的显示、查询和分析；Arc Catalog 用于基于元数据的定位、浏览和管理空间数据；Arc Toolbox 是由常用数据分析处理功能组成的工具箱。

③ArcView GIS 是 ESRI 的桌面 GIS 系统，它以工程为中心，实现了对地图数据、结构化的属性数据、统计图、地图图面配置、开发语言等多种文档的管理。除提供脚本语言 Avenue 使用户可以定制系统以外，ArcView 还以“插件”的形式提供了一些扩展模块。

Spatial Analyst：栅格数据的建模分析。

Network Analyst：网络分析。

ArcPress：制图输出。

3D Analyst：利用 DEM 实现三维透视图的生成。

Image Analyst：影像分析处理。

Tracking Analyst：通过直接接收、回放实时数据，实现对 GPS 的支持。

④MapObjects 是一组供应用开发人员使用的 GIS 功能 OCX（OLE Custom Control）控件，用户可以采用其他的支持 OCX 的开发平台，如 Visual Basic、Delphi 等，集成 MapObjects，建立具体的应用系统。

⑤ArcFM，支持公共设施规划、管理和服务的模块。

⑥Internet Map Server（IMS），实现了互联网上地理数据发布功能。

（2）Intergraph 产品系列。

Intergraph 公司成立于 1969 年，总部位于美国亚拉巴马州的汉斯维尔市，致力于计算机辅助设计、制造以及专业制图领域的硬件、软件以及服务支持。

Intergraph 提供的 GIS 产品包括专业 GIS 系统（MGE）、桌面 GIS 系统（GeoMedia），以及因特网 GIS 系统（GeoMedia Web Map）。

①MGE 构成了 Intergraph 专业 GIS 软件产品族，它包括多个产品模块，提供了从扫描图像矢量化（I/GEOVEC）、拓扑空间分析（MGE Analyst）到地图整饰输出（MGE Map Finisher）的基本 GIS 功能，此外还包括了其他一些扩展模块，实现了图像处理分

析、网络分析（MGE Network Analyst）、栅格分析（MGE Grid Analyst）、地形模型分析（MGE Terrain Analyst）、基于真三维的地下体分析（MGE Voxel Analyst）等一系列增强功能。

②GeoMedia Professional 设计成为与标准关系数据库一起工作，用于空间数据采集和管理的 GIS 产品，它将空间图形数据和属性数据都存放于标准关系数据库（Microsoft Access）中，在一定程度上提高了系统的稳定性和开放性，并且提高了数据采集、编辑、分析的效率。它支持多种数据源，包括其他 GIS 软件厂商的数据文件以及多种关系数据库；实现了矢量栅格的集成操作；提供了多种空间分析功能；此外，GeoMedia 包含其他一些模块，以应用于不同的具体领域。

GeoMedia Network：可以应用于交通网络以及逻辑网络的管理、分析、规划，具体包括最短路径查询、线路规划等功能。

GeoMedia SmartSketch：具有较强的图形编辑能力，是一个计算机辅助设计（CAD）软件。

GeoMedia Relation Moduler：用于建立设备间的网络关系，可以应用于自来水、煤气等市政管网的管理以及设备跟踪。

GeoMedia Object：GeoMedia 是基于控件的系统，它包含多个 OCX 控件，基于这些控件，用户可以开发具体的应用系统。

GeoMedia MFworks：基于栅格数据的分析模块，包含多种控件操作函数。

GeoMedia Oracle GDO Server：可以将地理数据写入 Oracle 数据库并读出。

③GeoMedia WebMap 是 Intergraph 提供的基于因特网的空间信息发布工具。它提供了多源数据的直接访问和发布，并且支持多种浏览器。GeoMedia WebMap Enterprise 除能够在因特网上发布数据之外，还提供了空间分析服务，如缓冲区分析、路径分析、地理编码等，用户可以在客户端通过浏览器提出请求，并输入具体参数，服务器进行计算并将结果返回给用户。

（3）MapInfo 产品系列。

MapInfo 是美国 MapInfo 公司的桌面地理信息系统软件，是一种数据可视化、信息地图化的桌面解决方案。它依据地图及其应用的概念，采用办公自动化的操作，集成多种数据库数据，融合计算机地图方法，使用地理数据库技术，加入了地理信息系统分析功能，形成了极具实用价值的、可以为各行各业所用的大众化小型软件系统。MapInfo 含义是“Mapping + Information（地图 + 信息）”，即地图对象 + 属性数据。

①MapInfo Professional 是 MapInfo 公司主要的软件产品，它支持多种本地或者远程数据库，较好地实现了数据可视化，生成各种专题地图。此外还能够进行一些空间查询和空间分析运算，如缓冲区等，并通过动态图层支持 GPS 数据。

②MapBasic 是为在 MapInfo 平台上开发用户定制程序的编程语言，它使用与 BASIC 语言一致的函数和语句，便于用户掌握。通过 MapBasic 进行二次开发，能够扩展 MapInfo 功能，并与其他应用系统集成。

③MapInfo ProServer 是应用于网络环境下的地图应用服务器，它使得 MapInfo Professional 运行于服务器端，并能够响应用户的操作请求；而客户端可以使用任何标准的 Web 浏览器。由于在服务器上可以运行多个 MapInfo Professional 实例，以满足用户的服务请求，从而节省了投资。

④MapInfo MapX 是 MapInfo 提供的 OCX 控件。

⑤MapInfo MapXtrem 是基于 Internet/Extranet 的地图应用服务器，它可以用于帮助配置企业的 Internet。

⑥SpatialWare 是在对象—关系数据库环境下基于 SQL 进行空间查询和分析的空间信息管理系统，在 SpatialWare 中，支持简单的空间对象，从而支持空间查询，并能产生新的几何对象。在实际应用中，一般使用 SpatialWare 作为数据服务器，而 MapInfo Professional 作为客户端，可以提高系统开发效率。

⑦Vertical Mapper 提供了基于网格的数据分析工具。

2. 国产 GIS 软件

（1）MapGIS。

MapGIS 是中地数码集团的产品名称，是中国具有完全自主知识产权的地理信息系统，是全球唯一的搭建式 GIS 数据中心集成开发平台，实现遥感处理与 GIS 完全融合，支持空中、地上、地表、地下全空间真三维一体化的 GIS 开发平台，其功能模块包括以下几部分。

①数据输入模块：提供了各种的空间数据输入手段，包括数字化仪输入，扫描矢量化输入以及 GPS 输入。

②数据处理模块：可以对点、线、多边形等多种矢量数据进行处理，包括修改编辑、错误检查、投影变换等功能。

③数据输出：可以将编排好的图形显示到屏幕或者输出到指定设备上，也可以生成 PostScript 或 EPS 文件。

④数据转换：提供了 MapGIS 与其他系统之间数据转换的功能。

⑤数据库管理：实现了对空间和属性数据库管理和维护。

⑥空间分析：提供了包括 DTM 分析、空间叠加分析、网络分析等一系列空间分析功能。

⑦图像处理：图像配准镶嵌以及处理分析模块。

⑧电子沙盘系统：实时生成地形三维曲面。

⑨数字高程模型：可以根据离散高程点或者等高线插值生成网格化的 DEM，并进行相应的分析，如剖面分析、遮蔽角计算等。

（2）GeoStar。

GeoStar 是大型国产自主知识产权的地理信息系统基础软件平台，是吉奥之星系列软件的核心，在吉奥之星系列软件中负责矢量、影像、数字高程模型等空间数据的建库、管理、应用和维护。其功能模块包括以下几部分。

①GeoStar 的基本模块：提供的功能包括空间数据管理、数据采集、图形编辑、空间查询分析、专题制图和符号设计、元数据管理等，从而支持从数据录入到制图输出的整个 GIS 工作流程。

②GeoGrid：数字地形模型和数字正射影像的处理、分析模块。

③GeoTIN：利用离散高程点建立 TIN，进而插值得到 DEM，并进行相关分析运算和三维曲面生成。

④GeoImager：可以进行遥感图像的处理和影像制图。

⑤GeoImageDB：可以建立多尺度的遥感影像数据库系统。

⑥GeoSurf：利用 Java 实现的因特网空间信息发布系统。

⑦GeoScan：图像扫描矢量化模块，支持符号识别。

（3）Citystar。

城市之星地理信息系统软件由北京大学开发研制，是一个面向桌面应用的 GIS 平台，其具体模块包括以下几部分。

①Citystar 编辑模块：矢量数据的录入、编辑。

②Citystar 查询分析模块：矢量栅格综合的空间数据管理、查询、分析模块，提供了多种空间模型运算。

③Citystar 制图模块：提供了地图的整饰输出以及符号制作功能，同时也可以制作影像地图。

④Citystar 扫描矢量化模块：提供了线状图形扫描、细化、跟踪并矢量化的一系列操作，适用于地形图等高线的录入。

⑤Citystar 可视开发模块：包括 OCX 控件，使用户可以进行二次开发。该模块提供了一个平台，包装控件的功能，便于用户使用，同时实现了多源数据的管理和查询，使用户可以方便地构造应用。

⑥Citystar 遥感图像处理模块：提供了从遥感图像纠正到增强、变换、分类以提取专题信息整个流程的功能。

⑦Citystar 数字地形模块：等值线、离散点插值生成 DEM，并基于 DEM 进行各种分析。

⑧Citystar 三维模块：基于 DEM 的三维曲面生成和查询分析。

⑨Citystar GPS 模块：GPS 数据的接收、显示和分析。

（4）SuperMap GIS。

SuperMap GIS 是北京超图地理信息技术有限公司依托中国科学院的科技优势，立足技术创新，研制的新一代大型地理信息系统平台，满足各行业不同类型的用户需要。SuperMap Objects Java/. NET 6R 的最新版本——6R SP3 主要在跨平台性能、二三维一体化方面实现了新的突破。目前，6R SP3 涵盖了 Windows、Linux 和 AIX 三大平台的组件产品，不仅可以满足 Window 平台的开发，而且为进行跨平台开发提供更多的支持和选择。

基于开放的地理信息服务（Geographic Information Services）新理念和 SuperMap GIS 开放的技术体系，超图公司定位于研发 GIS 基础软件平台，包括组件式 GIS 开发平台、网络 GIS 开发平台、嵌入式 GIS 开发平台，为各行业的应用开发单位提供二次开发平台和数据处理工具，支持各行业应用开发单位开发 GIS 应用软件产品和应用系统。

SuperMap 始终从用户和开发者的角度出发，坚持 GIS 以服务为主的精神，为业界提供一个开放的软件环境，使用户和开发者可以任意搭建自己的 GIS 应用。基于 SuperMap GIS，用户不仅可以方便地建立自己的应用系统，还可以在此基础上开发出拥有自主知识产权的专业软件产品，从而拥有更广阔的增值空间。

SuperMap GIS 由多个软件组成，形成适合各种应用需求的完整的产品系列。SuperMap GIS 提供了包括空间数据管理、数据采集、数据处理、大型应用系统开发、地理空间信息发布和移动/嵌入式应用开发在内的全方位的产品，涵盖了 GIS 应用工程建设全过程。

6.2.4 地理信息系统的发展趋势

1. GIS 数据的共享和开放

在中国，数据问题是限制 GIS 发展的突出问题。GIS 的研究对象和基础是数据，离开数据，GIS 也就失去了价值。尽管我国 GIS 取得了辉煌的成就，但从应用来看，GIS 的发展规模和普及程度都与发达国家存在着明显的差距。尤其是在民用和经济领域，GIS 的应用更为落后。目前，我国 GIS 的应用范围很窄，大多集中在一些政府部门和科研机构所承担的大型项目中，社会普及率很低，对整个社会生产力发展的促进作用还不明显。这种情况与我国在 GIS 研究领域所取得的国际地位极不相称。

造成这种现象的原因很多，但主要原因是 GIS 数据的保密性。自 20 世纪 80 年代以来，不同层次的政府部门投入了大量资源和技术建立了丰富的 GIS 数据。但是，出于国防和国家安全考虑，地图的生产、出版、数字化等各个环节都有严格的限制。数据获取困难是 GIS 技术发展的严重障碍和瓶颈，使我们的国际领先科研成果得不到发挥，更不能为人民生活和经济发展带来好处。现在卫星遥感图像的分辨率日益提高，很多商业公司在全球发行的卫星遥感图像如 IKONOS 和 Quick Bird 的精度是 0.6 ~ 1m，而一般的 GPS 的精度也提升至 10m，对制作 1 : 5000 比例尺数字地图已经绰绰有余。事实上，发达国家采用比较开放的数据政策也是出于这样的考虑。随着各种测绘技术和 GPS 技术的不断发展，限制地理信息数据的公开使用已经意义不大，这样只会限制科技为群众服务，限制 GIS 科技对社会经济效益的贡献。不同的应用领域所需的数据精度也不一定需要很高，如旅游和交通导航系统，允许 1 : 5000 比例尺和详细度比较低的数据公开即能满足很多用户的要求，可以为整个社会的运行效率带来巨大的益处。提升数据的共享和开放，可以让 GIS 更广泛地应用于各个领域，更可以提高经济活动的效率，提高竞争力。另外，还可以减少 GIS 数据的成本，降低行业进入门槛，扩大 GIS 技术的应用，让数量众多的中小型企业从中受惠，开发出更多实用高效的 GIS 技术。随着大量 GIS 数据的共享和开放，GIS 将在各个领域中发挥强大的功能，更好地为人民生活和经济发展服务。

2. GIS 软件开发的产业化及市场化

近几十年来，我国 GIS 技术得到了长足的发展，GIS 基础软件技术支持得到了全面加强。目前，我国已形成了一批具有自主知识产权的 GIS 软件品牌，如 MapGIS、SuperMap、GeoStar 等，并将其应用到较多领域内。但总体上看，中国 GIS 市场尚处于初始发展阶段，规模偏小，空间分布不均衡，产业化及市场化程度还不够。GIS 软件应用及开发主要集中在高校及科研机构，也有不少政府部门自己成立新的部门，承担自己系统的设计、开发和维护。在市场环境中，与 ArcGIS 或 MapInfo 这样的产业化公司相比，这些机构和单位也许有较强的开发能力，但在市场拓展及售后服务方面则相形见绌，而市场及服务对于软件产品的成功是非常重要的。为进一步发展中国 GIS 软件产业，我们在产业化及市场化方面还有很多工作要做。

3. 交通 GIS 的发展

在我国，交通 GIS 是 GIS 的主要发展领域。GIS 在商业及民用领域最广泛的应用就是汽车导航和网上地图服务。交通信息与地理空间信息息息相关，因此，交通领域必然是 GIS 的重点应用领域之一。随着汽车拥有量和物流业在中国的不断增长和发展，对交通信息和车辆导航的需求也逐渐增大。交通 GIS 凭借其强大的交通信息服务和管理功能必将促进交通规划、建设、管理以及智能交通的发展，同时可以带来巨大的经济效益及社会效益。据统计，日本在使用智能交通系统以前，仅 1991 年因交通事故（或与交通有关的意外）的死伤人数就达 100 万人，因交通拥堵而损失了 53 亿小时，造成约 12 万亿日元的直接经济损失。采用智能导航系统后，交通堵塞和交通事故大为减少。使用智能导航系统还能有效地提高交通运输能力和效率，节省时间，减少环境污染。

交通地理信息系统（Geographic Information System for Transportation，GIS－T）是 GIS 技术在交通领域的延伸，它不仅提供城市道路信息，也提供有关出行其他信息（如商业、文化等）的查询，同时，数字化电子地图还可为交通信息系统提供准确的定位和识别功能。作为用于移动交通流检测系统的 GIS－T 需要有可以满足交通流采集、处理和发布的特殊功能，最重要的是其基本矢量数据的运算能力和多功能的界面显示能力。

4. WebGIS 的发展

随着 Internet 的迅猛发展和广泛使用，人们对地理信息系统的需求也日益增长，Internet 已成为 GIS 新的操作平台，它与 GIS 结合而形成的 WebGIS 是 GIS 软件发展的必然趋势。WebGIS 是一种利用 Internet 技术，采用 HTTP 协议，在 Internet 环境下实现对地理信息的分布式获取、分布式存储、分布式分析、分布式查询、显示和输出的地理信息系统。目前，WebGIS 发展极为迅速，已深入到各个应用领域。

与传统的基于桌面或局域网的 GIS 相比，WebGIS 主要有以下特点。

（1）系统成本降低。普通 GIS 在每个用户端都需要配备昂贵的专业 GIS 软件，而用户使用的经常只是一些最基本的功能，这实际上造成了极大的浪费。WebGIS 是利用个性化的终端进行信息发布，在客户端通常只需使用 Web 浏览器，其与全套专业 GIS 相比明显要节省软件成本，同时维护费也大大降低。

（2）与其他 Web 应用的无缝集成。开放的、非专用的 Internet 技术标准为 WebGIS 进一步扩展提供了极大的空间，并为 WebGIS 与其他信息服务进行无缝集成提供了最好的平台，从而使 WebGIS 的功能更丰富。

（3）平台的独立性。不论客户端的软硬件如何，只要能用 Web 浏览器，就可以访问 WebGIS 数据，特别是随着 SunONE 和 Microsoft 公司的.NET 计划的发展，“一次编写，到处运行”的 WebGIS 是完全可以实现的，从而使 WebGIS 的跨平台性向更深层次发展。

（4）高效的平衡计算负载。传统的 GIS 大都使用文件服务器结构的处理方式，其处理能力完全依赖于客户端，效率较低。WebGIS 系统能充分利用网络资源，将基础性、全局性的处理交由服务器执行，而对数据量较小的简单操作则由客户端直接完成。这种计算模式能灵活高效地寻求计算负荷和网络流量负载在服务器端和客户端的合理分配方案。

（5）更广泛的访问范围。全球范围内任意一个 Web 站点的 GIS 用户都能获得 WebGIS 服务器提供的服务，并且 WebGIS 实现了客户可同时访问多个位于不同服务器上的最新数据，从而真正地实现了 GIS 的大众化。而这一 Internet/Intranet 所特有的优势大大方便了 GIS 的数据管理，使分布式的多数据源的数据管理和合成更易于实现。

随着地理信息技术和网络技术的发展，Internet 与 GIS 结合而成的 WebGIS 以其独到的优势在诸多领域得到愈来愈广泛的应用，因而分析总结 WebGIS 新的发展趋势具有重要意义。

（1）分布式数据处理功能。

在传统的集中式空间数据库中，从数据采集到纳入数据库，受时间和空间的限制，给数据的更新和信息的实时发布带来障碍，往往提供给用户的信息已失去了现实性，不能作为有效的判断和决策的依据。而地理信息描述的地理事务本身是分布的，如果把地理信息布局在分布式的地理数据库中，可以实时更新，分布式 WebGIS 将改变这一传统模式，使数据的获取与更新可以通过网络进行。

在分布式网络地理信息系统中服务器端是一个局域网内的工作组，由多个计算机协同提供服务；服务器不再访问一个集中数据库，而访问分布式的数据库，但是数据和服务在服务器端的分布状况对 Internet 客户是透明的，用户不需要了解数据的分布状况。这样的系统具有很好的扩展性，能够提供更强大的功能和地理信息服务。

（2）开放的地理数据交换体系。

在网络环境下如何对地理数据采用规范化的编码使得分布在网络下的所有用户可以无缝地获取、访问、浏览地理数据还存在很大的问题。地理标记语言（Geography Markup Language，GML）是可扩展标识语言（Extensible Markup Language，XML）的子集，是由 Open GIS 联盟制定的基于 XML 的对地理信息（包括地理特征的几何和属性）的传输和存储的编码规范。GML 是一个简单的基于文本的地理特征编码标准。GML 是基于 OGC 创建的公共地理模型（OGC 抽象规范），已经被大多数的 GIS 开发商所接受并得到进一步的开发。GML 是基于 XML 的，这将使 GML 数据的集成更加容易。GML 是严格按照被广泛采用的 XML 标准制定的，这就确保了 GML 数据可以广泛地被商业或者免费工具所浏览、编辑、转换。预计，随着越来越多的组织机构和软件开发商使用 GML 作为空间数据表达、传输、存储的规范，空间数据编码的统一以及数据交互操作和共享将最终成为现实。基于 GML 的地理信息表达是解决地理数据互操作的途径。

（3）一体化的空间数据管理与分析。

从数据管理的角度来看，空间数据有下列特点。

①数据量大，结构复杂，关系多样化。

②查询过程比较复杂。

③难以定义多维空间对象的空间次序。

因此，难以选择理想的数据库管理平台成为 WebGIS 发展的瓶颈之一。利用面向对象的分布式多空间数据库技术是目前有效地解决这一问题的较好途径。

（4）空间分析功能。

在网上对地理数据的操作和分析是 WebGIS 今后发展的重要方向之一。地理数据的分析功能，即空间分析，是 GIS 得以广泛应用的重要原因之一。通过 GIS 提供的空间分析功能，用户可以从已知的地理数据中得出隐含的重要结论，这对于许多应用领域是至关重要的。但目前网络地理信息系统的空间分析功能比较弱，部分产品虽可以提供缓冲区分析和最短路径分析等功能，却仍然无法满足需要。GIS 的空间分析分为两大类：矢量数据空间分析和栅格数据空间分析。WebGIS 在网上空间分析部分还有一段路要走。

（5）网络三维可视化。

在 WebGIS 中，结合三维可视化技术，完全再现地理环境的真实情况，把所有管理对象都置于一个真实的三维世界里，真正做到了管理意义上的“所见即所得”。网络三维 GIS 的应用领域越来越广泛。目前的 WebGIS 大多只提供一些较为简单的三维显示和操作功能，这与真三维表示和分析还有很大差距。限制网络三维发展的主要因素在于显示速度，将来实现宽带网和数据压缩技术的发展会推动它的发展。真正的三维 GIS 必须支持真三维的矢量和栅格数据模型及以此为基础的三维空间数据库，解决三维空间操作和分析问题。

5. 三维 GIS 的发展

通常的 GIS 技术提供给我们的是一个二维视图，称为 2D GIS。2D GIS 始于 20 世纪 60 年代，现已应用到各行各业，产生巨大的经济效应。世界本来就是处于三维空间中的，而发展日渐成熟的 2D GIS 是将现实世界简化为平面上二维投影进行操作的，本质上是基于抽象符号的系统，不能给人以自然界的本质感受。这主要是由于当初计算机处理能力有限造成的。随着计算机图形图像学、计算机可视化技术以及相关学科的发展，使得生成、显示和操纵完全描述目标 3D 几何特征和属性特征的数据成为可能，人们开始对 3D GIS 理论和实际应用方面进行了有益的探索和实践。随着应用的深入，人们越来越多地要求从三维空间来处理问题。

3D GIS 是将 3D 空间坐标（x，y，z）作为独立参数来进行空间实体对象的几何建模，其数学表达式为 $F=f(x, y, z)$。3D GIS 不仅能表达空间对象间的平面关系和垂直关系，而且能对其进行三维空间分析和操作，向用户立体展现地理空间现象，给人以更真实的感受。

2005 年，在整合人类信息方面更进一步，于当年 2 月推出了 Google Maps。不久后推出了采用 3D 卫星图像的地图服务 Google Earth，进一步丰富了位置服务产品线。

3D GIS 不仅摆脱了空间信息在二维平面中单调展示的束缚，为信息判读和空间分析提供了更好的途径，也可为各行业提供更直观的辅助决策支持。因此，空间信息的社会化应用服务迫切需要 3D GIS 的支持，3D GIS 已日益成为 GIS 发展的重要方向之一。更丰富、逼真的平台，使人们将抽象难懂的空间信息可视化和直观化，人们结合自己相关的经验就可以理解，从而做出准确而快速的判断，图 6 - 3 为曼哈顿在 Google Earth 的 3D 画面。

图 6 - 3　曼哈顿在 Google Earth 的 3D 画面

6.3　GPS 技术

GPS（Global Positioning System）是“全球定位系统”的简称。它是美国从 20 世纪 70 年代开始研制，耗资近 200 亿美元，于 1994 年全面建成的利用导航卫星进行测时和测距，其作用是为美军方在全球的舰船、飞机导航并指挥陆军作战。该系统具有在海、陆、空进行全方位实时三维导航与定位能力，它是继阿波罗登月计划、航天飞机后的美国第三大航天工程。

美国 1994 年宣布在 10 年内向全世界免费提供 GPS 的使用权，使世界各国争相利用这一系统。1996 年，美国政府正式宣布将 GPS 开放为军民两用系统，但仍实行 SA（可用性选择）政策，故意降低定位精度，使民用用户的应用受到限制。直到 2000 年 5 月 1 日，美国总统宣布将 SA 置为零，在很大程度上促进了民用 GPS 应用的发展和普及。如今，GPS 已经成为当今世界上最实用，也是应用最广泛的全球精密导航、指挥和调度系统。

6.3.1　GPS 概述

1. GPS 的定义

在 GPS 出现之前，远程导航与定位主要使用的是无线导航系统和卫星定位系统。

其中，无线导航系统应用较为广泛，该系统主要有三种。①罗兰 - C：工作在100KHz，由3个地面导航台组成，导航工作区域2000km，一般精度200～300m。②Omega（奥米加）：工作在十几千赫。由8个地面导航台组成，可覆盖全球，精度几英里。③多普勒系统：该系统利用多普勒频移原理，通过测量其频移得到运动物参数（地速和偏流角），推算出飞行器位置，属自备式航位推算系统，误差随航程增加而累加。但无线导航系统存在着一定的缺点，如覆盖的工作区域小、电波传播受大气影响，定位精度不高等。卫星定位系统指的是美国的子午仪（Transit）系统，该系统于1958年研制，1964年正式投入使用。由于该系统卫星数目较小（5～6颗），运行高度较低（平均1000km），从地面站观测到卫星的时间间隔较长（平均1.5h），因而它无法提供连续的实时三维导航，而且精度较低。

通过以上分析，GPS可定义为：利用空间卫星星座（通信卫星）、地面控制部分及信号接收机对地面目标的状况进行精确测定并提供全方位导航和定位的系统。

2. GPS 的功能

美国在设计GPS时提供两种服务。一种为精密定位服务（PPS），利用精码（军码）定位，提供给军方和得到特许的用户使用，定位精度可达10m。另一种为标准定位服务（SPS），利用粗码（民码）定位，提供给民间及商业用户使用。目前GPS民码单点定位精度可以达到25m，测速精度0.1m/s，授时精度200ns。

作为军民两用的系统，其应用范围极广。在军事上，GPS已成为自动化指挥系统、先进武器系统的一项基本保障技术，应用于各种兵种。在民用上，其应用领域包括陆地运输、海洋运输、民用航空、通信、测绘、建筑、采矿、农业、电力系统、医疗应用、科研、家电、娱乐等。

具体说来，GPS的功能主要有以下几个方面。

（1）自动导航。GPS的主要功能就是自动导航，可用于武器导航、车辆导航、船舶导航、飞机导航、星际导航、个人导航。GPS利用接收终端向用户提供位置、时间信息，也可结合电子地图进行移动平台航迹显示、行驶线路规划和行驶时间估算，对军事而言，可提高部队的机动作战和快速反应能力，在民用上也可以提高民用运输工具的运载效率，节约社会成本。

（2）指挥监控。GPS的导航定位和数字短报文通信基本功能可以有机结合，利用系统特殊的定位体制，将移动目标的位置信息和其他相关信息传送至指挥所，完成移动目标的动态可视化显示和指挥指令的发送，实现移动目标的指挥监控。

（3）跟踪车辆、船舶。为了随时掌握车辆和船舶的动态，需根据地面计算机终端实时显示车辆、船舶的实际位置，了解货运情况，实施有效的监控和快速运转。

（4）信息传递和查询。利用GPS，管理中心可对车辆、船舶提供相关的气象、交通、指挥等信息，还可将行进中车辆、船舶的动态信息传递给管理中心，实现信息的双向交流。

（5）及时报警。通过使用GPS，及时掌握运输装备的异常情况，接收求救信息和报警信息，并迅速传递到地面管理中心，从而实行紧急救援。

（6）其他。GPS还广泛应用在天文台、通信系统基站、电视台的精确定时，道路、桥梁、隧道的施工中大量采用 GPS 设备进行工程测量、野外勘探及城区规划中的勘探测绘等。

3. GPS 的特征

GPS 系统的特点：高精度、全天候、高效率、多功能、操作简便、应用广泛等。

（1）定位精度高。GPS 定位精度高，应用实践已经证明。

（2）定位快速、高效。随着 GPS 系统软件的不断更新，实时定位所需时间越来越短。目前，20km 以内相对静态定位，仅需 15～20min；快速静态相对定位测量时，当每个流动站与基准站相距 15km 以内时，流动站观测时间只需 1～2min，然后可随时定位，每站观测只需几秒钟。目前 GPS 接收机的一次定位和测速工作在 1s 甚至更短的时间内便可完成。

（3）功能多样、应用广泛。GPS 系统不仅具有定位导航的功能，还具有跟踪、监控、测绘等功能。作为军民两用的系统，尤其是在民用领域应用广泛。GPS 系统还可用于测速、测时，测速的精度可达 0.1m/s，测时的精度可达几十毫微秒。

（4）可测算三维坐标。通常所用的大地测量方式是将平面与高程采用不同方法分别施测。GPS 可同时精确测定测站点的三维坐标。目前，GPS 水准可满足四等水准测量的精度。

（5）操作简单。随着 GPS 接收机不断改进，自动化程度越来越高，简化了操作步骤，使用起来更方便；接收机的体积越来越小，重量越来越轻，在很大程度上减轻了使用者劳动强度和工作压力，使工作变得更加轻松。

（6）全天候，不受天气影响。由于 GPS 卫星数目较多且分布合理，所以在地球上任何地点均可连续同时观测到至少 4 颗卫星，从而保障了全球、全天候连续实时导航与定位的需要。目前，GPS 观测可在一天 24h 内的任何时间进行，不受阴天黑夜、起雾刮风、下雨下雪等气候的影响。

4. GPS 系统构成

GPS 系统由三大部分构成：空间部分——GPS 卫星星座；地面控制部分——地面监控系统；用户设备部分——GPS 信号接收机。其中，空间部分由卫星星座构成，地面控制部分由地面卫星控制中心进行管理；用户部分则由军用和民用研发厂商开发、销售、服务。

（1）GPS 卫星星座。

GPS 空间部分目前共有 30 颗、4 种型号的导航卫星，其中 6 颗为技术试验卫星。24 颗导航卫星位于距地表 20200km 的上空，分布在 6 个轨道平面内，每个近似圆形的轨道平面内各有 4 颗卫星均匀分布，可以保证在全球任何地点、任何瞬间至少有 4 颗卫星同时出现在用户视野中，即每台 GPS 接收机无论在任何时刻、在地球上任何位置都可以同时接收到最少 4 颗 GPS 卫星发送的空间轨道信息。接收机通过对接收到的每颗卫星的定位信息的解算，便可确定该接收机的位置，从而提供高精度的三维（经度、纬度、高度）定位导航及信息，具有在时间上连续的全球导航能力。

GPS 导航卫星是由洛克菲尔国际公司空间部研制的，卫星重 774kg，使用寿命为 7 年。卫星采用蜂窝结构，主体呈柱形，直径为 1.5m。卫星两侧装有两块双叶对日定向太阳能电池帆板，全长 5.33m，接受日光面积为 7.2m²。对日定向系统控制两翼电池帆板旋转，使板面始终对准太阳，为卫星不断提供电力，并给三组 15Ah 镉镍电池充电，以保证卫星在地球阴影部分仍能正常工作。在星体底部装有 12 个单元的多波束定向天线，能发射张角大约为 30 度的两个 L 波段（19cm 和 24cm 波段）的信号。在星体的两端面上装有全向遥测遥控天线，用于与地面监控网的通信。此外，卫星还装有姿态控制系统和轨道控制系统，以便使卫星保持在适当的高度和角度，准确对准卫星的可见地面。

GPS 卫星产生两组电码，一组称为 C/A 码（Coarse/Acquisition Code 11023MHz），另一组称为 P 码（Precise Code 10123MHz），P 码因频率较高，不易受干扰，定位精度高，因此受美国军方管制，并设有密码，一般民间无法解读，主要为美国军方服务，每 7 天重复一次（位率 10.3MHz）。C/A 码人为采取措施而刻意降低精度后，主要开放给民间使用，C/A 代码每 1ms 重复一次（位率 1.023MHz）。

（2）地面监控系统。

地面监控系统如图 6－4 所示，是整个系统的中枢，由美国国防部 JPO 管理。GPS 卫星是一动态已知点，每个卫星的位置是依据卫星播发的星历——描述卫星运动及其轨道的参数算得的。每颗 GPS 卫星所播发的星历，是由地面监控系统提供的。卫星上的各种设备是否正常工作，以及卫星是否一直沿着预定轨道运行，都要由地面设备进行监测和控制。

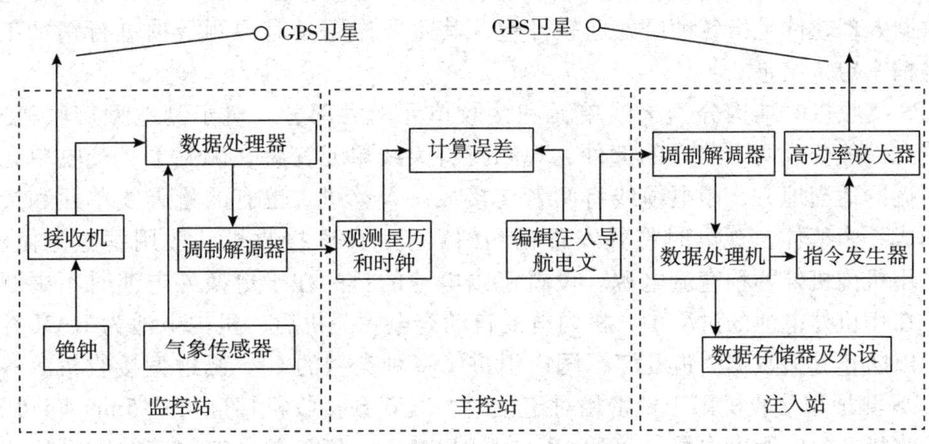

图 6－4　GPS 地面监控系统

地面监控系统的另一重要作用是保持各颗卫星处于同一时间标准——GPS 时间系统。这就需要地面站监测各颗卫星的时钟，求出误差。然后由地面注入站发给卫星，卫星再将导航电文发给用户设备。

GPS 工作卫星的地面监控系统包括一个主控站、五个卫星监测站和三个信息注入站。主控站 1 个，设在美国本土科罗拉多斯普林斯（Colorado Springs）的联合空间执行中心。主控站拥有大型电子计算机，收集各监测站测得的伪距、卫星时钟和工作状态等综合数据，计算各卫星的星历、时钟改正、卫星状态、大气传播改正等，然后将这些数据按一定的格式编写成导航电文，并传送到注入站。卫星监测站是在主控站直接控制下的数据自动采集中心，分别位于夏威夷、亚森欣岛、迪亚哥加西亚、瓜加林岛、科罗拉多泉。这些卫星监测站监控 GPS 卫星的运作状态及它们在太空中的精确位置，并负责传送卫星瞬时常数（Ephemera's Constant）、时脉偏差（Clock Offsets）的修正量，再由卫星将这些修正量提供给 GPS 接收器便于定位。信息注入站现有 3 个，分别设在印度洋、南大西洋和南太平洋。注入站的主要设备包括 1 台直径为 3.6m 的天线、1 台 C 波段发射机和 1 台计算机，主要任务是在主控站的控制下将主控站推算和编制的卫星星历、钟差、导航电文和其他控制指令等注入相应卫星的存储系统，并检测正确性。

整个 GPS 的地面监控部分，除主控站外均无人值守。各站间用现代化的通信网络联系起来，在原子钟和计算机的精确控制下，各项工作实现了高度的自动化和标准化。

（3）GPS 用户设备。

GPS 用户设备由接收机硬件和机内软件以及 GPS 数据的后处理软件包组成。GPS 接收机硬件一般包括 GPS 接收机、天线和电源，接收机的主要功能是捕获到按一定卫星截止角所选择的待测卫星，并跟踪这些卫星的运行。当接收机捕获到跟踪的卫星信号后，即可测量出接收天线至卫星的伪距离和距离的变化率，解调出卫星轨道参数等数据。根据这些数据，接收机中的微处理计算机就可按定位解算方法进行定位计算，实时地计算出运动（或静态）载体的位置、速度、高度、运动方向、时间等三维参数。GPS 数据处理软件是指各种后处理软件包，其主要作用是对观测数据进行精加工，以便获得精密定位结果。

GPS 接收机的结构分为天线单元和接收单元两大部分。对于测地型接收机来说，两个单元一般分成两个独立的部件，观测时将天线单元安置在测站上，接收单元置于测站附近的适当地方，用电缆线将两者连接成一个整机。也有的将天线单元和接收单元制作成一个整体，观测时将其安置在测站点上。GPS 接收机一般用蓄电池做电源，同时采用机内机外两种直流电源。设置机内电池的目的在于更换外电池时不中断连续观测。在用机外电池的过程中，机内电池自动充电。关机后，机内电池为 RAM 存储器供电，以防止丢失数据。近几年，国内引进了多种类型的 GPS 测地型接收机。各种类型的 GPS 测地型接收机用于精密相对定位时，其双频接收机精度可达 5mm + 1PPM. D，单频接收机在一定距离内精度可达 10mm + 2PPM. D。用于差分定位其精度可达亚米级至厘米级。

GPS 卫星接收机应用广泛，目前商用的 GPS 接收机主要有精度较高的差分式 GPS 和精度较低的手持式 GPS 两种，而且现在手机也开始带有 GPS 功能。GPS 卫星接收机根据用途分为车载式（见图 6－5）、船载式、机载式、星载式、弹载式；根据型号分为测绘型（见图 6－6）、全站型、定时型、手持型（见图 6－7）、集成型（见图 6－8）；按使用环境可分为中低动态接收机和高动态接收机；按所收信号可分为单频 C/A 码接收机和双频 P 码和 Y 码接收机。

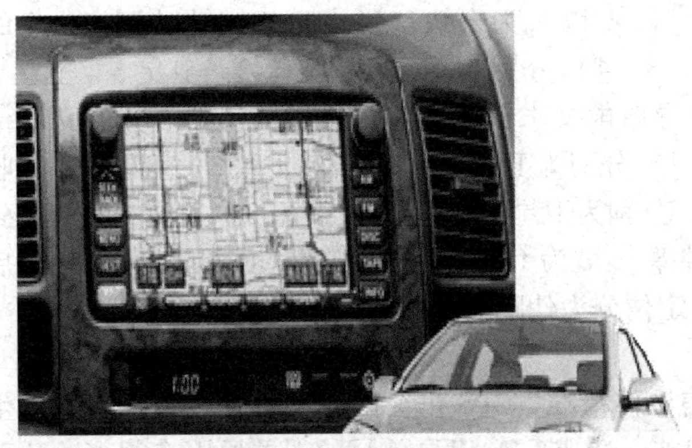
图 6-5 车载式卫星接收机

图 6-6 测绘型卫星接收机

图 6-7 手持型卫星接收机

图 6-8 集成型接收机

6.3.2 GPS 定位原理

1. GPS 定位原理

GPS 的定位原理实际上就是测量学的空间测距定位。其特点就是利用平均 20200km 高空均匀分布在 6 个轨道上的 24 颗卫星，发射测距信号 C/A 码及 L1、L2 载波，用户通过接收机接收这些信号测量卫星至接收机之间的距离。由于卫星的瞬时坐标是已知的，利用三维坐标中的距离公式，利用 3 颗卫星，就可以组成 3 个方程式，解出观测点的位置（X, Y, Z）。考虑到卫星时钟与接收机时钟之间的误差，实际上有 4 个未知数，X、Y、Z 和钟差，因而需要引入第 4 颗卫星，形成 4 个方程式进行求解，从而得到观测点的经纬度和高程（一般地形条件下可见 4 ~ 12 颗卫星）。

待测点坐标计算公式：

$$[(x_1-x)^2+(y_1-y)^2+(z_1-z)^2]^{1/2}+c(x_{t_1}-v_{t_0})^2=d_1$$

$$[(x_2-x)^2+(y_2-y)^2+(z_2-z)^2]^{1/2}+c(x_{t_2}-v_{t_0})^2=d_2$$

$$[(x_3-x)^2+(y_3-y)^2+(z_3-z)^2]^{1/2}+c(x_{t_3}-v_{t_0})^2=d_3$$

$$[(x_4-x)^2+(y_4-y)^2+(z_4-z)^2]^{1/2}+c(x_{t_4}-v_{t_0})^2=d_4$$

上述4个方程式中待测点坐标 x、y、z 和 vt_0 为未知参数，x、y、z 为待测点坐标的空间直角坐标。x_i、y_i、z_i（$i=1$，2，3，4）分别为卫星1、卫星2、卫星3、卫星4在 t 时刻的空间直角坐标，可由卫星导航电文求得，vt_0 为接收机的钟差。其中 $d_i=vt_i$（$i=1$，2，3，4）。d_i（$i=1$，2，3，4）分别为卫星1、卫星2、卫星3、卫星4到接收机之间的距离。vt_0（$i=1$，2，3，4）分别为卫星1、卫星2、卫星3、卫星4的信号到达接收机所经历的时间（卫星钟的钟差），c 为GPS信号的传播速度（即光速），最后求解方程，得（x，y，z，vt_0）。GPS定位分为伪距测量和载波相位测量两种。

2. GPS误差分析

在利用GPS进行定位时，即使信号再精准，GPS仍会因各种自然或干扰因素产生误差使我们所得的结果与实际有所偏差。造成GPS卫星信号的误差原因有很多，从卫星之间的距离到自然界的物理因素的干扰，再到接收机内部误差，都有可能造成GPS产生信号误差，具体而言，有以下几个方面。

（1）GPS卫星的误差。

①卫星轨道误差。在进行GPS定位时，计算在某时刻GPS卫星位置所需的卫星轨道参数是通过各种类型的星历提供的，但不论采用哪种类型的星历，所计算出的卫星位置都会与其真实位置有所差异，这就是所谓的卫星轨道误差。

②卫星时钟误差。卫星非常的精密复杂，可以计算出一些像原子钟那样极微小的信息，但是即使是这样的精准装置，仍会有一些微小的误差产生。虽然会持续监控卫星的定位，但并不是每一秒都处于被监视的状态之中，这期间一旦有微小的定位误差或卫星星历的误差产生，便会影响接收机在定位计算时的准确性。

③SA政策。美国政府从其国家利益出发，通过降低广播星历精度、在GPS信号中加入高频抖动等方法，人为降低普通用户利用GPS进行导航定位时的精度（2000年取消）。

（2）接收机误差。

接收机误差主要有接收机钟差、接收机天线相位中心偏差、接收机软硬件误差、天线相对旋转产生的误差。接收机钟差是指GPS接收机所使用的钟的钟面时与GPS标准时之间的差异。

（3）传播路径误差。

①大气层延迟。大气层延迟包括电离层延迟和对流层延迟。电离层延迟是由于地球周围的电离层对电磁波的折射效应，使GPS信号的传播速度发生变化，这种变化称为电离层延迟。对流层延迟的出现是由于地球周围对流层对电磁波的折射效应，使GPS信号的传播速度发生变化，如图6-9所示。

②多路径效应。由于接收机周围环境的影响，使得接收机所接收到的卫星信号中还包含有反射和折射信号的影响，这就是所谓的多路径效应。

③其他。定位的结果还会受到人为因素的影响，用户在数据处理过程中操作不当也会引起定位结果的误差。如数据处理软件算法不完善，固体潮、海水负荷等都可能引起偏差。

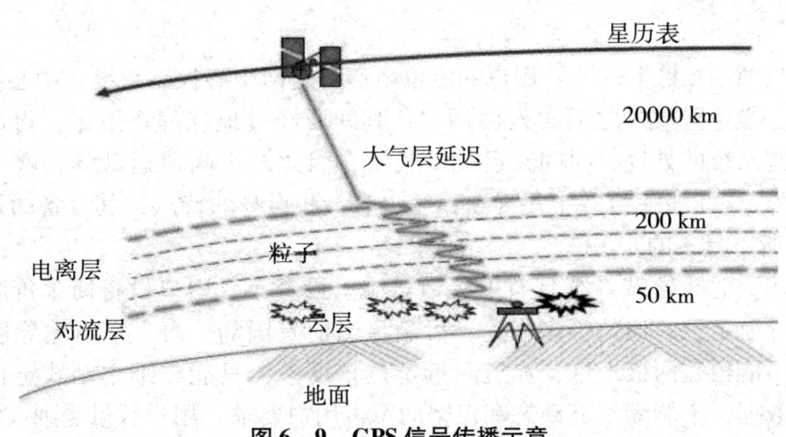

图 6-9 GPS 信号传播示意

6.3.3 北斗卫星导航系统

1. 概述

北斗卫星导航系统（BDS）是中国正在实施的自主发展、独立运行的全球卫星导航系统，致力于向全球用户提供高质量的定位、导航、授时服务，并能向有更高要求的授权用户提供进一步服务，军用与民用目的兼具。中国在 2003 年完成了具有区域导航功能的北斗卫星导航试验系统，之后开始构建服务全球的北斗卫星导航系统，于 2012 年起向亚太大部分地区正式提供服务，2020 年建成北斗三号系统，向全球提供服务。

北斗卫星导航系统和美国全球定位系统、俄罗斯格洛纳斯系统及欧盟伽利略定位系统一起，是联合国卫星导航委员会已认定的供应商。

北斗一号卫星定位系统的英文简称为 BD，在 ITU（国际电信联合会）登记的无线电频段为 L 波段（发射）和 S 波段（接收）。北斗二号卫星定位系统的英文为 Compass（即指南针），在 ITU 登记的无线电频段为 L 波段。

北斗一号系统的基本功能包括定位、通信（短消息）和授时。

北斗二号系统的功能与 GPS 相同，即定位与授时。

2. 与 GPS 系统区别

（1）覆盖范围：北斗导航系统是覆盖我国本土的区域导航系统。覆盖范围东经 70°~140°，北纬 5°~55°。GPS 是覆盖全球的全天候导航系统，能够确保地球上任何地点、任何时间都能同时观测到 6~9 颗卫星（实际上最多能观测到 11 颗）。

（2）卫星数量和轨道特性：北斗导航系统是在地球赤道平面上设置 2 颗地球同步卫星颗卫星的赤道角距约 60°。GPS 是在 6 个轨道平面上设置 24 颗卫星，轨道赤道倾角 55°，轨道面赤道角距 60°。航卫星为准同步轨道，绕地球一周 11h58min。

（3）定位原理：北斗导航系统是主动式双向测距二维导航。地面中心控制系统解算，供用户三维定位数据。GPS 是被动式伪码单向测距三维导航。为了弥补系统易损性，GPS 正在发展星际横向数据链技术，如果主控站被毁 GPS 卫星可以独立运行。而“北斗一号”系统从原理上排除了这种可能性，一旦中心控制系统受损，系统就不能继续工作了。

（4）实时性："北斗一号"用户的定位申请要送回中心控制系统，中心控制系统解算出用户的三维位置数据之后再发回用户，其间要经过地球静止卫星，再加上卫星转发，中心控制系统的处理，时间延迟就更长了，因此对于高速运动体，就加大了定位的误差。此外，"北斗一号"卫星导航系统也有一些自身的特点，其具备的短信通信功能就是 GPS 所不具备的。

综上所述，北斗导航系统具有卫星数量少、投资小、用户设备简单价廉、能实现一定区域的导航定位、通信等多用途，可满足当前我国陆、海、空运输导航定位的需求。缺点是不能覆盖两极地区，赤道附近定位精度差，只能二维主动式定位，且需提供用户高程数据，不能满足高动态和保密的军事用户要求，用户数量受到一定限制。此外，该系统并不排斥国内民用市场对 GPS 的广泛使用。相反，在此基础上还将建立中国的 GPS 广域差分系统。可以使受 SA 干扰的 GPS 民用码接收机的定位精度由百米级修正到数米级，可以更好地促进 GPS 在民间的利用。

6.3.4 其他主要卫星定位技术

卫星定位的通称是 GNSS（Global Navigation Satellite System）。目前，除了美国 GPS 卫星定位系统外，还有俄罗斯的 GLONASS（格洛纳斯）系统，以及欧盟的 GALILEO（伽利略）系统。中国建成了北斗一代，正在建设 CNSS 系统。日本也在建设其地区性的卫星定位系统及 QZSS（准天顶）卫星系统。

1. GLONASS 系统

GLONASS（格洛纳斯）卫星导航系统由俄罗斯政府运作。GLONASS 系统由卫星、地面测控站和用户设备三部分组成，由 21 颗工作星和 3 颗备份星组成，分布于 3 个轨道平面上，每个轨道面有 8 颗卫星，轨道高度 1.9km，运行周期 11h15min。GLONASS 系统于 20 世纪 70 年代开始研制，1984 年发射首颗卫星入轨。但由于航天拨款不足，该系统部分卫星一度老化，最严重时曾只剩 6 颗卫星运行，2003 年 12 月，由俄国应用力学科研生产联合公司研制的新一代卫星交付联邦航天局和国防部试用，为 2008 年全面更新 Glonass 系统做准备。在技术方面，GLONASS 系统的抗干扰能力比 GPS 要好，但其单点定位精确度不及 GPS 系统。2004 年，印度和俄罗斯签署了《关于和平利用俄全球导航卫星系统的长期合作协议》，正式加入了 GLONASS 系统，计划联合发射 18 颗导航卫星。至 2006 年年末，格洛纳斯系统的卫星数量已达到 17 颗。预计整个"格洛纳斯"系统将于 2009 年完成 24 颗卫星的部署工作，届时卫星导航范围可覆盖整个地球表面和近地空间，实现全球定位导航，定位精度将达到 1.5m 以内。卫星星座有 3 个轨道，倾角 64.8°，偏心率 0.01，24 颗卫星，高度 19100km，运行周期 11h15min。

2. GALILEO 系统

目前，世界上在轨运行的全球卫星定位系统只有美国的 GPS 系统和俄罗斯的 GLONASS 系统，但由于 GLONASS 系统迟迟未能部署完毕，因此世界卫星定位导航市场一直被美国垄断。出于经济和政治的考虑，欧洲也开始进入卫星导航领域，"伽利略"计划引人瞩目。"伽利略"计划是以意大利著名物理学家伽利略的名字命名的欧洲卫星定位导航系统。它是一种中高度圆轨道卫星定位方案。计划共发射30颗卫星，其中27颗卫星为工作卫星，3颗为候补卫星，还有两个地面控制中心。该系统现准备投入34亿欧元，总耗资估计达100亿欧元。如果欧洲“伽利略”计划能够顺利部署并覆盖全球，那么毫无疑问到时能与美国一比高下。卫星星座：30（27+3）颗卫星，分布在3个轨道上，轨道高度23616km，轨道倾角为56°。

建成后的伽利略系统将具备至少三方面优势：首先，其覆盖面积将是GPS系统的两倍，可为更广泛的人群提供服务；其次，其地面定位误差不超过1m，精确度要比GPS高5倍以上；最后，伽利略系统使用多种频段工作，在民用领域比GPS更经济、更透明、更开放。伽利略计划一旦实现，不仅可以极大地方便欧洲人的生活，还将为欧洲的工业和商业带来可观的经济效益。更重要的是，欧洲将从此拥有自己的全球卫星定位系统，这不仅有助于打破美国GPS系统的垄断地位，在全球高科技竞争浪潮中夺取有利位置，更可以为建设欧洲独立防务创造条件。

3. QZSS 卫星系统

QZSS卫星系统是准天顶卫星系统（Quasi－Zenith Satellite System）的简称，是一个由4颗卫星组成的、基于时间传递的区域性星基导航增强系统。该系统是GPS系统在亚太地区的补充和增强系统，需要与GPS进行紧耦合。准天顶卫星系统包括3颗倾斜同步轨道卫星和1颗地球同步轨道卫星。由日本政府运营。

6.4 基于GPS/GIS技术的综合应用

GIS/GPS在物流企业应用的优势主要体现在以下几个方面。

（1）GIS/GPS的应用，必将提升物流企业的信息化程度，使企业日常运作数字化，包括企业拥有的物流设备或者客户的任何一笔货物都能用精确的数字来描述，不仅提高企业运作效率，同时提升企业形象，争取更多的客户。

（2）结合物流企业的决策模型库的支持，根据物流企业的实际仓储情况，并且由GPS获取的实时道路信息，可以计算出最佳物流路径，给运输设备导航，减少运行时间，降低运行费用。利用GPS和GIS技术可以对车辆进行实时定位、跟踪、报警、通信等，能够满足掌握车辆基本信息、对车辆进行远程管理的需要，有效避免车辆的空载现象，同时客户也能通过互联网技术，了解自己货物在运输过程中的细节情况。

（3）通过对物流运作的协调，促进协同商务发展，让物流企业向第四方物流转换。由于物流企业能够实时地获取每部车辆的具体位置、载货信息，故物流企业能用系统的观念运作企业的业务，降低空载率。物流企业通过无线通信、GIS/GPS能够精确地获取运输车辆的信息，再通过Internet让企业内部和客户访问，从而把整个企业的操作及业务变得透明，为协同商务打下基础。但是，将GIS、GPS、无线通信（WAP）与互联网技术（Web）集成一体，应用于物流和供应链管理信息技术领域，国内还没有完全成熟。不过，相信随着人们的重视和技术的进步，GIS、GPS、WAP和Web技术将结合在一起，共同描绘透明物流企业，减少物流黑洞，增强国内物流企业竞争力，在不久将开放的物流市场上站稳脚跟。

6.4.1 GIS在物流中的应用

1. 实时监控

经过GSM网络的数字通道，将信号输送到车辆监控中心，监控中心通过差分技术换算位置信息，然后通过GIS将位置信号用地图语言显示出来，货主、物流企业可以随时了解车辆的运行状况、任务执行和安排情况，使不同地方的流动运输设备变得透明而且可控。另外还可能通过远程操作，断电锁车、超速报警对车辆行驶进行实时限速监管、偏移路线预警、疲劳驾驶预警、危险路段提示、紧急情况报警、求助信息发送等安全管理保障驾驶员、货物、车辆及客户财产安全。

2. 指挥调度

客户经常会因突发性的变故而在车队出发后要求改变原定计划：有时公司在集中回程期间临时得到了新的货源信息；有时几个不同的物流项目要交叉调车。在上述情况下，监控中心借助GIS就可以根据车辆信息、位置、道路交通状况向车辆发出实时调度指令，用系统的观念运作企业业务，达到充分调度货物及车辆的目的，降低空载率，提高车辆运作效率。如为某条供应链服务，则能够发挥第三方物流的作用，把整个供应链上的业务操作变得透明，为企业供应链管理打下基础。

3. 规划车辆路径

主流的GIS应用开发平台大多集成了路径分析模块，运输企业可以根据送货车辆的装载量、客户分布、配送订单、送货线路交通状况等因素设定计算条件，利用该模块的功能，结合真实环境中所采集到的空间数据，分析客、货流量的变化情况，对公司的运输线路进行优化处理，可以便利地实现以费用最小或路径最短等目标为出发点的运输路径规划。

4. 信息查询

货物发出以后，受控车辆所有的移动信息均被存储在控制中心计算机中——有序存档、方便查询；客户可以通过网络实时查询车辆运输途中的运行情况和所处的位置，了解货物在途中是否安全，是否能快速、有效地到达。接货方只需要通过发货方提供的相关资料和权限，就可通过网络实时查看车辆和货物的相关信息，掌握货物在途中的情况以及大概的到达时间。以此来提前安排货物的接收、存放以及销售等环节，使货物的销售链可提前完成。

6.4.2 GPS在物流中的应用

1. 导航功能

三维导航既是GPS的首要功能，也是其最基本功能，其他功能都要在导航功能的基础上才能完全发挥作用。飞机、船舶、地面车辆以及步行者都可利用GPS导航接收器进行导航。汽车导航系统是在GPS的基础上发展起来的一门新技术。它由GPS导航、自律导航、微处理器、车速传感器、陀螺传感器、CD－ROM驱动器、LCD显示器组成。

GPS导航是由GPS接收机接收GPS卫星信号（3颗以上），得到该点的经纬度坐标、速度、时间等信息。为提高汽车导航定位的精度，通常采用差分 GPS 技术。当汽车行驶到地下隧道、高层楼群、高速公路等遮掩物而捕捉不到 GPS 卫星信号时，系统可自动导入自律导航系统，此时由车速传感器检测出汽车的行进速度，通过微处理单元的数据处理，从速度和时间中直接算出前进的距离，陀螺传感器直接检测出前进的方向，陀螺仪还能自动存储各种数据，即使在更换轮胎暂时停车时，系统也可以重新设定。

由 GPS 卫星导航和自律导航所测到的汽车位置坐标、前进的方向都与实际行驶的路线轨迹存在一定误差，为修正这两者间的误差，使之与地图上的路线统一，需采用地图匹配技术，加一个地图匹配电路，对汽车行驶的路线与电子地图上道路的误差进行实时相关匹配，并做自动修正，此时，地图匹配电路通过微处理单元的整理程序进行快速处理，得到汽车在电子地图上的正确位置，以指示出正确行驶路线。CD－ROM 用于存储道路数据等信息，LCD 显示器用于显示导航的相关信息。

2. 车辆跟踪功能

GPS 导航系统与 GIS 技术、无线移动通信系统（GSM）及计算机车辆管理信息系统相结合，可以实现车辆跟踪功能。

利用 GPS 和 GIS 技术可以实时显示出车辆的实际位置，并且可以随目标移动，使目标始终保持在屏幕上；还可实现多窗口、多车辆、多屏幕同时跟踪，利用该功能可对重要车辆和货物进行跟踪运输。

目前，已开发出把 GPS、GIS、GSM 技术结合起来对车辆进行实时定位、跟踪、报警、通信等的技术，能够满足掌握车辆基本信息、对车辆进行远程管理的需要，有效避免车辆的空载现象，同时客户也能通过互联网技术，了解自己货物在运输过程中的细节情况。

3. 货物配送路线规划功能

货物配送路线规划是 GPS 导航系统的一项重要辅助功能，包括两个方面。

（1）自动线路规划。由驾驶员确定起点和终点，由计算机软件按照要求自动设计最佳行驶路线，包括最快的路线、最简单的路线、通过高速公路路段次数最少的路线等。

（2）人工线路设计。由驾驶员根据自己的目的地设计起点、终点和途经点等，自动建立线路库。线路规划完毕后，显示器能够在电子地图上显示设计线路，并同时显示汽车运行路径和运行方法。

4. 信息查询

为客户提供主要物标，如旅游景点、宾馆、医院等数据库，客户能够在电子地图上根据需要进行查询。查询资料可以文字、语言及图像的形式显示，并在电子地图上显示其位置。同时，监测中心可以利用监测控制台对区域内任意目标的所在位置进行查询，车辆信息将以数字形式在控制中心的电子地图上显示出来。

5. 话务指挥

指挥中心可以监测区域内车辆的运行状况，对被监控车辆进行合理调度。指挥中心也可随时与被跟踪目标通话，实行管理。

6. 紧急援助

通过 GPS 定位和监控管理系统可以对遇有险情或发生事故的车辆进行紧急援助。监控台的电子地图可显示求助信息和报警目标，规划出最优援助方案，并以报警声、光提醒值班人员进行应急处理。

6.4.3 LBS 服务

1. 基于位置的服务

随着移动设备和定位技术的快速发展，GIS 和无线通信相结合，促进了移动 GIS 的发展，同时进一步促进和带动了位置服务（Location - based Service，LBS）的发展。

LBS 指在移动环境下，利用 GIS 技术、空间定位技术和网络通信技术，为移动对象提供基于空间地理位置的信息服务。如用户在随身携带的移动终端上，通过 LBS 功能，查询公交信息，导航信息，周围的旅馆、旅游景点、餐馆信息等。目前，在导航以及其他很多应用领域中，位置服务都得到了广泛的应用。

对于一个智能 LBS 系统或者它的应用来说，要将 GIS 和位置信息服务结合起来，就要利用空间定位技术和 GIS 技术，将获取的位置信息以及其他空间和属性信息收集起来，然后自动地从这些信息中提取出用户感兴趣的信息，并将这些信息以用户想要的形式展示给用户。

实现 LBS 业务涉及多个实体，包括定位操作平台、GIS 系统、SP 等。

定位操作平台主要负责通过各种定位技术来获得终端的经纬度信息。目前可供移动网络使用的定位技术多种多样，下面以 CDMA2000 系统上实现的定位技术为例，介绍各种定位技术的实现方式。

2. LBS 中的定位技术

（1）基于网络的定位技术。定位操作平台可以通过 CDMA 网络获取到终端的信息（导频强度信息）进行定位。其他一些基于网络的技术能够提供更高的定位精度，例如测量移动台的环路时延、信号到达角度等，但这些技术都需要在基站上增加相应的测量设备，代价较高。

（2）辅助 GPS 技术（AGPS）。在辅助 GPS 技术中，网络可以根据移动台当前所在的小区，确定所在小区上空的 GPS 卫星，将这些信息提供给移动台。移动台根据这些信息，缩小搜索范围、缩短搜索时间，更快地完成可用卫星的搜索过程。搜索完成之后，移动台将用于计算移动台位置的信息传送给网络，由网络计算移动台的位置。

（3）混合定位技术。CDMA 系统中使用的混合定位技术主要使用了前面提到的两种基于移动台的技术。在很多情况下，移动台不能够捕获足够多的 GPS 卫星。这时候，移动台可以利用基站的信号补充卫星的不足。这样在降低一定精度的条件下，提高了其可用性，实现了室内定位。

（4）基于移动台的 GPS 定位。为了减少连续定位情况下的定位间隔时间，提出了基于移动台的 GPS 定位，与 AGPS 不同的是，基于移动台定位方式下，位置的计算全部由终端自己完成，终端始终处于 GPS 跟踪状态，减少了与网络的交互时间。

3. LBS 中的 GIS 系统功能

LBS 服务中关键的核心是位置与地理信息，两者相辅相成，缺一不可。一个经纬度位置对于正常的使用来说，并不代表任何意义，必须将其置于一个地理信息中来，才能表示某个地点、标志、方位等，被人们所理解。因此，除了通过定位操作平台获取到终端的位置，还必须通过 GIS 系统将经纬度转换成用户真正关心的地理信息，如地图、路径搜索结果等。

对于无线运营商而言，如何发展面向最终用户的 SP 是任何增值服务发展的关键，因此仅有一个定位操作平台是远远不够的，它必须将位置信息服务中的核心部件——地理信息服务平台建设起来，使进入位置信息服务行业的门槛大大降低，从而促进位置信息服务的发展。

在移动网络中使用 GIS，可以向外提供的主要服务如下。

（1）地图绘制。地图绘制是 GIS 系统提供的最基本的功能。GIS 系统根据客户端的请求（地图范围、图层和绘制样式等），返回地图数据。目录服务（Directory）。主要是指 POI（兴趣点）的查找，包括距离最近查找、一定范围内查找和根据属性（如名称、电话号码等）查找。查找的内容可以包括商场、酒店、加油站等。

（2）路径搜索。主要提供两点之间的各种方式（自驾车、公交车、步行）的行驶路线。路径搜索服务是 LBS 业务中非常重要的一种服务，也是体现移动网络优势和特点的业务，是实现导航服务的基础。

（3）地理编码。把一个街道地址或邮编编码成一个地理位置。

（4）逆地理编码。把一个地理位置反编码成一个街道地址或邮编。

（5）测算。进行几何要素的测算。目前，该服务支持的操作包括计算两点之间的直线距离；判定点是否在某个指定的区域内。测算服务可以通过一次请求完成多个测算操作。

（6）导航。导航服务可以分成静态导航和动态导航，静态导航是指用户在出发前获取出发地和目的地的最佳路径信息，出发后不再有提示信息给用户；动态导航则是用户在行驶过程中根据当前用户所在位置动态地提示用户前进的方向，这种服务对系统的处理能力、定位的准确度、定位的时延和地图的准确度等要求较高。LBS 业务在我国的应用 LBS 业务是移动网络的一个特色业务，尤其是随着今后 3G 系统的使用，为 LBS 的应用提供了网络带宽的保障。由于 LBS 业务在我国刚刚开始发展，影响其发展的因素也非常多，如手持终端的 LBS 应用、个人汽车的 LBS 应用、行业应用等。

6.4.4 物流运输车辆导航定位系统

车辆导航定位系统的概念首先在 20 世纪 70 年代末期被提出，最早的实用的车载导航定位系统则出现在 1985 年。美国的 Etak 公司首先提出了一种采用航迹推算（Dead - Reckoning，DR）/地图匹配（Map Matching，MM）组合的车辆导航系统 Navigator。该系统利用车轮传感器（里程仪）和磁罗盘构成航迹推算（又称为航位推算）系统（Dead - Reckoning System，DRS），确定和跟踪车辆的位置，并显示在数字地图上。欧洲的德国、英国、荷兰等国家也出现了类似的系统，这些系统被称为第一代车辆导航定位系统。这一时期的系统特点是采用航迹推算系统与地图匹配相结合。航迹推算系统由于误差积累，定位精度低，尽管利用地图匹配进行校正，但整个系统的精度不高。

20 世纪 80 年代末期，随着 GPS 逐渐完善和成熟，GPS 技术很快被应用到车辆导航定位中。GPS 具有全天候、全球覆盖和高精度的优良性能，可以广泛用于陆、海、空、天各类军民用载体的导航定位、精密测量和授时服务。但其主要缺点是在城市中定位信号会由于隧道、桥梁、树木、高大建筑群等障碍物的遮挡而中断。因此，单独使用 GPS 作为车辆导航定位的手段仍存在可靠性不高的问题。从 90 年代开始，各国开展了 GPS 组合导航定位技术的研究，普遍采用的是航迹推算/GPS 组合汽车导航定位方案。与第一代系统相比，利用 GPS 组合导航定位技术的第二代车辆导航定位系统在定位精度和可靠性方面都有了很大的提高。

近年来，车辆导航系统除了基本的定位导航功能外，又朝着多媒体、智能化、网络化方向发展。

一个现代车辆导航定位系统的基本模块如图 6－10 所示。

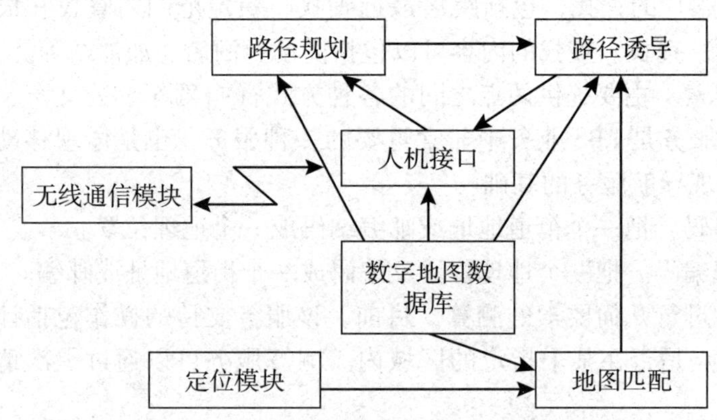

图 6－10　车辆导航定位系统的基本模块

（1）定位模块融合不同传感器的输出，利用自主定位技术和无线电信号定位技术自动地确定车辆的位置。典型的自主定位技术是航迹推算定位，而典型的无线电信号定位技术是使用 GPS 接收机。定位模块利用各种信息融合方法融合不同传感器的输出。

（2）数字地图数据库包含预先定义好存储格式的数字地图信息，这样的存储格式有助于计算机处理与地图有关的信息，如辨别场所、公路等级、交通规则和旅行信息等。

（3）地图匹配是把测量到的或从定位模块获取到的位置（轨迹）与地图数据库所提供的给予地图的位置（路径）进行匹配来确定车辆在地图上位置的一种方法。如果数据库相当准确，这一技术能改进定位模块的精确度。对于市区来说，数字地图的精度应该保持在 15m 之内。

（4）路径规划是根据地图数据库模块所提供的地图，帮助司机在行驶前或行驶中规划路线的过程。通常采用的技术是找到最小旅行代价路线。

（5）路径诱导是指挥司机沿着由路径规划计算出的路线行驶的过程。这一过程需要借助地图数据库和准确的车辆位置。

（6）人机接口允许用户与定位和导航计算机及装置进行人机交互。地图显示、路径规划、路径诱导和其他活动的各种不同要求通过人机接口传送到计算机中，然后再通过这个接口模块反馈给用户。

（7）无线通信模块通过一个或多个不同种的通信网络，使车辆和它的使用者或者交通管理系统能够接收实时交通信息或报告，从而促使车载系统或整个公路网络工作得更加安全有效。

案例分析

北斗卫星导航系统应用于重点营运车监控

2012 年 10 月，交通运输部和解放军总装备部（现为中央军委装备发展部）在北京联合召开中国第二代卫星导航重大专项应用示范工程启动会。记者从会上了解到，北斗重大专项实施方案为交通运输行业共列了 7 个应用示范工程，“重点运输过程监控管理服务示范系统工程”是启动的第一个示范项目。该项目将以现有全国重点营运车辆联网联控系统为基础，紧密结合北斗系统建设进程和道路运输行业实际需要，通过集中开发相关应用系统和组织安装兼容北斗的车载终端，促进北斗卫星导航系统在交通运输行业的广泛应用。

据介绍，作为国家 16 项科技重大专项之一的北斗卫星导航系统，是“中国第二代卫星导航系统重大专项”研制建设的自主卫星导航系统，交通运输行业是该系统最大的行业用户。卫星导航系统建设投入大、运行维护费用高，没有大规模、高水平的应用，就没有自主导航系统的可持续发展。交通运输行业具有点多、线长、面广、移动的特点，是卫星导航系统应用推广的重要领域。特别是当前北斗导航系统正处于应用初期，率先在营运车辆数量超千万的道路运输行业推广应用，有利于迅速实现规模效益，有效降低使用成本，为北斗导航系统应用推广工作奠定良好的基础。

据悉，近年来，各级交通运输部门积极推进道路运输车辆动态监管工作，整合行业动态监控资源，建成了重点营运车辆联网联控系统。目前，系统共接入 800 多家 GPS 监控服务运营商，实现了各省级平台间车辆动态数据的不间断传输与交换。系统上线车辆总数已达 105 万辆，其中“两客一危”上线车辆 42 万余辆，日均实时在线车辆约 13 万辆。“重点运输过程监控管理服务示范系统工程”将以现有全国重点营运车辆联网联控系统为基础，紧密结合北斗系统建设进程和道路运输行业实际需要，集中开发相关应用系统和组织安装兼容北斗的车载终端。该示范工程拟在交通运输部和天津、河北、江苏、安徽、山东、湖南、宁夏、陕西、贵州 9 省区市交通运输厅（局）开展。

交通运输部冯正霖在启动会上表示，随着经济社会发展，交通运输工具数量大幅增长，交通运输行业已经成为卫星导航应用量最大的行业，是卫星导航系统应用的重要领域，应用前景非常广阔。建设自主卫星导航系统是国家战略，每一个行业、单位和公民都应该大力支持、积极应用北斗导航系统，这是交通运输行业应尽的责任和义务。为此，交通运输行业要力争成为北斗系统民用推广的排头兵，以实际行动全力支持国家导航战略发展。

思考题

1. 通过本章的学习，你觉得 GIS 技术的本质是什么？
2. GIS 技术的发展日新月异，那么在当前最流行的 GIS 技术应用方面有哪些实例？
3. 请思考 GIS 技术能够应用到物流业务中的什么环节？
4. 什么叫 GIS－T 技术？与传统 GIS 技术相比，GIS－T 技术有什么特点？
5. 根据 GIS 技术的发展趋势，思考在物流系统中如何更好地应用 GIS 技术？
6. GIS 技术在物流系统中应用的障碍是什么？请举例说明。
7. 结合本章所讲的定位技术，寻找一些在你身边的定位技术应用，并思考该应用是如何具体实现的，为什么需要这些应用？
8. 思考一下本章讲的定位技术还可以在生活中哪些方面得到广泛应用？
9. 通过本章的学习，你觉得定位技术的发展方向是什么？
10. 请思考如何将 RFID 技术、GIS 技术、GPS 技术等更好地应用于物流业务环节中？
11. 我国物流企业采用 GPS 定位或手机定位技术的优缺点分别是什么？

7 电子数据交换技术

案例导入

中国远洋运输（集团）总公司（以下简称“中远集团”）是国内最早实施 EDI（电子数据交换）的企业之一，它的前身是成立于1961 年4 月27 日的中国远洋运输公司。中远集团真正实验运作 EDI 系统是从 1988 年开始的，中远系统的代理公司在 PC 机上借用日本 Shipnet 的单证通信格式，通过长途电话，从日本或中国香港的 TYMNET 网络节点入网，单向地向国外中远代理公司传输货运舱单数据。

20 世纪 90 年代初，中远集团与国际著名的 GEIS 公司合作开始了 EDI 中心的建设，由该公司为中远集团提供报文传输服务。1995 年，中远集团正式立项，1996—1997 年完成了中远集团 EDI 中心和 EDI 网络的建设，该 EDI 网络基本覆盖了国内 50 多家大小中货和外代网点，实现了对海关和港口的 EDI 报文交换，并通过北京 EDI 中心实现了与 GEISEDI 中心的互联，连通了中远集团海外各区域公司。1997 年 1 月，中远集团总公司正式开通公司网站；1998 年 9 月，中远集团在网站上率先推出网上船期公告和订舱业务。目前，中远集团已经通过 EDI 实现了对舱单、船图、箱管等数据的 EDI 传送。在标准化工作方面，中远集团重点开发了基于 EDIFACT 标准，符合中国国情的，适用于行业内部的“货物跟踪信息 EDI 报文标准”“船期表 EDI 报文标准”和“货运单证 EDI 报文标准（3.1 版）”等。为了适应国内港口对 EDI 的需求，中远集团和东南大学、南京航空航天大学合作开发了“货运单证交换服务系统”，它是按照 ISO/OSI 开放系统互联标准开发的软件包，通信网络是电话网和分组交换网。

由于业务的需要，中远集团很早就开始了 EDI 的应用，同时它也是国内开展 EDI 业务较早的企业。中远集团 EDI 的实施取得了很大的成功，也为中远集团节约了大量的成本，很大程度上提高了中远集团的工作效率，使中远集团在激烈的国际竞争中始终处在前列。

中远集团之所以能够在 EDI 实施方面取得如此大的胜利，主要原因在于：第一，中远集团 EDI 系统的实施是根据企业发展以及业务的需要进行的，满足企业业务发展的需求，能够直接改善企业的业务流程，提高工作效率，节约企业成本；第二，中远集团具有雄厚的资金支持，任何系统的建设都是需要投入的，尤其是像中远集团这样的大系统更是如此。中远集团在 EDI 方面无疑走在了前列。在 21 世纪，中远集团要想走在时代的前列，就要大力发展电子商务，从全球客户的需求变化出发，以全球一体化的营销体系为业务平台，以物流、信息流和业务流程重组为管理平台，以客户满意为文化理念平台构建基于Internet的、智能的、服务方式柔性的、运输方式综合多样并与环境协调发展的网上运输和综合物流系统。

7.1 EDI技术

当今世界，信息技术正以其强大的渗透力，深入社会经济生活的各个方面。在商业、金融等领域，电子数据交换技术作为一种新的商务手段，正在被广泛使用，用以取代传统的商务交易方式。EDI是英文“Electronic Data Interchange”的缩写，中文可译为“电子数据交换”，或称“电子数据贸易”“无证贸易”“无纸贸易”等。它是一种在公司之间传输订单、发票等作业文件的电子化手段。

EDI通过计算机通信网络将贸易、运输、保险、银行和海关等行业信息，用一种国际公认的标准格式，实现各有关部门或公司与企业之间的数据交换与处理，并完成以贸易为中心的全部过程。EDI技术是一种计算机应用技术，商业伙伴们根据事先达成的协议，对经济信息按照一定的标准进行格式化处理，并把这些格式化的数据，通过计算机通信网络在他们的计算机系统之间进行交换和自动处理。

美国国家标准EDI技术标准委员会对EDI技术的解释是：“EDI技术指的是在相互独立的组织机构之间所进行的标准格式、非模糊的、具有商业或战略意义的信息的传输。”联合国EDI技术FACT培训指南认为：“EDI技术指的是在最少的人工干预下，在贸易的计算机应用系统之间标准格式数据的交换。”

从上述解释中，可以归纳出以下几点。

（1）EDI技术是计算机系统之间所进行的电子信息传输。

（2）EDI技术是标准格式和结构化电子数据的交换。

（3）EDI技术是由发送者和接受者达成一致的标准和结构。

（4）EDI技术由计算机自动读取而无须人工干预。

（5）EDI技术是为了满足商业用途。

EDI与其他通信手段如传真、用户电报、电子信箱等有着很大的区别，主要表现在以下几个方面。

（1）EDI传输的是格式化的标准文件，并具有格式校验功能，而传真、用户电报和电子信箱等传送的是自由格式的文件。

（2）EDI实现计算机到计算机的自动传输和自动处理，其对象是计算机系统，而传真、用户电报和电子信箱等的用户是人，接收到的报文必须人为干预或人工处理。

（3）EDI对于传送的文件具有追踪、确认、防篡改、防冒领、电子签名等一系列安全保密功能，而传真、用户电报没有这些功能。虽然电子信箱具有一些安全保密功能，但它比EDI技术的层次低。

（4）EDI文本具有法律效力，而传真和电子信箱没有。传真是建立在电话上，用户电报是建立在电报网上，而EDI技术和电子信箱都是建立在分组数据通信网上。

（5）EDI和电子信箱都建立在计算机通信网开发式系统互联模型的第七层上，但

EDI 比电子信箱要求的层次更高；而传真目前多为实时通信，EDI 和电子信箱都是非实时的，具有存储转发功能。

EDI 技术应用计算机代替人工处理交易信息，大大提高了数据的处理速度和准确性。然而，为使商业运作各方的计算机能够处理这些交易信息，各方的信息必须按照事先规定的统一标准进行格式化，才能被各方的计算机识别和处理。因此，可以将 EDI 技术的概念概括为：EDI 技术是参加商业动作的双方或多方按照协议，对具有一定结构的标准商业信息，通过数据通信网络在参与方计算机之间所进行传输和自动处理。

EDI 技术是一种新型的计算机网络技术。国际标准化组织（ISO）将 EDI 技术描述为："将商业或行政事务处理按照一个公认的标准，形成结构化的事务处理报文数据的格式，从计算机到计算机的电子传输方式。"

从技术角度看，EDI 是以计算机处理和数据网络通信技术为基础，支持标准编制的结构数据，在计算机应用进程之间的交换和计算机应用进程自动处理。因此，EDI 技术系统由 EDI 技术标准、EDI 技术软件、EDI 技术通信网络三要素组成。EDI 技术处理的结构数据，一般称为电子单证或单证，用来描述电子单证格式的标准称为 EDI 技术格式标准或 EDI 技术标准。

目前，广泛使用的 EDI 技术标准是被国际标准化组织批准的 UN/EDI 技术 FACT 标准。任何一份纸面单证均可格式化成 EDI 技术报文。报文由数据段组成段，等同于单证中的一个栏目，它由相关的数据或复合数据元组成。在实际应用中，为了简化 EDI 技术报文，常将条码标准和技术应用于 EDI 技术 FACT 标准。条码标准与 EDI 技术有效结合，实现了准确无误、高效的数据采集和交换。

20 世纪 60 年代末，欧洲和美国几乎同时提出了 EDI 的概念。它的产生可以追溯到 20 世纪 60 年代，运输数据协调委员会（Transportation Data Coordinating Committee，TDCC）开始关注运输业总纸面单证的使用所带来桎梏作用，并于 1975 年公布了第一套 EDI 技术规则，其中许多规则目前仍在使用，但在当时，计算机硬件、软件和网络都不足以支持这一新型的商务过程。同时，EDI 技术改变了公司与公司之间的交易流程，许多公司不愿意放弃他们已经习惯的做法，因此，最初 EDI 技术未得到多数企业的认可。80 年代初，随着计算机技术的发展，发达国家开始在全球范围建立各自的计算机网络系统，实现了企业内部信息的共享。80 年代中期，随着各种传输协议、标准的完善，贸易关系各方得以借助互联网，实现相互独立的计算机系统之间的信息共享。

20 世纪 70 年代，数字通信技术的发展大大加快了 EDI 技术的成熟和应用范围的扩大，也带动了跨行业 EDI 技术系统的出现。

20 世纪 80 年代 EDI 技术标准的国际化，又使 EDI 技术的应用跃入了一个新的里程。时至今日，EDI 技术历经萌芽期、发展期已步入成熟期。英国的 EDI 技术专家明确指出："以现有的信息技术水平，实现 EDI 技术已不是技术问题，而仅仅是一个商业问题。"

在国际贸易中，由于买卖双方地处不同的国家和地区，因此，在大多数情况下，不是简单地直接面对面地买卖，而必须以银行进行担保，以各种纸面单证为凭证，方能达到商品与货币交换的目的。这时，纸面单证就代表了货物所有权的转移，因此，从某种意义上讲“纸面单证就是外汇”。

虽然计算机及其他办公自动化设备的出现，可以在一定范围内减轻人工处理纸面单证的劳动强度，但由于各种型号的计算机不能完全兼容，实际上又增加了对纸张的需求，美国森林及纸张协会曾经做过统计，得出了用纸量超速增长的规律，即年国民生产总值每增加 10 亿美元，用纸量就会增加 8 万吨。

此外，在各类商业贸易单证中有相当大的一部分数据是重复出现的，需要反复地键入。有人对此也做过统计，计算机的输入平均 70% 来自另一台计算机的输出，且重复输入也使得出错的概率增加。据美国一家大型分销中心统计，有 5% 的单证存在错误。同时，重复录入浪费人力、浪费时间、降低效率。因此，纸面贸易文件成了阻碍贸易发展的一个比较突出的因素。

市场竞争也出现了新的特征。

（1）价格因素在竞争中所占的比重逐渐减小，而服务性因素所占比重增大。

（2）销售商为了减少风险，要求小批量、多品种、供货快，以适应市场行情。

（3）在整个贸易链中，绝大多数的企业既是供应商又是销售商，因此提高商业文件传递速度和处理速度成了所有贸易链中成员的共同需求。

（4）通信条件和技术的完善，网络的普及又为 EDI 技术的应用提供了坚实的基础。

正是在这样的背景下，以计算机应用、通信网络和数据标准化为基础的 EDI 技术应运而生。EDI 技术一经出现便显示出了强大的生命力，迅速地在世界各主要工业发达国家和地区得到广泛的应用。

EDI 技术作为一门新技术，不仅广泛应用在信息技术领域，同时在企业管理中也日益显示出其重要性。它对于企业成本的降低、资源的分派、企业内部生产流程的优化、企业市场竞争力的提高有着至关重要的作用。由于 EDI 技术具有高速、精确、远程和巨量的技术性能，因此，EDI 技术的兴起标志着一场全新的、全球性的商业革命的开始。

在美国，目前 EDI 技术以每年 45% 的速度增长，并将在未来几年内成为主要的商业手段，许多大的计算机公司、制造业投入大量资金用于制订实质性的 EDI 技术决策计划，使用 EDI 技术以取代传统的纸面单证处理；1991 年的国际贸易中，新加坡已成为实现 EDI 技术全面管理的国家。航运业务本身具有很强的“流程”特点，一项货运的完成都是由一系列相互联系的单证或实物的流转来组成的，要提高业务管理水平，必须从优化业务流程、提高单证流转质量及效率上入手。

虽然国内 EDI 技术的运用还处于初始阶段，并且主要应用于航运、海关等行业，但取得成就是比较明显的，如上海地区所有的船公司、码头、船代、理货、货代等公司之间均实现了一定程度上的信息共享，并且正与海关尝试联网。总之，EDI 技术的发展符合国际企业信息化的发展方向。

我国的 EDI 技术事业起步于 20 世纪 80 年代末，当时计算机技术有了一定程度的发展，国内一些企业的内部信息系统也逐步完善，同时，国际贸易中，发达的欧美各国常常提出采用 EDI 技术手段实现交易。于是在 90 年代初，首先由国家交通部（现为国家交通运输部）牵头，在全国范围内以上海、青岛、天津、宁波为试点，在港航范围内率先实施 EDI 技术，以取代传统的纸面单证传输。但是，我国的航运企业大部分都是传统意义上的国有企业，长期以来，在计划经济体制的束缚下，资产结构不合理、技术陈旧、管理水平落后。我国加入世贸组织，进出口贸易量大幅度增长，世界上其他航运企业通过各种渠道加入中国航运市场，这些航运企业大都是有着丰富的业务经验、广泛的业务网络、多方的合作关系，出色配套服务、合理的投资选择和可观的财力以及成功的管理手段，成为我国航运企业强有力的竞争对手，这使我国的航运企业不仅需要在技术方面，更要在管理方面进行有效的研究和革新。

由于 EDI 技术蕴藏着巨大的社会效益和经济效益，因而对它的需求正飞速增长。随着 EDI 技术参与者的增加、EDI 技术应用部门的扩大和不同结构 EDI 技术应用系统的开发，为避免形成各种专业的、封闭的 EDI 技术孤岛，最大限度地发挥 EDI 技术的效益，就要求 EDI 技术走向开放式，为此，ISO/ICE/JTC/EDI 技术特别工作组 SWG EDI 技术于 1992 年提出了“开放式 EDI 技术的概念模型”。

开放式 EDI 技术指的是“使用公共的、非专用的标准，以跨地域、商域、信息技术系统和数据类型的互操作性为目的，自愿参与方之间的电子数据互换”。开放式 EDI 技术的概念，确定开放式 EDI 技术事务处理的概念、服务和关系的标准文本的集合，用于标识和协调现有的和将来的标准与服务概念模型，以实现全球 EDI 技术互相操作。它的目的，在于最大限度地满足各种应用领域的 EDI 技术参与方之间的交换需求，并力求对专用协议的需求最小化，使操作范围最大化。

该模型提供开放式 EDI 技术中的事务协议服务和 EDI 技术支持服务的上下文结构和规则，它被分为事务操作观点和功能/服务观点。事务操作观点定义了事务协议服务的开放式 EDI 技术操作语义的上下文结构。功能/服务观点给出了支撑事务操作所需的功能能力和抽象服务的抽象描述以及形式说明。这当中，功能能力指命令和寻址能力、句法能力、安全能力、语义数据管理能力、通信能力等。抽象服务是对功能能力的形式描述。

标准集中的标准，指按参考模型中标明的需求制定的并满足这些需求的标准。就开放式 EDI 技术而言，标准分为三大类型。

（1）开放式 EDI 技术专用标准：为满足开放式 EDI 技术概念模型而专门制定的标准。

（2）EDI 技术相关标准：为 EDI 技术制定，但不优先满足该模型需求的标准。

（3）非 EDI 技术专用标准：为信息技术需求制定，但可用于开放式 EDI 技术的标准。

EDI 技术的兴起，对习惯于白纸黑字、立据为证传统方式做生意的人们来说，纸张文件的消失和电子文件的出现在提高办事效率、加强商业竞争地位的同时，也带来了诸如认证等方面的问题。

当前，如何确保交易的准确、安全和可靠，已经成为开放性 EDI 技术系统的关键问题。

（1）欧洲的 TEDI 技术 S 计划将安全保密列为四大重点之一。

（2）美国成立了专门的机构来研究 EDI 技术的安全。

（3）澳大利亚等国举办了多次专题会议讨论 EDI 技术的安全问题。

ISO 也将 EDI 技术的安全纳入了研究日程，而 ITU－T 则提出了 X. 435 建议，主张用 X. 400 的 MHS 已有的安全机制支持 EDI 技术的安全，并在其 1988 年的版本中详细规定了 MHS 的安全服务和安全元素。

由于 MHS 有较完整的标准及产品，下面介绍基于 MHS 的开放式 EDI 技术系统的安全与保密问题。

（1）MHS 与 X. 435 的安全服务。由 ITU－T X. 402 定义的 MHS 安全模型是独立于低层实体提供的通信服务的，它包括了多种安全服务元素，且在密码算法和服务元素的选择上具有很强的灵活性，为 EDI 技术安全业务的选择奠定了基础。但 MHS 的安全功能是为人际文电而设计的，并不能完全满足 EDI 技术通信的需要。

（2）新增安全服务。ITU－T X. 435 建议，就针对 EDI 技术应用的具体要求，新增了 9 种安全服务：接受证明或不可抵赖；检索证明或不可抵赖；传递证明或不可抵赖；内容证明或不可抵赖；安全 MS 审计跟踪；安全 MT 审计跟踪；MS 记录档案；MD 记录档案；MTA 管理和路由信息的安全。

（3）开放式 EDI 技术系统的安全分析。ITU－T X. 435 建议，定义了开放式 EDI 技术系统所受到的主要威胁和攻击。

①冒充：MTA 之间是以交换明文形式的 MTA 名称彼此证实的，一个未知的 MTA 可能会通过发送一个已知的 MTA 而与其他的 MTA 互连，冒名顶替，偷窃工作资源和信息。

②篡改数据：篡改数据破坏数据的完整性外，还包括在递交不可抵赖之后对源点本地存储的文电内容做篡改，以及在投递不可抵赖后对接收端存储的报文内容做出篡改。

③偷看、窃取数据：这是指 EDI 技术系统的用户以及外来者未经授权偷看或窥视他人的文电内容以获取商业秘密。

④报文丢失：EDI 技术系统中的报文丢失主要有 3 种情况：一是 UA、MS 或 MTA 的错误而丢失报文；二是因安全保密措施不当而丢失报文；三是在不同的责任区域之间传递时丢失报文。

⑤抵赖或矢口否认：EDI 技术处理的合同、订单等贸易数据，在起草、递交、投递等环节中都可能发生抵赖或否认，尤其是在 MHS 环境中，由于采用自动转发、重新定向等服务方式，危险性更大了。

⑥拒绝服务：因局部系统的失误及通信协议的不一致会导致系统中断，从而拒绝服务。局部系统出于自我保护目的而故意中断通信，更会导致拒绝服务。

（4）EDI 技术系统的安全策略。针对 EDI 技术应用所面临的威胁和攻击，EDI 技术系统的安全策略有以下几种。

①他人无法冒充合法用户利用网络及其资源。

②他人不能非法窃取或偷看报文的内容。

③他人无法篡改、替换或扰乱数据。

④与报文交换有关的各种活动及其发生时间均有准确、完整的记录和审计。

(5) 用户所需求的安全业务。为实现这些目标，EDI 技术系统中的用户所需求的安全业务主要有以下几种。

①鉴别包括源点鉴别和实体鉴别，即要能准确鉴别报文的来源。

②用户身份识别。它包括访问控制和证书管理两方面的内容。前者确保只有合法用户才能进入 EDI 技术系统，后者为合法用户签发证书和实行有效管理。

③防抵赖：即源点不可抵赖、接收不可抵赖和回执不可抵赖。

开放式 EDI 技术概念模型的研究，是国际上 EDI 技术理论研究的最新发展，必将对全球的 EDI 技术应用系统的建设起到促进和指导的作用。

根据功能 EDI 技术可分为四类：订货信息系统、电子金融汇兑系统、交互式应答系统、带有图形资料自动传输的 EDI 技术。

订货信息系统是最基本的，也是最知名的 EDI 技术系统。又称为贸易数据互换系统（Trade Data Interchange，TDI），它用电子数据文件来传输订单、发货票和各类通知。

电子金融汇兑系统（Electronic Fund Transfer，EFT）是常用的 EDI 技术系统，即在银行和其他组织之间实行电子费用汇兑。EFT 已使用多年，但它仍在不断的改进之中。最大的改进是同订货信息系统联系起来，形成一个自动化水平更高的系统。

交互式应答系统也是常见的 EDI 技术系统。它可应用在旅行社或航空公司作为机票预订系统。这种 EDI 技术在应用时要询问到达某一目的地的航班，要求显示航班的时间、票价或其他信息，然后，根据旅客的要求确定所要的航班，打印机票。

最常见的是计算机辅助设计图形的自动传输。比如，设计公司完成一个厂房的平面布置图，将其平面布置图传输给厂房的主人，请主人提出修改意见。

一旦该设计被认可，系统将自动输出订单，发出购买建筑材料的报告。在收到这些建筑材料后，自动开出收据。例如，美国一个厨房用品制造公司——Kraft Maid 公司，在 PC 机上以 CAD 设计厨房的平面布置图，再用 EDI 技术传输设计图纸、订货、收据等。

传统的买卖业务过程如图 7-1 所示。买方向卖方提出订单。卖方得到订单后，就进行其内部的纸张文字票据处理，准备发货。买方在收到货和发票之后，开出支票，寄给卖方。卖方持支票至银行兑现。银行再开出一个票据，确认这笔款项的汇兑。

而一个生产企业的 EDI 技术系统，就是要把上述买卖双方，在贸易处理过程中的所有纸面单证，由 EDI 技术通信网来传送，并由计算机自动完成全部（或大部分）处理过程，从而使整个商贸活动过程在最短时间内准确地完成。具体如下。

(1) 企业收到一份 EDI 技术订单，则系统自动处理该订单，检查订单是否符合要求。

(2) 然后通知企业内部管理系统安排生产。

(3) 向零配件供销商订购零配件等。

(4) 向有关部门申请进出口许可证。

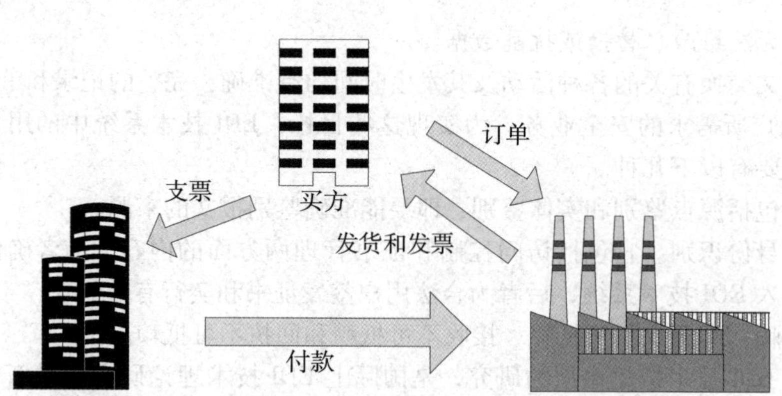

图 7－1　传统的买卖业务过程示意

(5) 通知银行并给订货方 EDI 技术发票。

(6) 向保险公司申请保险单等。

图 7－2 表示了国际贸易中的 EDI 流程。从图中可以很直观地看到一个真正的 EDI 技术系统是将订单、发货、报关、商检和银行结算合成一体，从而大大加速了贸易的全过程。因此，EDI 对企业文化、业务流程和组织机构的影响是巨大的。

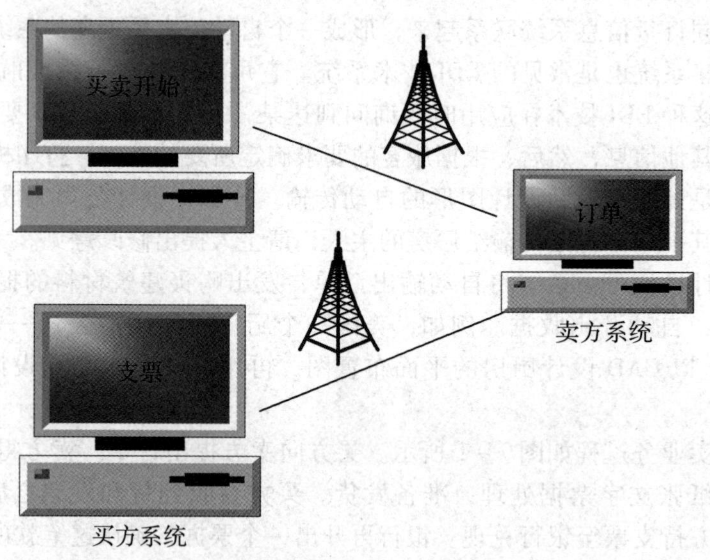

图 7－2　国际贸易中的 EDI 流程

EDI 技术一般由以下几个方面组成：硬件设备、增值通信网络及网络软件、报文格式标准、用户的应用系统、数据标准。

硬件设备包括贸易伙伴的计算机和调制解调器以及通信设施等；增值通信网络及网络软件包括现有的通信网，增加 EDI 技术服务功能而实现的计算机网络，即网络增值。通信网目前有以下几种：分组交换数据网络（PSDN）、电话交换网（PSTN）、数字数据网络（DDN）、综合业务数据网（ISDN）、卫星数据网（VSAT）、数字数据移动通信网。通信网络是实现 EDI 的手段。EDI 技术通信方式有多种，第一种是点对点，这种方式只有在贸易伙伴数量较少的情况下使用。随着贸易伙伴数目的增多，当多家企业直接进行电脑通信时，会出现由于计算机厂家不同、通信协议相异以及工作时间不易配合等问题。为了克服这些问题，许多公司逐渐采用第三方网络，即增值网络方法。它类似于邮局，为发送者与接收者维护邮箱并提供存储转送、记忆保管、格式转换、安全管制等功能。

因此，通过增值网络传送 EDI 技术文件，可以大幅度降低相互传送资料的复杂度和困难度并提高 EDI 技术的效率。由于 EDI 是以非人工干预方式将数据及时准确地录入应用系统数据库中，并把应用数据库中的数据自动地传送到贸易伙伴的电脑系统中，因此，必须有统一的报文格式和代码标准。

7.2 EDI 技术硬件软件组成

实现 EDI，需要配备相应的 EDI 技术软件和硬件。EDI 技术软件具有将用户数据库系统中的信息译成 EDI 技术的标准格式以供传输交换的能力。

7.2.1 EDI 技术软件组成部分

翻译软件，就是将普通文件翻译成 EDI 技术标准格式，或将接收的 EDI 技术标准格式翻译成平面文件。人们所说的 EDI 技术软件，在大多数情况下是指翻译软件，其主要功能是把某个公司的各种商务文件和单证，从公司专有的文件格式转换成某种标准的格式，比如，转换成 X. 12 格式或 EDI 技术 FACT 格式。同时这个翻译软件也能够把其中标准格式的文件转换成某公司的专用格式。之所以需要翻译软件是因为计算机应用系统只能够处理符合某种格式的数据或文件，各个公司由于自己业务特点和工作需要，它们在设计自己的计算机应用系统的时候，不可能采用完全相同的格式。

因此，要实现不同公司之间的 EDI 技术通信，翻译软件是不可缺少的。EDI 技术翻译软件，除了转换文件格式以外，还必须指导数据的传输，并保证传输的正确和完整。它应该识别出贸易伙伴用的什么标准，并能处理有关的问题等。

例如，一个公司可能使用不同的增值网向许多贸易伙伴发送电子单证，如发票、订购单等，这些电子单证有可能使用不同的标准，或虽使用同一标准却用了不同的版本。要确保每个贸易伙伴在适当的网络上自动地接收到这个公司所发送的那个标准文件，并不容易。

另外，如果发生了什么传输或翻译上的问题，这个系统就能够辨别发生了什么问题，并采取适当的行动去纠正。

一般来说，一个翻译软件应包括五个主要文件：贸易伙伴文件、标准单据文件、网络文件、安全保密文件、差错管理文件。它们和主处理程序相互作用来完成翻译、发送和接收电子单证的工作。

贸易伙伴文件保存着使用者的所有贸易伙伴的信息，包括这些贸易伙伴的名字、地址、他们的标识、所使用的增值网、在紧急情况下和谁联系、被发送和接收的单据等。随着公司业务的不断发展，其贸易伙伴会不断增加，此文件也要不断更新。

技术人员用现存的标准格式制作单据，并把它们存储起来以备将来之用。例如，把符合 X. 12 标准的采购订单及其结构都罗列出来，同时还把必备的数据段和可选数据段的定义以及它们的形态结构等都列出来。当和贸易伙伴发生联系时，用户可以很容易地利用标准单据里存储的单证模式，构造出一个符合标准的单证。

网络文件里包含着公司的贸易伙伴所使用的网络的信息。诸如网络识别、电话号码、传输协议以及传输速度等。根据贸易伙伴的标识符，就可以由此知道文件应该向哪儿，以及怎样传送 EDI 技术报文。

安全保密文件的作用就是限制对这个系统的访问，并规定每个用户的功能能力。

差错管理文件包含着有关被退回的报文的信息，如被退回的原因，以及有关对这个报文在发送过程中的踪迹进行检查的信息。它还有日志文件，以便当某些数据或报文在传输过程中被破坏或被删除时，可以根据日志文件来恢复或再造这些数据格式。

EDI 技术的软件除了翻译软件外，还常常有另一种形式的软件，那就是“搭桥”软件。搭桥软件的作用就像桥一样将一个组织内部的各种计算机应用程序联结起来。当这个组织接收到 EDI 技术报文后，有关数据就能为这个组织的各个部门的计算机应用系统所用，而不必在组织内部各部门之间再进行键盘输入。

比如，当一个企业接收到一份订单后，其数据就能被自动用于更新销售文件的内容。同样的，这些数据不需要重新键入，就能用于更新会计部门的文件内容，于是就能自动生成一份发票单证。

有了搭桥软件，企业在发出去的订购单和收到的发票之间无须人工核对，而完全可以由计算机自动核对以消除可能的错误支付。

7.2.2 EDI 技术的软件结构

第一，用户在现有的计算机应用系统上，进行信息的编辑处理；第二，通过 EDI 技术转换软件，将原始单据格式转换为中间文件；第三，通过翻译软件，变成 EDI 技术标准格式文件；第四，在文件外层加上通信交换信封，通过通信软件发送到增值服务网络或直接传给对方用户，对方用户则进行相反的处理过程；第五，成为用户应用系统能够接收的文件格式进行收阅处理。

EDI 技术系统能够自动处理各种报文，但是界面友好的人机接口仍是必不可少的。用户接口包括用户界面和查询统计。用户界面是 EDI 技术系统的外包装，它的设计是否美观、使用是否方便，直接关系到 EDI 技术系统产品的外在形象。查询统计帮助管理人员了解本单位的情况，打印或显示各种统计报表，了解市场变化情况，及时调整经营方针策略等。

内部接口模块是 EDI 技术系统和本单位内的其他信息管理系统或数据库的接口。EDI 技术不是将订单直接传递或简单打印，而是通过订单审核、生产组织、货运安排及海关手续办理等事务的 EDI 技术处理后，将有关结果通知其他信息系统，或印出必要文件进行物理存档。一个单位信息系统应用程度越高，内部接口模块也就越复杂。

报文生成及处理模块接收来自用户接口模块和内部接口模块的命令和信息，按照EDI技术标准生成订单、发票、合同以及其他各种EDI技术报文和单证。然后，将"通信模块"发给其他EDI技术用户。

报文生成及处理模块能自动处理由其他EDI技术系统发来的EDI技术报文，按照不同的EDI技术的报文类型，应用不同的过程进行处理。在处理过程中要与本单位其他信息系统相互作用。一方面，从信息系统中取出必要的信息回复给发来单证的EDI技术系统；另一方面，将单证中的有关信息发送给本单位其他信息系统。

格式转换模块将各种单证按EDI技术结构化的要求做结构化处理，包括语法上的压缩、嵌套、代码转换以及EDI技术语法控制等。同样，经过通信模块接收到的结构化的EDI技术报文，也要做非结构化的处理，以便本单位内部的信息管理系统做进一步处理。

其功能主要包括：统一的国际标准和行业标准；所有EDI技术单证必须转换成标准的报文；转换过程中进行语法检查；其他系统的EDI技术报文的逆处理。

该模块是EDI技术系统与EDI技术通信网络的接口。通信模块负责在接收到EDI技术用户报文后，进行审查和确认。

根据EDI技术通信网络的结构不同，该模块功能也有所不同。但是本地通信功能如执行呼叫，自动重发，合法性和完整性检查，出错报警，自动应答，通信记录，报文拼装和拆卸等是必须具备的。

还有转换软件和通信软件，转换软件可以帮助用户将计算机系统文件转换成翻译软件能够理解的平面文件，或是将从翻译软件接收来的平面文件转换成计算机系统中的文件。通信软件将EDI技术标准格式的文件外层加上通信信封再送到EDI技术系统交换中心的邮箱，或由EDI技术系统交换中心将接收到的文件取回。

7.2.3 EDI技术的硬件组成部分

EDI技术所需的硬件设备有计算机、调制解调器及电话线等。由于用EDI技术进行电子数据交换通过通信网络，目前采用电话网络进行通信是很普遍的方法，因此Modem是必备硬件设备。此外，如果传输时效及资料传输量上有较高要求，可以考虑租用专线。

7.2.4 EDI技术的硬件系统架构

(1) 只使用一台主机或中型机，此种方法将所有的EDI技术软件放到主机或中型机上，使其执行全部的EDI技术功能。这种方法的优点是它能对大量交易进行迅速处理。因为所有的数据处理活动都在主机或中型机中完成，并不存在处理过程中对数据装载和卸载（Uploading and Downloading）问题，也不需要把数据重新键入，这就提高了数据处理速度，同时又消除了因数据重新键入而可能带来的误差。

这种方法的缺点是成本高。在主机或中型机上建立EDI技术系统由于一般没有现成的软件，故需要花费大量的时间来编制，通常需要做许多测试和调试工作。

(2) 只使用一台PC机，也可以将所有的EDI技术软件放到PC机上，使其执行全部的 EDI 技术功能。这台 PC 机和公司的其他机器一般并没有密切的联系，EDI 技术活动只是在这台 PC 机里单独地执行。

优点是成本低，系统的安装调试容易；缺点是数据需要重复输入，容易出错，其处理速度低，处理数据的容量、能力也比较小，这种方法不容易在公司内部各部门的计算机系统之间搭桥连接，不能大幅度地减少办公室工作量。

（3）使用 PC 机作为主机的前端处理器。把 PC 机作为主机的前端处理器，也可以作为实行 EDI 技术的一种平台。在这种情况下，PC 机与主机相连，存储在主机中的数据可以传输到 PC 机中（即 Downloading，下载），同样，存储在 PC 机中的数据也可以传输到主机中（即 Uploading，上传）。在这种安排下，如果要向外发送一份 EDI 技术报文，先从主机里取出所需的数据，将这些数据传向 PC 机，在 PC 机上将这些数据翻译成符合 EDI 技术标准的格式，并产生电子单证。

优点是可以同时具有某些只使用一台主机和只使用一台 PC 机时所具有的优点。比如，把 PC 机作为主机的前端处理器，费用要比只使用一台主机实行 EDI 技术少得多，但它与只使用一台 PC 机时相比，却有更大的容量和处理速度。此外，这种方式的 EDI 技术平台容易买到现成的软件，容易安装，并且，由于这种方式的处理过程用不着手工重新输入，因而可以减少误差。

这种方式的主要缺点是费用比只使用一台 PC 机时大，而处理速度又比只使用一台主机的情况下来得慢。

（4）专用 EDI 技术操作系统。这种系统通常采用一台中型机平台，以及专门化的 EDI 技术软件，这个 EDI 技术软件把 EDI 技术活动和公司的计算机应用系统进行一体化。在许多情况下，这种操作系统被用来对组织内部 EDI 技术网络的所有 EDI 技术活动和功能进行总的管理。

例如，某连锁商店系统有一个总的配货中心，各个商店通过条码的光笔扫描，对各种货物的存货和销售进行计算机管理。当商店里某些货物的存货降到某一事先设定的水平时，计算机就能自动产生一份配货通知送往配货中心，而配货中心的计算机系统又会自动安排这种货物的发送，并和商店进行电子化的管理。

7.2.5 EDI 技术硬件功能模型和工作原理

在 EDI 技术中，EDI 技术参与者所交换的信息客体称为邮包。在交换过程中，如果接收者从发送者所得到的全部信息包括在所交换的邮包中，则认为语义完整，并称该邮包为完整语义单元（CSU）。CSU 的生产者和消费者统称为 EDI 技术的终端用户。

在 EDI 技术工作中，所交换的报文都是结构化的数据，整个过程都是由 EDI 技术系统完成的（见图 7-3）。

（1）用户接口模块。业务管理人员可用此模块进行输入、查询、统计、中断、打印等，及时地了解市场变化，调整策略。

（2）内部接口模块。这是 EDI 技术系统和本单位内部其他信息系统及数据库的接口，一份来自外部的 EDI 技术报文，经过 EDI 技术处理之后，大部分相关内容都需要

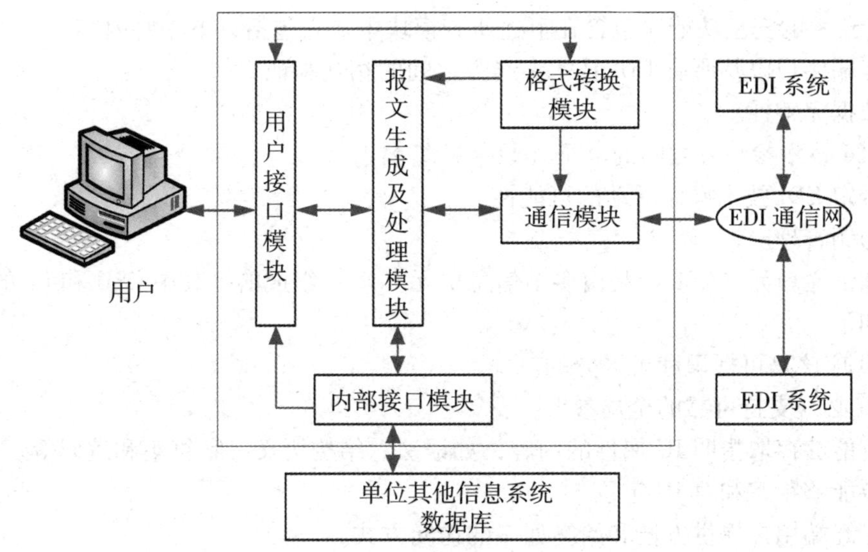

图 7-3 EDI 系统结构

经内部接口模块送往其他信息系统，或查询其他信息系统才能给对方 EDI 技术报文以确认的答复。

（3）报文生成及处理模块。

该模块有两个功能。

①接收来自用户接口模块和内部接口模块的命令和信息，按照 EDI 技术标准生成订单、发票等各种 EDI 技术报文和单证，经格式转换模块处理之后，由通信模块经 EDI 技术网络发给其他 EDI 技术用户。

②自动处理由其他 EDI 技术系统发来的报文。在处理过程中要与本单位信息系统相连，获取必要信息并给其他 EDI 技术系统答复，同时将有关信息送给本单位其他信息系统。例如，因特殊情况不能满足对方的要求，经双方 EDI 技术系统多次交涉后不能妥善解决的，则把这一类事件提交给用户接口模块，由人工干预决策。

（4）格式转换模块。所有的 EDI 技术单证都必须转换成标准交换格式，转换过程包括语法上的压缩、嵌套、代码的替换以及必要的 EDI 技术语法控制字符。在格式转换过程中要进行语法检查，对于语法出错的 EDI 技术报文应拒收并通知对方重发。

（5）通信模块。该模块是 EDI 技术系统与 EDI 技术通信网络的接口，包括执行呼叫、自动重复、合法性和完整性检查、出错报警、自动应答、通信记录、报文拼装和拆卸等功能。

除以上这些功能模块外，EDI 技术系统还必须具备一些基本功能：命名和寻址功能，安全功能，语义数据管理功能。

EDI 技术的终端用户在共享的名字当中必须是唯一可标识的。命名和寻址功能包括通信和鉴别两个方面。在通信方面，EDI 技术是利用地址而不是名字进行通信的。因而要提供按名字寻址的方法，这种方法应建立在开放系统目录服务 ISO9594（对应 ITU-T X.500）基础上。在鉴别方面，有若干必要的鉴别内容，即通信实体鉴别、发送者与接收者之间的相互鉴别等。

EDI 技术的安全功能应包含在上述所有模块中。它包括以下一些内容。

①终端用户以及所有 EDI 技术参与方之间的相互验证。

②数据完整性。

③EDI 技术参与方之间的电子（数字）签名。

④否定 EDI 技术操作活动的可能性。

⑤密钥管理。

完整语义单元（CSU）是由多个信息单元（IU）组成的。其中 CSU 和 IU 的管理服务功能如下。

①IU 应该是可标识和可区分的。

②IU 必须支持可靠的全局参考。

③应能够存取指明 IU 属性的内容，如语法、结构语义、字符集和编码等。

④应能够跟踪和对 IU 定位。

⑤对终端用户提供方便和始终如一的访问方式。

当今世界通用的 EDI 技术通信网络，是建立在 MHS 数据通信平台上的信箱系统，其通信机制是信箱间信息的存储和转发。具体实现方法是在数据通信网上加挂大容量信息处理计算机，在计算机上建立信箱系统，通信双方须申请各自的信箱，其通信过程就是把文件传到对方的信箱中。文件交换由计算机自动完成，在发送文件时，用户只需进入自己的信箱系统。

7.3 EDI 技术标准

由于 EDI 技术是以事先商定的报文格式进行数据传输和信息交换。因此，制定统一的 EDI 技术标准至关重要。世界各国开发 EDI 技术得出一条重要经验，就是必须把 EDI 技术标准放在首要位置。

EDI 技术标准主要分为以下几个方面：①基础标准；②代码标准；③报文标准；④单证标准；⑤管理标准；⑥应用标准；⑦信息标准；⑧安全保密标准；⑨通信标准。

在这些标准中，最首要的是实现单证标准化，包括单证格式的标准化、所记载信息的标准化以及信息描述的标准化。单证格式的标准化是指按照国际贸易基本单证格式设计各种商务往来的单证样式。在单证上利于用代码表示信息时，代码应处位置的标准化。

目前，我国制定的单证标准有：中华人民共和国进出口许可证、原产地证书、装箱单、装运声明。信息内容的标准化设计单证上的哪些内容是必需的，哪些不一定是必需内容。例如，在不同的业务领域，同样的单证上所记载的内容项目不完全一致。

EDI 技术的基本标准主要分为上述 9 个方面。其中通信标准和信息标准是 EDI 技术的最本质的东西。通信标准用于明确技术特性，使计算机硬件能够正确地解释交换。通信标准确定字符设置、传输优先权和速度；信息标准规定传输文件夹结合和内容。

标准化的工作是实现 EDI 技术互通和互连的前提和基础。EDI 技术的工作标准包括：EDI 技术处理标准、EDI 技术联系标准、EDI 技术语义语法标准等。

最普遍接受的通信标准是 ASC X. 12（America Standards Committee X. 12）即美国标准委员会 X. 12 和 UN/EDI 技术 FACT，即联合国/商业和运输电子数据交换管理。两者中，X. 12 被升格为美国标准，而联合国使用的 EDI 技术 FACT 更多地被视为全球标准。

每一个组织，都明确规定了在供给链的伙伴之间交换共享数据类型。专家们指出，最有可能的发展还是 EDI 技术 FACT 标准。

EDI 技术通信标准是要解决 EDI 技术通信网络，应该建立在何种通信网络协议之上，以保证各种 EDI 技术用户系统的互联。目前，国际上主要采用 XMH（X. 400）作为 EDI 技术通信网络协议，以解决 EDI 技术的支撑环境。

信息标准是通过各种交易设备来执行的。交易设备是一套描述电子文件的代码。交易设备对每个行业明确地规定了可以进行传输的文件类型，其中有关的文件被用于普通的物流活动，例如，订货、仓库作业以及运输等。

交易代码用于显示电子通信空间是仓库货运订单（Code 940）还是仓库存货状态报告（Code 941）。除了交易代码外，仓库交易还包含仓库编码、品目编号以及数量。

我国的 EDI 标准体系结构如图 7 -4 所示。

EDI 技术处理标准是要研究不同地域、不同行业的各种 EDI 技术报文。相互共有的“公共元素报文”的处理标准。它与数据库、管理信息系统（如 MPRII）等接口有关。

EDI 技术联系标准解决 EDI 技术用户所属的其他信息管理系统或数据库与 EDI 技术系统之间的接口。

EDI 技术语义语法标准（又称 EDI 技术报文标准）是要解决各种报文类型格式、数据元编码、字符集和语法规则以及报表生成应用程序设计的语言等。

EDI 技术语义语法标准又是 EDI 技术的核心。

EDI 技术是以格式化的、可用计算机自动处理的方式来进行的公司间文件交换。在用人工处理订单中，得出所需信息如要什么货、什么规格、数量多少、价格、交货期等。这些信息可以是用手工书写的方式，也可以是用打字的方式；可以是先说明所要的规格、型号，再说明价格；也可以先说明价格，再说明所要的规格、型号。订单处理人员在看到这些格式各异的订单时，能看懂其上所传达的信息，但计算机却没有这种本领。需要使计算机“看懂”订单，订单上的有关信息就不应该是自然文字形式，而应是数码形式，并且这些数码应该按照实际规定的格式和顺序排列。

事实上，商务上的任何数据和文件的内容，都要按照一定的格式和顺序，才能被计算机识别和处理。这些大家共同制定并遵守的格式和顺序，就是 EDI 技术的数据标准。

EDI 技术的数据标准，主要包括以下内容：语法规则、数据结构定义、编辑规则与转换、公共文件规范、通信协议、计算机语言。

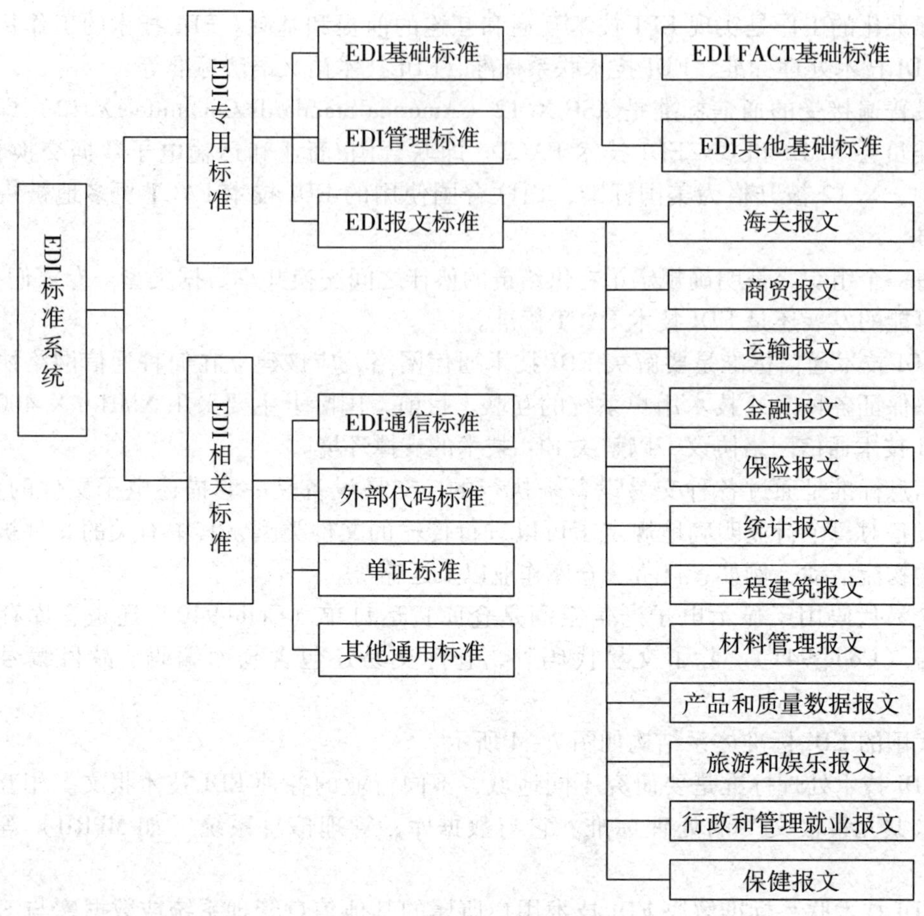

图 7－4　EDI 标准体系结构

EDI 技术的数据标准有四种：企业专用标准、行业标准、国家标准和国际标准。

当一个公司采用计算机进行管理时，就需要使输入计算机的数据或文件具有一定的格式。这种标准专门用于某个公司的情况，并将该公司的数据都纳入这个标准中。

企业各自互不相通的数据标准，在 EDI 技术应用于商务领域的初期是难免的。但随着 EDI 技术应用的发展，各个企业都认识到，如果能够把各个不同的企业专用标准统一成一个标准，就会给大家都带来好处。在此共同的认识下，大家克服在建立统一标准上的分歧，从而形成该行业企业共同采用的行业标准。

行业标准的出现和企业专有标准相比，是一个巨大的进步，但它还不是最终解决问题的方法。当一个公司的业务不限于本行业，还需要和其他行业做生意时，行业标准就有局限性了。这个公司可能被迫维持多种标准。于是，正如不同的企业专用标准最终会产生一个统一的行业标准那样，不同的行业标准又会促使大家去开发一种适用于各个行业的国家标准。它具有足够的灵活性，以满足各个行业的需要。

20 世纪 90 年代是各国寻求实现一个世界范围内的 EDI 技术标准的时代。如果能有一种全球范围内的标准，其好处是十分明显的。EDI 用户无须支持多种标准，便能进行国际间的电子数据交换。

近年来，联合国鉴于 EDI 技术有助于推动国际贸易程序与文件的简化，经有关标准化组织的工作，EDI 技术 FACT 已被作为事实上的 EDI 技术国际标准。

现在，ANSI X. 12 和 EDI 技术 FACT 两标准已经被融合成一套世界通用的 EDI 技术标准，可以使现行 EDI 技术客户的应用系统能够有效地移植过来。

1978 年，美国信用研究基金会（American Credit Research Foundation，ACRF）与运输数据协调委员会（Transportation Data Coordinating Committee，TDCC）一起，组成 ANSI X. 12，致力于 EDI 技术的报文和数据交换的标准研究，已经制定了 AIAG（汽车行业集团）、UCS（食品杂货类）等应用 EDI 技术标准，且已由几十个行业协会、政府部门参与 X. 12 组织的标准化工作。该标准已经在北美广泛使用，成为通用成熟产品。

EDI 技术 FACT 是在 UN/ECEGTD（联合国欧洲经济委员会主办的贸易数据交换规则）基础上由北美和欧洲专家联合开发的国际 EDI 技术标准。1986 年经 UN/EVE/WP. 4 批准使用 EDI 技术 FACT 名字。

7.4　EDI 技术未来的发展趋势

7.4.1　电子商务数据交换技术发展阶段

截至目前，电子商务的发展从数据交换和数据发布方面来看大致经历了三个阶段：传统的解决方式是利用基于专用网络 VAN 的 EDI 技术进行企业间的数据交换和整合，但是由于它的成本过高使中小企业面临巨大的实施障碍，同时由于它的严格流程定义，在大企业的业务流程或商务伙伴发生变化时也缺乏灵活性。随着 Internet 的发展和开放式技术 XML 的出现，Internet 的广泛使用和低成本显示出了比 VAN 更大的优越性，而 XML 的自描述性、可扩展性、平台无关性解决了传统 EDI 很多弊端，传统 EDI 逐步向基于 Internet 的 XML 解决方案转变。

可扩展性标记语言 XML（eXtensible Markup Language）技术的出现，为数据带来新的储存与应用方法，其优点恰好解决了 EDI 方式的部分缺陷。结合 XML 与 EDI 技术的 XML－EDI 便在企业新的电子商务的趋势下诞生了。

图 7－5 描述了一个 Internet 中 XML－EDI 实施模型。企业 A 中有 EDI 基础，在系统中加入 XML－EDI 转换模块和 XML 服务器。XML 服务器通过防火墙与 Internet 相连，保证企业内部数据的安全，防止非法者侵入。同时将经过加密的 XML 文档在 Internet 上传输，利用电子签名、数字认证等技术保证接收到的 XML 文档是由贸易伙伴所发出。XML－EDI 转换模块的主要功能是在 EDI 和 XML 数据格式间进行转换。这样，有 EDI 系统基础的企业可以在保持现有的系统结构的基础上同时利用 VAN 和 Internet 与其他企业进行 B2B 商务活动。

由上文可以看出，XML 在电子商务数据交换方面有着很大的优势。

第一，XML 本身只是一种数据定义规范，与具体应用无关。因此，常见的网络构

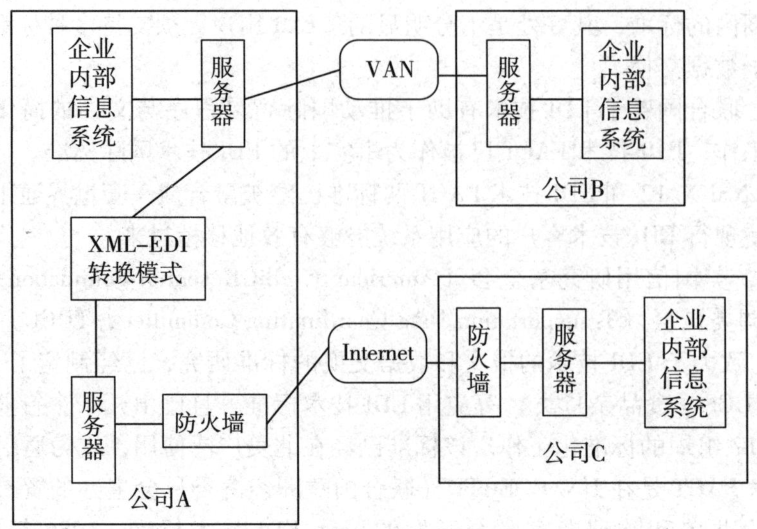

图 7-5 XML-EDI 实施模型

架、通信协议、加密协议都可与 XML 相结合，从而构成多样化的电子商务解决方案。

第二，XML 作为一种元语言，为定义面向商务的词汇表提供了一个标准，很容易使用 XML 定义词汇表或扩展已有的词汇表。

第三，XML 简化了商务之间的通信，通信的一方只需约定用于表示数据的词汇，而无须了解对方的后端系统（包括平台、操作系统以及编程语言等）。

第四，基于 XML 的解决方案是可扩展的。如果系统中新增加一个贸易伙伴，系统无须做任何改动，只要大家都遵守所约定的词汇。

第五，作为 XML 载体的 Internet 提供了低成本的、广泛的物理连接，无论是大型企业，还是中小型企业，都能够共享网络技术带来的好处。

第六，XML 是一个开放的标准，它支持 Unicode，可以使用中文以及任何语言描述数据，可读性强。

第七，由于 XML 文档具有丰富的外延，对于同一文档，可以有各种不同的表现形式，因而可以提供个性化的服务。

因此，以 XML 文档的形式来表示 B2B 电子商务应用中的流动信息，将给系统带来良好的柔性和可扩展性。

XML 作为数据封装的一种技术，其在安全性方面的优势可以归结为以下几个主要方面。

第一，机密性。机密性即是保证 XML 数据传输过程中免受被动攻击。对 XML 机密性的要求常常通过对 XML 的加密来保证。

第二，鉴别。鉴别是要确保一个通信是可信的，也即是能向接收方保证所发出的消息确实来自它所宣称的源。

第三，完整性。完整性是指接收到的数据的正确性，它能够应用于一个消息流，单个消息或一个消息中的所选字段。它通常用来确保接收到的消息与发送的消息的一致性，没有冗余、插入、篡改、重排序或延迟，以及数据的销毁。

第四，不可抵赖性。对 XML 的加密和签名，包括两个方面：首先，以 XML 形式表现被加密或签名的数据；其次，就是可以从 XML 文档中任意选出一部分内容进行加密或签名。

7.4.2 XML 数据交换的实现

XML 的关键是将数据内容与显示处理分开以提高效率。将需要交换的数据转换为 XML 文档在各个应用程序之间传递，只要数据交换中各参与方采用统一的 XML 标签和格式生成 XML 文档，不同应用系统中不同语言编写的应用程序就可正确识别和解析文档中的数据，实现数据的动态交换。这使得用 XML 编写的文档具有结构清晰、可读性强等特点，并且可以根据需要很方便地抽取语义信息。如果要改变文档的显示方式，只要修改样式单文件即可，不必像 HTML 从头创建一个全新的文档。

XML 提供了一种连接关系数据库、面向对象数据库以及其他数据库管理系统之间的纽带。XML 文档本身是一种由若干节点组成的结构，这种特点使得数据更适于面向对象格式来存储，同时也有利于面向对象语言（C + +、Java 等）调用 XML 编程接口访问 XML 节点。关系数据库和面向对象数据库首先需要将数据从数据库中提取出来，经过转换或直接以 XML 数据形式发布到网上（局域网或 Internet），然后相互交换数据，经应用层系统处理后再转存入库。

以下简要说明一个完整的业务流程：销售商的信息系统通过 Web 服务器发送来订单（XML 文档），通过防火墙进入企业的 Web 服务器；接收模块首先调用安全子模块对该文档的数字签名进行认证，然后由校验子模块判断该文档是否为有效的 XML 文档；有效文档将进入处理模块，由翻译子模块调用 Schema 库中模板将文档翻译成为企业系统识别的形式；发送模块接收到翻译后的文档，路由子模块在路由表中查找该类文档的目的地，发送到相应的系统接口。企业内部信息系统查询后发现库存原材料不足以完成订单，故自动生成向上游供应商订货的 XML 文档，接收模块和处理模块对该 XML 文档进行校验，处理模块将它翻译成适用于对方系统的形式，由发送模块的安全子模块进行加密和数字签名，路由模块确定供应商的网址，通过 Web 服务器发出。

7.4.3 XML 与其他技术的结合

1. XML 与 Java 的结合应用

Java 语言是一种流行的面向对象的编程语言，它是一个基于 Java 虚拟机（JVM）的、与操作平台无关的执行模型，由于用作万维网应用程序的编程语言而很快被广泛地接受。与 C ++ 不同，Java 类定义放在一个单独的自含式文件中，既没有单独的头文件也没有执行文件，并且 Java 语言基本上没有定义的次序相关性。在出现方法体时，它总是紧随方法特征声明之后定义。此外，Java 语言缺少集成处理器。这些特性合在一起，使 Java 源程序在语法上很简洁，从而使 Java 语言成为使用 XML 表示的最理想的语言。

一般来说，XML 有助于独立平台、易提取信息的文档和数据；而 Java 有助于独立平台、易于处理的面向对象的应用软件解决方案。在 HTML 语言中，由于 HTML

语义上的贫瘠，Java 的应用受到了极大的限制。而且，在 HTML 中不同的语义无法表现，数据元中丰富的信息因此得不到一种统一的表示，但 XML 却能很好地解决这个问题。

通过将 Web 应用程序划分为三层结构，可以区分出应用程序的三个逻辑组件：用户界面、计算逻辑与数据存储。再针对每个逻辑单元独立进行开发，从而极大地增强应用程序设计的灵活性。例如，将计算逻辑与用户界面分隔开，来开发各种各样的用户界面。这样不仅允许不同类型的用户访问同一计算层，也可以根据每一类用户的特定需要定制各自的界面。数据存储层允许在对数据存储方式完全改变的情况下，不影响应用程序的计算逻辑或用户界面（见图 7－6）。从三层结构中获益最大的是中间层，因为三层结构允许计算逻辑的开发达到任意复杂的程度，它自己也可以包含多层。而且，三层结构还允许任意改变计算逻辑，而不会影响用户与之交互的方式。Java 与 XML 的结合提供了建立三层应用程序的最佳手段。

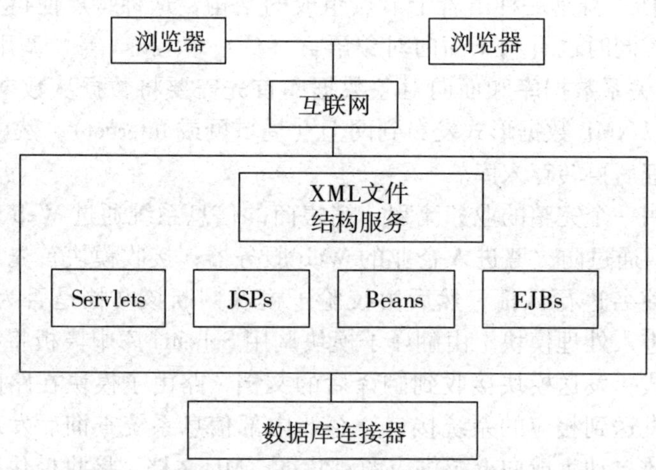

图 7－6　XML 与 Java 在 Web 应用上的三层结构

2. XML 数据库技术

XML 数据库的存储策略主要有三种：利用文件系统的平面文件、利用成熟的关系数据库（RDBMS）、利用对象管理器或面向对象数据库管理系统（OODBMS）。

（1）文件系统的平面文件。利用文本文件来存储 XML 文档数据是最直接和最简单的存储方式，由于这种存储方式与数据被理解的方式一致，所以能自然地反映对象间的嵌套和所属关系。对采用这种存储方式的 XML 文档，应用程序可以通过 DOM（Document Object Model）和 SAX（Simple API for XML）等编程接口直接进行存取。

（2）关系数据库。这种方式可以充分利用 RDBMS 强大的数据存储管理功能，但是，由于 XML 和 RDB 数据模式之间存在着互异性，所以不能简单地将 XML 文档存储于关系数据表中。为了实现在 XML 文件和数据库之间的数据交换，必须提供一个 XML 映射层，将 XML 文档模式（如 DTD，XML Schema）映射到关系数据库模式。事实上，实现 XML 文档在关系型数据库中的存储，关键是要弄清楚 XML 结构与关系型数据库结构之间的映射关系。即要先创建用于存储 XML 文档的 RDB 模式，然后拆分 XML 文档，最后将其中的数据存储于已创建的 RDB 模式中。对数据的操作主要利用 RDBMS 提供的方法（如 SQL），当然也可以使用 XML 方法（如 DOM 或 SAX）。

3. 面向对象数据库

面向对象的 XML 存储方法以对象数据库作为底层存储，在面向对象数据模型中，所有现实世界中的实体和概念都模拟为对象，利用面向对象数据库，XML 将不再被拆分而是被描述成一个对象存入数据库。面向对象的方法首先利用 DTD 或 XML Schema 建立 XML 数据的 OODB 模式，然后按照一定的规则将 XML 文档的元素映射成为对象数据库中的一系列对象。XML 文档结构中的元素和属性被映射成类或列，元素和属性的关系被映射为类和列之间的关系，元素间的关系则映射为类间的关系。面向对象的存储方法支持复杂数据类型，可以较为直观地建立 XML 数据的对象模式，从而可以利用对象查询语言（OQL）实现对 XML 数据的结构化查询，具有较高的存储与查询效率。

4. 基于 XML 的 WEB 数据挖掘

根据 W. J. Frawley 和 G. P. Shapiro 等人的定义，数据挖掘是指从大型数据库的数据中提取出人们感兴趣的知识，这些知识是隐含的、事先未知的、潜在的有用信息。数据挖掘的主要目的是提高市场决策能力，检测异常模式，在过去的经验基础上预测未来趋势等。

Web 数据挖掘是数据挖掘技术与 Web 相结合的产物，是一项综合技术，涉及 Web、数据挖掘、计算机语言学、信息学等多个领域。简单地讲，Web 挖掘就是从 Web 文档、Web 活动中抽取感兴趣的、潜在的有用模式和隐藏信息。Web 数据挖掘是从数据挖掘发展而来的，是数据挖掘技术应用于 Web 信息的一个崭新领域。Web 上的数据与传统数据库中的数据不同之处在于传统数据库都有一定的模型，可以根据数据模型来对具体的数据进行描述，而 Web 站点中的数据不存在统一的模型，各站点都是独自设计，并且站点中的数据是处于不停变化之中的，因此传统的数据挖掘技术并不适用 Web 挖掘。但因为 Web 有自身的结构，大体上站点的结构差异并不是特别大，所以可以认为 Web 数据是一种半结构化的数据，这是 Web 数据的另一个重要的特点。

面向 Web 的数据挖掘必须以半结构化模型和半结构化数据模型抽取技术为前提。由于 XML 具有很强大的数据描述和数据抽取功能，利用 XML 技术可以实现对 Web 页面结构的数据进行描述，形成一个半结构的数据模型，通过这个模型可以很好地实现数据挖掘。借助它可以完成基于 Web 数据挖掘中最重要的步骤数据抽取与转换。其主要的思想是：把现有的 Web 页面转换成 XML 或 XHTML，并使用众多工具中的一小部分来处理 XML 结构的数据，以检索出适当的数据。

Web 数据挖掘分为以下几个步骤：第一，利用爬行器从互联网上获得目标 Web 网页，这些网页可能是 HTML 文档或 XML 文档；第二，将 HTML 格式的 Web 页面转换成 XML 格式；第三，析取器对 XML 格式的文档进行数据析取，从析取器中得到的 XML 文档送往数据检验器和数据集成器进行检验和集成；第四，通过 Java 语言中的 JDBC 将提取出的 XML 数据写入关系数据库，以备其他应用程序调用。

XML 已经成为正式的规范，开发人员能够用 XML 的格式标记和交换数据。XML 在三层架构上为数据处理提供了很好的方法。使用可升级的三层模型，XML 可以从存在的数据中产生出来，使用 XML 结构化的数据可以从商业规范和表现形式中分离出来。XML 可完成用标准的 HTML 无法完成的 Web 应用。

7.5　EDI 技术在物流系统中的应用

7.5.1　EDI 技术在国际贸易中的应用

EDI 在国际贸易中的应用始于 20 世纪 80 年代。最初为美国及欧洲一些发达国家在海关报关方所采用，后来才逐步在国际贸易中扩展至更广的领域，并扩展到越来越多的国家。国际贸易本身的性质和特点决定了 EDI 在国际贸易中比较成熟的应用。国际贸易通常涉及货物的买卖、运输、保险、支付以及进出口报关等诸多程序、手续，烦琐复杂。国际贸易的快速发展必然导致各种贸易单证、文件数量激增，而纸面文件形成成本高、传输慢、重复劳动、易出差错，从而大大限制了国际贸易的进一步发展。与此同时，在国际市场竞争中，价格因素所起作用大幅缩小，服务性因素的意义越来越显得重要。这样，提高商业文件传递速度和处理速度就成了国际贸易的迫切需要。而在外贸领域里，EDI 信息技术的自动化操作方式在节省人工成本、提高劳动生产率等方面显示出其不可比拟的作用。另外，一些发达国家规定如果不采用 EDI 技术与本国进行贸易，会有很多不利的限制。这些都促进了 EDI 在国际贸易中的普及。

7.5.2　EDI 技术在国际物流中的应用

国际物流是指在两个或两个以上国家（或地区）之间进行的物流。国际物流中涉及货物的出入境管理，因此与海关、商检等部门联系密切。随着国际物流对标准化作业的要求不断提高，EDI 技术在这些部门得到了广泛的应用。

1. EDI 技术在海关中的应用

海关业务中应用 EDI，即“无纸报关”，简单地说，就是指无须通过纸面单证，即可向海关进行申报。具体来说，就是报关单位在电子计算机终端或微机上填写进出口报关单证，并通过电子传输其报关单证进海关的报关自动化系统，向海关申报；海关的电子计算机对报关单进行审核与处理后，凡适合海关监管规定的，就自动地发出海关放行指令或签发海关放行通知单（OK 单）。这种报关方式，自始至终通过电子计算机进行而无须人工干预，所以称为“电脑报关”或“自动化报关”。由于取消了传统的纸面单证、文件，改用电子方法向海关申报，故通常又称为“无纸报关”。显而易见，无纸报关的效益是：对报关单位而言，它可以大大节省时间和减少费用，克服因海关现场报关而造成的旅途劳累和排队等候之苦，从而提高了办事效率；对海关而言，它可以使海关人员有足够的时间来处理进出口报关单证，减少工作差错，从而提高了工作效率。

2. EDI 在商检中的应用

EDI 技术在商检中的应用始于 1995 年，主要为外贸公司提供商检所需要的一般产地证书和普惠制产地证的 EDI 申请和签证，原产地证书是指出口商应进口商要求而提供的，由公证机构、政府或出口商出具的证明货物原产地或制造地的一种证明文件；普惠制产地证是指根据发达国家给予发展中国家的普遍优惠制而签发的一种优惠性原产地证书。在对外贸易中，惠普制产地证可以缩写为 FORMA 或 GPS FORM。

外贸公司可通过 EDI 的方式与商检局进行产地证的电子单证传输，无须再为产地证的签发和审核来回奔波，大大节约了时间和费用。而对于商检局而言，应用 EDI 单证审批系统，不仅可以减轻商检局录入数据的负担，减少了手工录入出错的机会，也方便了对各种单证的统一管理。

7.5.3 EDI 技术在物流配送中的应用

应用 EDI 技术可以为物流配送企业带来以下好处。第一，快速响应。响应能力关系到一个企业是否能够及时满足客户服务需求，应用 EDI 技术后，企业可以快速响应客户的需求，进而提高企业的服务质量。第二，保持信息流通顺畅。物流配送企业内部以及货主、承运人、收货人等相关企业之间的信息交换和商业交易活动无不与通畅的信息紧密联系，应用 EDI 技术能够实现畅通的信息联系。第三，保证信息的完整性。应用 EDI 技术进行信息交换，能够保证信息的完整性和充分性。此外，物流配送过程中运用 EDI 技术，使用电子报文进行内外部的标准化信息传输，可以减少人工输入的失误。

7.5.4 EDI 技术在港口物流中的应用

目前，港口的重要性随着集装箱周转数量的持续增加而日益凸显。为此，各个港口正通过增加设备等措施，扩大现有码头的规模，并为日后的发展做准备。但是仅通过增加和提高现代化水平，还不足以应对急剧变化的海运环境。进出口货物的集中与分配都是在港口进行，而在此过程中，对信息的处理则是必需的。为了保持世界一流海港的优势，港口还需要构建完整的物流信息化体系，以降低物流成本、提高服务质量。

案例分析

美的集团

创业于 1968 年的美的集团，是一家以家电业为主，涉足房产、物流等领域的大型综合性现代化企业集团，旗下拥有四家上市公司、四大产业集团，是中国最具规模的白色家电生产基地和出口基地之一。

随着自身业务在全球范围内的不断扩大，美的已经形成了一个覆盖全球，从生产制造、供应商、物流、渠道到客户的庞大企业供应链群。美的的供应链伙伴群体十分庞大，上下游企业和合作伙伴众多，每年需要交换大量的单据，之前，美的是采用人工的方式实现对大量业务单据的接收、处理和发送，需要花费较长时间来完成单据的处理；同时，人工处理方式难免发生错误。为了满足美的与供应链合作伙伴之间的实时、安全、高效和准确的业务单据交互，提高供应链的运作效率，降低运营成本，迫切需要利用提供企业级（B2B）数据自动化交互和传输技术，即 EDI（电子数据交换）方案来解决这个问题。美的选择业界领先的供应链管理解决方案提供商 SinoServices（锐特信息）为其提供 EDI 解决方案和技术支持。SinoServices 提供了 SinoEDI 企业级数据整合解决方案，主要的功能模块包括：集成服务器——业务流程引擎、网关、映射转换；数据流管理——数据的路由、数据监控管理等；EDI 组件——支持 ANSI X. 12 及 EDIFACT EDI 标准之组件；适配器。

SinoEDI 企业级数据整合解决方案支持各类传输协议、加密算法，同时也是一款性能非常优异的数据处理平台，支持任意数据格式之间的转换，数据流程可灵活定制，路由功能强大，且具备各类适配器与后台系统、数据源的集成。开发、部署由图形化的统一开发平台来完成，简单易用。它具备以下优点。第一，高度灵活、反应敏捷，可高效、快速地适应业务需求的变化。不管是有新的合作伙伴的加入，还是有新的数据格式，EDI 平台都可在不影响现有平台运行的情况下，快速接入新合作伙伴，增加新的数据格式，且平台架构不会发生任何大的变化。第二，支持任何数据格式。例如，EDIFACT、ANSI X12、RosettaNet、XML、IDOC、Flat File 等，强大的 EDI 引擎可支持各个时期各个版本的 EDI 标准。第三，安全、高效、统一的 B2B 传输网关。B2B 传输网关不仅提供了一个 B2B 传输的统一接入点，便于管理，具备强大的合作伙伴管理（TPM）功能；同时，保证所有通过网关的数据都能安全发送与接收，提供多层次的安全防护，包括协议安全策略、SSL/TLS 策略等。第四，强大的数据并发及处理能力。EDI 平台独特的设计，具备高效的数据处理能力，性能极其出色。第五，实现与后台各种系统实现无缝集成。如 SAP、IBM MQ、J2EE 应用、数据库等都有相应的直连接口，便于美的内部各业务系统与 EDI 平台的高度集成。利用 SinoEDI 企业级数据整合解决方案，美的和各业务伙伴之间大量的数据和业务表单往来便可实现完全的自动化传输和识别，而不受各类数据源的结构和传输协议的影响。以前的人工处理方式需要从美的的各个业务子系统如 ERP、CRM 等提取出相关数据，再人工转换成合作伙伴需要的单据格式，通过邮件、传真、电话等方式向相应的接收方发送（人工转换的过程可在美的或合作伙伴方进行）。同样的，当从合作伙伴处接收到各类异构形态的单据之后，要通过人工方式识别、读取，并录入相应的子系统中。现在，这个工作流程变为 EDI 平台自动接收各子系统发出的数据，再自动转换成标准 EDI 报文（或者合作伙伴系统能够直接识别的数据格式），再自动传输给接收方，整个过程无须人工干预，极大地提升了工作效率。

思考题

1. 什么是 EDI？什么是物流 EDI？
2. EDI 系统由哪几部分组成？简述其工作过程。
3. 实施 EDI 技术的条件是什么，其实施步骤如何？
4. 为什么要制定统一的 EDI 标准？目前国际上公认的 EDI 标准有哪些？
5. 将 EDI 应用于物流业有何优点？是如何应用的（请举出 3 个例子）？
6. 简述 EDI 实施的障碍及发展方向。

8 物流系统自动化技术

案例导入

杭州贝因美科工贸股份有限公司拥有华东地区规模最大的断奶期婴幼儿食品生产基地，为保障产品质量、满足企业发展需要，贝因美兴建了规模较大、功能复杂的物流自动化系统。贝因美自动化物流配送中心位于杭州余杭区经济开发区，由国际知名物流系统集成商日本大福中国公司规划集成。该项目于 2008 年启动规划，2009 年动工，2011 年 4 月建成并投入运营。

据介绍，贝因美投资建设如此高度自动化的物流系统，主要是考虑到婴幼儿食品市场不断扩大，而且在三聚氰胺事件后，贝因美奶粉市场占有率迅速攀升。产销量的快速扩大急需物流系统的有力支撑。

贝因美在杭州建设了国内最大的母婴营养品专业工厂，年产能可达 60000t。工厂的硬件设施按照世界一流的标准配备，生产工艺采用了全球领先的计算机自动化控制，产品质量监测也采用了国际化标准。为与该先进的现代化工厂相匹配，贝因美同样建设了高度自动化的物流系统，成为从研发、生产到配送一条龙的母婴营养品专业工厂。随着生产工艺的更新升级，贝因美需要更加精确并且科学合理的生产安排，为增强对生产的控制能力，需要运用自动仓库对所存原材料与产成品进行精确管理。

本项目投入运营后，贝因美实现了更加科学的生产管理，物流上实现了更完整的批次管理与产品追溯，提升了物流运作的效率。目前，该项目在乳业行业内应该算是最复杂的物流中心。首先，库房存储近 3000 个品种。其次，具备多重功能，同时兼具原材料仓库、成品库、用品库以及区域物流配送中心的功能。最后，出入库内容复杂，因其管理货物种类多、功能复杂，导致出入库内容复杂。入库货物有物流中心外部来的，还有内部工厂来的；有自动作业的，也有人工作业的。出库货物有流向物流中心外部等待运输的，还有进入生产工厂的。从技术上看，本项目有个显著特点，即采用自动分拣系统用于出入库，满足大批量、多项成品快速入库的需要，并且使用在以分拣配送功能为主的物流中心里，用于连接生产工厂产品下线与成品库的入库端却非常少见。贝因美的案例证明，分拣系统可应用于入库端。其适用条件为：产品品项较多，生产速度快且量大。

8.1 物流自动化

8.1.1 现代化生产制造与物流技术的关系

虽然自有生产以来就有物流，但是物流作为一门专门的学问引起人们重视、作为一个专门的学科被研究的时间却远远滞后于生产制造。在社会生产力发展的早期阶段，人们把主要精力放在生产制造过程，研究高效率的加工机械、改进加工工艺、采用新材料等，力图降低成本，提高生产率。随着社会生产力的发展，生产制造业的发展呈现出三种明显趋势。

(1) 自动化水平越来越高。生产设备从手工向机械过渡，直到实现自动化。生产效率大大提高，生产节奏加快。

(2) 柔性化水平越来越高。随着市场竞争的需要，多品种、小批量产品生产日益增多。在欧美和日本的制造业中，中小批量生产的产品在数量上约占85%，在产值上占60%~70%。小批量生产一批的数量有时为5~50件。

(3) 生产规模不断扩大，专业分工越来越细。例如汽车生产，一个中等工厂年产量都在百万辆左右。随着生产能力的提高，生产复杂产品的能力加强，加上生产效率的提高，生产规模不断扩大。随着生产力水平的提高，专业化协作不断发展，分工越来越细，生产工序与生产环节越来越复杂。

然而，在生产制造迅猛发展的初期，人们并没有足够重视物流。其结果是生产制造过程越自动化、越柔性化，生产规模越大，与物流落后的矛盾就越突出，生产制造系统的高效率与物流系统的低效率就越来越不适应。美国是世界上现代化物流发展得比较早的国家，十分重视物流的研究与发展。早在1980年的全美物资讨论会上，研究者们就指出，在产品生产的整个过程中，仅有5%的时间是用于加工和制造的，剩余95%都用于储存、装卸、等待加工和输送。在美国，直接劳动成本所占比例不足工厂总成本的10%，并且这一比例还在不断下降。而储存、运输所支付的费用却占生产成本的40%。人们深切地认识到，生产加工过程中的"油水"几乎已被榨干，要想从中取得明显的效益提高已经是相当困难了，而物流仍是一个待开发的"处女地"。物料运输、存储过程存在着极大的潜力，有待挖掘。有人把物流比作利润的第三源泉，即在降低生产成本、降低销售成本的同时，也着眼于降低物流成本。

日本工业界学习美国的先进经验，于20世纪60年代开始重视物流引进和开发先进的物流设备，并开展物流系统的研究工作。目前，在世界各地，普遍把改造物流结构、降低物流成本作为企业在竞争中取胜的重要措施。为适应现代生产的需要，物流正向着现代化的方向发展。

回顾物流技术的发展历史，大致可以分为以下五个阶段。

第一代物流是人工物流。人类自有文明以来，物流一直是世界的重要组成部分。初始的物流是由人们的举、拉、推和计数等人工操作开始的。虽然第一代物流是人工的，但即使是今天，人工物流仍存在于几乎所有的系统中。

第二代物流是机械物流。现代化设备能让人们举起、移动和放下更重的物体，速度也更快。机器延伸了人们的活动范围，使物料堆得更高，在同样的面积上可以存储更多的物料。从19世纪中叶到20世纪中叶这一个世纪里，这种机械系统一直起主导作用。同时，它在当今的许多物流系统中也是主要的组成部分。

第三代物流是自动化物流。自动存取系统（AS/RS）、自动导引车（AGV）、电子扫描器和条码都是自动化系统的主要组成部分。同时，自动化物流还普遍采用机器人堆垛和包装、监视物流过程及执行某些过程。自动化输送机系统提供物料和工具的搬运，加快了运输的速度，物流效率大大提高了。

第四代物流是集成物流。它强调在中央控制下各个自动化物流设备的协同性。中央控制通常由主计算机实现。这种物流系统是在自动化物流的基础上进一步将物流系统的信息集成起来，使得从物料计划、物料调度直到将物料运输到达生产的各个过程的信息，通过计算机网络相互沟通。这种系统不仅使物流系统各单元间达到协调，而且使生产与物流之间达到协调。

第五代物流是智能型物流。在做出生产计划后，自动生成物料和人力需求，查看存货单和购货单，规划并完成物流。如果物料不够，无法满足生产需求，就推荐修改计划以生产出等值产品。这种系统是将人工的智能集中到物流系统中。目前，这种物流系统的基本原理已在实际的一些物流系统中逐步得到了实现。

8.1.2 现代生产物流的发展

生产物流担负着运输、存储、装卸物料等任务。物流系统与生产制造的关系，如同人体中血液与内脏器官的关系，物流系统是生产制造各环节组成的有机整体的纽带，又是生产过程维持延续的基础。传统的生产物流，物流设备极其落后，是以手工、半机械化或机械化为主的，效率低、工人劳动强度大。传统的物流信息管理也十分落后，物流信息分散、不准确、传送速度慢。落后的生产物流限制了生产的高速发展。生产制造系统规模不断扩大、生产的柔性化水平和自动化水平日益提高，要求生产物流也要相应地发展，使之与现代生产制造系统相适应。现代生产物流的发展主要体现在以下几个方面。

（1）现代化的物流设备。生产物流现代化的基础，首先是采用快速、高效、自动化的物流设备。最典型的现代化物流设备有以下几种。

①自动化立体仓库：物流仓储中出现的新概念，是当前技术水平较高的立体仓库形式，其主体主要由货架、巷道式堆垛起重机、入（出）库工作台和自动运进（出）及操作控制系统组成，利用立体仓库设备可实现仓库高层合理化、存取自动化、操作简便化。

②自动导引车（AGV）：属于无人搬运车，是指装备有电磁或光学等自动引导装置，能够沿规定的引导路径行驶，具有安全保护及各种移载功能的运输车，能够进行快速、准确的运输。且其运输路径柔性化，便于计算机管理与调度。

③穿梭车：穿梭车可以编程实现取货、运送、放置等任务，主要有穿梭车式出入库系统和穿梭车式仓储系统两种形式，以往复或者回环方式，在固定轨道上运行，将货物运送到指定地点或接驳设备。

④自动上下料机器：装卸料采用机器人，与加工设备同步协调。安全、快捷、便

于计算机的管理与控制。

⑤其他上下料及中转运输设备：集放链、传送带等。

以上所有的现代化物流设备，几乎都是通过计算机控制的，实现了半自动化或自动化。

（2）计算机管理。与现代化生产制造相适应的物流系统，一般都具有结构复杂、物流节奏快、物流路线复杂、信息量大、实时性要求高等特点。传统的凭主观经验管理物流的方法已无法适应，采用计算机可以对物流系统进行动态管理与优化。同时，通过计算机与其他系统实时联机，发送和接收信息，使物流系统与生产制造、销售等系统有机地联系，可以提高物流系统的效益。

（3）系统化与集成化。生产物流系统的结构特点是：点多、线长、面宽、规模大。传统的生产物流是分散的、割裂的和相互独立的，缺乏集成化和系统化。如果说传统生产物流设备落后，搬运效率低下是影响生产总体效益提高的主要原因之一的话，那么传统生产物流的分散化和个体化则是牵制生产发展的另一主要原因。现代化生产物流是把物流系统有机地联系起来，看成一个整体，从系统化、集成化的概念出发去设计、分析、研究和改进生产物流系统，不追求系统内个别系统的高效和优化，而是力求整体系统的优化和高效。

8.1.3 现代生产物流系统的基本组成

现代生产物流系统由管理层、控制层和执行层三大部分组成。

管理层是一个计算机物流管理软件系统，具有很强的数据处理能力，是物流系统的中枢。它主要完成以下工作。

（1）接收上级系统的指令（如月、日生产计划）并将此计划下发。

（2）调度运输作业。根据运输任务的紧急程度和调度原则，决定运输任务的优先级别，根据当前运输任务的执行情况形成运输指令和最佳运输路线。

（3）管理立体仓库库存。库存管理、入库管理、出库管理和出/入库协调管理。

（4）统计分析系统运行情况。统计分析物流设备利用率、物料库存状态、设备运行状态等。

（5）物流系统信息处理。

控制层是物流系统的主要组成部分，控制物流机械完成所规定的任务。控制层的另一任务，是实时监控物流系统的状态，例如物流设备状况、物料运输状况、物流系统各局部协调配合情况等。同时将监测的情况反馈给管理层，为管理层的调度决策提供参考。

执行层由自动化的物流机械组成。执行层一般包括三方面。

（1）自动存储/提取系统，即 AS/RS（Automated Storage&Retrieval Systems）。

AS/RS 包括以下几部分：高层货架（High Level Rock）、堆垛机（Stackecrane）、出/入库台（Outport/Inport Station）、缓冲站（Buffer）和仓库周边运输设备，如各种有轨输送车（Minitrain）、传输轨道和皮带传送机（Conveyor）等。它连接 AS/RS 的各个通道和缓冲站。

（2）输送车辆。如自动导引车和空中单轨自动车（SKY - RAV）。

（3）缓冲站。缓冲站是临时存储物料，以便交接或移载的装置。在装配线上的缓冲站一般为工位缓冲站；在加工系统中的附属于各种加工中心的缓冲站称为加工缓冲站。此外，还有装配缓冲站和测量缓冲站等。

根据管理层、控制层和执行层的不同分工，物流系统对各个层次的要求是不同的。对管理层要求具有较高的智能；对控制层要求具有较高的实时性；对执行层则要求较高的可靠性。

8.2 自动仓储系统

8.2.1 货架

因为在实际过程中很难达到理想的存储，我们必须要认识到理想的存储是根本不存在的。但是，库存总量应当尽量保持在最小状态。在一定的面积内建造一座仓库，为了提高货物的存放数量，采用堆垛方式无疑比平铺在地面要优越得多。由于货物堆积起来，出库时若需从底部或里面取出货物，必须花费很多的时间和劳动用于移开上部的货物，即做到“先入先出”是很困难的。但若将不同的货物均存放在标准托盘盒（或货箱）里，然后将其存放到立体的货架上，这就解决了以上的困难。将不同的物品都放在货架上，货架越高，所占用的存储面积越小。同时，对货架的要求也越高。

1. 货架的分类

货架的分类方式多种多样，其中按货架的发展分为传统货架和新型货架；按货架的适用性可以分为通用货架和专用货架；按货架的封闭程度可分为敞开式货架、半封闭式货架和封闭式货架；按货架结构可以分为整体结构式货架和分体结构式货架；按货架的构造可以分为组合可拆卸式货架和固定式货架；按货架的高度又可分为低层货架、中层货架和高层货架。除此之外，还可以从载重、材料、可动性等多个角度进行细分。

常用的货架有以下几种。

（1）悬臂货架：多用于存储长料，如金属棒、管等（见图 8－1）。

图 8－1　悬臂式货架

（2）流动货架：货物从货架的一端进入，可从另一端取出。它有时适合于存储数量多、品种少、移动快的物品，如存储某些电子器件（见图 8－2）。

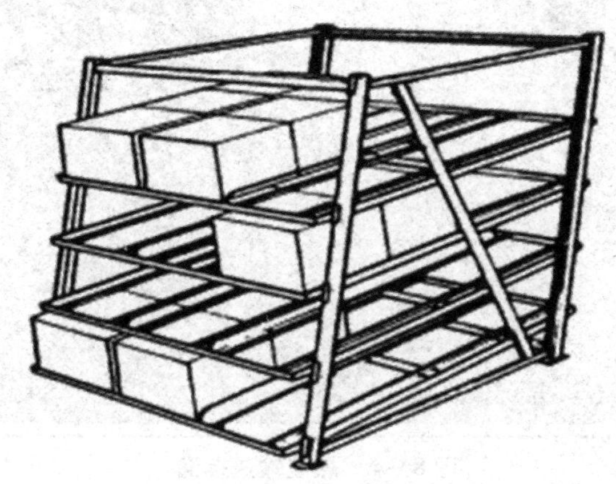

图 8－2　流动货架

（3）货格式货架：这种货架最常见，在我国也比较多，多用于容量较大的仓库，如以集装箱为单位存储的立体仓库（见图 8－3）。

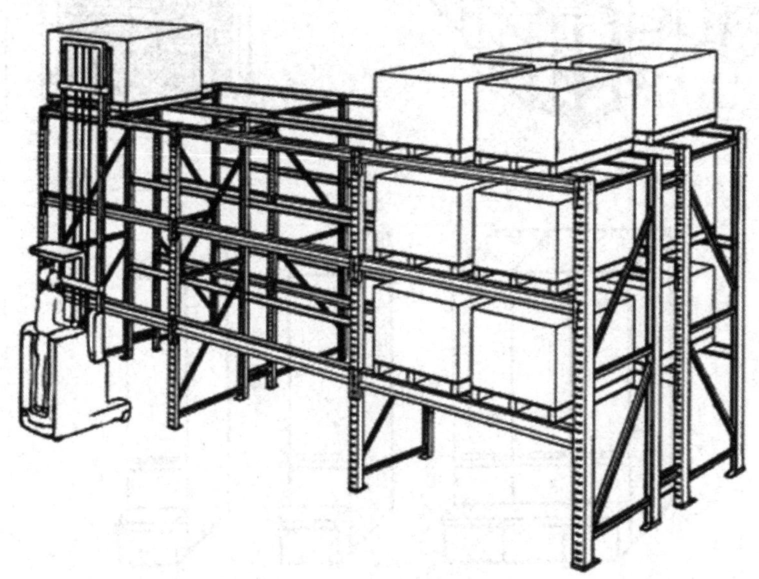

图 8－3　货格式货架

（4）悬挂输送存储：多安放于车间的工作区或设备上方，由人工根据需要随时取下或放上货物，整个存储系统是不断运动的（见图 8－4）。

（5）水平或垂直旋转式货架：是一种旋转或循环的存储装置，它适合于存储体积小、重量轻的物品（见图 8－5）。

对于重量和体积比较大的物品存储，有时采用被动辊式货架。在这种货架的单元货格中有许多无动力的辊子，利用存储设备（通常是大型巷道式堆垛机）的动力驱动这些辊子，从而将大型货物存入或取出。机场货运物品多采用这种形式的货架。

图 8－4　悬挂输送存储

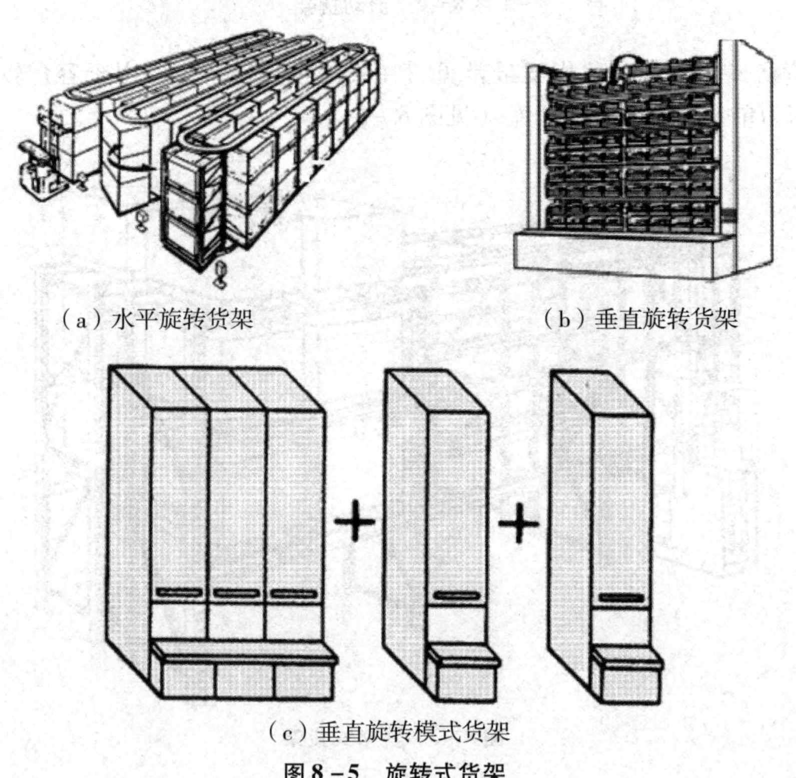

（a）水平旋转货架　　（b）垂直旋转货架

（c）垂直旋转模式货架

图 8－5　旋转式货架

2. 货架的材料

高层货架是立体仓库的主要构筑物，一般用钢材或钢筋混凝土制作。钢货架的优点是构件尺寸小、仓库空间利用率高、制作方便、安装建设周期短。而且随着高度的增加，钢货架比钢筋混凝土货架的优越性更明显。因此，目前国内外大多数立体仓库都采用钢货架，钢筋混凝土货架的突出优点是防火性能好、抗腐蚀能力强、维护保养简单。

货架高度是关系到 AS/RS 全局性的参数。货架钢结构的成本随其高度增加而迅速增加，尤其是当货架高度超过 20m 以上时，其成本急剧上升，同时堆垛机等设备结构费用也随之增长。货架可由冷轧钢、热轧角钢、工字钢焊接成“货架片”，然后组成立体的货架。为此要从基础设计、货架截面选型以及支撑系统布置等多方面采取措施，加以保证。

目前国内在常温货架的材料选择上，立柱多选择 Q235 或 SS400 材料，横梁以 Q235 居多。低温库货架的材料往往需要根据温度不同，依据国家的相关标准进行选择。

3. 货架的尺寸

恰当地确定货格净空尺寸是立体仓库设计中一项极为重要的设计内容。对于给定尺寸的货物单元，货格尺寸取决于单元四周需留出的空隙大小。同时，在一定程度上也受到货架结构造型的影响。这项尺寸之所以重要，是因为它直接影响着仓库面积和空间利用率。同时，因为影响因素很多，确定这项尺寸比较复杂。

货架的总体尺寸，即货架的长度、宽度、高度等尺寸与货物的出入库频率、货架类型、堆放层数、货格尺寸等都有关系。

对于横梁式货架来说，每个货格可以存放两个货物单元，也可存放三个货物单元；牛腿式货架每个货格只能存放一个货物单元。在确定了货物尺寸后，货格的尺寸主要取决于各个间隙的大小，如图 8-6 所示。

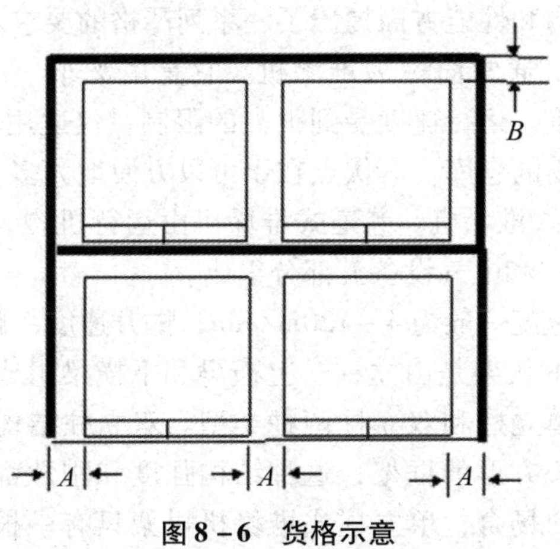

图 8-6　货格示意

侧向间隙 A：取决于堆垛机的停车精度以及堆垛机和货架的安装精度。精度越高，取值就越小。一般情况下侧向间隙 $A = 100$mm。

垂直间隙 B：上部的垂直间隙 B 应该能保证堆垛机的货叉在叉取货物的过程中，微起升时不与上部构件发生碰撞，一般要求垂直间隙 B 要大于货叉的微行程与安全裕量之和。一般情况下，垂直间隙 $B = 100 \sim 150$mm。对于有水平拉杆的货格，在选取垂直间隙 B 时，需要加上水平拉杆的高度。若考虑消防喷淋等影响，需要根据消防喷淋的具体情况加以综合判断。

货架的总高度 H：货架的总高度的确定将直接影响占地面积、长度、宽度、作业效率及其他经济指标。一般认为高度在 20m 左右时，单位费用最低。

货架的总长度 L：虽然现在有些仓库的货架总长度 L 达到甚至超过 150m，但是在实践中，大多数专家仍然认为，在一台堆垛机作业一个巷道的情况下，最佳的通道长度 L 应该在 80～120m。货架的最大长度取决于一台堆垛机在一条巷道中所服务的货位数目。如果保持 $\frac{H}{L}=\frac{V_y}{V_x}$（$V_x$、$V_y$ 为堆垛机在 x、y 方向的分速度）均衡，为保证堆垛机的垂直和水平操作，推荐采用如下的比值：$\frac{H}{L}=(\frac{1}{4}\sim\frac{1}{6})$。

8.2.2 巷道式堆垛机

搬运设备是自动化仓库中的重要设备，它们一般是由电力来驱动的，通过自动或手动控制，将货物从一处搬到另一处。设备形式可以是单轨的、双轨的、地面的、空中的、一维运行（水平直线运行或垂直直线运行）、二维运行、三维运行等。典型设备有升降梯、搬运车、巷道式堆垛机、双轨堆垛机、无轨叉车和转臂起重机等。

巷道式堆垛机是立体仓库中最重要的运输设备。巷道式堆垛机是随着立体仓库的出现而发展起来的专用起重机。它的主要用途是在高层货架的巷道内穿梭运行，将位于巷道口的货物存于货格；或者相反，取出货格内的货物运送到巷道口。这种使用工艺对巷道式堆垛机在结构和性能方面提出了一系列严格的要求。

有轨巷道堆垛起重机通常简称为堆垛机。它是由叉车、桥式堆垛机演变而来的。桥式堆垛机由于桥架笨重，运行速度受到很大的限制，仅适用于出/入库频率不高或存放长形原材料和笨重货物的仓库。其优点在于可以方便地为多个巷道服务。目前的 AS/RS 中应用最广的是巷道式堆垛机。巷道式堆垛机由运行机构、起升机构、载货台及存取货装置、机架（车身）和电气设备五部分组成。

堆垛机的水平行走速度一般为 4～120m/min，提升速度一般为 3～30m/min。

（1）机架。堆垛机的机架是由立柱、上横梁和下横梁组成的一个框架，整机结构高而窄。机架可以分为单立柱和双立柱两种类型。双立柱结构的机架是由两根立柱和上、下横梁组成的一个长方形的框架，这种结构强度和刚性都比较好，适用于起重量较大或起升高度比较高的场合；单立柱式堆垛机机架只有一根立柱和一根下横梁，整机重量比较轻，制造工时短，材料消耗少，结构更加紧凑且外形美观，但刚性稍差。由于载货台与货物对单立柱的偏心作用，以及行走、制动和加速减速的水平惯性力的作用对立柱会产生动、静刚度方面的影响，当载物台处于立柱最高位置时，挠度和振幅达到最大值。这在设计时需加以校核计算。堆垛机的机架沿天轨运行。为防止框架倾倒，上梁上装有导引轮。

（2）运行机构。按运行机构所在的位置不同可以分为地面驱动式、顶部驱动式和中部驱动式等几种，其中，地面驱动式使用最广泛。地面驱动式一般用两个或四个承重轮，在地面上的轨道运行。在堆垛机顶部有两组水平轮沿天轨（在堆垛机上方辅助其运行的轨道）导向。如果堆垛机车轮与金属结构通过垂直小轴铰接，堆垛机就可以走弯道，从一个巷道转移到另一个巷道去工作。顶部驱动式堆垛机又可分为支承式和悬挂式两种，前者支承在天轨上运行，堆垛机底部有两组水平导向轮。悬挂式堆垛机则悬挂在位于巷道上方的支承梁上运行。

（3）起升机构。堆垛机的起升机构是由电动机、制动器、减速机、卷筒或链轮以及柔性件组成的，常用的柔性件有钢丝绳和起重链等。卷扬机通过钢丝绳牵引载物台做升降运动。除了一般的齿轮减速机外，由于需要较大的减速比，因而也经常使用蜗轮蜗杆减速机和行星齿轮减速机。在堆垛机上，为了尽量使起升机构尺寸紧凑，常使用带制动器的电机。

起升机构的工作速度一般在 12 ~ 30m/min，最高可达 48m/min。不管选用多大的工作速度，都备有低速挡，主要用于平稳准停和取放货物时的“微升降”作业。在堆垛机的起重、行走和伸叉（叉取货物）三种驱动中，起重的功率最大。

（4）载货台及存取货装置。

载货台是货物单元的承载装置。对于需要搬运整个货物单元的堆垛机，载货台由货台本体和存取货装置组成。对于只需要从货格拣选一部分货物的拣选式堆垛机，载货台上不设存取货装置，只有平台用来放置盛货容器。

存取货装置是堆垛机的特殊工作机构，取货的那部分结构必须根据货物外形特点设计，最常见的是一副伸缩货叉，也可以是一块可伸缩的取货板，或者别的结构形式。

伸叉机构装在载货台上，载货台在辊轮的支撑下沿立柱上的导轨做垂直行走方向的运动（起重）。操作平台设在底座上，工人在此处可进行手动或半自动操作。

（5）电气设备。在电力拖动方面，目前国内多用的是交流变频调速和晶闸管直流调速。对堆垛机的控制一般采用可编程控制器、单片机和计算机等。堆垛机必须具有自动认址、货位虚实以及其他检测等功能。电力拖动系统要同时满足快速、平稳和准确三个方面的要求。

（6）安全保护装置。堆垛机是一种起重机械，它要在又高又窄的巷道内高速运行。为了保证人身及设备的安全，堆垛机必须配备有完善的安全保护装置，并在电气控制上采取一系列连锁和保护措施。除了一般起重机常备的安全保护措施（如各机构的终端限位和缓冲、电机过热和过流保护等）外，还应根据实际需要，增设各种保护装置。主要的安全保护装置有以下几种。

①终端限位保护。行走、升降和伸缩终端的限位保护。

②连锁保护。行走与升降时，货叉伸缩驱动电路切断；货叉伸缩时，行走与升降电路切断。行走与升降运动可同时进行。

③正位检测控制。只有当堆垛机在垂直和水平方向停准时，货叉才能伸缩，即货叉运动是条件控制，以认址装置检测到确已停准的信息为货叉运动的必要条件。

④载货台断绳保护。当钢丝绳断开时，弹簧通过连杆机构凸轮卡在导轨上阻止载货台坠落，正常工作时提杆平衡载荷的重量，弹簧处于压缩状态，凸轮与导轨分离，如图 8 -7 所示。

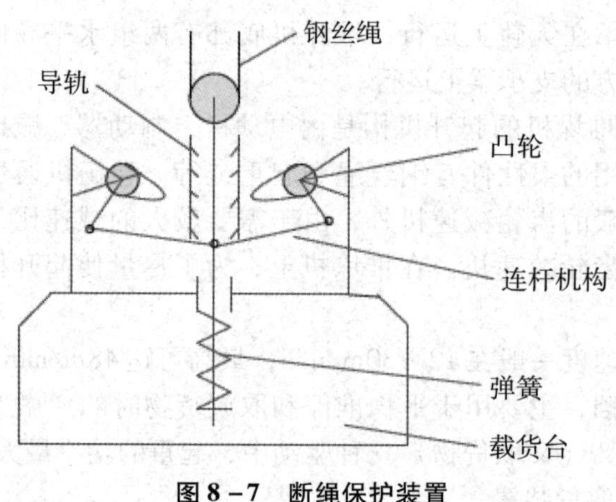

图 8－7　断绳保护装置

8.2.3　控制与管理系统

自动化仓库中的电气与电子设备主要指检测装置、信息识别装置、控制装置、通信设备、监控调度设备、计算机管理以及大屏幕显示设备、图像监视设备等。

（1）检测装置。为了实现对自动化仓库中各种作业设备的控制，并保证系统安全可靠地运行，系统必须具有多种检测手段能够检测各种物理参数和相应的化学参数。对货物外观的检测、机械设备及货物运行位置和方向的检测、对运行设备状态的检测、对系统参数的检测和对设备故障情况的检测都是极为重要的。通过对这些检测数据的判断、处理为系统决策提供最佳依据，使系统处于理想的工作状态。

（2）信息识别装置。信息识别装置是自动化仓库中必不可少的，它完成对货物品名、类别、货号、数量、等级、目的地、生产厂，甚至货位地址的识别。在自动化仓库中，为了完成物流信息的采集，通常采用条码、磁条、光学字符和射频等识别技术。条码识别技术在自动化仓库中的应用最为普遍。

（3）控制装置。控制装置是自动化系统运行成功的关键。没有好的控制，系统运行的成本就会很高，而效率很低。为了实现自动运转，自动化仓库内所用的各种存取设备和输送设备本身必须配备各种控制装置。这些控制装置种类较多，从普通开关和继电器，到微处理器、单片机和可编程控制器（PLC），根据各自的设定功能，它们都能完成一定的控制任务。如巷道式堆垛机的控制要求就包括了位置控制、速度控制、货叉控制以及方向控制等。所有这些控制都必须通过各种控制装置去实现。

（4）监控调度设备。监控系统是自动化仓库的信息枢纽，它在整个系统中起着举足轻重的作用，它负责协调系统各个部分的运行。有的自动化仓库系统使用了很多运行设备，各设备的运行任务、运行路径、运行方向都需要由监控系统来统一调度，按照指挥系统的命令进行货物搬运活动。通过监控系统的监视画面可以直观地看到各设备运行情况。

（5）计算机。计算机是自动化仓库的指挥中心，相当于人的大脑，指挥着仓库中各设备的运行。它主要完成整个仓库的账目管理和作业管理任务，并担负着与上级系统的通信和企业信息管理系统的部分任务。一般的自动化仓库管理系统多采用微型计算机，对比较大的仓库管理系统也可采用小型计算机。随着计算机的高速发展，微型计算机的功能越来越强，运算速度越来越快，微型计算机在这一领域中将日益发挥重要的作用。

（6）通信设备。自动化立体仓库是一个复杂的自动化系统，它是由众多子系统组成的。在自动化仓库中，为了完成规定的任务，各系统之间、各设备之间要进行大量的信息交换。

（7）大屏幕显示设备。自动化仓库中的各种显示设备是为了使人们操作方便、易于观察设备情况而设置的。在操作现场，操作人员可以通过显示设备的指示进行各种搬运、拣选操作；在中控室或机房，人们可以通过屏幕或模拟屏的显示，观察现场的操作及设备情况。

（8）图像监视设备。工业电视监视系统是通过高分辨率、低照度变焦摄像装置对自动化仓库中人身及设备安全进行观察的，是对主要操作点进行集中监视的现代化装置，是提高企业管理水平、创造无人化作业环境的重要手段。

此外，还有一些特殊要求的自动化仓库，比如，储存冷冻食品的立体仓库，需要对仓库中的环境温度进行检测和控制；存储感光材料的立体仓库，需要使整个仓库内部完全黑暗，以免感光材料失效而造成产品报废；存储某些药品的立体库，对仓库的湿度、气压等均有一定要求，因此需要特殊处理。

8.2.4 货物寻址技术

立体仓库的自动寻址就是自动寻找存放/提取货物的位置。计算机控制的自动化仓库都具有自动寻址的功能。

在同一巷道内的货位地址由 3 个参数组成：第几排货架；第几层货格；左侧或右侧。当自动仓库接收到上级管理机的存取命令和存取地址后，即向指定货位的方向运行。运行中，安装在堆垛机上的传感器不断检测位置信息，计算判断货物是否到位。

认址装置由认址片和认址器组成。认址器即是某种类型的传感器，目前常用的是红外传感器。发送与接收红外光在同侧时，用反射式的认址片，否则用透射式的。传感器通过认址片时会接收到 0 或 1 的信息。0 表示未接收到红外光，1 表示接收到红外光。由 0、1 组成的代码可以用于地址的判断。

认址检测方式通常分为绝对认址和相对认址两种。绝对认址是为每一个货位制定一个绝对代码。为此，需要为每个货位制作一个专门的认址片。显然，绝对认址方法可靠性高，但是认址片制作复杂，控制程序的设计也十分复杂。

相对认址时，货位的认址片结构相同。每经过一个货位，只要进行累加就可以得到货位的相对地址。与绝对地址相比，相对地址可靠性较低，但认址片制作简单，编程也较简单。为了提高相对认址的可靠性，可以增加奇偶校验。

采用循环编码的方法对提高可靠性十分有效，例如四循环编码。认址片由前码、中码和后码组成。每一货位的前码相同，后码也相同。中码则每四个货位重复变化一次。

这种编码吸取了相对编码和绝对编码各自的优点，避开了它们的缺点，使认址系统既简单又可靠。归纳其优点主要有以下几方面。

（1）认址可靠性大大提高。设传感器装置的可靠性为 X，编码的循环周期为 M，认址可靠性为 R，则有：

$$R = 1 - (1 - X)^M$$

（2）传感器装置简单。我们知道，每个传感器有 0、1 两种状态，n 个传感器可以有 2^n 种状态，即 2^n 种编码。在循环编码系统里，共需要前码、后码、空码（传感器离开认址片时的码，一般是111）和过渡码（认址片中的过渡区，一般为000）4 种编码。这样，根据 $2^n = M + 4$（$M > 1$）可列出传感器数与循环周期数的关系，当不用循环编码时，至少要有两个传感器。这就是相对认址的方式。当传感器增加一个时，循环周期最多可达到4。如前所述，$M = 4$ 时，可靠性有较大的提高。因此可以认为取循环周期为4 是最合适的。当然，随着传感器数量的增加，认址装置的可靠性还会有所下降。这一点也要加以考虑。

（3）软件设计简单。由于认址过程与相对认址过程基本相同，停位校验又只有四种不同的编码，软件设计与相对认址情况基本相同，仍是较简单的。

（4）识别的货位数不受限制。这种编码系统适用于货位数不同的仓库。在增加货位时，只需要增加认址片的套数，不必对软件进行许多修改。

总之，循环编码系统综合考虑了系统可靠性与系统经济性等因素。可以说，这种编码的概念适用于任何地址识别系统。

8.3 自动分拣系统

8.3.1 自动分拣系统概述

分拣是指为进行输送和配送，把很多货物按不同品种、不同地点和不同单位分配到所设置的场地的一种物料搬运过程，也是一种将物品从集中到分散的处理过程。

自动分拣系统应用于快速、正确分拣大量物品的情况，现代大型分拣系统的分拣速度能达到每小时几万件。分拣技术应用的范围也越来越大，已经成为物流系统尤其是配送系统的重要组成部分。

在配送中心的作业流程中，分拣作业是一项非常繁杂的工作。尤其是面对零售业多品种、小批量类型的配送中心，劳动量将大大增加，若无新技术的支撑将导致作业效率下降。与此同时，客户对物流服务和质量的要求也越来越高，导致一些大型连锁商业企业把拣货和分拣视为配送中心的两大重点问题。

建设一个先进、机械化或自动化的货物分拣系统，具备以下意义。

（1）完全摒弃了传统的使用书面文件完成货物分拣的方式，采用高效、准确的电子数据形式，提高效率，节省劳动力，向无纸化方向迈进。

（2）快速完成简单订货的存储、提取，而且可以方便地根据货物的尺寸、配货的速度要求、装卸要求等实现复杂的货物存储与提取。

（3）可以快速完成简单的操作，实现货物的自动进货、出库、包装、装卸等作业任务，降低了工人的劳动强度，提高了效率。

（4）结合必要的仓库管理软件系统，可以真正实现配送中心的现代化管理，显著提高配送中心的物流速度，为企业保持市场竞争优势提供可靠保证。

8.3.2 自动分拣系统特点

自动分拣系统（Automated Sorting System）是第二次世界大战后，美国和日本等国的配送中心开始广泛采用的一种系统，目前该系统已经成为现代化物流配送中心中不可或缺的一部分。

自动分拣系统的作业过程如下：配送中心每天接收生产厂家或者供应商通过各种运输工具送过来的成千上万种商品，在最短的时间内将这些商品卸下，并按商品品种、货主、储位或发送地点进行快速准确的分类，运送到指定地点。同时，当生产厂家或供应商通知配送中心按配送指示发货时，自动分拣系统在最短时间内从存储系统中准确找到要出库的商品所在位置，并按所需数量出库，将从不同储位上取下来的不同数量的商品按配送地点装车配送。

1. 自动分拣系统的主要特点

（1）能连续、大批量地分拣货物。

自动化分拣系统采用流水线自动化作业方式，不受气候、时间、人的体力等限制，可以连续运行。一般情况下，可连续运行 100h 甚至更长时间，分拣效率达到每小时 7000 件。

（2）分拣误差率极低。

自动分拣的分拣误差主要取决于分拣信号的输入机制，如果采用人工键盘或语言识别方式输入，则误差率将在 3% 以上；如果采用条码扫描方式输入，除非条码本身的问题，否则差错率将低于 0.01%。因此，目前的自动分拣系统主要采用条码技术来识别货物。

（3）自动分拣系统一次性投入巨大。

常见的自动分拣系统本身长度需要 40 ~ 50m，配套还可能需要机电一体化控制系统、传输线、计算机网络及通信系统等。这样的投入是巨大的，因此必须有可靠的作业量需求来保证。

（4）分拣作业基本实现无人化。

建立自动分拣系统的目的之一就是减少人员的使用，减轻员工的劳动强度，提高人员的使用效率。应用自动分拣系统能最大限度地减少人员的使用。分拣作业本身将不再需要人员，相关人员主要安排在送货车辆抵达分拣线的进货端，分拣系统的控制运行，分拣线末端的货物集装与装车，自动分拣系统的运营、管理与维护等岗位上。

2. 自动分拣系统的组成

（1）输入装置。被拣选的商品将由输送机送入分拣系统。

（2）货架信号设定装置。被分拣的商品在进入分拣机以前，先由信号设定装置（键盘输入、激光扫描条码等）把分拣信息（配送的目的地、客户名等）输入计算机中央控制器。

（3）进货装置。又称喂料器或供包台，它把被分拣的商品一次性均衡地送入分拣传送带。

（4）分拣装置。是自动化分拣机的主体，包括传送装置和分拣装置两部分。

（5）分拣道口。也称为分拣格口。是从分拣传送带上接纳被分拣商品的设施。可暂时存放未被取走的商品，当分拣道口满载时，由光电传感器阻止分拣商品再进入分拣格口。一般由钢带、皮带或滚筒等组成滑道，使商品从主输送装置滑向集货站台，由工作人员将该格口的所有商品集中或是入库储存，或是组配装车并进行配送作业。

（6）计算机控制装置。它是传递处理和控制整个分拣系统的指挥中心。自动分拣的实施主要靠它把分拣信息传送到相应的分拣格口，并指示启动分拣装置，把被拣商品送入道口。其分拣信号可以通过条码扫描、键盘输入、语音识别等方式，输入分拣控制系统中去。

8.3.3　分拣机的类型

配送中心都要求分拣机有较强的分拣能力，能适应各种形状、大小和各种包装材料的商品，有较多分拣滑道和较理想的分拣精度等。为了提高分拣能力，分拣机开始往高效、高准确性方向发展。

分拣机的类型如图 8－8 所示。

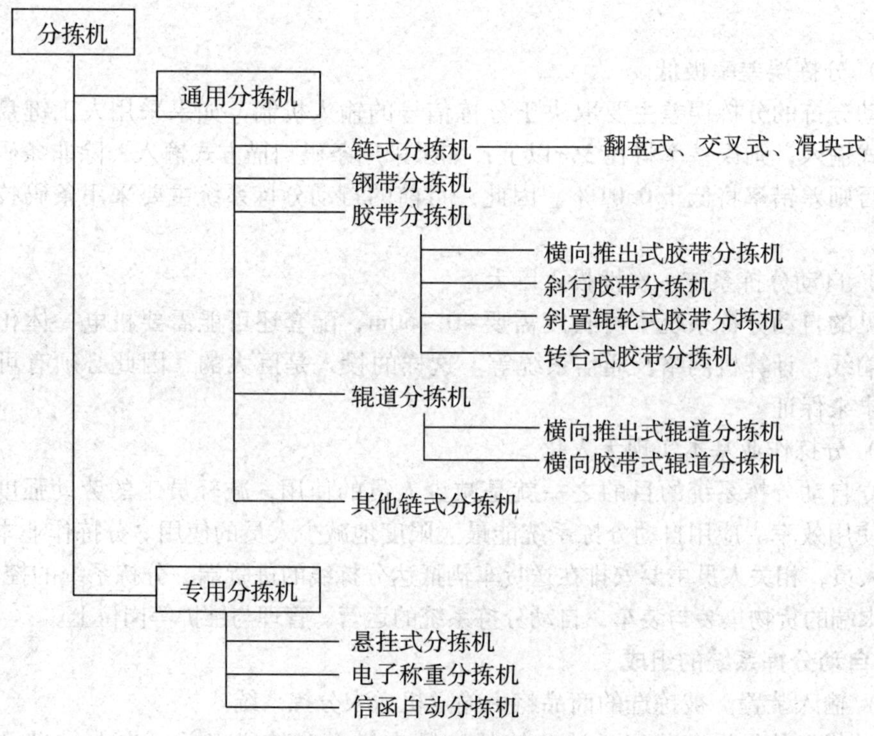

图 8－8　分拣机的类型

1. 翻盘式分拣机

翻盘式分拣机（见图8－9），是在一条沿分拣机全长的封闭环形导轨中，设置一条驱动链条，并在驱动链条上安装一系列载货托盘，将分拣物放在载货托盘上输送，当输送到预定分拣口时，倾翻机构使托盘向左或向右倾斜，使分拣物滑落到侧面的溜槽中，以达到分拣的目的。翻盘式分拣机各托盘之间的间隔很小，而且可以左右两个方向倾翻，所以这种分拣机可以设置很多分拣口。由于驱动链条可以在上下和左右两个方向弯曲，因此，这种分拣机可以在各个楼层之间沿空间封闭曲线布置，总体布置方便灵活；分拣物的最大尺寸和质量受托盘的限制，但对分拣物的形状、包装材质等适应性好，适用于要求在短时间内大量分拣小型物品的系统，常用于机场和邮政行业。

图8－9　翻盘式分拣机

以贵阳普天生产的设备为例，翻盘式分拣机的参数如下。

（1）分拣效率：3600～7200件/h。

（2）主机运行线速度：0.5～1.25m/s。

（3）格口数：200～300个。

（4）小车距：625～1000mm。

（5）整机噪声：≤72dB。

2. 交叉带式分拣机

交叉带式分拣系统是在一条沿分拣机全长的封闭环形导轨中，设置一条驱动链条，并在驱动链条上安装一系列载货小车，将分拣物放在载货小车上输送，当输送到预定分拣口时，小车的电机转动，使分拣物滑落到侧面的溜槽中，以达到分拣的目的。交叉带式分拣机（见图8－10）各小车之间的间隔很小，而且可以两个小车同时转动，以此来分拣较大物品。这种分拣机可以设置很多分拣口。分拣物的最大尺寸和质量受托盘的限制，但对分拣物的形状、包装材质等适应性好，适用于要求在短时间内大量分拣小型物品的系统，常用于邮政行业。

图8-10　交叉带式分拣机

以贵阳普天生产的设备为例，交叉带式分拣机的参数如下。

（1）主机分拣效率：≤10800件/h。

（2）小车承载能力：35kg。

（3）整机工作噪声：≤72dB。

（4）机高：按需而定，小车带面可做到最小离地面高度600mm。

（5）供包机效率：>1800件/h。

（6）重量：100g～35kg。

（7）物体最小尺寸：40mm×40mm×6mm。

（8）物体最大尺寸：500mm×600mm×400mm。

3. 滑块式分拣机

滑块式分拣机也叫堆块式分拣机（见图8-11），根据分拣格口的分布情况分为单向和双向。滑块式分拣机以辊道输送机（或链板式输送机）为主体，在分拣口处的辊子或链板间隙中，安装一系列由链条拖动的滑块。平时作业时，滑块位于辊道的侧面排成一直线，不影响分拣物的正常运行；分拣时，通过道岔装置使滑块沿辊子间隙移动，逐步将分拣物推向侧面，进入相应的分拣格口。分拣格口也采用辊道等方式。这种分拣动作比较柔和，适于分拣易碎或易倾覆的物品。

图8-11　滑块式分拣机

以贵阳普天生产的设备为例，滑块式分拣机的参数如下。

（1）分拣效率：≤10000 件/h。

（2）包裹尺寸最长边：1500mm。

（3）包裹尺寸最短边：200mm。

（4）包裹尺寸三边之和：<1900mm。

（5）包裹重量：<50kg。

（6）有效宽度：<850mm。

（7）主机运行速度：2m/s。

（8）整机噪声：<72dB。

8.3.4 分拣信号的输入与识别

在自动分拣系统中，常用的分拣信号输入方式大致有以下四种。

（1）键盘输入。由操作人员利用键盘按键将分拣信号输入。这种用键盘输入的方式费用最低，且简单易行。

（2）声音识别输入。操作人员通过话筒朗读配送物品名称和配送地点，将输入的声音变换为编码，由分拣机的微计算机系统控制分拣机启动。声音识别输入装置能每分钟处理 60 个词语。

（3）条码和激光扫描器输入。把含有分拣商品信息的条码标签贴在每件物品上，通过放置在分拣机上的激光扫描器阅读。扫描器能对在输送机上以 40m/min 速度运行的物品进行扫描阅读，扫描速度为每秒 500～1500 次，但以扫描输入次数最多的信号为准。

（4）光学文字读取（OCR）装置。这种装置能直接阅读文字，将信号输入计算机。但是这种输入方法的拒收率较高，影响信号输入的效率。目前在邮政的信函分拣中用得较多，物流配送中心用的相对较少。

8.4 物流自动化设备

物流自动化设备包括物流产业中的运输设备、装卸搬运设备、包装设备、仓储和保管设备、流通设备、信息采集与处理设备等。本章已对自动化仓储系统中常见设备进行了介绍。近年来伴随着物流产业不断发展而出现的新型物流自动化设备在自动化物流系统的运行中显示出了明显的优势，如自动导引车（AGV）与有轨穿梭小车（RGV）。

8.4.1 AGV 与 RGV 概述

AGV 是指装备有电磁或光学自动导引装置，能够沿规定的导引路径行驶，具有小车编程与停车选择装置、安全保护以及各种移载功能的运输小车。AGV 是现代物流系统的关键装备。它是以电池为动力，装有非接触导向装置、独立寻址系统的无人驾驶自动运输车。自动导向搬运车系统（Automated Guided Vehicle System，AGVS）是一种使车辆按照给定的路线自动运行到指定场所，完成物流搬运作业的系统。它由若干辆沿导引路径行驶、独立运行的 AGV 组成。

RGV 是一种智能机器人，可以通过相应程序实现取货、运送、放置等任务，并可与上位机或 WMS（仓储管理系统）进行通信，结合 RFID、条码等识别技术，实现自动化识别、存取等功能。RGV 可用于各类高密度储存方式的仓库，小车通道可设计任意长，提高整个仓库储存量，并且在操作时无须叉车驶入巷道，其安全性会更高。其利用叉车无须进入巷道的优势，配合小车在巷道中的快速运行，能够有效提高仓库的运行效率。图 8－12 为出入库式穿梭车。

图 8－12　出入库式穿梭车

8.4.2　AGV 与 RGV 分类

AGV 由于导向方式的不同，可以分为固定路径导向和自由路径导向；RGV 的主要形式则可分为穿梭车式出入库系统和穿梭车式仓储系统。

1. 固定路径导向

固定路径导向方式是在 AGV 行驶的路径上设置导向信息媒体，如导线、磁带、色带等，由车上的导向传感器监视接收导向信息（如频率、磁场强度、光强度等），再将此信息经实时处理后用以控制车辆沿运行线路正确地运行。应用最多的是电磁导向、光学导向和磁块导向三种方式。

（1）电磁导向。这种导向方式采用的是电磁感应原理，是当前应用最广泛的 AGV 引导方式。在小车预设路径的地面下埋设引导电缆，在电缆中通过 5～10kHz 的低压电流。通过小车上装有的一组对称的信号拾取线圈，检测磁场的强弱并转换成电压信号。当小车偏向路径右方时，右方的感应信号减弱，左方的感应信号增强，两个感应线圈的电位差就是操纵 AGV 转向的信号，小车的控制器根据这些信号的电位差判断与指定路径的偏离方向并随时修正，保证小车沿着预定的路径行驶。引导电缆可以被划分成若干段，小车调度系统采用分段控制的方法，随时根据每个小车反馈的位置信号修正控制指令，保证每段路径上只有一台小车运行，防止小车在运行中因为距离过近而发生事故。

（2）光学导向。光学导向是指在仓库的地面上粘贴易反光的反光带（铝带或尼龙带），小车上的发光器发出光线，经反光带反射后由受光器接收，利用地面颜色和反光带的反差，使感光元件检测出的亮度不等，由此形成信号的差值，然后将该光信号转换成电信号，控制小车的转向电机沿小车预定路径行走，光学引导方式对于改变小车的预定路径很方便，只需要重新粘贴反光带即可。但是反光带容易污染和破损，不适合油污重、粉尘多、环境恶劣的场合，另外，环境的光线也有可能影响光电元件的检测效果。

（3）磁块导向。磁块导向（见图 8－13）是把从铁和钛提炼生产时产生的和从金属废水处理中产生的大量副生磁石，用树脂、混凝土固化后，制成涂料、瓷砖等各种标记材料，代替反光带，然后在 AGV 上以磁性感应器代替光敏传感器。由于磁块导向的磁石标记可以在地面铺设并可涂上保护漆，弥补了电磁导向线路铺设复杂、难以变更运行线路和光学导向方式导向带容易破损污染的缺点。而且磁块的成本非常低，磁性和化学性能又比较稳定，具有经久耐用的特点，所以这种导向方式是一种实用性和可靠性都很强的导向方式。

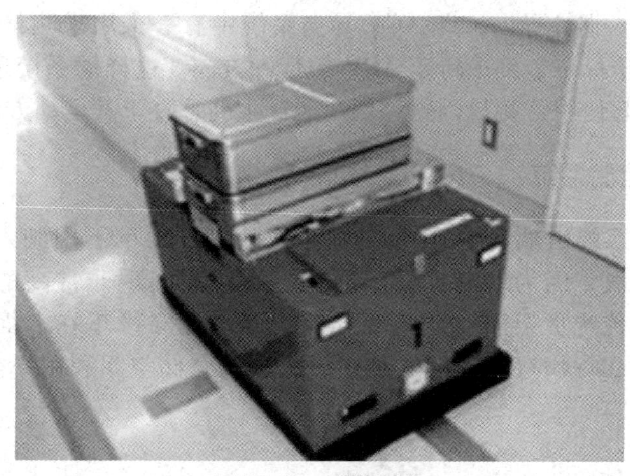

图 8－13　磁块导向

2. 自由路径导向

（1）激光导向。激光导向方式如图 8－14 所示，在 AGV 的顶部装有一个可以发射激光的装置，同时在小车运行范围的四周一些固定位置上放置定位标志（反射镜片）。激光扫描器利用脉冲激光器发出激光并通过一个内部反射镜以一定的转速在 360°范围内扫描，测出每个定位标志的距离和角度，计算出 AGV 的 X、Y 坐标，经过运算后，确定小车的位置，从而实现引导。在该系统中，如果加入自学习功能，人只要在第一次搬运时引导搬运车完成一次学习，搬运车就会自动完成剩下的任务。由于 AGV 的激光导向装置可以采用标准的器件、控制板和软件，所以与其他导向方式相比，定位精度较高，具有容易安装、容易编程和性价比高等优点。如果搬运作业需要变更线路布局，只需将反射装置的位置变换一下即可。但是这种方法的实现条件比较复杂，死角比较多，为了保证可靠性，往往还需要其他措施作为辅助手段。

图 8－14　激光导向

（2）惯性导向。惯性导向，即 AGV 导向系统中有一个用来测量 AGV 加速度的陀螺仪，将陀螺仪的坐标调整到平行于 AGV 的行驶方向。这样的系统造价昂贵，通常和路径计算定位法一起使用，测量因路径偏离所产生的垂直于其运动方向的加速度。

8.4.3　穿梭车式仓储系统

穿梭车式仓储系统由瑞典 EAB 公司发明，该系统叉车不用驶入货架内部，存取货物由穿梭车来完成，因为取消了叉车通道，所以能实现非常高的空间利用率。如图 8－15 所示，将传统货架加上高精度导轨，可以让穿梭车在上面平稳运行，导轨同时承担货物输送和货物存储功能，从而极大提高仓储空间利用率。

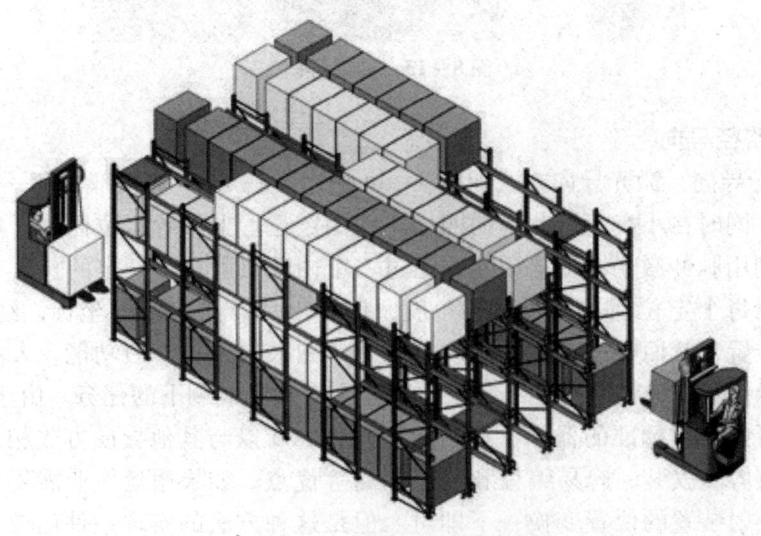

图 8－15　穿梭车式仓储系统

穿梭车式仓储系统，原则上一个巷道只能放置一种货物（SKU），特殊应用时（两端存取，先进后出）一个巷道可放置两种货物，所以，这种系统比较适合单品种数量较大的商品。

（1）子母车：母车在横向轨道上运行，并且自动识别作业巷道，释放子车进行存取作业，一定程度上提高系统自动化程度。

（2）与堆垛机配合：自动化立体仓库也可以用穿梭车来提高仓储利用率，堆垛机自动识别穿梭车并分配作业巷道，由穿梭车在巷道内存取货物，再由堆垛机完成出入库作业，实现全自动出入库和系统管理。

（3）多向穿梭车：多向穿梭车可以在横向和纵向轨道上运行，货物的水平移动和存取只能由一台穿梭车来完成，系统自动化程度大大提高。

案例分析

京东无人仓库自动化物流系统

2016 年 10 月，京东无人仓（见图 8－16）终于揭开神秘面纱，首次对外开放。此番亮相的 AGV 搬运机器人、Shuttle 货架穿梭车、DELTA 分拣机器人、六轴机器人及无人叉车等技术均已超越国际先进水平。京东作为中国较大的电商平台，从一个纯粹的需求方逐渐发展为在智能物流装备及软件系统方面拥有多项先进技术的产品方，无疑对现有的物流装备产业格局带来了不小的震动。

图 8－16　京东无人仓示意

1. 无人仓定位：针对中小件商品

京东无人仓采用中小件分离存储的理念，主要针对中件商品及小件商品两个场景进行存储与拣选。

（1）中件商品存储拣选流程。

根据存储区域实现高密度存储，拣选区域保证灵活来回作业的特性，中间商品主要使用无人叉车、AGV 智能搬运车、六轴拣选码垛机器人三大机器人设备。

①流程。

无人叉车从可实现高密度存储的横梁式上叉取托盘货物，送至待上架区，由 AGV 智能搬运车向拣选区补货，最后由六轴拣选机器人完成拣选。

②特点。

a. 码垛算法：对于码垛机器人来说，实现货物的抓取并非难事，京东六轴机器人的特点在于通过对所有托盘数据进行分析和码垛算法，实现托盘上货物的精确合理摆放；无人叉车同样基于码垛算法，通过分析商品长、宽、高，摆放方向（向上/向下）等件型及重量信息生成码垛垛型，即摆放姿态，进行合理码放。

值得一提的是，目前京东有上亿个 SKU（其中自营商品上千万件），这些海量的数据和订单都需要通过大数据分析和先进的算法，实现商品的合理排布以及订单的集合。

b. 任务调度：AGV 搬运机器人的任务分配（哪个 AGV 去哪个工作站搬运哪个托盘货物），以及其最短工作路径的规划，避免碰撞等都需要在海量数据上依靠整体优化算法实现。目前，京东主要与斯坦福等合作研究独特算法，最大化利用机器人的作业效率。

（2）小件商品存储拣选流程。

小件商品主要指高度小于 30cm，重量在 5kg 以下的商品。与中件商品采用托盘存储方式不同，小件商品均使用周转箱，存放于自动化立体仓库，由 Shuttle 穿梭车负责存取，DELTA 拣选机器人负责拣选（见图 8－17）。

图 8－17　小件商品存储拣选

①流程。

用户下单后，系统定位出货周转箱，用 Shuttle 穿梭车取出送至输送线，周转箱通过周转系统流转至并联拣选机器人工作站。

②特点。

a. 算法：货品摆放时，通过大量算法实现畅销商品的合理摆放，用数据指导立体仓库的存放策略。

多辆 Shuttle 作业时，通过算法保证 Shuttle 尽快出货，同一订单商品尽量保证在短时间窗口内集齐。

b. 特有的视觉工作站：周转箱到达并联机器人工作站之前会经过一个类似“黑匣子”的视觉工作站，其作用在于通过摄像头等视觉监测技术，一方面对拣选商品进行复核，另一方面通知 DELTA 拣选机器人需要拣选的商品，保证其精确拣选。

2. 京东无人仓各机器人性能参数

（1）无人叉车。

导航方式：自然导航（最新导航技术）。

载重：1.6t。

高度：约 3m（叉车门架根据仓库需求可以增加到 6～7m）。

速度：1.5～2m/s。

精度：±1cm。

（2）AGV 搬运机器人。

导航方式：二维码导航 + 惯性导航。

高度：25cm。

行走速度：2m/s。

加速度：$1m/s^2$。

顶升货物重量：300kg。

值得一提的是，AGV 搬运机器人在行进中实现定位，并对周围环境进行监测，同时绘制地图，即业内最先进的 SLAM（Simultaneous Localization and Mapping）技术，也称为 CML（Concurrent Mapping and Localization），即时定位与地图构建技术，可以自动避障及改变路径等。

（3）六轴机器人（见图 8－18）。

工作半径：2.56m。

抓取重量：165kg。

抓取方式：吸盘。

抓取速度：最快 5s/件，机器人端拾器（前端夹具）还可以进一步优化提升效率。

精度：±0.05mm。

图 8－18 六轴机器人

(4) Shuttle 穿梭车（见图 8－19）。

行走速度：6m/s。

加速度：$4m/s^2$。

吞吐量：1600 箱/h。

自动适配范围：400～630mm。

图 8－19　Shuttle 穿梭车

(5) DELTA 型分拣机器人。

拣货速度：1m/s。

特点：采用 3D 视觉系统实现动态拣选，自动更换端拾器（针对不同型号商品有三种不同的端拾器），具有三轴并联机械结构及适应货物转角偏差辅助轴。

3. 京东无人仓最大变化：机器人融入生产、人工智能算法

(1) 机器人融入生产，改变生产模式。

Shuttle 穿梭车效率是传统人工出入库货架的 10 倍。DELTA 分拣机器人效率是人工拣选的 5～6 倍。电商物流包含存储、搬运、拣选。在存储环节，京东 Shuttle 高速穿梭车可以在狭窄的立体仓库通道中实现高密度的存储，实现高效率的吞吐，相当于人工效率的 10 倍；在搬运环节，AGV、无人叉车可以高效作业；在三维拣选环节，DELTA 型分拣机器人（据京东介绍目前该技术全球仅有两家可以实现）可以实现每小时 3600 次拣选，效率是人工拣选的 5～6 倍。

可见，在整个物流作业环节京东都实现了机器人的融入，让传统电商的生产模式发生了巨大的变革。

(2) 人工智能算法指导生产。

①商品布局算法：京东根据海量的数据，分析每一个商品在每天订单中的分布情况，可以判断单个商品拣选区和存储区的配置量。

②拣选区布局算法：根据每个商品每小时的出货情况对未来的出货进行预测。

③机器人的调度算法和定位算法：该算法会让机器人的行走效率达到最佳状态，当几百台 AGV 小车同时作业时，不仅是一个单体智慧化的设计，会深入上层的调度系统设计，基于京东大量精准的仓储数据，再加上调度系统设计，完全可以实现所有机器人的行走路径，避免碰撞和拥堵，同时高效地作业。

4. 从需求方到产品方的优势

京东从完全的需求方发展到现在开始通过自主的研发能力，快速实践和产品化，成为一个真正的产品方。这种变化无疑是从京东自身的庞大需求发起的，但是其物流自动化技术发展得这么快，究其原因还是得益于一个“量”字，即庞大的应用场景、上亿 SKU、7 大物流中心 234 个大型仓库，这都是其无可比拟的优势。

事实上，早在之前，京东 X 事业部总裁在进行专访时就提到，中国的自动化落后于欧美，最大的原因不在于技术上的落后，而是使用的时间和使用量上。欧美发达国家早于我们几十年实现自动化，而中国的自动化进程才刚刚起步。

但是，对京东来说这种差距并不可怕。因为京东不缺乏技术，更不缺乏验证技术的场景。据介绍，目前京东已经在全国的亚洲一号项目中单独隔离了一条标准化作业线，这些智能物流装备产品可以在这条线上日夜不间断地进行迭代，再加上基于深度神经网络的人工训练，京东机器人无疑将进一步智能化，这也是京东能够率先打造无人仓方案的重要原因。据悉，京东无人仓将最早于 2017 年投入建设，2018 年有望投入运营。

此外，京东还将陆续推出包括交叉带分拣机、无人叉车、多型号 AGV 在内的十几款机器人产品。尽管京东的物流装备智能化发展是基于自身的需求，但是随着其社会化服务的转型，无疑会对现有的物流装备产业圈产生重大影响。

思考题

1. 现代生产物流系统分哪几个层次？每个层次分别包含哪些内容？
2. 自动化仓库由哪几部分构成？每部分实现的功能是什么？
3. 立体仓库的自动寻址方式有哪些？具体的工作原理是什么？
4. 自动分拣系统的主要特点是什么？每种分拣机的工作原理是什么？
5. AGV 按引导方式可以分成哪几类？具体的工作原理是什么？

9 物流信息系统

案例导入

汽车行业的信息化有两个与众不同的地方。一是复杂。汽车构造复杂，零部件通常有几万个，不同车型完全不一样，相同车型又有很多个性化要求。因此，从订单审核到生产计划、物料计划的制订再到销售，这个流程相当复杂。二是回报率高。信息化体系的顺畅运作对业务的提升帮助特别大，投入产出比很高。无论是就降低库存而言，还是就提高资金周转率而言，都能创造巨大的利润。

上海通用的信息化系统分为三大块：商品化软件、通用全球系统和本地开发部分。其主要的业务运作运行在商品化软件上；涉及生产制造方面是用通用全球系统（通过广域网和通用全球系统实时连接，共享一些数据和信息）；而很多中国单元业务和特别的业务需求（如跟经销商和供应商方面的协同、质量检测控制等）以及前两种系统不能实现的功能则通过本地开发系统来实现，这一部分是企业竞争能力的核心所在。

在上海通用建立之初，其IT系统的关键部分主要是沿用通用全球核心公共系统标准，虽然覆盖从接订单到交货到用户的整个流程，但美中不足的是，由于通用核心公共系统是十多年前开发的，开发语言陈旧、系统庞大，比起目前新兴的技术系统，运行维护成本极高。再加上这套系统是从美国远程支持到上海，由于时间差等问题，上海通用系统出现问题时经常很难及时解决。为了解决这些问题，通用公司发起了“用更加经济先进的新IT系统替代旧核心公共系统”的可行性研究，经过6个多月的测试之后最终决定实施SAP的IS－AUTO系统，并选择惠普为IS－AUTO系统提供咨询与实施服务。之后的运营实践证明，这一决定为上海通用带来了非常可观的经济效益。

与其他产品的制造不一样，汽车制造一辆车就是一个订单，一辆车有近2万个零部件、2000多道工序，物料是要按工序排好的，计算精度必须以车为单位，精确到每小时才行。用一句话概括，就是所有的效益都在供应链上。供应链的顺畅与精确，是信息系统肩负的主要任务，而上海通用的老系统并不能胜任这项工作，这一切都要依靠新的IS－AUTO系统来实现。在中国惠普的帮助下，历时两年多的IS－AUTO（汽车行业SAP解决方案）加上APO（高级计划优化器）项目成功在上海金桥南厂上线，其最大的价值就在于对整个供应链业务的整合。

IS－AUTO系统运行时，销售订单从经销商那里传送到上海通用之后，就会汇总到生产订单管理系统，然后通过生产计划系统制订物料计划，上线生产，这个过程完全是按需定制的。在这个过程中，用户可以随时了解到自己订的车的生产进度，并可以根据生产进度更改已有定制；而上海通用则可以在车辆还在生产线上时就知道它是卖给谁的，运输计划可以同时跟进，车一下线就可以马上运出。保守些计算，上了 IS－AUTO 系统后，库存平均比以前减少了 1～2 天，财务运作效率提前了 2～3 天，经销商至少可以节约 2 天的财务成本，因为通过这个系统，经销商可以比以前提前两天获知汽车下线的信息，对他们来说大大提高了资金的周转率。

事实上，IS－AUTO 系统已经成为上海通用汽车 IT 系统的神经中枢，它覆盖上海通用从接订单到给最终用户交车的整个流程，并且与经销商管理系统、供应链管理系统、工厂底层管理系统等形成紧密连接，其最大的特色是按需定制、柔性管理。

过去上海通用应用的 SAP/R3 系统不能支持汽车的“柔性生产制造”（即在一条生产线上可以随时生产多种不同的车型，并且除了一些基本的共性模块，例如车身、底盘之外，其他一切部件包括发动机、变速箱等都成为选择性模块，可以根据客户需要进行多种组合），而且也不能够支持真正的 JIT（Just in time，准时制生产），而这两点恰恰是现代汽车业竞争的关键。为此，上海通用曾经开发过一套自己的生产管理系统，与 SAP 的 ERP 系统结合在一起使用，虽然很好地解决了不同车型在同一条生产线流水作业的问题。但由于这种生产方式要求材料供应商必须处于“时刻供货”的状态，增加了他们的存货成本，他们便把部分成本打在给通用供货的价格中。这样一来，整条供应链的成本并没有降低。为了克服这个问题，上海通用将 IS－AUTO 与先前开发应用的供应商管理系统进行了对接，实现了与供应商的即时沟通，使供应商能根据通用的生产计划安排自己的存货和生产计划，同时也减少了对他们的存货资金的占用。而且一旦供应商在原材料、零部件方面出现问题，也可以向上海通用汽车提供预警，以便很快地启动“应急计划”。

应用 IS－AUTO 系统的上海通用，成为国内首个、全球屈指可数成功实现了全价值链整合应用 IT 系统的汽车公司。近几年，上海通用又“逆市扩产”，南部厂区投产后，年产能将达到 52 万辆。在与其他品牌汽车厂商的竞争中，上海通用采取全线覆盖的产品策略，别克、凯越、君威、凯迪拉克、赛欧等车型丰富，成为市场的领跑者。这一切业绩的取得，不能说不是得益于其先进的 IT 信息系统的应用。

9.1 物流信息系统概述

9.1.1 物流信息系统的定义

物流信息系统（Logistics Information System，LIS）是企业信息系统中的一类，是物流企业按照现代管理理想、理念，以信息技术为支撑所开发的信息系统。该系统充分利用数据、信息、知识等资源，实施物流业务、控制物流业务、支持物流决策、实现物流信息共享，以提高物流企业业务的效率、决策的科学性，其最终目的是提高企业的核心竞争力。

基于信息技术的物流信息系统是一个人机系统，它对企业的各种数据进行收集、传递、加工、存储，将各种有用的信息传递给使用者，以帮助物流企业进行全面管理。

物流信息系统强调从系统的角度处理企业物流活动中的问题，把局部问题置于整体之中，以求整体物流活动最优化，并能使信息及时、准确、迅速地送到管理者手中，从而提高管理水平。

物流信息系统把大量的事务性工作，即工作流的问题交由计算机来完成，使人们从烦琐的事务中解放出来，这有利于管理效率的提高。物流信息系统在解决复杂的管理问题时，可广泛应用现代数学成果，建立多种数学模型，对管理问题进行定量分析。

9.1.2 物流信息系统的基本组成

物流信息系统由硬件和软件两大部件组成（见图9-1）。硬件部分包含了计算机/网络通信基础设施和各种物流工具，软件部分包含了操作系统及通信协议、共用数据库等，运行在底层的基础设施和各种物流工具之上。物流信息系统的软件层又可分为物流企业子系统、运输工具子系统、现场子系统、行业管理子系统等多个子系统，这些子系统分别拥有自己的专用数据库。

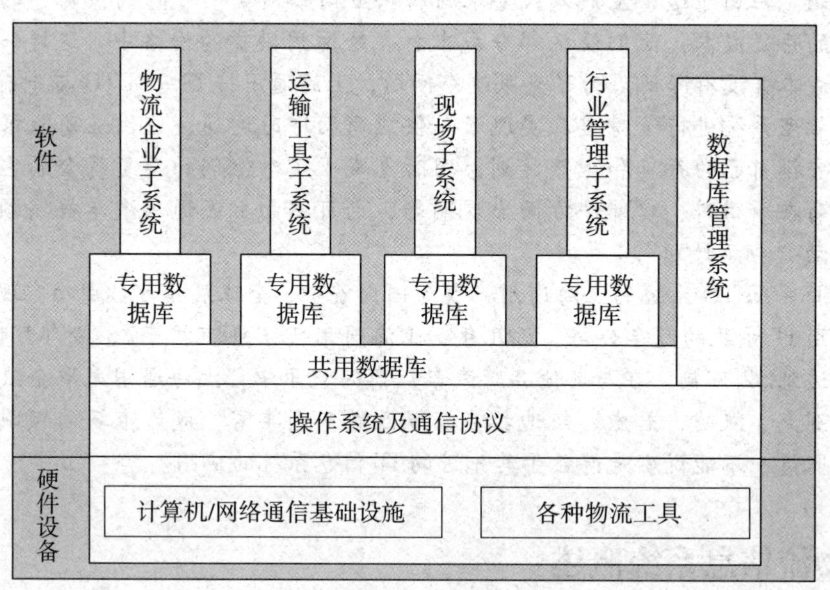

图9-1 物流信息系统的组成

（1）物流企业子系统：以运输和仓储为主线，管理取货、包装、仓库、装卸、分货、配货、加工、信息服务、送货等物流服务的各个环节，控制物流服务的全过程，以提高物流企业战略竞争优势、提高物流效益和效率为目的，支持物流企业的高层决策、中层控制和基层动作，如库存管理系统、配送系统、采购订货系统等。

（2）运输工具子系统：由安装于运输工具（如货车、轮船、飞机等）之上的信息接收、发送及采集设备组成，通过与现场子系统、行业管理子系统、物流企业子系统的通信，实现对车辆等运输工具及货物的监测、跟踪等功能，如运输工具识别系统、货物数据采集系统等。

(3) 现场子系统：分布于道路、仓库以及场站的物流设备、管理系统等，用来对物流信息进行采集，以及在车辆及货物与行业管理子系统、物流子系统之间提供信息交流，如现场收费管理系统、停车管理系统等。

(4) 行业管理子系统：从政府相关部门和物流枢纽等行业管理的角度来定义，该系统主要是为在各种物流模式下的各类物流企业提供相关的公共物流信息支撑，如为物流活动中的各参与方提供货物、运输工具等的管理、跟踪、识别等服务（如火车车辆跟踪与识别系统、船舶交通管理系统），提供商品、企业信息，提供金融结算、信用等服务（如税务综合管理系统、海关报关清关系统、银行结算系统）。

9.1.3 物流信息系统的作用及基本功能

1. 物流信息系统的作用

现代物流信息系统是物流活动与计算机及网络的结合，物流活动和信息系统结合的目标是对顾客的订货进行灵活的反应并进行仓库业务、配送业务、运输线路的合理化，且能够在及时传递物流信息和加强监督等方面发挥巨大作用。

(1) 合理化的效果。现代物流信息系统的应用，是物流合理化的最有效的途径。为使物流费用降低，对同一个收货方多次的订货进行汇总，既减少了捆包，又减少了配送费用。在这种情况下，能够利用信息系统汇总登录订单的功能，自动地进行计算。合理化效果是信息系统最得心应手的事情，如果不明确合理化的目标，信息系统与业务完成的情况就不能吻合，进而不能发挥信息系统应有的作用。

(2) 及时传递信息。现代物流信息系统能够在必要的时候将必要的信息提供给必要的人。例如，有必要在得到订货信息的同时向制造部门传达，这样就能够回答顾客的订货完成期限，其结果是可提高服务水平并防止发生销售机会的损失，在制造部门依据订货信息生产商品和防止浪费，提高企业整体的效率。

(3) 企业业务状况的监督。在及时传递信息的同时对企业的业务状况进行监督是信息系统的又一重要作用，例如，对库存和需求平衡出现监控。为防止库存出现偏差就要经常掌握需求的动向，以建立库存的合理结构。信息系统通过数值对库存和需求的关系进行监督，随时将库存的短缺和过剩的信息通知给有关人员，以便及时地采取相应的行动。通过监控能够随时得到全部的实际状况，以减少靠感性所带来的危险，在事先制定了基准的情况下，一旦发生了异常的情况，系统就会自动判断并及时发出警报。

2. 物流信息系统的基本功能

物流信息系统是物流系统的神经中枢，作为整个物流系统的指挥和控制系统，可以分为多种子系统或者多种基本功能。通常，可以将其基本功能归纳为以下几个方面。

(1) 数据的收集和输入。物流信息系统的首要任务是把分散在各个物流部门的相关数据收集并记录下来，转换成物流信息系统要求的格式和形式。数据和信息的收集和录入是整个物流信息系统的基础，因此，在衡量一个信息系统的性能时，以下内容是十分重要的。

①收集数据的手段是否完善。

②准确程度和及时性如何。

③具有哪些经验功能。

④对于工作人员的失误或其他各种破坏因素的预防及抵抗能力如何。

⑤录入手段是否方便易用。

⑥对于数据收集人员和录入人员的技术水平要求如何。

⑦整个数据收集和录入的组织是否严密、完善等。

根据数据和信息来源的不同，可以把物流信息的收集工作分为原始信息收集和二次信息收集两种。原始信息收集是指在信息或数据发生的当时当地，从信息或数据所描述的实体上直接把信息或数据取出，并在某种介质上记录下来。二次信息收集则是指收集已记录在某种介质上的信息或数据。这两种收集在许多问题上是有原则区别的：原始信息收集的关键问题是完整、准确、及时地把所需的物流信息收集起来、记录下来，做到不漏、不错、不误时；二次信息收集则是在不同的信息系统之间进行的，其实质是从别的信息系统得到企业物流信息系统所需的关于某种实体的信息（实际上往往不是两次传递，而是经过多次传递），它的关键问题在于两个方面，即有目的地选取或抽取所需信息和正确地解释所得到的信息。

（2）信息的存储。物流数据经过收集和输入阶段后，在其得到处理之前，必须在系统中存储下来。即使在处理之后，若信息还有利用价值，也要将其保存下来，以供以后使用。物流信息系统的存储功能就是要保证已得到的物流信息能够不丢失、不走样、不外泄、整理得当、随时可用。无论哪一种物流信息系统，在涉及信息的存储问题时，都要考虑到存储量、信息格式、存储方式、使用方式、存储时间、安全保密等问题。如果这些问题没有得到妥善的解决，信息系统是不可能投入使用的。

（3）信息的传输。物流信息在物流系统中，一定要准确、及时地传输到各个职能环节，否则信息就会失去其使用价值。这就需要物流信息系统具有克服空间障碍的功能。物流信息系统在实际运行前，必须充分考虑所要传递的信息种类、数量、频率、可靠性要求等因素。只有这些因素符合物流系统的实际需要时，物流信息系统才是有实际使用价值的。

（4）信息的处理。物流信息系统的最根本目的就是要将输入的数据加工处理成物流系统所需要的物流信息。数据和信息有所不同，数据是得到信息的基础，但数据往往不能直接利用，而信息是从数据加工得到的，它可以直接利用。只有得到了具有实际使用价值的物流信息，物流信息系统的功能才算发挥。

（5）信息的输出。物流信息系统的服务对象是物流管理者，因此，它必须具备向物流管理者提供信息的手段，否则它就不能实现其自身的价值。经过解释的物流信息，根据不同的需要，以不同的格式输出。有的可直接供人使用，有的提供给计算机做进一步处理。物流信息系统的输出结果是否易读易懂，应该是评价物流信息系统的主要标准之一。信息输出的手段是物流信息系统与物流管理的接口或界面。

从物流信息系统的应用者来看，可以将物流信息系统大致分为两种：企业物流信息系统和公共物流信息平台。企业物流信息系统主要为企业的各种业务而开发应用，主要应用于企业内部以及企业与其相关企业之间的业务活动。而公共物流信息平台的概念是在现代软件工程的概念上建立的，实施最大限度软件和系统资源的重用，启动数据共享工程，把真正的与物流领域有关的部分提取出来，把信息基础设施与公共应用支持开发成平台。

9.1.4 物流信息系统的发展历程

在物流活动中，人们为了及时准确地反映物流活动的内容、形式、过程及发展变化情况，定义了各种物流信息。人们通过对物流信息进行收集、整理、存储、传播和利用，从而实现物流信息从分散到集中、从无序到有序，从产生、传播到利用的变化，即物流信息管理。进一步，人们借助物流信息的管理对涉及物流活动的各种要素，包括人员、技术、设备、设施、资金等进行控制，从而实现物流资源的合理配置以及物流活动的正常进行。由此可见，物流信息管理是整个物流系统运作的核心。作为实现物流信息管理的唯一手段，物流信息系统（Logistics Information System，LIS）不但是物流系统的重要组成部分，更是实现整个物流系统高效率、高质量、低成本运作的基础和关键，因而受到从业者的高度关注，成为物流研究的热点之一。

在物流信息系统实现过程中，一般要经历需求分析、高层设计、详细设计、编码、测试和运行维护等几个阶段。在诸多阶段中，高层设计是重要的一环，它的核心任务就是通过规划信息系统架构，从而搭建衔接用户和系统开发人员沟通的“桥梁”。架构规划是对构成系统的各构件的行为模式，构件之间的接口和协作关系等问题的决策总和。它不仅规定信息系统的结构与行为，而且还会对信息系统的性能、可重用性、经济性和技术约束，甚至是美学进行探讨，可以说，它是信息系统详细设计等阶段的先导和基础，是信息系统详细设计人员的工作指南，一旦确定，将决定整个物流信息系统的面貌和信息系统运作效率的上限，因而一直是物流信息系统研究的重点。物流信息系统的主要架构有以下几种。

1. 本地架构

本地架构是一种不需要互联网，仅使用本地计算机对物流信息进行管理的信息系统。本地架构的物流信息系统是最原始的一种系统，所有的数据库和应用软件都储存在本地，在实时通信方面有很大的限制。但是由于其摆脱了互联网的限制，使得本地架构的物流信息系统在某些特殊情况下也可以运行。

2. B/S 架构

B/S 架构（Browser/Server，浏览器/服务器模式），是 Web 兴起后的一种网络结构模式，Web 浏览器是客户端最主要的应用软件。这种模式统一了客户端，将系统功能实现的核心部分集中到服务器上，简化了系统的开发、维护和使用。

（1）维护和升级方式简单。目前，软件系统的改进和升级越来越频繁，B/S 架构的产品明显体现了更为方便的特性。对一个稍微大一点的单位来说，系统管理人员如果需要在几百甚至上千部电脑之间来回奔跑，效率和工作量是可想而知的，但 B/S 架构的软件只需要管理服务器就行了，所有的客户端只是浏览器，根本不需要做任何的维护。无论用户的规模有多大，有多少分支机构都不会增加维护升级的工作量，所有的操作只需要针对服务器进行；如果是异地，只需要把服务器连接专网即可，实现远程维护、升级和共享。今后，软件升级和维护会越来越容易，而使用起来会越来越简单，这对用户人力、物力、时间、费用的节省是显而易见的，惊人的。

（2）成本降低，选择更多。现在的趋势是凡使用 B/S 架构的应用管理软件，只需安装在 Linux 服务器上即可，而且安全性高。所以服务器操作系统的选择是很多的，不管选用哪种操作系统都可以让大部分人使用 Windows 作为桌面操作系统电脑不受影响。这就使得最流行的免费的 Linux 操作系统快速发展起来，Linux 除了操作系统是免费的以外，连数据库也是免费的，这种选择非常盛行。

（3）应用服务器运行数据负荷较重。由于 B/S 架构管理软件只安装在服务器端上，网络管理人员只需要管理服务器就行了，用户界面主要事务逻辑在服务器端完全通过 WWW 浏览器实现，极少部分事务逻辑在前端（Browser）实现，所有的客户端只有浏览器，网络管理人员只需要做硬件维护。但是，应用服务器运行数据负荷较重，一旦发生服务器“崩溃”等问题，后果不堪设想。因此，许多单位都备有数据库存储服务器，以防万一。

3. C/S 架构

C/S 架构（Client/Server，客户机/服务器）是大家熟知的软件系统体系结构，通过将任务合理分配到 Client 端和 Server 端，降低了系统的通信开销，需要安装客户端才可进行管理操作。客户端和服务器端的程序不同，用户的程序主要在客户端，服务器端主要提供数据管理、数据共享、数据及系统维护和并发控制等，客户端程序主要完成用户的具体业务。

C/S 的优点是能充分发挥客户端 PC 的处理能力，很多工作可以在客户端处理后再提交给服务器。其对应的优点就是客户端响应速度快。然而随着互联网的飞速发展，移动办公和分布式办公越来越普及，这需要我们的系统具有扩展性。这种方式远程访问需要专门的技术，同时要对系统进行专门的设计来处理分布式的数据。客户端需要安装专用的客户端软件。首先涉及安装的工作量，其次任何一台电脑出问题，如病毒、硬件损坏，都需要进行安装或维护。特别是有很多分部或专卖店的情况，不是工作量的问题，而是路程的问题。此外，系统软件升级时，每一台客户机需要重新安装，其维护和升级成本非常高。

4. 云计算

云计算是基于互联网相关服务的增加、使用和交付模式，通常涉及通过互联网来提供动态易扩展且经常是虚拟化的资源。

云的基本概念，是通过网络将庞大的计算处理程序自动分拆成无数个较小的子程序，再由多部服务器所组成的庞大系统搜索、计算分析之后将处理结果回传给用户。通过这项技术，远程的服务供应商可以在数秒之内，达成处理数以千万计甚至亿计的信息的目的，达到和“超级电脑”同样强大性能的网络服务的目的。

大部分的云计算基础构架是由通过数据中心传送的可信赖的服务和创建在服务器上的不同层次的虚拟化技术组成的。人们可以在任何有提供网络基础设施的地方使用这些服务。“云”通常表现为对所有用户的计算需求的单一访问点。云层次结构示意，如图 9－2 所示。

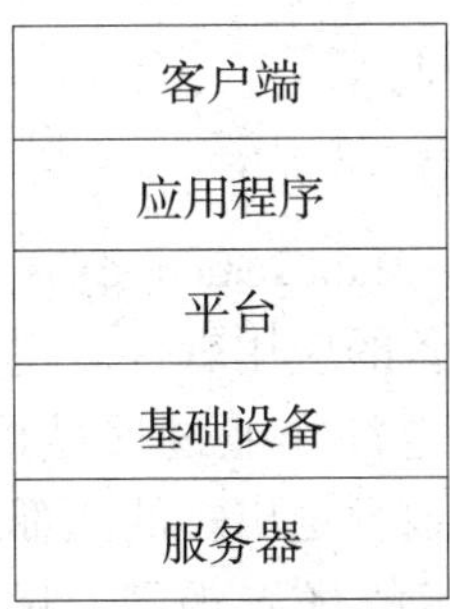

图 9-2 云层次结构示意

云计算的架构方式使用户得以快速且以低价格获得技术架构资源。在公有云中的传输模式中支持已经转变为运营成本，故费用大幅下降，降低了使用门槛。这是由于体系架构是由第三方提供的，无须一次性购买，且没有了集中计算任务的压力。

设备和本地依赖允许用户通过网页浏览器来获取资源，而无须关注用户自身是通过何种设备，或在何地介入资源的（如 PC、移动设备等）。通常设施是非本地的（典型的是由第三方提供的），并且通过因特网获取，用户可以从任何地方来连接。一种称为多租户的软件架构技术允许在多用户池下共享资源与消耗，体系结构的中央化使得本地的耗用更少（例如不动产、电力等）。峰值负载能力增加（用户无须建造最高可能的负载等级）。原先利用率只有 10% ~20% 的系统利用效率增加了。

可扩展性经由在合理粒度上按需的服务开通资源，接近实时的自服务，无须用户对峰值负载进行工程构造。性能受到监控，同时一致性以及松散耦合架构通过 Web Services 作为系统接口被构建起来。

因为数据集中化了，故安全性得到了提升，增加了关注安全的资源等，但对特定敏感数据的失控将是持续关注的，且内核存储的安全性缺少关注。较传统系统而言，安全性的要求更加高。部分原因是提供商可以专注于用户所无法提供的资源之安全性解决方案。然而当“数据分布在更广的范围以及更多数量的设备上”时，以及在由“不相关的多个用户使用的多终端系统”时，安全性的复杂性极大地增加了。用户获取安全审计日志变得不太可能了，私有云的发展动力部分是源自客户对设备的掌控以及避免丢失安全信息。

9.2 常用的物流信息系统

物流管理信息系统是企业信息化的基础，可以帮助企业提高物流效率、降低物流成本、保障物流安全、提升物流品质。按照不同的分类方法，物流管理信息系统可以从不同的角度进行分类。

仓储管理信息系统、运输管理信息系统和配送中心管理信息系统是三种主要的物流业务信息系统，这些信息系统通过特定的功能模块协同完成任务，帮助实现了物流业务的信息化、标准化、精确化和高效化。

9.2.1 仓储管理信息系统（WMS）

1. 仓储管理信息系统的概念

仓储管理信息系统（Warehouse Management System，WMS）是用来管理仓库内部的人员、库存、工作时间、订单和设备的应用软件。这里所谓的“仓库”，包括生产和供应链领域中各种类型的储存仓库。仓储作业过程是指以仓库为中心，从仓库接收货物入库开始，到按需把货物全部完好地发送出去的全部过程。

WMS 按照常规和用户自行确定的优先规则，优化仓库的空间利用和全部仓储作业。对上，通过 EDI（电子数据交换）等电子媒介与企业的计算机主机联网，由主机下达收货和订单的原始数据；对下，通过无线网络、手提终端、条码系统等信息技术与仓库的员工联系，上下相互作用，传达指令、反馈信息、更新数据库并生成所需的条码标签和单据文件。更先进的 WMS 还能连接自动导向车（AGV）、输送带、回转货架和高架自动存取系统（AS/RS）等。最近的新趋势则是与企业的其他导向车（AGV）、输送带、回转货架和高架自动存取系统（AS/RS）等相结合，甚至是与企业的其他管理信息系统相结合，使之融入企业的整体管理系统之内。

一个 WMS 的基本软件包支持仓储作业中的全部功能。处理过程如表 9－1 所示。

表 9－1 WMS 处理过程

支持功能	处理过程
收货	货到站台，收货员将到货数据由射频终端传到 WMS，WMS 随即生成相应的条码标签，粘贴（或喷印）在收货托盘（或货箱），经扫描，这批货物即被确认收到，WMS 指挥进货储存
储存	WMS 按最佳的储存方式选择空货位，通过叉车上的射频终端通知叉车司机，并指引最佳途径。抵达空货位，扫描货位条码，以确保正确无误。货物就位后，再扫描货物条码，WMS 即确认货物已储存在这一货位，可供以后订单发货
订单处理	订单到达仓库，WMS 按预定规则分组，区分先后，合理安排
拣选	WMS 确定最佳的拣选方案，安排订单拣选任务。拣选人由射频终端指引到货位，显示拣选数量。经扫描货物和货位的条码，WMS 确认拣选正确，货物的库存量也同时减除
发货	WMS 制作包装清单和发货单，交付发运。承重设备和其他发货系统也能同时减除
站台直调	货到货站台，如已有订单需要这批货，WMS 会指令叉车司机直送发货站台，不再入库

2. 仓储管理信息系统的目标

（1）保证作业流程标准化。仓储管理信息系统运用实时数据采集和数据库技术，为物流仓储环节提供了从订单开始到收获、分配仓位、盘点、货物出库和货物装运全过程的信息处理和管理功能，保证了作业流程的标准化和统一化。

（2）提高作业准确度。仓储管理信息系统可以控制错发货、错配货、漏配货的事故，通过订货、发货业务的自动化，提高了作业准确性和工作精确度，缩短了从订货到发货的时间。

（3）提供信息咨询。仓储管理信息系统要为客户提供信息咨询及有关资料的查询和统计，满足用户对信息的实施需求。

总之，通过使用仓储管理信息系统提高对客户的服务水平、实现物流合理化、降低物流总成本。

3. 仓储管理信息系统的特点

仓储管理信息系统是物流信息系统的一个子系统，它首先具备物流信息系统的特征，除此之外，还具有自身的特点。

（1）支持零库存管理。仓储管理的终点是实现零库存，这种零库存是指某个组织的零库存，即组织把自己的库存转移给其上游供应商或下游零售商，从而实现自己的零库存。在信息技术发展的今天，通过仓储管理信息系统准确收集与传递库存信息，零库存是完全可以实现的。

（2）支持物流信息采集设备及自动化设备。仓储管理信息系统与先进物流技术，如手持终端、PF、GPS/GIS 等均设有接口，能够与电子标签、自动化物流设备系统相连接。系统通过应用先进的图形技术，实现“可视化”管理。

（3）支持离散仓储作业管理。系统采用先进的体系结构，利用最新的网络技术，支持处于离散状态的仓储/物流作业，同时确保系统的安全。

4. 仓储管理信息系统的作用

使用仓储管理信息系统会在以下方面带来切实的效果。

（1）为仓库作业全过程提供自动化和全面记录的途径。

（2）改变传统的固定货位，实现全库随机储存，最大限度利用仓容。

（3）提高发货的质量和正确性，减少断档和退货，提高顾客满意度。

（4）为仓库的所有活动、资源和库存提供即时的正确信息。

通过应用仓储管理信息系统，配送能力一般能够提高 20% ~30%，库存和发货准确率超过 99%；仓库利用率提高，数据输入误差减少；库存和短缺损耗减少；劳动、设备、消耗等费用降低。这些最终都能为企业带来巨大的经济效益。

5. 仓储管理信息系统的功能

仓储管理信息系统主要包含以下功能模块：基本信息管理、入库管理、库内管理、出库管理、查询管理。仓储管理信息系统的总体功能如图 9 –3 所示。

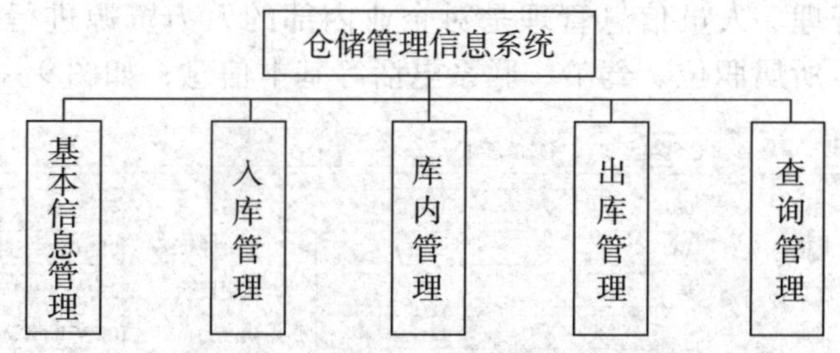

图 9 –3　仓储管理信息系统总体功能

仓储管理信息系统对于入库、库内、出库等一系列工作提供了全面的条码技术和无线射频技术支持，可以有效地收集有关货品、储位以及作业状态，信息可以由无线传输方式送到系统的数据库中。同时，系统可以将调度或自动分配给操作人员的任务传输给终端持有人。用户的界面下任何时间、任何地点都可以操作和检查显示资料，实时性收集和传输数据，极大地提高了工作效率。

（1）基本信息管理。基本信息管理模块主要是指对仓库信息、货品信息、人员信息、客户信息、单据信息的管理。

①仓库信息管理。仓库信息管理包括仓库类型、仓库基本信息、仓库区域信息和储位信息等。系统初始化时设置的顺序为：仓库类型、仓库信息、区域信息、储位信息。仓库类型至仓库所属的类别，主要包括普通仓库、冷冻仓库、化学仓库、危险品仓库等。

②货品信息管理。货品信息管理包括货品类型、计量单位信息、货品信息等。系统初始化时设置的顺序是：货品类型、计量单位、货品信息。货品类型是指货品所属的类别，如电器、食品、药品等。货品信息是指条码信息、货品代码、货品种类、规格、单位、重量、体积尺寸、价值、保质期等，如图9－4所示。

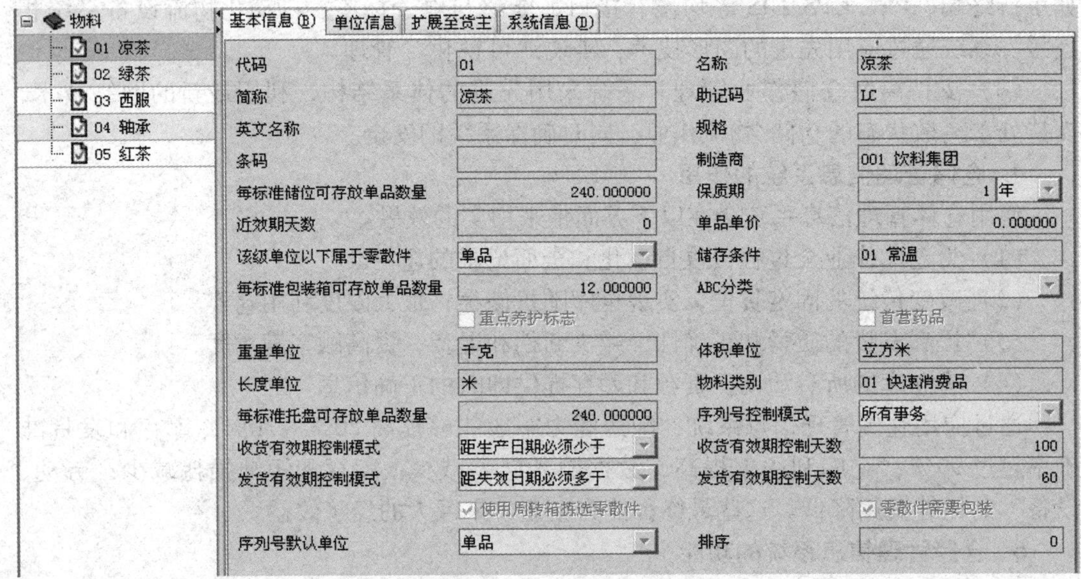

图9－4　货品信息管理

③人员信息管理。人员信息管理是对企业内部的人力资源进行管理，包括员工代码、员工姓名、所属职位、驾龄、联系电话等基本信息，如图9－5所示。

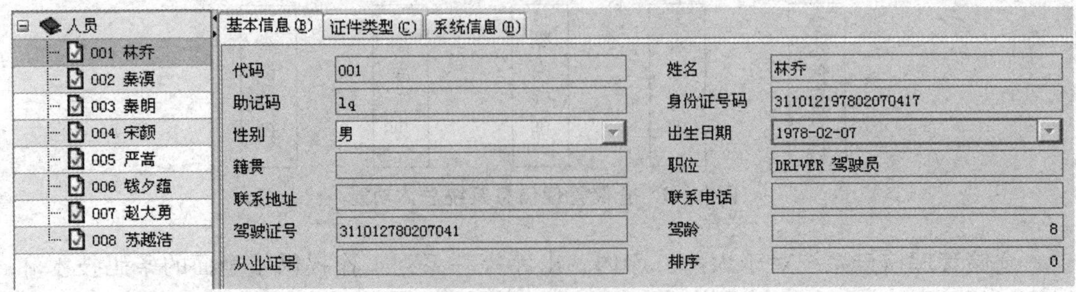

图9－5　人员信息管理

④客户信息管理。客户信息管理包括客户代码、客户名称、联系电话、传真、地址、E－mail（电子邮箱）及联系人等客户的基本信息，如图9－6所示。

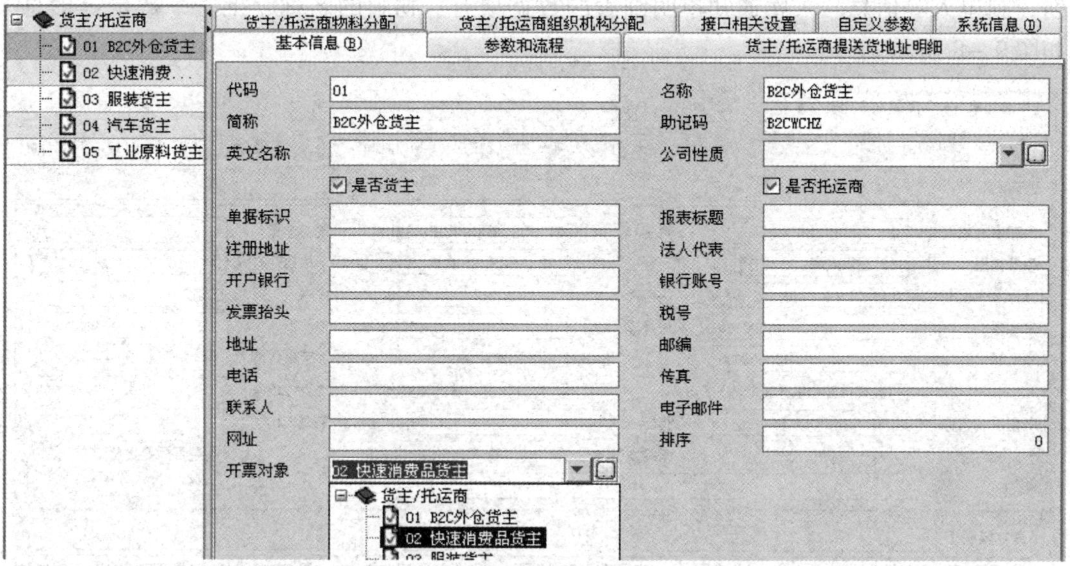

图9－6　客户信息管理

⑤单据信息管理。单据信息管理包括单据编号、单据名称以及各种单据中具体信息及其规则，如图9－7所示。

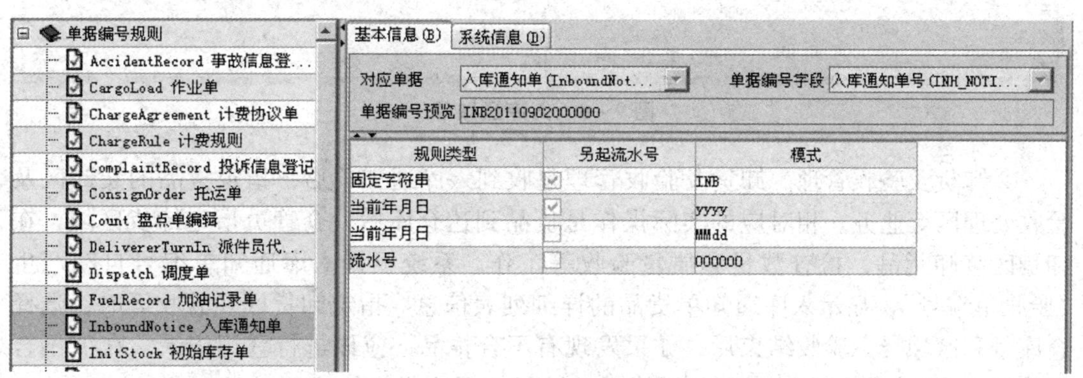

图9－7　单据信息管理

（2）入库管理。入库管理主要包括对货品数量的管理，如箱数、件数；对货品的储位管理；对货品的管理，如客户、到期日、重量、体积、批次（号），并可结合条码管理；对运输工具的管理，如运输公司、车辆号、司机名管理；对验收的确认，根据入库通知单的数量和实际入库数量比较分析，解决少货、多货、窜货等情况。

入库管理的操作顺序为：入库通知单、卸货及验收管理、入库储位分配。

①入库通知单（订仓位）。入库通知单是在货品到达之前，货主通知在何时进入什么货品，仓库可以根据这些信息制订入库作业计划，如安排和调度装卸货的工具、清理装卸货区域等。入库通知单主要包括客户信息、收货信息和货品明细等，并为其安

排卸货工具、指定卸货区和处理区提供信息。

入库通知单主表的数据项有：入库通知单号、货主名称、货主单号、预计入库日期、制单人等信息。入库通知单明细表的数据项有：物料的名称、批号、数量等信息，如图 9－8 所示。

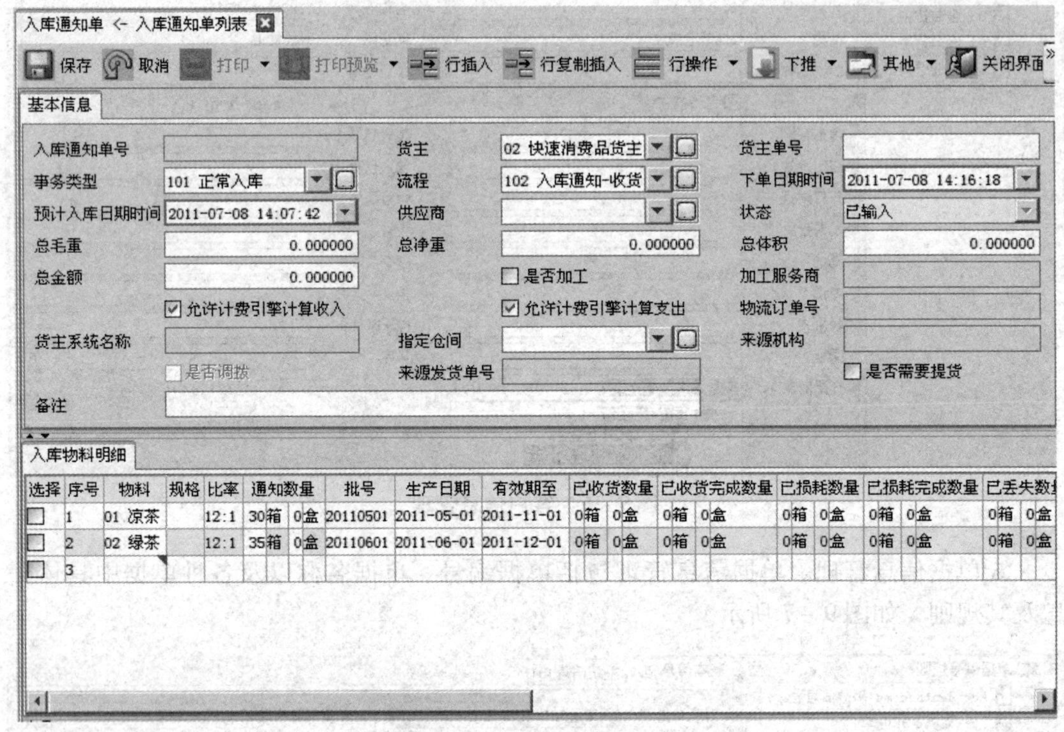

图 9－8　入库通知单

②卸货及验收管理。卸货及验收管理是收到入库通知单后，指定货品的装卸区及验收处理区等业务。相对应的实际操作是货品到达仓库后，仓管员指定卸货区域，在卸货区装卸货品，检查数量和质量验收等工作。系统根据入库通知单编号自动产生“验收单编号”，显示入库通知单货品的详细列表信息。指定卸货区和验收区时，选择仓库号和区域号。验收结束后，如果发现有不合格品，应该进行登记记录，在“不合格数量”“不合格原因”“处理意见”3 个字段中录入具体的信息。

③转库管理。转库管理主要对货品在不同仓库之间转移的作业进行管理，即提出转仓申请，指定货品的转出仓库、区位及储位，并指定转入仓库的区域和储位等。系统自动产生转库单号，选择要转移货品所在的“转出仓库”“转入仓库”“转仓部门”，填写“转仓时间”“制单时间”，填写“制单人”“备注”等信息。在“转仓货品及存储货位清单”中选择货品，输入数量及选择目的区域，并完成整个转仓的过程。

④报废管理。报废管理主要对仓库中报废货品的名称、编号、位置等进行管理，即提出报废申请，录入报废货品的信息，指定报废货品的所在仓库、区域及储位，以及对上述报废信息进行维护。

⑤退货管理。退货管理主要是对被退回货品的编号、名称、数量、存放位置、处

理方法等信息进行管理，主要处理退货申请、审批、结转等相关事务。

（3）出库管理。出库管理包括对出库货品数量管理，如箱数、件数；对出货方式的选择管理，如先进先出（FIFO）、后进先出（LIFO）、保质期管理、批次（号）；对出货运输工具的管理，如运输公司、车辆号、司机名管理。

①出库通知单管理。出库通知单管理，就是处理收货方要求的出库信息，包括收货方名称、编码信息、出库货品明细等，为确定备货区提供信息。将库存表中货品、数量、批次信息，自动生成到出库通知单的出库货品列表中。

②出库备货。出库备货是指操作员收到出库通知单后，录入出库备货货品信息、指定备货区和安排出库货品的货位等事务。

系统根据出库通知单编号自动产生“备货单号”，填写“出库备货时间”“制单人”“制单时间”等出库备货信息。

根据“出库备货货品清单”，显示出货仓库和区域指定窗口，选中某一出库备货货品，即可指定出货仓库和区域。针对“出库备货货品信息清单”表中的每一种货品，重复上述的指定工作，可为每一种出库货品指定出库仓库和区域，如图9－9所示。

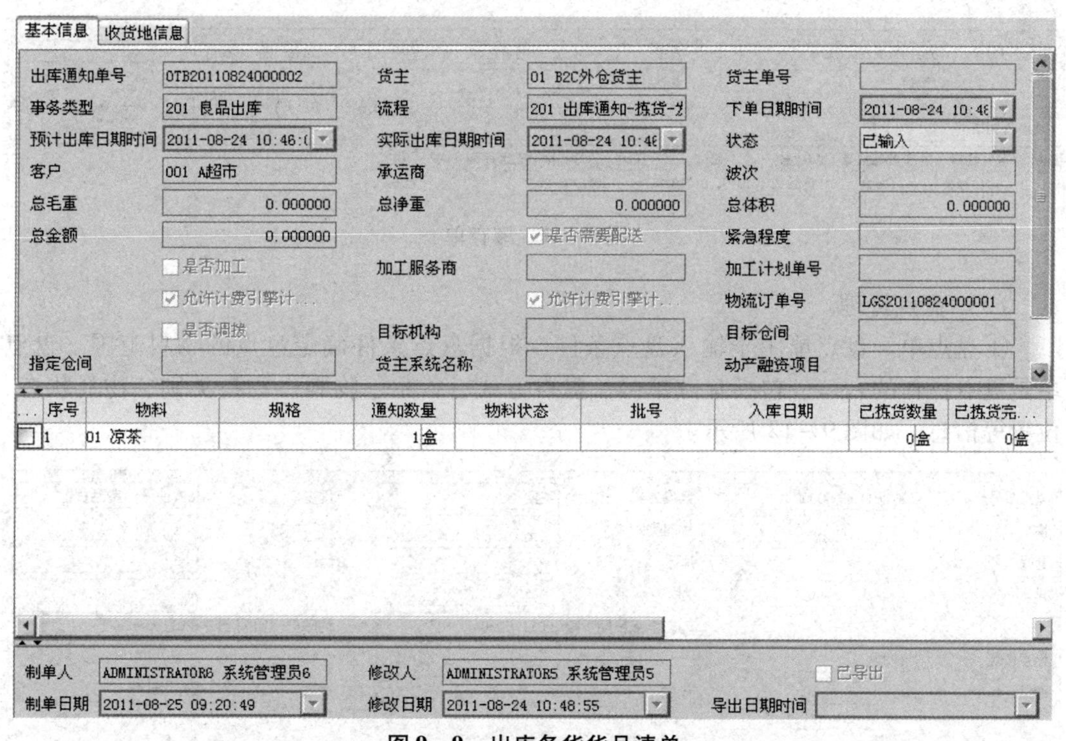

图9－9 出库备货货品清单

③出库单管理。出库单管理，是指完成出库备货后，对出库货品的信息进行登记、查询等管理。如采用先进先出的出库原则，可根据入库单的时间自动生成出库单，也可以根据需要，选择指定的入库单来生成出库单。

（4）库存管理。

①对某些物料库存数量进行调整使其库存量改变，使系统中的库存量和实物的实

际库存量达成一致。库存盘点时，当仓库中物料的实际库存量不等于系统中记录的库存量，即出现盘盈或者盘亏时，需用库存调整单进行调整，如图 9－10 所示。

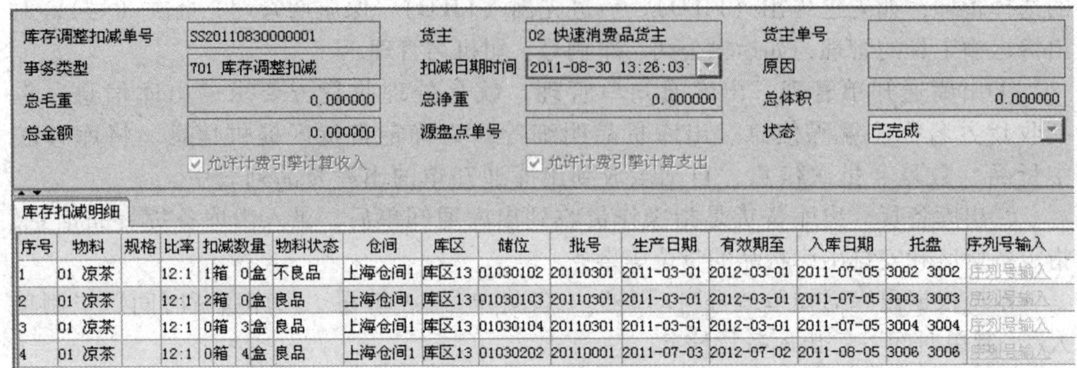

库存调整扣减单号	SS20110830000001	货主	02 快速消费品货主	货主单号	
事务类型	701 库存调整扣减	扣减日期时间	2011-08-30 13:26:03	原因	
总毛重	0.000000	总净重	0.000000	总体积	0.000000
总金额	0.000000	源盘点单号		状态	已完成
	允许计费引擎计算收入		允许计费引擎计算支出		

库存扣减明细

序号	物料	规格	比率	扣减数量	物料状态	仓间	库区	储位	批号	生产日期	有效期至	入库日期	托盘	序列号输入
1	01 凉茶		12:1	1箱 0盒	不良品	上海仓间1	库区13	01030102	20110301	2011-03-01	2012-03-01	2011-07-05	3002 3002	序列号输入
2	01 凉茶		12:1	2箱 0盒	良品	上海仓间1	库区13	01030103	20110301	2011-03-01	2012-03-01	2011-07-05	3003 3003	序列号输入
3	01 凉茶		12:1	0箱 3盒	良品	上海仓间1	库区13	01030104	20110301	2011-03-01	2012-03-01	2011-07-05	3004 3004	序列号输入
4	01 凉茶		12:1	0箱 4盒	良品	上海仓间1	库区13	01030202	20110001	2011-07-03	2012-07-02	2011-08-05	3006 3006	序列号输入

图 9－10　库存调整单

②初始库存单用于初始化系统的时候，执行初始化库存操作，如图 9－11 所示。

初始库存单号	INI20110822000001	货主	01 B2C外仓货主	初始化日期	2011-08-22
状态	已输入	动产融资项目			

初始库存明细

选择	序号	物料	规格	初始数量	物料状态	储位	批号	入库日期	托盘	序列号输入	状态
☐	1	01 凉茶		100盒	01 良品	01010101 01010101	*	2011-08-22		序列号输入	已输入

图 9－11　库存单

（5）盘点管理。

①盘点单。盘点单用于输入盘点条件，根据盘点条件确定盘点的物料范围。盘点单是盘点操作的入口，包括盘点单号、盘点方式、货主、物料、物料类别、物料状态、位置等信息，如图 9－12 所示。

盘点单号	CNT20110805000001	盘点方式	明盘	货主	02 快速消费品货主
物料		物料类别		物料状态	
仓间		库区		储位	
排		列		层	
	动态盘点	动态盘点日期下限	2011-08-04	动态盘点日期上限	2011-08-06
			需要复盘		需要终盘
盘点步骤	仅初盘				
源盘点单号		托盘		状态	已关闭
	启用高级筛选条件				

非敏感属性设置

序号	非敏感属性
1	入库日期
2	批号
3	生产日期
4	有效期至

图 9－12　盘点单

②盘点输入。盘点输入是指在初盘、复盘、终盘时，查看已确认的盘点单的库存明细，并对实物进行盘点，填写相应的盘点数量，生成差异量，如图9-13所示。

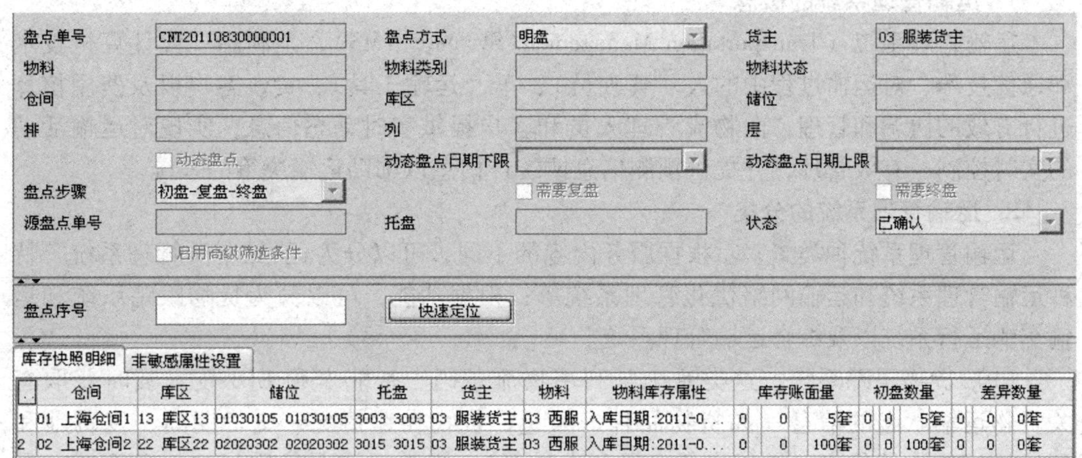

..	仓间	库区	储位	托盘	货主	物料	物料库存属性	库存账面量	初盘数量	差异数量
1	01 上海仓间1	13 库区13	01030105 01030105	3003 3003	03 服装货主	03 西服	入库日期:2011-0...	0 0 5套	0 0 5套	0 0 0套
2	02 上海仓间2	22 库区22	02020302 02020302	3015 3015	03 服装货主	03 西服	入库日期:2011-0...	0 0 100套	0 0 100套	0 0 0套

图9-13 盘点输入

6. 仓储管理信息系统的结构

仓储管理信息系统是用来管理仓储内部人员、库存、工作时间、订单和设备的应用软件。这里所称的"仓库"，包括生产和供应领域中各种类型的储存仓库。仓储作业过程是指以仓库为中心，从仓库接收货物入库开始，到按需要把货物全部完好地发送出去的全部过程，如图9-14所示。

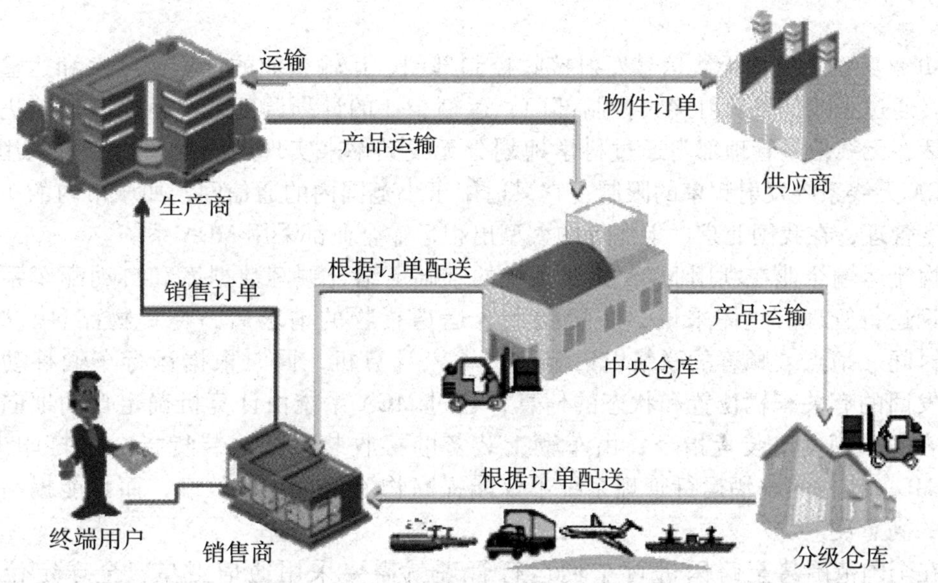

图9-14 仓储管理信息系统的结构

9.2.2 运输管理系统（TMS）

1. 运输管理系统的概念

运输管理系统（Transportation Management System，TMS），是利用现代计算机技术和通信技术，对运输过程中的人（驾驶员）、车（运输工具）、货、客户以及费用核算进行有效的协调和管理，向物流管理人员和客户提供实时动态信息，实现对运输活动的实时控制、有效管理，并提供预测信息或统计信息以辅助运输决策的系统。

2. 运输管理系统的分类

运输管理系统种类繁多。根据服务内容的不同，可以分为运力/车队管理系统、特种运输管理系统和运输网络优化管理系统等；根据功能，可以分为货物跟踪系统和运输车辆运行系统以及综合运输管理系统。

（1）货物跟踪系统。这类系统是利用物流条码、智能卡和 EDI 技术及时获取有关货物运输状态的信息（如货物品种、数量、货物在途情况、交货期间、发货地和到达地、货物的货主、送货责任车辆和人员等），提高运输服务质量的信息系统。具体地说，就是在收发货物以及配送时，利用扫描仪自动读取货物包装或者货物发票上的物流条码等货物信息，通过公共通信线路、专用通信线路或卫星通信线路把货物的信息传送到总部的中心计算机进行汇总整理，客户可以对货物状态进行实时查询。

（2）运输车辆运行管理系统。这类系统是通过定位系统来确定车辆在网络中的位置，及时调配车辆，快速满足用户需求的信息系统。根据所采用的移动通信技术的不同又可分为 MCA（Multi Channel Access）无线系统和应用 GPS 等技术的车辆运行管理系统。

MCA 无线系统由无线信号发射接收控制部门、运输企业的计划调度室和运输车辆组成。通过无线信号发射接收控制部门，运输企业的计划调度室与运输车辆能进行双向通话，无线信号管理部门通过科学地划分无线频率来实现无线频率的有效利用。由于 MCA 无线系统发射频率的限制，它只适用于小范围内的通信网，如城市内的车辆计划调度管理，在我国北京、上海等的大型出租运输企业都采用 MCA 系统。

物流运输企业在利用 MCA 无线系统的基础上结合顾客数据库和自动配车系统进行车辆运行管理。具体来说，在接到顾客运送货物的请求后，将货物品种、数量、装运时间、地点、顾客的联络电话等信息输入计算机，同时根据运行车辆移动通信装置发回的有关车辆位置和状态的信息，通过 MCA 系统由计算机确定自动地向最靠近顾客的车辆发出装货指令，由车辆上装备的接收装置接收装货指令并打印出来。利用 MCA 技术的车辆运行管理系统不仅能提高物流运输企业效率，而且能提高顾客服务的满意度。

在全国范围甚至跨国进行车辆运行管理就需要采用通信卫星、全球定位系统（GPS）和地理信息系统（GIS）。采用通信卫星、GPS 技术和 GIS 技术的车辆运行管理系统中，物流运输企业的计划调度中心和运行车辆通过通信卫星进行双向联络。具体地说，物流运输技术计划调度中心发出的装货运送指令，通过公共通信卫星线路或专用通信线路传送到卫星控制中心，由卫星控制中心把信号传送给通信卫星，再经通信卫星把信号传送给运行车辆，而运行车辆通过 GIS 系统确定车辆所在位置，找出到达目的地的最佳路线。同时，通过车载的通信卫星接收天线、GPS 天线、通信联络控制装置和输出输入装置把车辆所在位置和状况等信息通过通信卫星传回企业计划调度中心。这样物流运输企业通过应用通信卫星、GPS 技术和 GIS 技术不仅可以对车辆运行状况进行控制，而且可以实现全企业车辆的最佳配置，提高物流运送业务效率和顾客服务满意度。

（3）综合运输管理系统。物流企业的综合运输管理信息系统应能处理各种运输业务，有效提高企业的运输服务水平。其作用主要表现在以下四个方面。

①顾客需要对货物的状态进行查询时，只需输入货物的发票号码，马上就可以知道有关货物的信息。查询作业简单迅速，信息及时准确。

②通过货物信息可以确认货物是否能够在规定的时间内送到顾客手中，能及时发现没有在规定的时间内把货物交付给顾客的情况，便于马上查明原因并及时改正，从而提高运送货物的准确性和及时性。

③作为获得竞争优势的手段，提高物流运输效率，提供差别化的物流服务。

④通过综合运输管理系统所得到的有关货物运送状态的信息丰富了供应链的信息分享源，有关货物运送状态信息分享有利于顾客预先做好接货以及后续工作的准备。

3. 运输管理系统的作用

（1）提高运输效率。TMS 通过调整道路的交通状态，提高了道路的通行能力，缩短了行车时间。据估计，通过减少车辆对道路的占用和在道路上停留时间，TMS 可以实现有高速公路的通行能力至少提高 1 倍。

（2）增强交通安全。TMS 可以对道路和车辆状态进行实时监控，及时发布最新的交通信息，使车辆在道路上可以安全地行驶。据估计，我国采用 TMS 后，在今后 20 年内可降低 8% 的交通事故，每年交通事故的死亡人数可减少 30% ~70%。

（3）提供信息服务。驾驶员通过车载计算机和其他通信设施，可以随时随地地获取天气、道路状态和交通状况等信息，在此基础上选择适宜的出行时间和出行路线，从客观上提高道路使用效率。

（4）保护环境。汽车在消耗燃油的同时排放出大量的废气，对自然环境造成极大的破坏。一般情况下，应用 TMS 可使燃油消耗减少 30%，尾气排放减少 26%，从而在一定程度上减少环境污染。

（5）提高传统产业的效益，开辟新产业。TMS 可以提高汽车的运输效率，并通过系统的研究、开发和普及，创造出新的市场，对社会经济发展的各个方面都将产生积极的影响。

4. 典型的运输管理系统

（1）基本资料。基本资料包括组织机构、员工管理、权限管理、商品管理、地域管理、托运承运方管理、车辆管理以及系统设置。

（2）运输管理。运输管理主要用以监控运输车辆的在途情况，包括电子路单和在途跟踪两个方面，如图 9 – 15 所示。

新增(N) 查看单据(J) 查询(L) 历史数据库查询(W) 批量回单(6) 全选 ▾ 最佳列宽(K) 关闭界面(Q)

序号	选择	托运方	托运单编号	发货地址	发货城区	收货地址	收货城区	品名	总件数
1	□	杭州北京	CO120824002023	北京	西城区	天津	天津市	粮食	1
2	□	杭州北京	CO120824000912	北京	西城区	天津	天津市	粮食	1
3	□	中国物流	CO120713002269	发	杭州市	啊	沈阳市	液化石油气	2
4	□	中国物流	CO120710001761	发	杭州市	啊	沈阳市	液化石油气	2

图 9-15　运输管理

（3）公共服务。公共服务包括企业动态、货源信息、车源信息、道路通阻信息、物流代码、短信发送等内容。

（4）业务查询。业务查询主要包括车辆业务查询、承运方业务查询、托运方业务查询，如图 9-16 所示。

查询(1) 历史数据库查询(3) 排序(2) 打印 ▾ 打印预览 ▾ 最佳列宽(K) 关闭界面(Q)

序号	承运方	托运单号	应付总费用	调度时间	驾驶员	起运城区	目的城区
1	浙江武义东润物…	CO120526001…	0.00	2012-05-26 18:00:00	郭俊海	武义县	广东省
2	发松岛枫	CO120626002…	0.00	2012-06-26 13:00:00	张爱军	桐庐县	海盐县
3	小小物流公司	CO120723002…	0.00	2012-07-23 10:27:04	张爱军	桐庐县	海盐县
4	小小物流公司	CO120719002…	0.00	2012-07-19 10:38:09	张爱军	桐庐县	海盐县
5	小小物流公司	CO120719001…	0.00	2012-07-19 09:47:27	张爱军	桐庐县	海盐县

图 9-16　业务查询

（5）统计报表。统计报表主要用以对运输情况进行统计分析，包括车辆业务统计、托运方业务统计、线路业务统计、托运方业务统计柱状图、托运方业务统计饼状图五个部分。

9.2.3　配送管理系统（DMS）

配送信息是配送活动的神经中枢，配送活动的计划、决策、组织、指挥、调度、协调、控制均依靠准确、通畅、高效的信息传递。可以说，配送信息的传递与利用是物流配送业务运作成功的关键所在。因此，物流配送企业或企业物流部门在物流系统中如何有效构建配送管理系统，对搞好企业物流管理有着十分重要的意义。

1. 配送管理信息系统概述

配送管理信息系统（Distribution Management System，DMS）是以计算机和通信技术为基础，处理企业的现行配送业务，控制企业的物流管理活动，预测企业的购销趋势，为制定企业物流配送决策提供信息，给决策者提供一个分析问题、构造模型和模拟决策过程的人机系统的集成。

配送管理信息系统是企业物流管理现代化的重要标志之一，目的是通过系统的思想优化配送环节，实现配送作业流程的信息化处理，从而提高配送作业效率、增强配送服务水平和降低配送成本。具体作用表现在以下 3 个方面。

（1）配送管理信息系统是企业组织物流活动的坚实基础。企业整个物流过程是一个多环节的复杂系统，物流系统中的各子系统通过物资实体的运动联系在一起，子系统的相互衔接是以信息为纽带的，基本资源的调度也是通过信息的传递来实现的。因此，为了保证配送活动正常而有序地进行，企业必须建立符合实际的配送管理信息系统。

（2）配送管理信息系统是企业进行物流计划决策的辅助工具。在企业计划体系中，物流系统计划很多，并且相互关联，企业的配送计划是建立在销售计划、生产计划、生产用料计划、库存计划基础上的，同时它又决定采购进货计划的制订。因此，信息流通不畅或信息不准确会造成物流活动的混乱，也会影响企业做出正确的计划决策。

（3）配送管理信息系统是企业进行物流控制的有力手段。利用系统对物流进行控制的办法有两种：一是利用信息指挥调度，使物流按照信息规定的路线、任务、时间以及各项标准的要求流动；二是利用信息的反馈作用，随时将反馈的信息与标准信息进行比较，找出偏差，调整计划决策并对过程进行控制。

2. 配送中心信息系统的总体结构

一般的配送中心信息系统的总体结构主要包括采购入库管理系统、销售出库管理系统、经营绩效管理系统和财务会计管理系统四大管理系统。现代配送中心信息系统功能结构，如图 9－17 所示。

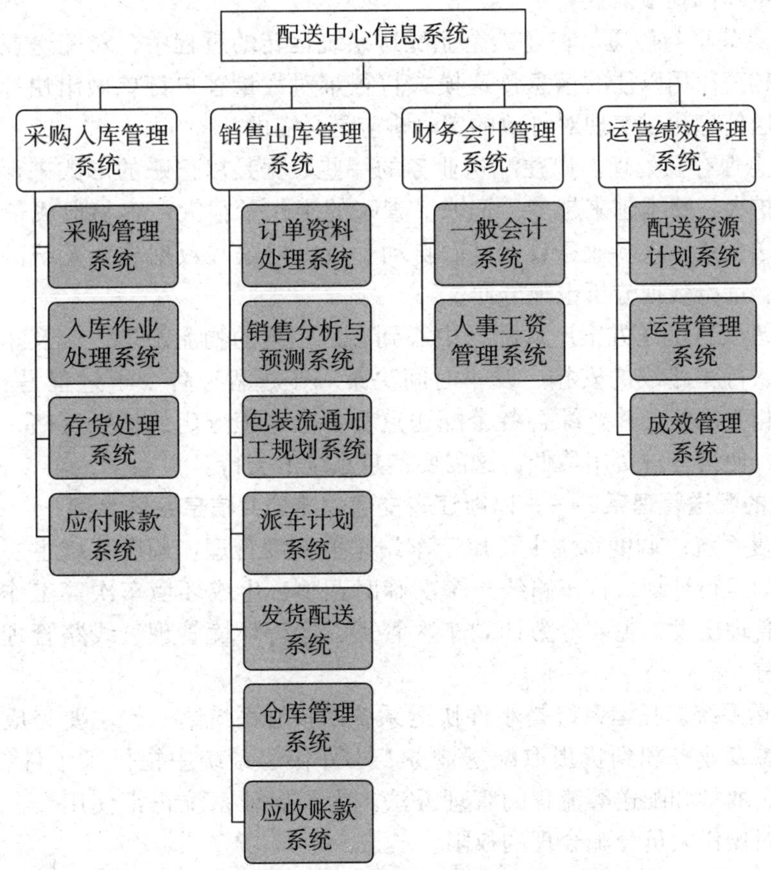

图 9－17　配送中心信息系统

（1）采购入库管理系统。采购入库管理系统的功能结构主要包括：采购管理系统、入库作业处理系统、存货处理系统和应付账款系统。

（2）销售出库管理系统。销售出库管理系统的功能结构包括：订单资料处理系统、销售分析与预测系统、包装流通加工规划系统、派车计划系统、发货配送系统、仓库管理系统和应收账款系统。

（3）财务会计管理系统。财务会计管理系统主要包括一般会计系统和人事工资管理系统两部分。一般会计系统包括：会计总账、分类账、财务报表、现金管理、支票管理、银行自动转账系统；人事工资管理系统包括：人事资料管理、工资报表、印刷工资单、与银行的工资转账系统、人力评估及人力使用建议。

（4）运营绩效管理系统。运营绩效管理系统结构主要包括：配送资源计划系统、运营管理系统和成效管理系统。

3. 配送管理信息系统的作用

（1）降低物流成本。通过配送信息系统，一方面，进行配送作业流程跟踪、控制和协调，降低作业的出错率；另一方面，可以及时了解商品的存量，进行合理的库存控制，做到及时补货，减少由于缺货造成的成员企业补货不及时发生的销售损失，将商品的库存量降低到最低点。

（2）信息共享与传递。在连锁企业配送系统运转的过程中，对配送业务的反应速度要求越来越高，用以往的信息传递模式将很难对大量客户订单做出快速反应，构建连锁企业配送信息化以实现对订单的实时响应是必需的。

（3）信息保存及处理。以往配送业务的一些数据是以记账的形式来保存的，随着配送业务的扩大，账本越来越多，记账、查账的工作量很大，容易造成信息差错或丢失。通过配送系统，很多业务数据可以自动生成，把这些数据放入系统的数据库，查账十分方便，进行数据分析也很方便。

（4）合理安排配送方案。从配送中心到客户位置的物流配送，涉及车辆选择、车辆装载方案、行车路线的安排、发车时间决策等子过程。各个子过程是相互影响的，互为条件、相互制约，并要综合各个配送点和各个连锁分店的信息反馈，以实现配送方案的优化，使得运输费用最低，这需要信息系统的支持。

4. 典型的配送管理系统——以浙江省交通物流公共信息系统为例

（1）调度系统。调度系统主要用于车站车辆调度管理。调度系统主要负责制订整个车站车辆的运行计划、行车路线、车次临时调整、生成环境车次等工作。调度系统从车站实际管理出发，主要分为计划车次管理、运行环境管理、线路管理、基本数据维护4大部分。

（2）托运系统。托运系统是小件快运系统的核心系统之一，主要完成小件受理业务、托运单签发业务和到货提取配送业务。小件快运系统中提供了小件托运中受理、签发、登记、取货和配送等流程的管理方法。为了保证系统正常使用，在使用本系统之前，还应对操作人员分配合理的权限。

（3）系统管理。用户管理采用用户/组来管理用户，系统默认定义系统管理组为一个用户组，权限也是系统默认的，以上这个组为内置用户组，系统定义一个内置用户，即系统管理员。本系统采用了用户/角色的方式来管理用户，一个系统可以有多个角色，一个角色可以有多个用户。而且一个用户可以分属多个不同的角色，用户也可不属任何角色。同时，这个部分也可以对用户信息以及用户和用户组之间的联系进行增删查改的操作，如图 9－18 所示。

（4）票价管理。票价管理是配送管理系统的核心之一，主要负责对用户单位（车站）的车票价格进行管理，包括生成票价，修改票价，设定系统自动转换执行票价表、票价表复制，生成和处理票价的报表等。

图 9－18　用户信息管理

9.3　供应链信息系统

当前，市场竞争日趋激烈，用户需求的不确定性和个性化增加，高新技术迅猛发展，产品生命周期缩短，产品结构日趋复杂。在这种情况下，企业管理如何适应新的竞争环境，成为理论和实践的热点。供应链管理和供应链信息系统是解决企业常规模式下存在的各种问题的有效途径。供应链管理的研究是从物流管理开始的，是今后物流的发展方向。21 世纪的竞争，不再是单个企业与企业之间的竞争，而是供应链与供应链之间的竞争。

供应链管理的高效运转必须以上、下游企业之间的信息交流为基础，大量工作要跨企业、跨组织、跨职能进行协调。可以说，信息系统是支撑供应链物流全过程管理最重要的基础之一。

9.3.1 供应链管理中的信息系统

1. 信息系统在供应链管理中的作用

（1）消除“牛鞭效应”。供应链的协调运行是建立在各个节点企业高质量的信息传递与共享的基础之上的，如果信息在供应链中各节点企业不流畅，就会造成供应链中的信息扭曲。牛鞭效应是信息扭曲中最常见的一个现象，指沿着供应链向上游移动，需求变动程度不断增大的现象。

牛鞭效应产生的主要原因包括：需求预测的经常更新；经济批量问题；价格波动；信息不能共享。

信息共享是解决“牛鞭效应”最有效的方法。供应链中各节点企业共享所有客户的信息，共享程度越高，“牛鞭效应”越不明显。同样，各节点企业还可以共享关于库存水平、生产能力和交货计划等方面的信息，使各节点企业知道彼此的情况，共担风险、共享利益，形成有效的供应链管理，从而降低整个供应链的成本。

（2）可以使企业保持现有的客户关系。随着信息技术和电子商务的发展，集成供应链信息系统给企业带来新的竞争者，为吸引、保留企业的现有客户，该系统将给企业提供更快捷、更廉价的商务运作模式，保持与发展客户达成的密切关系，给企业带来新的业务增值，提升客户的满意度与忠诚度，维持现有的客户关系。

（3）可以促进企业管理技术的推广和管理思想的更新。信息系统在供应链管理中的运作，可以推动信息管理技术如 EDI、CAD、WEB 和 Intranet 等的运用和推广，同时可以推动人们对第三方物流、集成供应链等思想的理解。

（4）可以使企业提高业务量。信息系统可以实现企业及相关企业对产品和业务进行电子化、网络化管理，实现企业的科技化、有组织、有计划的统一管理，能够减少流通环节，降低成本，提高效率，通过信息系统使企业供应链管理达到更高的水平，与国外先进企业接轨，促进企业提高业务量。

（5）可以使企业吸引新客户，拓展新业务。信息系统可以实现企业的业务流程重组，提高企业供应链运作效率。随着集成供应链信息管理系统的实施，企业所提供的更多的功能和业务必然吸引新客户，促进业务量的增长。同时，企业和用户都会从供应链信息系统中受益，降低成本。企业与企业、企业与客户、企业与竞争对手间将形成灵活、高效、智能化的虚拟企业集团。

2. 供应链管理信息系统的特点

虽然制造业、零售业等行业供应链管理系统的特点不尽一致，但其信息系统的共同特征可归纳如下。

（1）Internet 上实时可视化跟踪查询。综合运用 GIS、GPS 等技术来实现物流过程的在线跟踪查询，增强供应链中合作伙伴之间的相互服务。

（2）虚拟库存的管理。供应商可以将全国各地的仓库（自己管辖的或委托中转的）和运输途中的仓位视为虚拟的统一仓库进行集中管理和调拨。

(3) 产品供应链全过程的监控系统将分散在零售商、经销商、第三方物流等处的信息有机集成在一起，完整地跟踪产成品从生产车间到零售货架之间的各个环节，使供应链商迅速了解销售动态，以便确定进一步的生产计划、销售计划和市场策略。

(4) 电子商务。实现供应商与第三方物流、仓储与运输之间的电子订单的结算处理，提高客户响应速度，降低错误率。

(5) 有效地支持配送、包装、加工等物流增值业务。管理对货物的包装、拆箱、拼箱等计费服务，并同时记录每次服务的账目情况。

(6) 针对问题的管理。集中反映所有非正常业务中的问题，使总部的业务管理人员可以了解每一笔延期签收、残损、退货等非正常业务的具体信息，以便动态地定位物流服务中的问题成因。

(7) 有效支持门到门的物流业务。无论经过多少种运输方式、多少中转环节、是否进行分货集货操作，都能确保对同一批次、同一目的产品的识别。因而可以保证运输、仓储等各职能部门之间的协调一致，准确及时地完成每一笔包括多个操作环节的门到门物流指令。

3. 企业内供应链管理信息系统结构

企业内供应链信息系统的结构还与企业间信息系统（IOIS）连接，形成一种企业内外数据的交流。一个企业的供应链不只是与供应链上其他企业的链接，还与关系到企业生产和发展的各种环境因素相连接。

(1) 各层的功能。

①供应链管理作业层。在该层中，供应链管理进行物流管理、仓储管理等实质性操作。这些具体操作是根据“商业应用层”中“商业决策、管理、控制”的信息进行的。不同的行业有不同的软件支持具体的作业过程。

②电子数据处理层。该层是将“供应链管理操作层”中实质性操作过程中的数据和信息，通过各种收集数据的子系统，如 EOS、POS、EDI 等，收集到数据库中。通过数据库管理系统管理收集和存储这些数据，再通过分类、排序、综合分析的数据挖掘过程，形成有用的商业信息、商业知识、商业模型等。这些结构化的信息、知识和模型可供“商业应用层”调用，在企业的决策、管理、控制过程中发挥作用。

③商业应用层。该层是信息系统的目的，所有数据收集、存储、提取后，如果没有商业应用都将毫无意义。它包括决策支持系统、报表系统、随机查询系统、在线分析处理系统等多种可视化应用系统。“商业应用层”对企业的整体运营、操作起着决策、管理、控制作用。

(2) 内部供应链管理信息系统的特点。

①整个供应链管理信息系统建立在企业内部网的平台上，并通过外联网向企业外扩展，形成企业间信息系统（IOIS）。同时，企业还通过外联网与环境的各种要素进行连接。

②供应链管理信息系统是一个反馈调节的闭环生态系统。

③三个层次的每个细节部分都有赖于各种应用软件的支持。

4. 企业间供应链管理信息系统

21 世纪的市场竞争异常激烈，要获得竞争优势，要生存、发展，企业必须增强自己适应环境的能力，能够对环境快速反应。因此，企业应充分利用现代信息技术，在优化内部管理的基础上，更要构建好企业间的系统。

（1）IOIS 概念。

IOIS 是基于信息技术上跨企业的系统，是两个或多个企业之间形成一个整合数据处理和数据通信系统，是跨企业的信息系统。这些企业位于供应链上，或是买方，或是供应商，或是先前有某种业务关系，但没有进行信用交易的企业。IOIS 只要配置适当的应用软件，就可以在任何地点及时地传递供应链成员所需要的信息，为企业提供必要的决策支持。

早在 1960 年，人们就认识到企业间系统的重要性，意识到它将潜在影响企业业务管理和企业整体运营。从那以后，新的信息技术不断地应用和整合到 IOIS 中，使企业间系统的能力不断增强，具体类型不断出现，例如电子转账系统、决策支持系统、各式各样的订单处理系统、在线专业工具支持系统等。在现有的一些供应链执行过程中，大量实用的系统不断出现，例如电子化采购系统、快速反应系统、订单周期管理、持续补给系统、卖房库存管理等都属于企业间的信息系统应用。

（2）IOIS 结构模型。

企业间系统基本可分为 7 种不同类型的信息系统，它们各自由一些不同级别的单一公司参与其中，分别为：远程企业型、应用处理型、多参与者交换型、网络控制型、集成网络型、企业间供应链信息系统型。

企业间供应链信息系统中，供应链参与者彼此间共享一个含有不同应用软件的网络，且这些参与者之间建立了业务关系。供应链成员间的连接进入“协作”的阶段，通过有效的协作，企业间的连接更加牢固。大多数企业已经进入企业间系统“同步”运作的阶段，参与者可以处于不同的等级。

5. 供应链管理信息系统功能简介

供应链管理信息系统可以帮助企业优化工作流程，与各个供应商和销售商实现良好的沟通，减少物流环节，提高工作效率，优化企业资源配置，并且能够使企业对市场反馈的信息做出快速的反应，帮助企业根据以前的数据对市场进行预测分析。

供应链围绕着从未加工材料阶段到最终用户的所有活动，包括原料供应与采购、产品设计、生产计划、材料处理、订购过程、财产管理、运输、仓储以及客户服务。重要的是，企业必须借助信息系统与供应链的伙伴交往。成功的供应链经营应该能联系和协调所有这些活动使之成为一体化过程。除了组织内部各个部门外，这些参与合作者还应包括供应链、发行商、运输业主、第三方后勤服务公司和信息系统供应商。

供应链管理软件应用程序提供了实事分析性系统，通过贸易伙伴和客户的供应链网络来管理产品和信息的流动。这个供应链具有很多功能，比如，采购、销售、仓储、运输、需求预测和客户服务等。这些功能一般通过以下几个模块来实现。

（1）基本资料管理模块。该模块包括运行本系统所需的各种基本资料，例如，货品大小分类、货品资料、客户资料等。

（2）库存管理模块。该模块对原材料和成品进行有序管理、储位管理、进出库管理、库存调拨管理、盘点管理、库存查询。

（3）原材料采购模块。该模块对原材料采购进行新增、修改、过账查询等。

（4）统计分析模块。该模块根据企业以往的销售生产数据做出统计分析，企业决策者可以根据前几年同期的销售与生产等数据，对当年同期数据做出预测。

（5）销售模块。该模块运行销售单的新增、修改、过账等。

（6）财务管理模块。该模块包括应收账款、应付账款及明细。

（7）发货管理模块。发货管理也是销售的一种，不同的是增加了车辆运输管理环节。

9.3.2 供应链管理信息系统软件

1. SAP 公司及其供应链管理软件

SAP 公司于 1972 年由前 IBM 公司员工在德国沃尔多夫市（Walldorf）成立，该市也是该公司总部所在地。它是全球最大的企业管理软件供应商之一、第三大独立软件供应商、全球领先的协同电子商务解决方案供应商。

SAP R/3 系统是 ERP 领域的解决方案，它包括财务会计、管理会计、生产计划和控制、项目管理、物料管理、质量管理、工厂维护、销售和分销、服务管理、人力资源管理等模块，具备全面、集成、灵活、开放的特点。

mySAP. com 协同电子商务解决方案基于强大的 mySAP. com Technology（mySAP. com 技术）架构，主要包括 SAP R/3 系统（企业资源规划）、mySAP SCM（供应链管理）、mySAP PLM（产品生命周期管理）、mySAP CRM（客户关系管理）、mySAP SRM（供应链关系管理）、Portal（企业门户）和 Exchanges（交易集市），是一个能使客户、合作伙伴、供应商和员工随时随地顺利进行业务交易的电子商务平台。

mySAP SCM 整合了整个供应链，使电子商务程序涵盖了供应链的每个环节。其对供应链技术的管理超越了企业本身，使客户和合作伙伴的沟通更为直接，并且能在合作中及时分享更多的信息。mySAP SCM 采用线性的、持续的供应链管理流程，使供应链变成一个集客户、合作伙伴、供应链于一体的协作社区，给企业带来了巨大的价值和竞争优势。

SAP 同时还提供针对各行业的专用解决方案，为各行各业的企业提供最佳管理系统。SAP R/3 系统是现代企业管理的技术先驱和代表产品。

2. PeopleSolt 公司及其供应链管理软件

PeopleSolt 公司成立于 1987 年，于 1988 年发售第一个软件包——HRMS，1992 年发售第一个财务软件包。它已开发出 ERP 产品线，并不断完善。目前，该公司是世界领先的协作式企业供应商。全世界 107 个国家的 4700 多家机构在使用 PeopleSoft 的互联网软件，通过与客户、合作伙伴及员工的协同合作，来降低成本，提高生产力。PoepleSoft 的集成应用软件包括人力资源管理、客户关系管理、财务管理、企业绩效管理和门户解决方案。

PeopleSoft 供应链管理产品包括：动因基础管理、单据、协作供应管理、成本管理、需求规划、电子账单支付、工程技术、企业规划、电子化采购、电子化产品管理、电子化供应商关系、产品流、库存、存货规划、订单管理。

3. Manugistics 公司及其供应链管理软件

Manugistics 公司成立于 1969 年，最初的名称是“科学时间共享公司”（Scientific Time Sharing Corporation）。它在 1980 年开发和销售最初的供应链管理软件，在 1998 年的供应链管理软件市场上，该公司具有最完整的供应链管理系列产品，如需求规划、供应链规划、制造排程、运输管理、供应链航海家（Supply Chain Navigator）、网络工作者（NetWorks）。前四种是典型的供应链管理产品。

现在 Manugistics 公司的供应链管理解决方案有许多系列，包括网络设计和优化、制造规划和排程、销售和操作规划、执行管理、协作的 VMI、服务和部门管理、物流管理。

4. i2 公司及其供应链管理软件

i2 公司成立于 1988 年。十多年来，i2 一直是供应链管理方面的主导厂商。i2 公司将其技术和经验扩展到供应链解决方案，也在其他方面有所发展。i2 产品供应链优化方面有精确的执行软件。现在又推出动态价值链管理解决方案，从而帮助企业不仅能够在企业内，也可以在多个企业间进行决策流程协作。

5. 用友公司

成立于 1988 年的用友公司，是中国最大的财务软件供应商、最大的 ERP 软件供应商和最大的独立软件供应商，是推动中国企业信息化管理和政府信息化的主流应用软件。

用友产品主要分为两条产品线：一是面向高端市场的用友 ERP－NC 产品；二是面向中、低端市场的用友 ERP－U8 产品。

ERP－NC 产品面向大中型企业、政府及社团组织，特别是要求集中管理的多分支机构集团型企业和组织，以及供应链中的核心企业和最上游企业。其主要功能是支持多种数据库，多种操作系统，多种中间体的跨平台应用，以解决方案式交付，提供专业化服务，满足个性化要求。

ERP－U8 产品面向中小型企业、政府及社团组织，如单一组织形态的企业，采用分散管理模式的多分支机构企业，以及供应链上的非核心企业。其主要功能是以产品方式交付，提供标准化服务，满足企业普遍化的要求。

用友供应链管理软件提出了企业或组织内部供应链资源整合的解决方案，产供销一体化解决方案与通过整个产业供应链协同和提升营销（含分销）能力的整体解决方案。

6. 金蝶公司

金蝶公司成立于 1993 年，是从事企业管理及电子商务应用解决方案的供应商，主营业务为管理软件、财务软件和咨询。主要产品为 TEEMS 电子商务系统、K/3 工业企业管理系统和 CASE 知识管理系统。

包含在 K/3 工业企业管理解决方案中的供应链管理模块，主要有制造业物流管理解决方案和商业物流管理解决方案两大类。K/3 系统为大中型工业企业业务处理提供工业企业物流管理解决方案，帮助企业实现在线供需链管理，提供动态的供应商、客户管理、统一的业务流和动态的协同实施的市场策略。

9.3.3 云计算下的供应链信息协同

“供应链信息协同”是指通过信息技术实现供应链伙伴成员间信息系统的协同，实现运营数据、市场数据等信息的实时共享和交流，从而实现供应链伙伴间更快、更好地协同响应终端客户需求的目标。

信息协同包括界面协同、数据协同、控制协同、程序协同四个方面。界面协同的目标在于改善用户与整体系统环境信息交互的效率及效果；数据协同的目标在于确保整体系统环境中所有信息个体定义的一致性，而无须考虑该信息是由哪个子系统所产生的，也无须考虑任何传输上的问题；控制协同的目标是使供应链系统环境中个别功能有弹性地、灵活地组合在一起，以协力完成各种程序；程序协同的目标在于确保与子系统之间能有效地交互作用以支持某些特定的程序，也就是说，所有相关系统结合起来以实现某一特定程序的操作能够连贯易行。

1. 供应链信息协同中云计算的核心技术

云计算是分布式处理、并行处理和网格计算的发展，是一种基于互联网的超级计算模式。云计算中用了许多技术，其中以标准化技术、虚拟化技术、数据管理技术、平台管理技术在供应链信息协同中最为关键。

（1）标准化技术。标准化技术主要包括两方面内容。一是服务接口。供应链企业可以利用标准化接口接入云服务提供商，与供应链盟主形成真正的信息互通。服务接口统一规定了在云计算时代使用计算机的各种规范以及云计算服务的各种标准等，是用户端与云端交互操作的入口，可以完成用户或服务注册、对服务的定制和使用等。二是服务管理中间件。供应链盟主利用云计算服务提供商的服务管理来解决不同系统之间协同的问题，以达到控制协同。中间件位于服务和服务器集群之间，提供管理和服务功能，即云计算体系结构中的管理系统。对标识、认证、授权、目录安全性等服务进行标准化操作，为应用提供统一的标准化程序接口和协议，隐藏底层硬件、操作系统和网络的异构性，统一管理网络资源包括负载均衡、资源监控和故障检测等；安全管理包括身份验证、访问授权、安全审计和综合防护等；映像管理包括映像创建、部署和管理等。

（2）虚拟化技术。云服务提供商的虚拟化技术可以将供应链企业不同系统和不同界面的软件虚拟成相同系统的相同界面，以达到供应链企业内系统之间、供应链企业与企业系统之间的数据协同、程序协同和界面协同。通过虚拟化技术可实现软件应用与底层硬件相隔离，它包括将单个资源划分成多个虚拟资源的裂分模式，或者将多个资源整合成一个虚拟资源的聚合模式。虚拟化技术根据对象可分成存储虚拟化、计算虚拟化、网络虚拟化等，计算虚拟化又分为系统级虚拟化、应用级虚拟化和桌面虚拟化。

（3）数据管理技术。数据管理技术包括两个方面。一是海量数据分布与存储技术。云计算服务提供商通过现有网络技术和并行技术、分布式技术将分散的供应链企业中的计算机组成一个能提供超强功能的集群，用于计算和存储数据中数据，同时利用自己的硬件设备，如价格昂贵的服务器及磁盘阵列等设备，用冗余存储的方式保证供应链管理数据的可靠性。二是海量数据管理技术。云计算可以对供应链企业中分布的海量数据进行处理、分析、存储，以达到在供应链管理中所必需高效的管理大量数据的要求。

（4）平台管理技术。由于云计算服务商的资源规模庞大、服务器数量众多，故可将一些服务器分布在地理位置不同的供应链企业附近，并同时运行供应链企业不同的应用。云计算系统的平台管理技术能够使大量的服务器协同工作，方便进行供应链企业业务的部署和开通，快速发现和恢复系统故障，通过自动化、智能化的手段实现大规模供应链管理信息系统的可靠运营。

2. 基于云计算的供应链信息协同体系构建

供应链信息协同的管理模式供应链应该采用什么样的模式来进行合作是一个尤为重要的问题，供应链采用云计算服务提供商与供应链盟主来进行信息管理，这是一种新的管理模式。供应链信息协同管理结构提出了供应链信息协同结构模型，如图 9－19 所示。

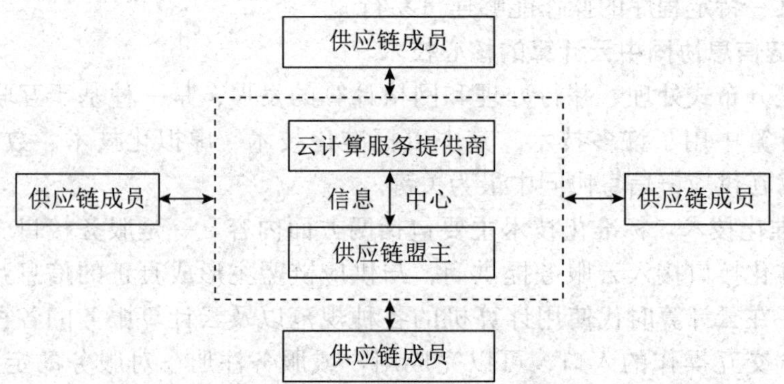

图 9－19　供应链信息协同管理结构

供应链盟主由供应链中的核心企业来担任，以供应链盟主为核心，与云计算服务提供商组成一个对供应链企业各成员信息管理负责的信息中心。信息中心是整个体系中的信息采集中心、信息加工中心、信息调配中心。供应链中除盟主外的成员企业分别与信息中心互联。

在供应链的信息协同的管理模式中，云计算服务提供商和供应链企业成员之间的信息以何种方式传递，是一个较为关键的问题。供应链管理中最常用的信息传递方式有利用 EDI 专线传递、利用局域网进行数据传输和利用 Internet 网络进行数据传输等，如图 9－20 所示。

随着信息技术的发展，Internet 网络传输技术日臻成熟，其安全性、稳定性、兼容性都得到不断提高，而且应用的范围也在不断扩大，成为一种普及化的传输方式。较之 EDI、局域网等传输方式，Internet 的传输成本要低得多，企业只需要开通网络服务，而

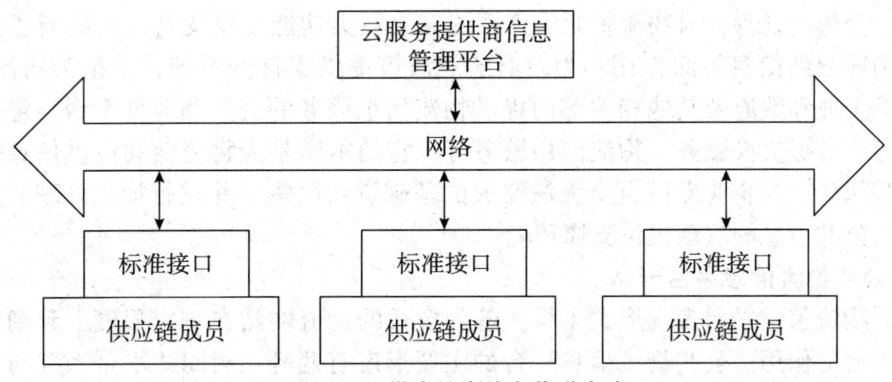

图 9－20　供应链中信息传递方式

无须添置额外的设备和增加专业的管理人员。在供应链信息协同的管理模式中，供应链是个动态的组织体系，信息服务的对象也是不断动态变化的，随时都有成员退出供应链或退出信息服务，同时也不断有新的成员加入供应链或加入服务客户行列，对于这样一个动态的组织形态，只有 Internet 的简单、便捷、低成本等特点才能满足供应链信息协同管理的要求。同时，云服务提供商还为所有的供应链企业提供接入 Internet 的标准接口。

3. 信息协同系统结构模型

云计算服务提供商利用虚拟化技术将不同的系统（如 ERP、CRM 等）虚拟成统一的系统、统一的界面，如果把供应链看作一个企业，那么云计算服务提供商所虚拟的系统就相当于企业的 ERP 系统，联盟中的各个成员相当于企业的各个职能部门，企业用 ERP 系统来调配各个部门的资源和安排部门的工作计划，使企业的资源利用率达到最大，企业效率达到最高；利用海量存储技术为供应链企业数据库提供海量存储空间；利用平台管理技术来协同分布在不同地点运行着的不同系统的企业之间的数据；同时在供应链中，云计算服务提供商所虚拟的系统也起到调配信息资源，以减少供应链中信息失真，加快信息传递速度和准确性，提高供应链整体竞争力的作用。供应链信息协同系统结构模型建立如接入 Internet 与供应链信息中心的云计算服务商发生连接，并根据不同的用户权限登录到云计算服务提供商虚拟管理系统中来进行数据处理。

供应链借助云计算服务提供商的资源与技术来进行信息协同的同时，还需要进一步研究供应链盟主（供应链的核心企业）如何与云计算服务提供商合作，且合作的深度值得思考；供应链企业数据在云计算服务提供商中的存储安全性、机密性、完整性、有效性等方面的研究极其重要且充满挑战。

9.4　公共物流信息平台

9.4.1　公共物流信息平台概述

1. 公共物流信息平台的定义

公共物流信息平台（Public Logistic Information Platform，PLIP）是通过对公共信息

的收集、分析、处理，对物流企业信息系统完成各类功能提供支持，为政府相关部门的信息沟通起到信息枢纽作用，为政府宏观决策提供支持的系统；是指为物流企业、物流需求企业和政府及其他相关部门提供物流信息服务的公共商业性平台，包括公共信息服务、数据交换服务、物流应用服务等；它的本质是为物流活动提供信息化手段的支持和保障，为企业提供自身无法完成的基础资料收集，并进行加工处理，为政府相关部门公共信息的流动提供支撑环境。

2. 公共物流信息平台形态

公共物流信息平台表现形式多样，各种形式的物流网站在一定程度上起到公共物流信息平台的作用。公共物流信息平台的主要形态有两种：封闭式平台系统与公共物流信息门户。

（1）封闭式平台系统。

封闭式平台系统依附于线下实体，为组织内或合作组织间提供封闭的信息服务。这种模式的主要代表有：电子口岸系统、物流园区监管系统、贸易集散地的交易系统。

封闭式平台系统拥有特定的公共用户群体，为专一目标服务，不同的平台系统之间不存在市场化竞争的情况。封闭式平台系统模式稳定，并有特定的目标服务群体。

（2）公共物流信息门户。

公共物流信息门户以平台模式出现，属于门户类公共物流信息平台，具有较高的开放性。这类物流信息平台通过对公用物流数据（如交通流背景数据、物流枢纽货物跟踪信息、政府部门公用信息等）的采集、分析及处理，为物流服务供需双方的企业信息系统提供基础支撑信息，满足企业信息系统中部分功能（如车辆调度、货物跟踪、运输计划制订、交通状况信息查询）对公用物流信息的需求，确保企业信息系统功能的实现。

公共物流信息门户有两种不同的价值趋向：一是政府主导投资的公益性信息门户，不以赢利为目标；二是企业主导投资的营利性信息门户，存在明显的市场化竞争，其商业模式将持续变化，并向多样化方向发展。由于两种形态之间并不冲突，因此大多数企业用户可以同时使用两种形态提供的服务。封闭式平台系统产生于不同组织内部，其投资取决于所依附的线下实体，因此具有很强的个性化特征，并拥有稳定的收入来源。而公共物流信息门户则具有更高的开放性，为多组织服务，收入来源具有多样化特征。

9.4.2 公共物流信息平台的运营模式

1. 公共物流信息平台的层次

目前，存在的公共物流信息平台，按照服务范围的大小划分，可以分为国家级、区域级、省区级、城市级和园区企业级五类。

国家级公共物流信息平台是一个由信息网络、信息系统、信息资源库和运行管理规范组成的跨部门、跨行业、跨地区、跨企业的物流信息化综合服务体系。区域级公共物流信息平台是国家对区域内地方平台的协调和地方性信息的处理平台，从应用角度来讲，与国家级物流信息平台的角色类似，只是范围要小些。

省区级公共物流信息平台是由各地政府牵头规划建设的基于 Internet 的公共物流信息平台，通过对共用数据的采集，为物流企业的信息系统提供信息支撑，满足企业信息系统对公用信息的需求，支持企业信息系统各种功能的实现。

城市级公共物流信息平台相对而言范围更小。

园区企业级公共物流信息平台中，企业级公共物流信息平台是物流主体，即最终客户（货主），代理、分拨和仓储物流企业，是现代物流公共信息管理系统的终端。

各个物流园区信息平台、加工区物流平台汇集园区内企业集团的物流信息，同省级公共物流信息平台相连，交换信息，提供本园区内企业的仓储、装卸、价格、包装、客户等物流信息。

2. 公共物流信息平台的需求

公共物流信息平台不仅要满足货主、物流企业等对物流过程的跟踪、查询、过程优化等直接需求，还要满足政府管理部门、政府职能部门、工商企业等与自身物流过程直接相关的信息需求。因此公共物流信息平台的建设，应以政府相关部门与企业对信息系统的功能需求为前提。公共物流信息平台的主要功能需求如下。

（1）政府部门的功能需求分析。与物流相关的政府部门一般分为两类：宏观控制层和行业管理层。前者主要负责物流发展的宏观管理与导向，而后者主要注重对物流及相关行业的协调。因此政府部门可利用公共物流信息平台实现以下管理功能：掌握市场动向，及时发现问题；预测市场发展动向，指导行业发展；发布政策条例、标准等政务信息；实现政府部门间的协调工作机制；物流规划的管理及物流需求分析。

（2）企业的功能需求分析。由于企业对物流信息的依赖性，迫切需要建立公共物流信息平台，将零散的各个行业和物流企业内部的物流信息系统有效联结。通常，企业对公共物流信息平台的功能有以下需求。

①电子数据交换。公共物流信息平台汇集了来自港航 EDI、空港 EDI、各大物流运作设施信息系统，以及各相关行业、各类物流企业和政府相关部门等各类信息系统的信息。为了实现信息资源的共享和整合，各物流信息系统之间需要经常进行信息交换与传输。

②共享应用系统。共享应用系统是为了实现由于资金、技术和人力等因素，企业不能通过开发或者购买的方式来实现，而只能通过物流信息平台利用完善的信息资源、技术优势和协调能力，集中统一开发而实现的共享功能。包括货物跟踪、GPS 车辆跟踪、GIS 分析功能、物流企业信用管理和远程监控等共享功能。

③共用信息查询。信息查询主要包括两方面内容：一方面是企业和交易信息查询；另一方面是政府的政策法规、统计数据以及相关资料等的查询。

④电子商务交易服务。物流企业有必要利用原有的物流资源，承担电子商务的物流业务，而且物流作业要配合电子商务的需求，提供细致的配送服务。

3. 公共物流信息平台的规划运营模式

公共物流信息平台的规划建设是一项复杂的系统工程，涉及投资主体、运营机制以及作业模式等多方面的问题。区域性公共物流信息平台的规划运营方式可以分成以下三种模式。

（1）政府模式。政府模式即公共物流信息平台的规划、建设和运营维护都由国家直接负责。政府主导的力量很强，但也存在很多弊端，如容易造成与市场结合的紧密度不够、需要国家长期投入等问题。

（2）企业模式。企业模式即信息平台的投资建设及运营完全由企业自己负责。企业可以自主经营，但企业行为有一定的局限性，整体规划性不强，难以实现预期规模，加之投资压力大，风险亦大，很少有企业愿意或能够承担这样的重任。

（3）混合模式。混合模式即政府和企业共同出资的模式。由于区域性公共物流信息平台资金压力大，投资回收缓慢，因此，在这种模式下，需要政府以股份制的形式注入部分初始启动资金，牵头负责协调、引导企业同样以股份制的形式注入资金，并在政策和技术标准等方面予以支持。

混合模式集前两种模式的优势于一身，又避免了它们的不利之处，在实际运营中，具有较强的可操作性。持有股份的企业是公共物流信息平台的运作主体，通过政府相关政策和行业协会制度的制约，引入行业准入机制和会员制等管理方式，对于加入平台的会员企业，平台可通过收取会费、用户服务费、租赁费、广告费等方式提供有偿服务。政府主要行使宏观调控职能，负责指导公共物流信息平台共享信息服务价格的制定和市场引导政策的出台等。

9.4.3 公共物流信息平台的总体架构与设计

1. 公共物流信息平台的基本需求

公共物流信息平台能够有效整合物流信息资源、提供物流资源共享、加强部门之间的信息沟通、服务社会经济发展、优化供应链等，有助于提高物流参与方的工作效率，为物流服务需求方提供更快速、更便宜的物流服务，提高其工作效率或者生活品质。

该平台具有以下功能。

（1）信息发布：包括车源信息、货源信息、司机信息、发布车讯、招聘信息、人才信息、专线信息、联系我们等。

（2）数据交换：包括网上报关、报检、许可证申请、结算、缴（退）税、存证管理等。

（3）会员服务：包括注册会员、会员管理、会员服务、交易跟踪、交易统计、信用评估、取回密码、信息发布等功能。

（4）在线交易：包括信息查询、网上银行、网上保险、信用认证、诚信积分、在线交谈、身份绑定等。

（5）智能配送：包括路线选择、车辆调度、配送顺序、客户限制的发送时间等。

（6）货物跟踪：包括货物状态、货物位置、车辆位置、车辆路线等。

（7）库存管理：包括供应商信息、库存操作、盘点、单据查询、成本分析、库存报警、直拨等。

（8）决策分析：包括物流模型、运输规划、成本估算、车辆选择、货物配装、顾客分析等。

（9）资料中心：包括政策法规、物流实践、物流理论、行业文章、物流数据、供应链管理等。

（10）搜索引擎：包括产品、厂商、新闻、资料、商务等。

（11）物流论坛：包括行业沙龙、专业沙龙、沙龙综合区、专题沙龙、沙龙特色区等。

（12）系统管理：包括用户管理、权限管理、安全管理、数据库管理等。

（13）培训认证：包括培训中心、培训信息、认证考试等。

2. 公共物流信息平台的总体架构

（1）公共物流信息平台的参考体系架构。公共物流信息平台是一个集合性的概念，它是基于现有的跨组织的信息技术应用的一种拓展。公共物流信息平台的结构可以分为三个层次：平台基础层、服务支持层、应用扩展层。其中平台基础层提供最基本的系统运行环境，包括硬件平台、网络、操作系统、分布式数据库服务、应用服务器、其他服务器等，保障数据库中数据的安全性以及完整性；服务支持层以平台基础层为基础，充分利用平台所获得的原始数据，经过数据挖掘、数据分析和标准化整合，为物流业提供公共服务和支撑服务，实现物流智能化管理和供需分析；应用扩展层为物流企业、制造业、流通企业、政府和用户提供沟通界面，处理平台用户的应用需求和业务需要，是公共物流信息平台的核心。公共物流信息平台的参考体系架构如图9－21所示。

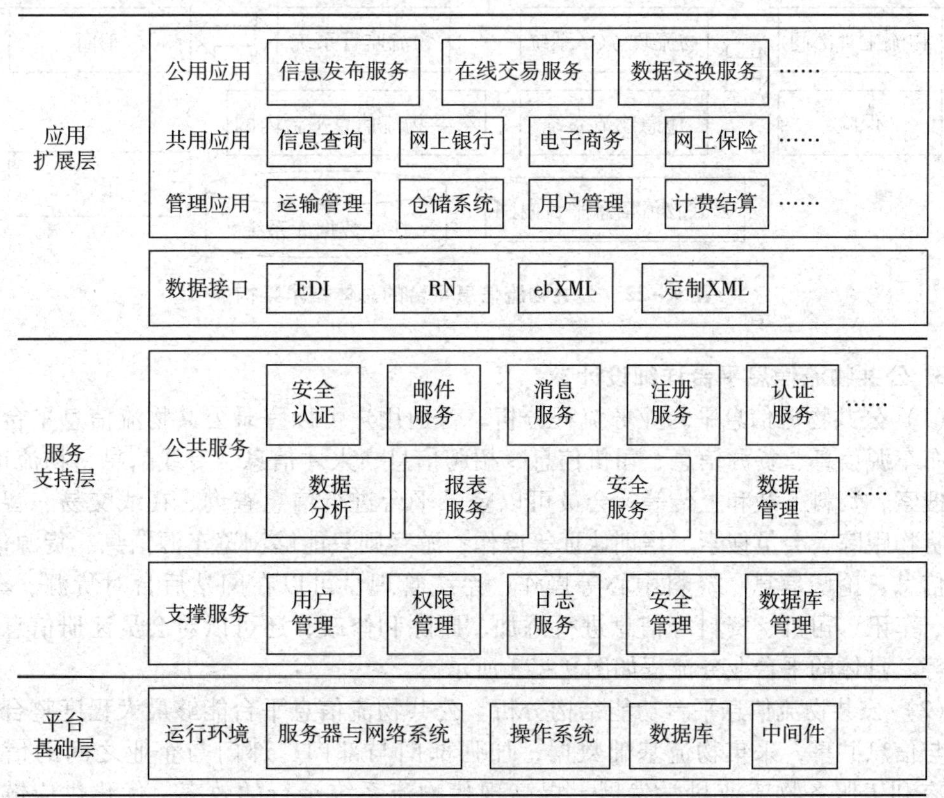

图9－21 公共物流信息平台的参考体系架构

（2）公共物流信息平台的总体技术架构如图 9－22 所示。

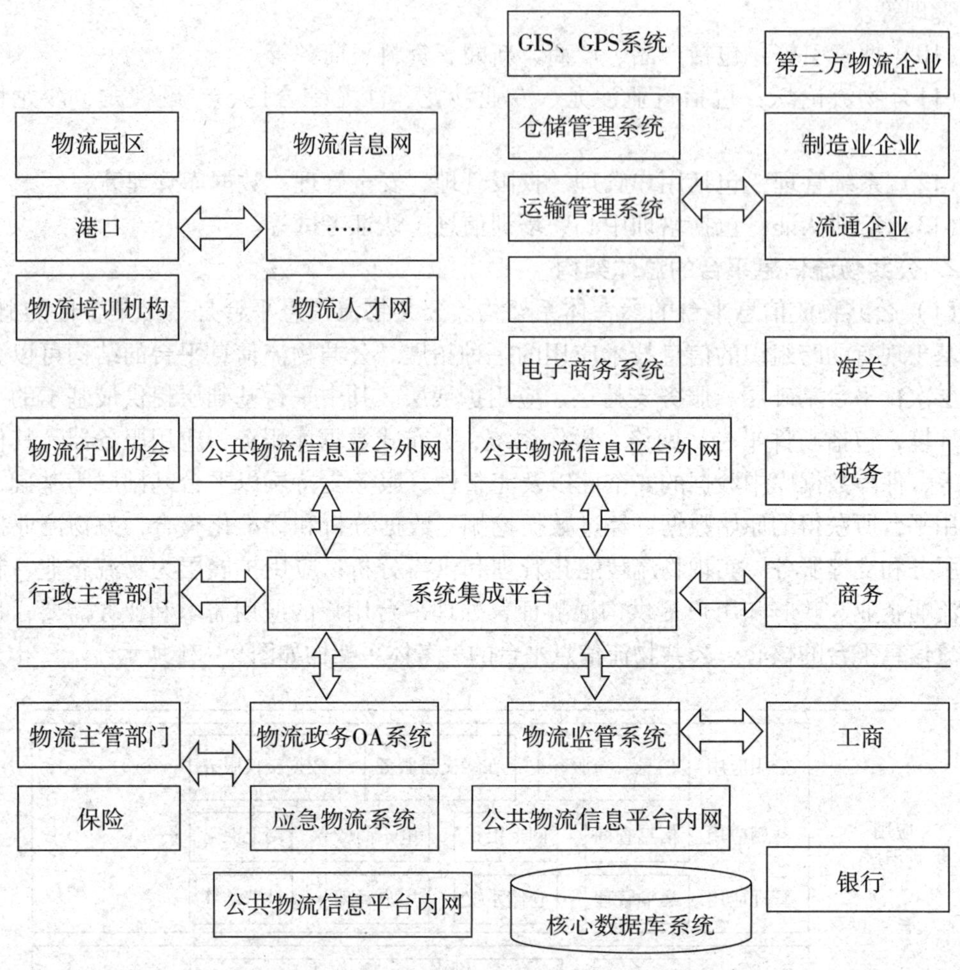

图 9－22　公共物流信息平台的总体技术架构

3. 公共物流信息平台详细设计

（1）公共物流信息平台业务流程分析。普通用户可以登录公共物流信息平台查看和发布车源信息、货源信息、司机信息、招聘信息、人才信息、专线信息、物流论坛、普通搜索、资料下载和上传等；会员可以登录平台进行信息查询、在线交易、智能配送、货物跟踪、会员搜索、培训认证等操作；游客则只能够浏览车源信息、货源信息、专线信息、论坛信息、资料中心等操作；系统管理员可以在网站后台对货源、车源、专线、车讯、司机、资料等信息进行添加、删除和修改，还可以对会员注册信息进行确认等。具体的平台业务流程如图 9－23 所示。

（2）公共物流信息平台功能结构分析。公共物流信息平台能够最大程度整合物流资源与信息共享，采集物流基础数据，加强部门与部门、部门与企业之间的信息沟通，有利于服务物流业科学发展，提高现代物流系统运行的效率，优化供应链，推动电子商务的发展。平台由多个模块和子系统构成，平台功能结构如图 9－24 所示。

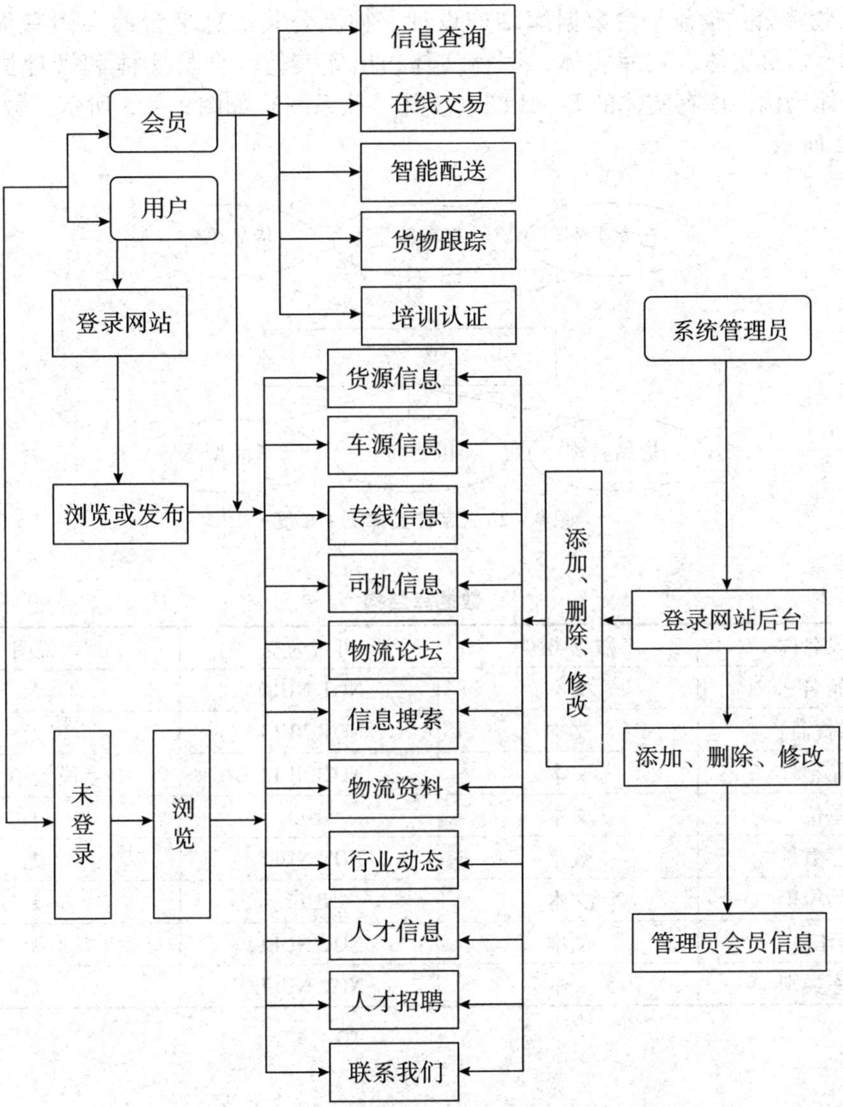

会员
用户
登录网站
浏览或发布
未登录
浏览
信息查询
在线交易
智能配送
货物跟踪
培训认证
货源信息
车源信息
专线信息
司机信息
物流论坛
信息搜索
物流资料
行业动态
人才信息
人才招聘
联系我们
添加、删除、修改
系统管理员
登录网站后台
添加、删除、修改
管理员会员信息

图 9－23　公共物流信息平台业务流程

公共物流信息平台
信息管理
会员管理
服务支持
系统设置
信息采集
数据共享
数据交换
信息发布
信息查询
智能配送
货物追踪
库存决策
培训认证
运行环境
在线交易
政府协调
用户管理
安全管理

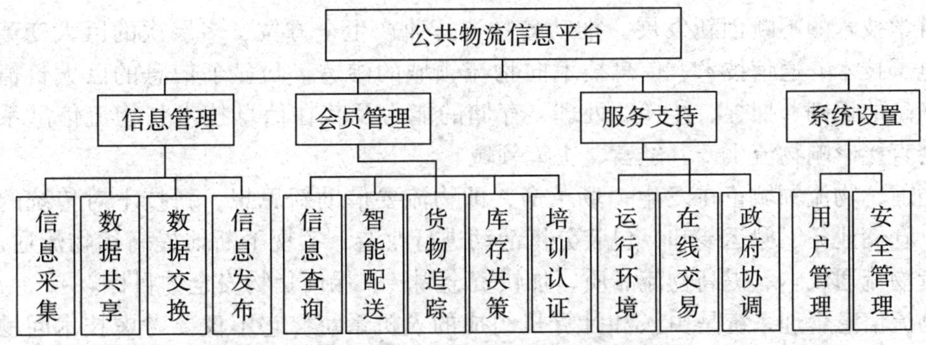

图 9－24　公共物流信息平台功能结构

（3）物流公共信息平台数据库结构设计。物流公共信息平台的实体有货源实体、车源实体、司机实体、入库实体、库存实体、出库实体、会员实体和管理员实体等。以库存实体为例，库存实体的E－R图（实体—联系图）如图9－25所示，数据库结构如表9－2所示。

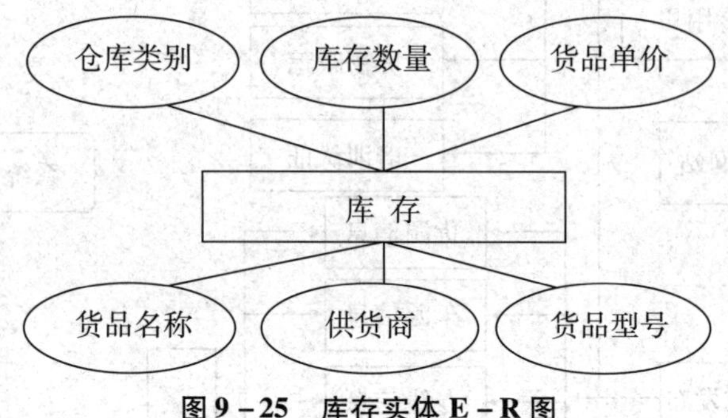

图9－25　库存实体E－R图

表9－2　数据库结构

字段名称	数据类型	可否为空	说明
货品名称	文本	NOT NULL	无
供货商	文本	NOT NULL	无
货品型号	文本	NOT NULL	字段大小为8
单位	文本	NULL	无
库存数量	数字	NOT NULL	无
货品单价	文本	NULL	无
操作员	文本	NOT NULL	无
仓库类别	文本	NOT NULL	无

9.5　物流信息系统的发展趋势

科学技术的不断创新发展，推动着物流行业产生全方位、多层次的巨大变革，特别是电子技术、通信技术、信息技术向物流领域的渗透，凸显了信息的巨大价值，对物流信息的识别、捕捉、传递、处理、存储的能力及其在信息技术与物流信息系统的应用会直接影响物流生产、经营、决策领域。

当前，物流领域正在发生一场革命，即物流要借助新思想、新技术对传统的运输业务、仓储业务、搬运装卸、包装分拣活动进行改造，实现不断地提高货物流通速度、降低货物流通成本、提高物流品质、加快资金周转、保证货物安全的目标。

物流信息管理系统是由人和计算机组成的人机系统。它不仅要考虑技术问题，而且要考虑组织问题和人的行为问题。应当指出，拥有信息不等于理解信息，理解信息需要进行数据挖掘和商业智能，然后采取行动，因为只有这样才能够做到QR（快速响应）、JIT（即时）、ECR（有效客户响应）。

现代物流信息系统的建立，需要全员参与，共同建设。必须依靠各个行业、地区、企业的协同配合，借助技术、管理、通信和覆盖全国的服务网络，分步骤、分层次逐步建设。

由于物流生产地与需求地存在空间差异，物流生产力的布局也不够均衡，为了做好物流生产业务，必须在物流信息捕捉上下功夫。目前，在各个地区建立公共的物流信息发布交流平台，对于降低找货成本、优化物流站点与线路至关重要。

信息技术是物流系统应用的基础。在物流领域常用的信息技术主要有：信息采集技术、识别技术、信息传递与转换技术、存储技术、查询技术等，采用这些技术可以改善物流业务流程，提高物流质量。

在物流企业内部，在生产与运作、经营与管理等方面借助信息或信息系统，能够有效地实现物流业务目标。比如，通过使用 GPS 技术与 GIS 系统，能够对车辆和货物进行跟踪，既保证了货物安全，也便于客户随时随地查询。

1. 物流信息化目前呈现的态势

物流的核心是"物的流动"，与运输不同，物流不仅改变了物的时间状态，也改变了物的空间状态；而运输只是物流的主要功能要素之一，是改变空间状态的主要手段。现代物流就是通过信息化的手段进行运输，实现运输、仓储、配送的高效一体化。其主要目的就是通过快速、准确地传递物流信息，使生产厂商实行准时制生产，物流提供商实行准时制配送，以"信息"降低"物流"，将生产和流通过程中的库存降到最低，甚至达到"零库存"或"零距离"，由此降低物流费用。我国物流企业的信息化建设起步较晚，目前距离物流信息化的目标还有很大差距，但是追赶的脚步却从未停歇。进入 21 世纪后，随着我国经济的发展和信息技术的进步，我国物流信息化进入了快速发展期，呈现出"一高、一快、两低"的特点。

（1）信息化意识提高，整体规划能力较低。近年来，我国从政府部门到企业对物流信息化重要性的认识不断提高，"物流的灵魂是信息"这一观念已得到我国工商企业、物流企业的广泛认同，各类企业呈现出开发物流信息平台、应用综合性或专业化物流管理信息系统的态势。目前，我国各级政府也已经把物流信息化作为一项基础建设纳入发展规划之中，并进一步加大了对物流信息化的投资力度。但是，物流企业信息化整体规划能力较低，对信息化的理解不深。我国在物流信息化长期发展战略上尚未形成体系，标准化工作发展较慢；同时，物流企业对自身的信息化未来发展也缺乏规划，缺乏覆盖整个企业的全面集成的信息系统，目前真正去搞信息化整体规划的企业寥寥无几。

（2）建设步伐加快，整体应用水平较低。伴随着我国经济的持续快速发展，我国物流行业呈现出高速增长的势头，而物流信息化的投入力度也相应提高，建设步伐持续加快。相关调查显示，我国大中型企业物流及第三方物流企业信息化意识普遍提高，信息化进程正在加快，大约有 74% 的企业已经建立了信息管理系统，77% 的企业已有自己的网站。同时，物流企业对现代通信技术的接受程度正逐渐提高，开始积极采用 GPS、GIS 等先进技术提高企业运营水平和综合实力。例如，山东省大型物流企业龙口胜通物流有限公司就通过山东移动提供的“GPS 定位配载”信息化解决方案，解决了由于信息沟通不畅而导致的车辆空驶严重、货物运输安全无保障、车辆资质可靠性差、车辆调度难等突出问题，通过信息化手段最大限度地整合了现有资源，使企业获得良好的经济效益。目前，龙口胜通物流公司已经安装胜通货运信息网和 GPS 车辆监控软件的配载户达 1500 多个，每天为用户提供货源和车源信息 15000 多条，业务范围覆盖山东省十多个地市及东三省部分地区。

尽管我国物流信息化发展较快，但是不得不承认，与国际先进水平相比，整体水平尚处于较低层次，特别是中小物流企业的信息化水平很低。一方面，先进的信息技术应用较少，应用范围有限。调查显示，在国外物流企业广泛使用的条码技术、RFID 技术、GPS/GIS 和 EDI 技术在中国物流企业的应用不够理想。同时，立体仓库、条码自动识别系统、自动导向车系统、货物自动跟踪系统等物流自动化设施应用不多。另一方面，信息化对企业运营生产环节的渗入层次较低。在信息化水平较高的大中型物流企业，企业网站的功能仍然以企业形象宣传等基础应用为主，作为电子商务平台的比例相对较少，大约占 16.67%。同时，已建信息化系统的功能主要集中在仓储管理、财务管理、运输管理和订单管理，而关系到物流企业生存发展的有关客户关系管理的应用所占比例却很小，大约是 23.33%。

事实上，目前较低的信息化应用水平成为制约我国现代物流发展的重要因素，我国物流业迫切需要提高信息化水平，以提升国际竞争力。据了解，一辆丰田轿车的零件有 3 万个之多，但是丰田汽车公司却是零库存企业，“以信息替代库存”可谓丰田公司制胜的法宝之一。由此可见，中国物流业要想提升竞争力，仅依靠提升“运力”是不够的，必须大力发展和应用现代信息技术。

2. 物流信息系统的发展瓶颈

在经济全球化的大趋势下，随着信息技术的迅速发展和竞争环境的日益严峻，要大幅降低我国企业的物流成本，增强企业的国际竞争力，就必须以信息技术和信息化管理来带动物流行业的全面发展，构建全社会的“大物流”系统。这就迫切需要物流信息化在信息资源上实现共享化、在信息网络上实现一体化。

（1）物流信息资源共享化。以往，物流企业的信息化建设十分看重硬件投入，随着企业发展的需要，信息资源的整合开发日显重要。事实上，开发物流信息资源既是物流信息化的出发点，又是物流信息化的归宿，同时，信息整合也会推动物流行业相关资源和市场的整合。我国著名物流专家陆江曾在接受采访时表示，目前，我国物流企业信息化水平较低，能利用信息技术优化配置资源的企业还不多。特别是公共信息平台的建设滞后，物流信息分散，资源不能有效整合，形成了大大小小的“信息孤岛”。

我国要发展现代物流，抓住全球化和信息化带来的发展机遇，必须加强物流信息资源整合，大力推进公共信息平台建设，建立健全电子商务认证体系、网上支付系统和物流配送管理系统，促进信息资源的共享。调研数据显示，在当前物流企业的信息化发展中，对公共信息网络平台的需求比例大约为 56.67%，有关专家建议，物流信息化应纳入国家信息化发展的总体规划，统筹考虑、协调发展，从体制上打破条块分割和地区封锁，从信息资源整合入手，抓好物流资源的整合。

（2）物流信息网络一体化。随着经济全球化以及国际贸易的发展，一些国际大型物流企业开始大力拓展国际物流市场。而物流全球化的发展走势又必然要求跨国公司及时准确地掌握全球的物流动态信息，调动自己在世界各地的物流网点，构筑起全球一体化的物流信息网络，为客户提供更为优质和完善的服务。加入 WTO 以后，我国的物流企业要想适应国际竞争并在竞争中盈利，建立全国性乃至全球性的网络系统同样必不可少。

3. 物流信息系统发展的基本趋势

（1）智能化。智能化是自动化、信息化的一种高层次应用。物流作业过程涉及大量的运筹和决策，如物流网络的设计与优化、运输（搬运）路径的选择、每次运输的装载量选择，多种货物的拼装优化、运输工具的排程和调度、库存水平的确定、补货策略的选择、有限资源的调配、配送策略的选择等问题都需要进行优化处理，这些都需要管理者借助优化的智能工具和大量的现代物流知识来解决。同时，近年来，专家系统、人工智能、仿真学、运筹学、智能商务、数据挖掘和机器人等相关技术在国际上已经有比较成熟的研究成果，并在实际物流作业中得到了较好的应用。因此，物流的智能化已经成为物流发展的一个新趋势。

（2）标准化。标准化技术也是现代物流技术的一个显著特征和发展趋势，同时也是现代物流技术实现的根本保证。货物的运输配送、存储保管、装卸搬运、分类包装、流通加工等各个环节中信息技术的应用，都要求必须有一套科学的作业标准。例如，物流设施、设备及商品包装的标准化等，只有实现了物流系统各个环节的标准化，才能真正实现物流技术的信息化、自动化、网络化、智能化等。特别是在经济全球化和贸易全球化的 21 世纪，如果在国际间没有形成物流作业的标准化，就无法实现高效的全球化物流运作，这将阻碍经济全球化的发展进程。

随着企业规模和业务的跨地域发展，物流企业的运营必然要走向全球化发展的道路。在全球化趋势下，物流目标是为国际贸易和跨国经营提供服务，选择最佳的方式与路径，以最低的费用和最小的风险，保质、保量、准时地将货物从某国的供方运到另一国的需方，使各国物流系统相互“接轨”，它代表物流发展的更高阶段。面对着信息全球化的浪潮，信息化已成为加快实现工业化和现代化的必然选择。中国提出要走新型工业化道路，其实质就是以信息化带动工业化、以工业化促进信息化，达到互动并进，实现跨越式发展。

4. 物流信息系统发展的基本思路

物流信息系统建设的主要目标根据实际需求，遵循“有所为，有所不为”的原则，确定物流信息系统建设的总体目标是利用现代信息技术，实施产业结构调整，实现交通产业、仓储产业等的升级。主要目标是借助物流信息系统的建立，充分挖掘信息资源，在获取物流信息的基础上，进行信息识别与捕捉、分析与处理，关键是能够理解信息，借助信息系统，进行快速响应，从而实现物流业务目标。

物流信息系统建设的基础保障引入竞争机制，发挥市场的作用，实现资源的优化配置，提高物流信息系统建设的效率和效益，使其在快速、持续、健康的轨道上不断前进。为此，要努力做好五个保障。

（1）组织保障。政府各级部门应大力加强组织领导，理顺管理体制。要加强各级信息化领导小组的工作力度，充分发挥其统筹规划、科学管理、宏观调控和决策的作用。

（2）政策和法规保障。重要的政策和法规，主要由国家信息化领导小组负责协调制定。通过政策引导和措施保证，创造一个良好的信息资源开发和利用环境，促进社会各部门间信息和资源的共享，使物流信息与资源发挥出最大的效益。

（3）资金保障。资金保障是信息化建设与发展的基础。物流信息化建设，需要发挥行业和社会各方面的积极性，多层次、多渠道地筹措资金，多方位地加大信息化建设资金的投入力度，缓解信息化建设资金总量不足、供需矛盾突出的问题。

（4）人才保障。人起着基础性作用，要培养既懂物流业务又懂信息技术的复合型人才。

（5）技术保障。实施物流信息化建设，必须加强物流信息化应用技术的研究开发力度。

5. 物流信息系统建设的实施重点

近几年，物流信息化建设应侧重于以下几个方面。

（1）制订和完善信息化规划和实施方案。以建设政务内网、政务外网和相应数据库为龙头，推进公路、水路、铁路交通电子政务的建设。

（2）利用 GIS 等技术，加快物流信息系统和共享信息资源的建设工作。

（3）以管理部门、设计公司为主体，强化物流软件系统的应用工作。

（4）建设智能化的运输系统。

（5）以物流企业为主体，充分应用电子商务的新成果，加快物流系统的建设。

（6）政府部门应加大政策支持力度，通过电子政务建设，为企业提供及时、准确、权威、可靠的政策、法规、经济与技术等信息。

物流企业是信息系统建设的主体。在推进企业信息化过程中，企业应根据实际情况，坚持“总体规划、阶段实施、不断完善、逐步升级”的原则，研究制订科学有效的企业信息化建设方案。

企业应积极运用信息技术，优化生产流程，改造生产工艺，实现生产过程自动化；建立和完善企业互联网（Internet）/内联网（Intranet）系统，实现企业管理网络化。在有条件的企业开展企业资源计划（ERP）管理。鼓励企业进一步开展电子商务，利用电子商务改变传统的交易方式，并建立与之配套的现代物流系统。当前我国物流业的发展和物流信息化市场正进入一个加速发展的时期。对于国内企业来说，基础信息化建设仍然是当前需求的主要内容。

案例分析

新百现代物流有限公司 SAP－EWM 系统应用

宁夏新华百货现代物流有限公司是银川新华百货商业集团股份有限公司（股票代码：600785）的全资子公司。旗下运作的新百物流园，位于银川望远工业园内，规划占地 270000m²，包括常温仓储中心、冷链仓储中心、信息处理中心、综合服务中心、大型停车场等，全球眼监控系统、全自动火灾报警系统、大型垃圾中转中心等配套设施一应俱全；拥有完善的配送体系，配送半径达 800km，配送网络覆盖宁夏全境及周边省份，200 余辆配送车全部带板运输，货物装卸实现无缝对接；全程车辆智能调度系统，GPS 监控系统，实时掌控商品运行状态，确保商品安全准点到达，很好地承担起了“物”“流”的重要角色。

信息是物流的灵魂，公司信息系统采用德国 SAP 信息管理技术，系统提供灵活的模块化仓储和流程控制，库存及过程高度透明，优化库存计划和操作执行，支持仓库的现代增值服务，无缝的技术集成，有效改善仓库生产效率和库存精准度。园区已实现全范围无线覆盖，手持 RF 射频终端广泛应用在货物收、发、调、存每个环节；公司采用独特的“一流三网”模式，以门店销售信息流为中心，以集团内销售网络、配送网络、计算机网络为基础，三网同步；专业的物流团队，以强大信息系统为依托，为供应商与门店提供全年无休的高效配送服务。信息系统的高效运用，使新百物流与客户的联系更加密切。

1. SAP－EWM 仓库管理系统介绍

（1）SAP－EWM 概述。

SAP－EWM 即扩展仓库管理（Extended Warehouse Management，EWM），此系统为客户处理各种商品移动和管理仓库库存提供灵活的自动化支持。系统提供灵活的模块化仓储和流程控制，库存过程高度透明，能够优化库存计划和操作执行，支持仓库的现代增值服务，无缝的技术集成能有效改善仓库生产效率和库存精准度。

为配合行业的发展，SAP－EWM 系统在不断完善，如图 9－26 所示。

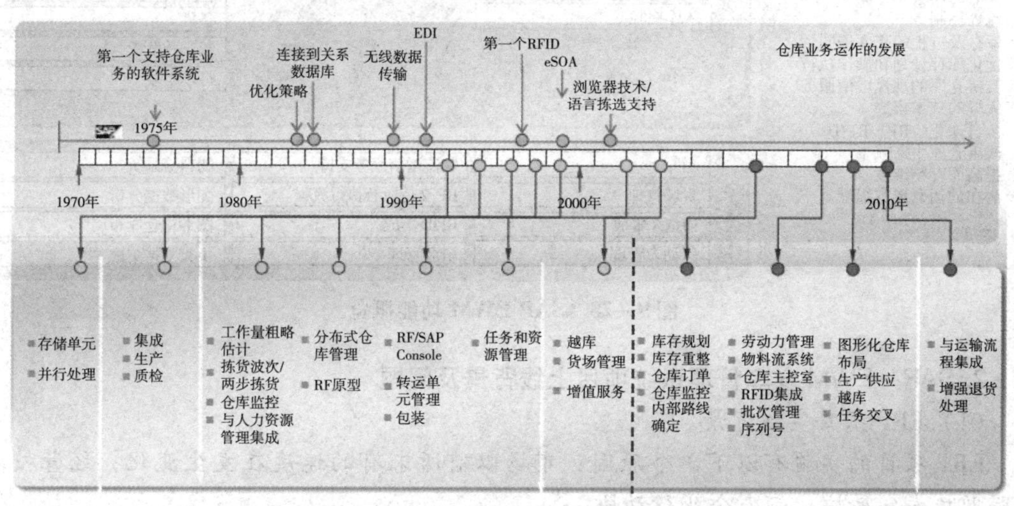

图 9－26 SAP－EWM 系统的发展历程

（2）SAP－EWM 系统产品定位及功能概览。

SAP－EWM 系统的产品定位如图 9－27 所示，其功能概览如图 9－28 所示。

EWM的定位–SAP新一代的仓库管理解决方案

- 全新的软件架构支持系统独立部署
- 适应于不同类型的仓库，包括生产型仓库，备品备件仓库，配送中心
- 提供更为灵活的系统配置，以及自动化方案的集成来满足不同的仓储作业和库存管理需求，减少客户化开发

EWM给客户带来的直接利益

- 库存高精度
- 降低劳动力成本
- 更出色的客户服务能力

EWM的关键功能

- 灵活的模块化仓储和流程控制
- 库存与过程的高度透明
- 仓储计划与执行的优化
- 无缝集成技术（RF、自动化、RFID、语音拣选……）
- 与SAP其他物流系统的完全集成

图 9－27　EWM 的产品定位

	入库流程	内部仓储及作业流程	出库流程
核心仓库作业及库存管理	ASN 数据接收、确认与修改	库存规划整理	订单部署
	收货	盘点及数据分析	发货路由决策
	上架货位决策	补货	波次管理
	卸载作业	库存组装	拣货区决策
	内部作业规划	仓库监控	仓库工单
	拆包管理		任务分派
	上架作业		拣货
	逆向物流		包装
	入库检验		备货
			装车及发货
			订单组装
高级管理	越库	物流增值服务支持	物料流系统
	货场管理	RF 支持所有执行流程	图形数据分析
	EH&S 集成	RFID 集成	图形化仓库布局
	劳动力管理	资源管理	决策支持集成

图 9－28　SAP EWM 功能概览

2. SAP－EWM 仓库管理系统项目上线背景及问题

（1）ERP 项目实施背景。

ERP 项目的实施有以下 3 个原因：市场以前所未有的速度在发生变化；经营技术互联网技术发展快；领先企业行动快。

市场竞争越发激烈并形成常态，以前的优势企业逐渐丧失优势地位。随着信息技术的发展及其应用的普及，信息技术已成为衡量一个国家、一个地区乃至一个企业生产力水平的重要标准。企业信息化建设已成为企业核心竞争力的重要表现，信息化程度的高低直接决定着一个企业的运营能力。

（2）企业经营管理存在的问题瓶颈。

①信息系统已无法满足集团上级对物流中心的功能定位。功能定位如图 9－29 所示。

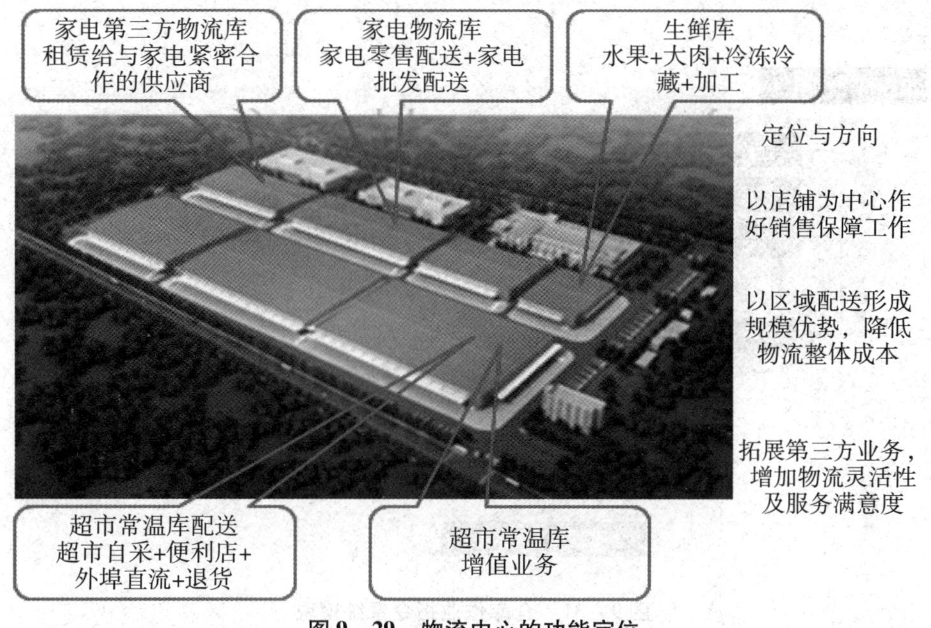

图 9－29　物流中心的功能定位

②集团上级制定的八项预算指标及增长率如何达成（见图 9－30）。

单位：万元

项目	2012年	2013年	增长率
未税配送额	450446.20	713024.56	58.29%
配送费收入	13676.25	17985.68	34.44%
其他收入	—	4100.85	—
总收益	13676.25	22086.53	61.50%
可控成本	21837.86	24213.65	10.88%
人事费用	8998.17	9313.06	3.50%
营业贡献	−8268.97	−2272.12	72.52%
税前净收益	−13017.01	−7944.93	38.97%

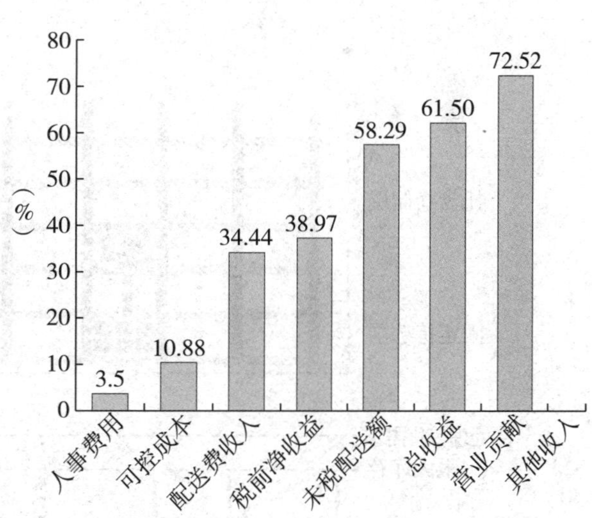

图 9－30　八项预算指标及增长率

（3）第三方增值业务的拓展。

引进各类供应商商品做寄售、租赁、信息增值、逆向物流等业务，承揽各种相关物流业务项目工程，实现 2013 年第三方业务税前净收益 1000 万元。

3. SAP－EWM 仓库管理系统应用

（1）仓库作业指令系统模块（见图 9－31）。

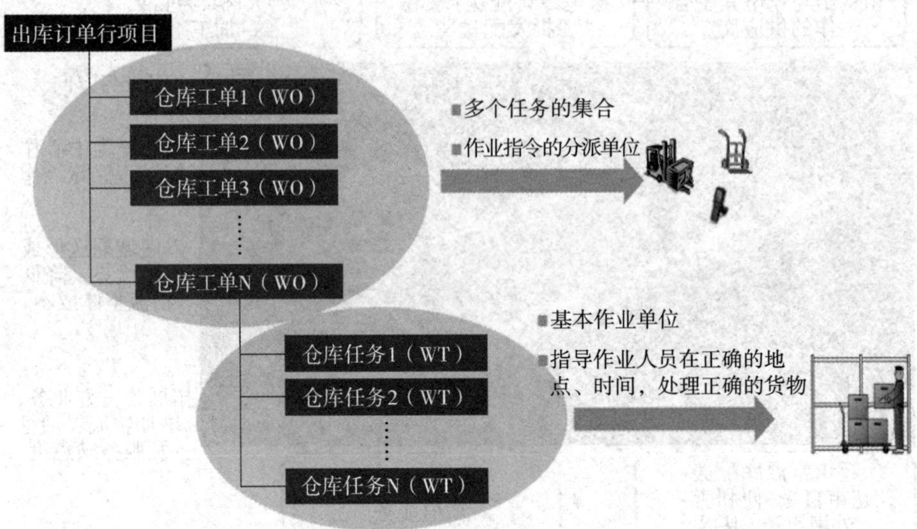

图 9－31　仓库作业指令系统模块

（2）补货作业系统模块（见图 9－32）。

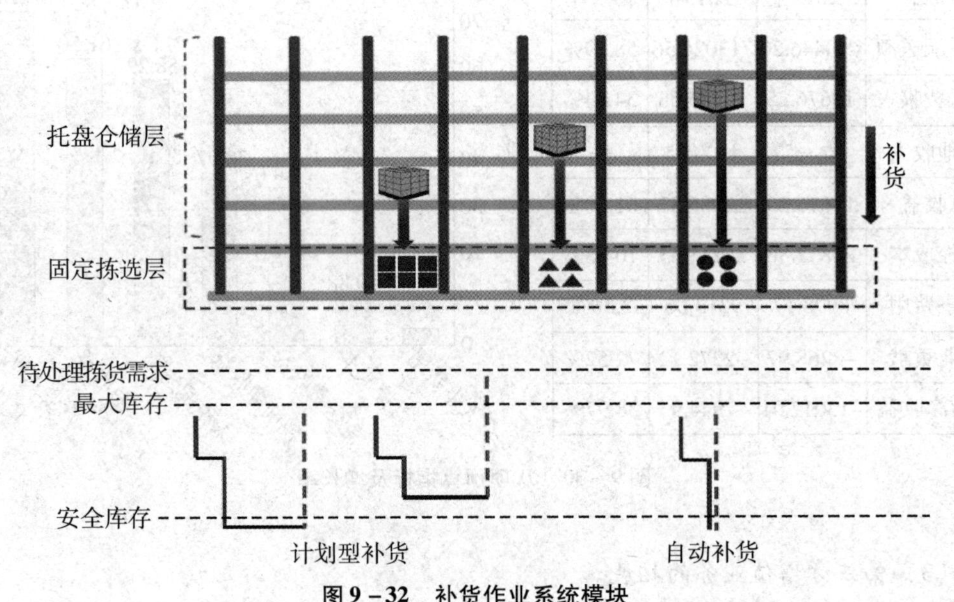

图 9－32　补货作业系统模块

（3）系统波次管理模块（见图9－33）。

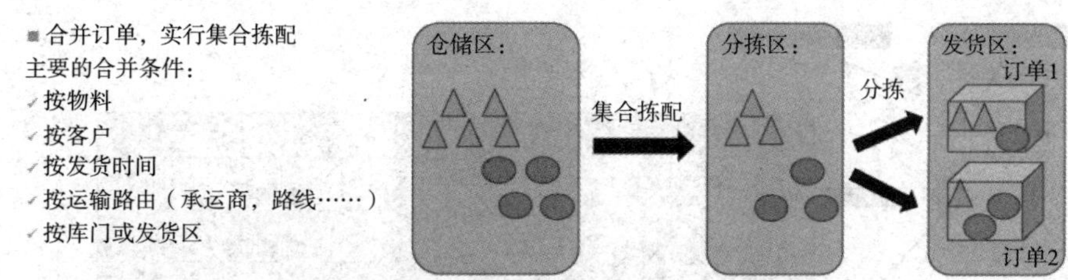

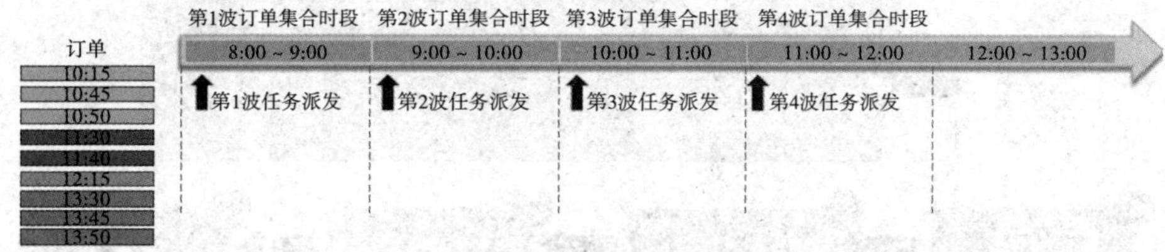

图9－33　系统波次管理模块

（4）摘果式直流系统模块（见图9－34）。

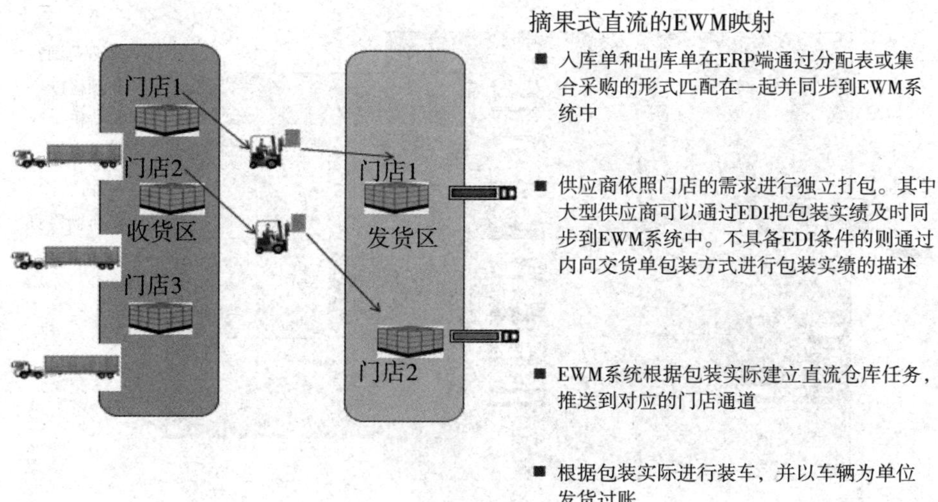

图9－34　摘果式直流系统模块

(5) 发运管理模块（见图9－35）。

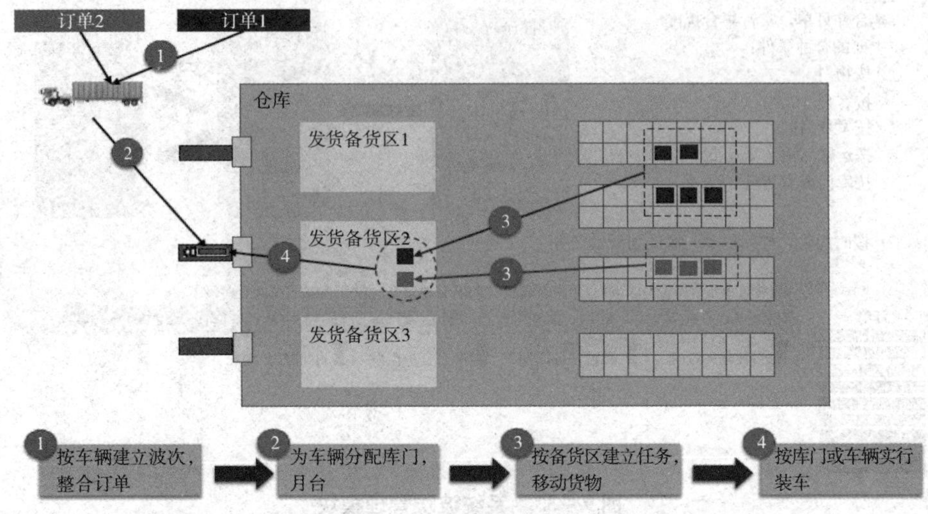

图9－35　发货管理模块

(6) 货场管理模块（见图9－36）。

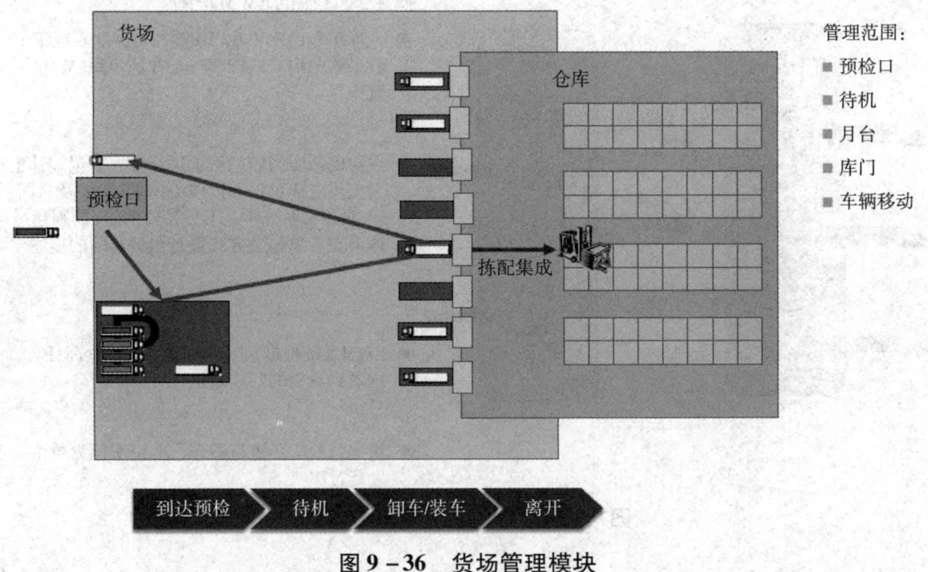

图9－36　货场管理模块

4. SAP－EWM 仓库管理系统实施应用现状及效益分析

至2013年SAP－EWM仓库管理系统完成一期建设后，公司在提升信息化应用效益、提升现场运作效率、提升门店商品准确性、到货及时率及服务满意度等方面取得突破。

（1）配送额及收入实现增长（见表9－3）。

表9－3　配送额增长情况　　单位：万元

项目	2012年		2013年		增长	
内容	达成数	占比（%）	达成数	占比（%）	增长额	增长率（%）
配送额	450446.20		713024.56		262578.36	58.29
配送费收入	13676.25	3.04	17985.68	2.52	4309.43	31.51
其他收入	—	—	4100.85	0.58	4100.85	
租赁收入	—	0.00	3700.45	0.52	3700.45	
营业外收入	—	0.00	400.40	0.06	400.40	
总收益	13676.25	3.04	22086.53	3.10	8410.28	61.50
销售税金及附加	107.36	0.02	145.00	0.02	37.64	35.06
可控成本	21837.86	4.85	24213.65	3.40	2375.79	10.38
人事费用	8998.17	2.00	9313.06	1.31	314.89	3.50
基本设施费用	893.21	0.20	998.30	0.14	105.09	11.77
资讯费用	131.08	0.02	169.47	0.02	38.38	41.35
维修费用	97.47	0.03	145.56	0.02	48.09	36.69
营运费用	11625.11	2.58	13498.28	1.89	1873.17	16.11
营业贡献	－8268.97	－1.84	－2272.12	－0.32	5996.85	72.52
不可控成本	4806.77	1.07	5672.80	0.80	866.03	18.02
固定资产折旧	3826.60	0.85	4629.09	0.65	802.49	20.97
租金	392.52	0.09	500.93	0.07	108.41	27.62
税前净收益	－13017.01	2.89	－7944.92	－1.11	5072.09	38.97

（2）人事费用下降，人均劳效提升（见图9－37）。

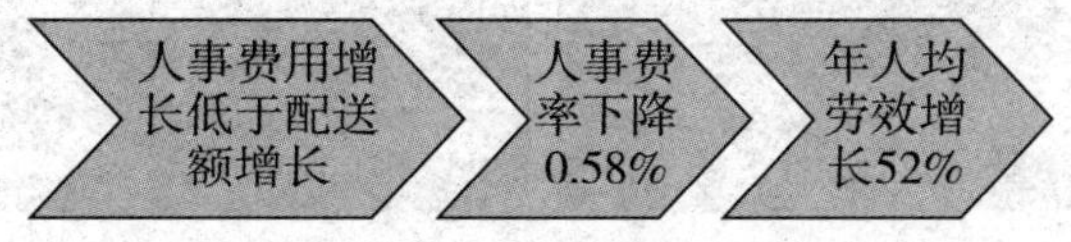

图9－37　人事费用下降及人均劳效增长情况

对运作业务员工原执行的“强制分布”考核，改变为按“数量、质量”执行的双考核，所有人员按“数量”与“质量”双重考核指标，按部门核算，有效率指标的，按员工效率占比计算绩效，降低差错率，提高效率，增加积极性，通过系统采集数据，实现公平公正公开。

(3) 商品规整度提高，系统主数据参数控制包装箱体积，按课组分类进行系统收货。

系统上线前、后对比，如图 9－38 所示。

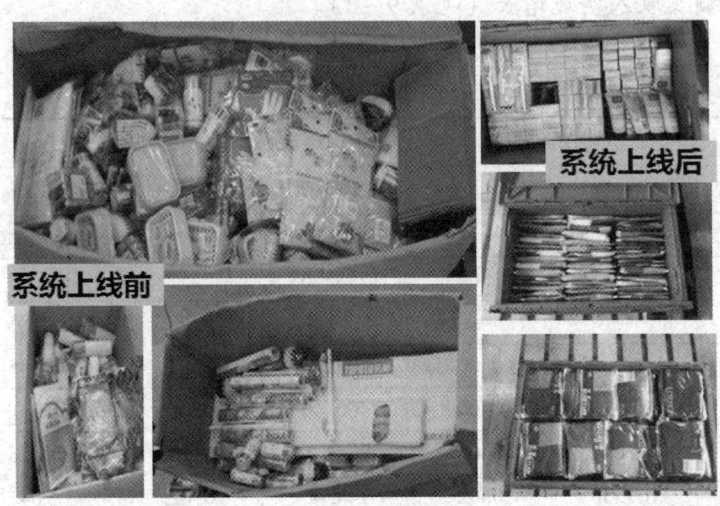

图 9－38 系统上线前、后对比

(4) 库房货架区实现系统控制的商品仓位管理，年度盘损率低于万分之四行业标准。

库房货架区如图 9－39 所示。

图 9－39 库房货架区

(5) 退货业务系统管控，年退货额增长 3.21%。

退货区目前安装 1208 个物流笼，供应商 670 个。

5. SAP－EWM仓库管理系统二期建设及未来规划

（1）二期建设。

①仓库资源管理，合理利用有限资源发挥最大功效，如图9－40所示。

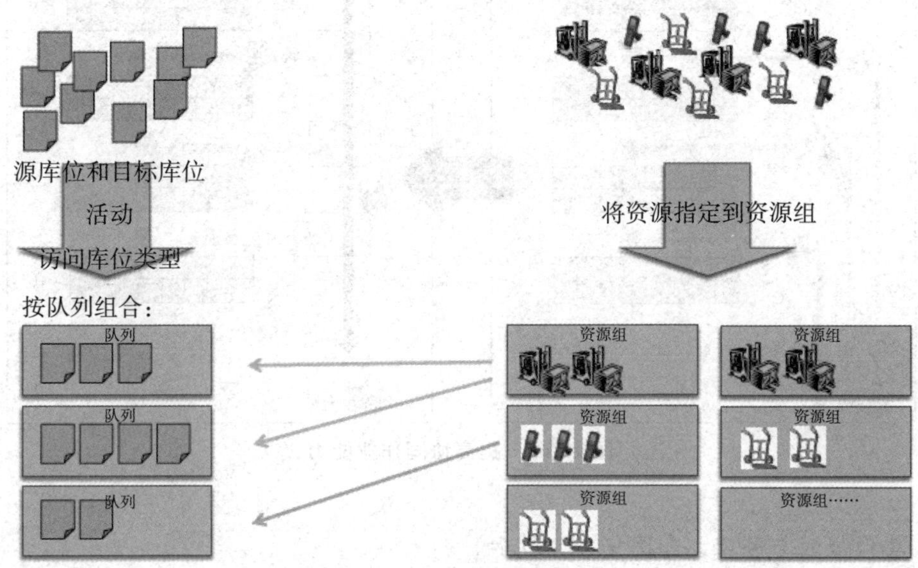

图9－40 仓库资源管理

②实现多元化作业的标准流程，如图9－41所示。

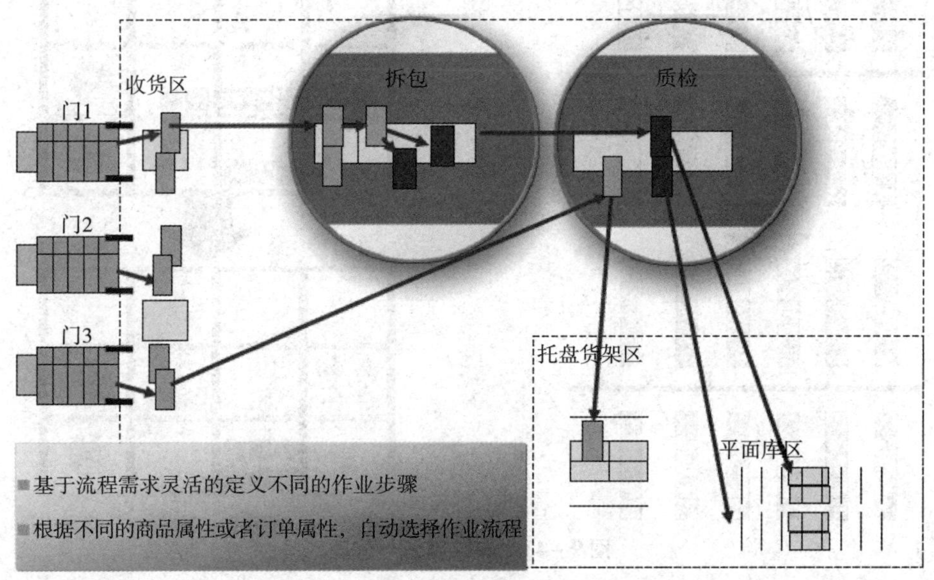

图9－41 实现多元化业务的标准作业流程

③提高协同作业能力，如图 9－42 所示。

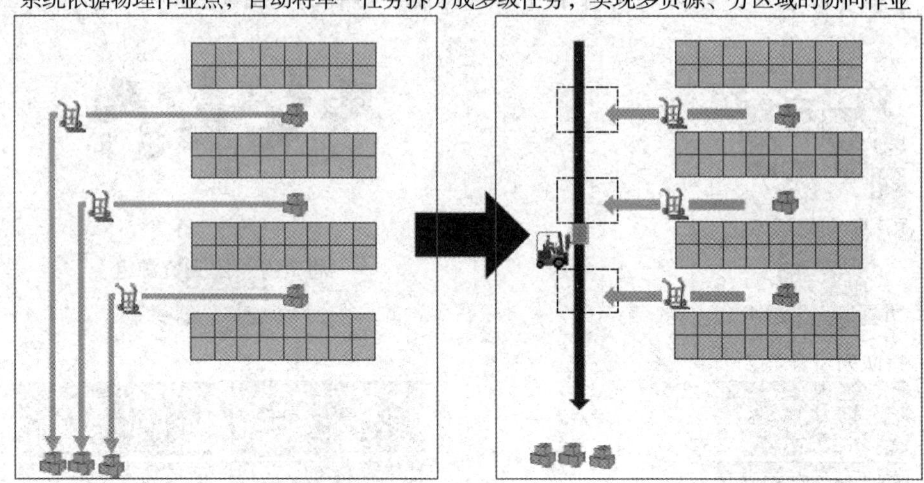

图 9－42　提高协同作业能力

④库存规划与整理，如图 9－43 所示。

根据发货量，将货物移动至快速拣货区，缩短拣货路线，提高拣货速度

根据库存状况，减少零散货物存储，提高库位使用率

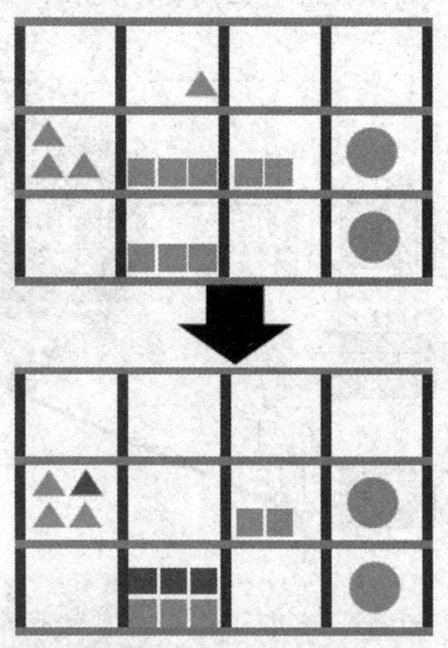

图 9－43　库存规划与整理

⑤接驳转运，如图 9－44 所示。

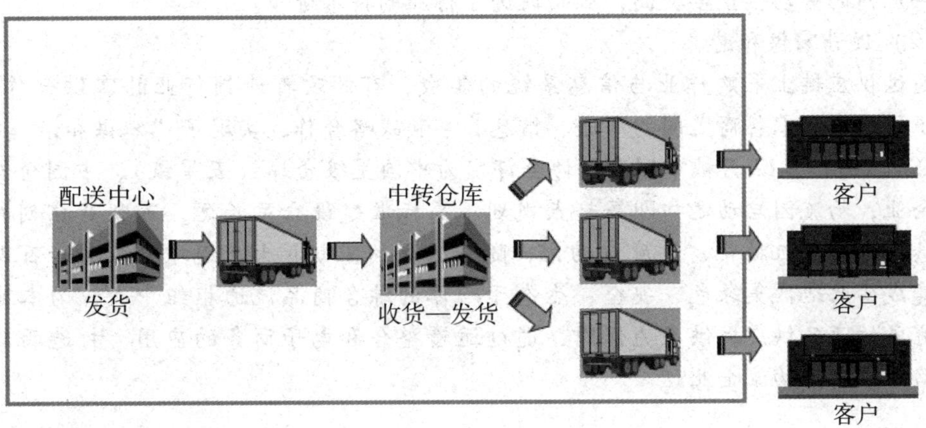

图 9－44 接驳转运

⑥劳动力管理，如图 9－45 所示。

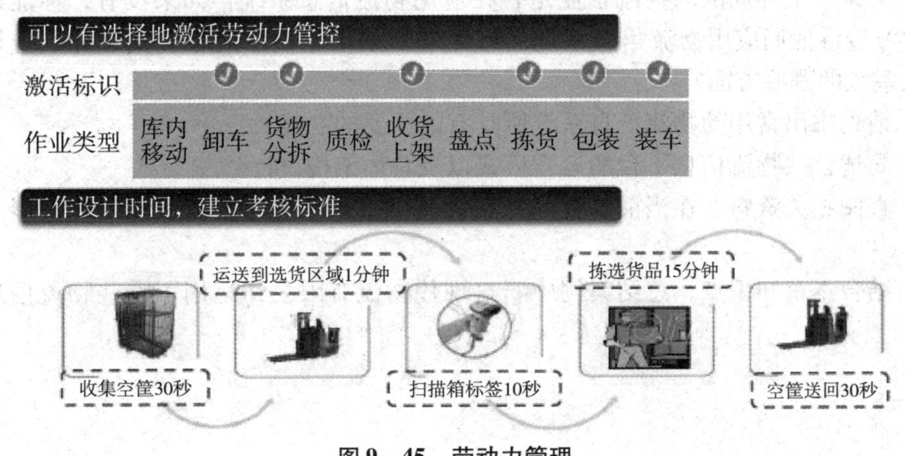

图 9－45 劳动力管理

（2）未来规划。

①实现物流公司 SAP－EWM 系统在门店端库房的应用。

②实现物流公司 SAP－EWM 系统与门店 SAP－R2 系统自动补货功能的数据对接和自动转换。

③实现物流公司 SAP－EWM 系统与供应商 SAP－VRM 系统订单需求的自动补货下单及库存共享。

6. 社会效益

（1）促进社会劳动生产率的进步。

通过基于信息化的供应链系统集成提高了连锁企业自身的劳动生产率，也促进了上游供应商的劳动生产率提高，从而促进了行业的技术进步。

（2）促进零供和谐。

通过供应链上采购作业与信息系统的集成，有效改善连锁行业的零供合作模式，增进了供应商和零售商之间的沟通、信息共享和战略合作，实现了“零供和谐”。

公司 2014 年 12 月被中国仓储协会评定为中国星级仓库（五星级）、中国仓储服务金牌企业；物流园启动之初即高起点规划、高标准建设立足长远，不断开拓创新，高度信息化、充分机械化、适度自动化，随着业务的不断扩大、递增，未来新百现代物流将建成西北地区集绿色、安全、生态于一体的综合商品流通枢纽中心，为本地区及周边地区的商品供应提供有力保障，通过运输整合和电子商务的应用，打造西北新丝绸之路上的一流物流企业。

思考题

1. 简述物流信息系统的定义以及基本组成。

2. 简述物流信息系统在供应链管理中的一些特点、功能以及应用介绍。

3. 考察一下你周围的物流企业是否在应用物流信息系统？如果没有，你能通过本章的学习告诉他们应用物流信息系统的好处吗？如果它们已经在应用，那么应用了物流信息系统的哪些方面？

4. 请列举出常用的物流信息系统所具有的主要的功能。

5. 简述公共物流信息平台的运营模式以及总体架构设计。

6. 查阅相关资料，在当前物流信息系统基础上谈谈你对物流信息系统发展方向的理解。

7. 结合本章知识点，总结案例中新自现代物流有限公司运用了哪些物流信息系统知识？

参考文献

[1] 孙丽芳，欧阳文霞．物流信息技术与信息系统［M］．北京：电子工业出版社，2004.

[2] 叶萍，孙丽芳．物流信息技术与信息系统［M］．2 版．北京：电子工业出版社，2007.

[3] 李家齐，缪立新．现代物流信息技术［M］．北京：中国物资出版社，2008.

[4] 苏春玲．现代物流信息技术［M］．2 版．北京：机械工业出版社，2008.

[5] 谢金龙，刘亚梅，王凯．物流信息技术与应用［M］．北京：北京大学出版社，2010.

[6] 米志强，邓子云．物流信息技术与应用［M］．2 版．北京：电子工业出版社，2010.

[7] 王道平，王煦．现代物流信息技术［M］．北京：北京大学出版社，2010.

[8] 丁传奉．物流信息管理实务——技术基础与系统实训［M］．北京：中国水利水电出版社，2012.

[9] 朱杰，李俊韬，张方风．物流公共信息平台建设与运营模式［M］．北京：机械工业出版社，2014.

[10] 温兆麟，李玲俐，高志刚．物流设施与设备［M］．北京：清华大学出版社，2013.

[11] 李鹏飞．物流信息系统［M］．北京：人民邮电出版社，2014.

[12] 李忠国．物流信息技术［M］．2 版．北京：化学工业出版社，2014.

[13] 李联卫．物流管理案例及解析［M］．北京：化学工业出版社，2015.

[14] 王先庆，李征坤，刘芳栋，等．互联网 + 物流——“互联网 +”时代，下一个千亿级“风口”［M］．北京：人民邮电出版社，2015.

[15] 欧阳文霞．物流信息系统［M］．北京：机械工业出版社，2004.

[16] 高连周．物流信息技术应用［M］．北京：清华大学出版社，2016.

[17] 刘丙午，李俊韬，朱杰，等．现代物流信息技术及应用［M］．北京：机械工业出版社，2013.

[18] 王喜富，高泽．智慧物流物联化关键技术［M］．北京：电子工业出版社，2016.

[19] 赵惟，张文瀛．智慧物流与感知技术［M］．北京：电子工业出版社，2016.

［20］张龙文．物流信息平台高并发技术研究［D］．北京：北京邮电大学，2014.

［21］焦亚冰．基于 RFID 技术的物流信息跟踪系统构建［J］．计算机工程与设计，2013，34（10）：3690－3694.